中国航天文化的发展与创新

《中国航天文化的发展与创新》编委会 编

图书在版编目(CIP)数据

中国航天文化的发展与创新／《中国航天文化的发展与创新》编委会编. —北京：北京大学出版社，2016.9

（纪念中国航天事业创建60周年丛书）

ISBN 978-7-301-27404-0

Ⅰ.①中… Ⅱ.①王… Ⅲ.①航天工业—企业文化—概况—中国 Ⅳ.①F426.5

中国版本图书馆CIP数据核字（2016）第189823号

书　　名	中国航天文化的发展与创新
著作责任者	《中国航天文化的发展与创新》编委会　编
责任编辑	于　娜　泮颖雯　唐知涵
标准书号	ISBN 978-7-301-27404-0
出版发行	北京大学出版社
地　　址	北京市海淀区成府路205号　100871
网　　址	http://www.pup.cn　新浪微博：@北京大学出版社
电子信箱	zyl@pup.pku.edu.cn
电　　话	邮购部 62752015　发行部 62750672　编辑部 62767857
印刷者	北京中科印刷有限公司
经销者	新华书店
	720毫米×1020毫米　16开本　28.5印张　395千字
	2016年9月第1版　2016年10月第2次印刷
定　　价	72.00元

未经许可，不得以任何方式复制或抄袭本书之部分或全部内容。
版权所有，侵权必究
举报电话：010-62752024　电子信箱：fd@pup.pku.edu.cn
图书如有印装质量问题，请与出版部联系，电话：010-62756370

"纪念中国航天事业创建60周年丛书"编委会

主　　　　编：刘纪原
执 行 主 编：雷凡培　高红卫
执 行 副 主 编：吴燕生　曹建国
编 委 会 主 任：袁　洁　方向明
编委会副主任：陈学钏　侯秀峰　李　洪　梁小虹
　　　　　　　符志民　马　杰
编 委 会 委 员：（按姓氏笔画排序）
　　　　　　　王文国　王双军　王　林　王春河　王颖昕
　　　　　　　石　磊　吕晓戈　任　湘　刘顺仁　刘登锐
　　　　　　　孙　炜　苏鑫鑫　李小兵　李显峰　李　焱
　　　　　　　吴　璋　汪仁保　沈　剑　张旭辉　张宏显
　　　　　　　张复顺　张海峰　陈大亚　陈中青　罗晓阳
　　　　　　　岳增云　周平平　庞海涛　宓　佳　赵　充
　　　　　　　赵凯嘉　赵晓媛　姜文博　姜　描　贺存军
　　　　　　　袁晓健　贾云浩　徐拓野　曹志杰　龚界文
　　　　　　　崔占军　崔建文　崔春满　彭小波　傅　敏
　　　　　　　曾庆来　谭邦治　樊灵芳　戴晓峰

"纪念中国航天事业创建60周年丛书"
顾问委员会

主　任：林宗棠　任新民　梁思礼

委　员：（按姓氏笔画排序）

　　　　王金钟　王学臣　王春河　石　磊　朱明让

　　　　刘登锐　许祖凯　张宏显　张复顺　陈大亚

　　　　陈中青　陈寿椿　邵锦成　赵凯嘉　赵冠庭

　　　　曾庆来　曾佩英　阚力强　黎雨虹

"纪念中国航天事业创建60周年丛书"审查委员会

主　　　任：吴燕生　曹建国
副　主　任：袁　洁　方向明
执行副主任：陈学钏　侯秀峰　陈大亚
委　　　员：（按姓氏笔画排序）

马天晖　王塞南　史伟国　师宏耕　朱家正
任玉琨　刘　强　许世龙　孙玉斌　杜江红
李明华　李晓天　吴松林　张建伟　张恩海
张海峰　张　镝　陈国瑛　尚　志　胡忠民
贾　可　郭玉明　黄兴东　龚界文　彭小波
傅　敏　舒金龙

《中国航天文化的发展与创新》编委会

主　编：刘纪原

副主编：龚界文　王春河　赵凯嘉　张海峰

委　员：（按姓氏笔画排序）

丁天平　马　倩　王文国　王双军　王学臣
吕晓戈　刘登锐　许祖凯　苏鑫鑫　李　晶
李　颖　吴晓倩　张复顺　张祚天　陈大亚
赵　充　钟　晴　施　荣　袁晓健　徐拓野
葛　妍　辜　璐　曾庆来　阚力强　戴晓峰

自主创新是航天事业的生命线
（总序）

□ 宋 健

今年是中国航天事业肇始60周年。回溯甲子历程，总结经验，评估现状，瞻望未来，对实施创新驱动发展战略，实现两个百年奋斗目标都有重要的现实意义和长远的参考价值。

"两弹一星"工程是由新中国第一代领导人亲自决策、领导和指挥并迅速取得成功的伟大科学事业，奠定了新中国在国际上的地位，足以与解放战争三大战役相媲美，永垂史册。回想60年前，新中国百业待兴，工业落后，人才奇缺，"一穷二白"，中央毅然作出发展原子能和航天事业的战略决策并迅速组织实施。十年基本成功，廿年实现了战略目标，一举改变了国家面貌和国人心态。重温史实简录，仍然令人心潮澎湃。

1955年1月15日，毛主席主持中央书记处扩大会议，听取李四光、钱三强的报告和建议后，决定建立和发展原子能事业，指定陈云副总理、军委副主席聂荣臻、国家建设委员会主任薄一波组成三人小组，薄一波兼"三办"主任，指导并组织实施。1956年成立第三机械工业部，1958年改为第二机械工业部，宋任穷上将任部长，刘杰任常务副部长，负责发展原子能事业。1956年3月，陈毅副总理主持科学规划委员会，各部门领导人和500

多位科学家参加。《1956—1967年科学技术发展远景规划纲要》提出了以原子能、导弹、计算机、无线通信、自动化等现代科技为主的12个重点领域，57项重大任务，6项紧急措施。6月14日，毛主席批准实施。1956年3月14日周总理主持中央军委会，采纳钱学森的提议，决定成立国防航空工业委员会，聂荣臻任主任，下设第五局——火箭导弹局。

1956年4月25日，毛主席在政治局扩大会议上作《论十大关系》讲话，他宣布："今后我们要有更多的飞机大炮，还要有原子弹。在今天的世界上，我们要不受人家欺负，就不能没有这个东西。"1956年10月8日成立国防部第五研究院，研制火箭导弹，钱学森任院长。

1956年8月17日，李富春副总理率团去莫斯科签署《关于苏联为中国建立原子能工业提供技术援助协定》。1957年9月，聂荣臻副总理率团访苏，签署新技术援助协定。1957年10月4日，苏联发射第一颗人造卫星，重83.6千克。1958年1月31日，美国发射首颗卫星，重8.22千克。1957年8月，中央军委决定筹建导弹试验靶场，由炮兵司令陈锡联上将主持勘察选点。调驻朝鲜的志愿军20兵团负责组建试验基地，兵团副司令孙继先中将任基地司令员。由解放军第三兵团组建原子能试验基地，兵团参谋长张蕴钰任基地司令员。

1958年五院决定仿制苏制P-2火箭（德国V-2改进型，代号"1059"，后定名东风一号，射程500千米）。

1960年11月5日国产东风一号导弹试飞成功。

1958年5月17日，毛主席在八届二中全会上宣布："我们也要搞人造卫星。"1960年7月16日，苏联照会中国政府，毁约断援，8月撤回全部专家，带走所有资料。那是新中国建立以来最惊心动魄、艰苦卓绝的年代，"两弹一星"计划处于危难之中。

"大跃进"失败，三年灾荒，全国吃不饱，西方封锁禁运，赫鲁晓夫变脸，落井下石。中国彻底改变了"一边倒"的政策，经济建设和"两弹一星"进入完全依靠自力更生的新时期。这是中国近代史上一次伟大的转折。中央批准了聂荣臻1961年提出的《导弹、原子弹应坚持攻关的报告》，毛主席批示："在科学研究中，尖端武器的研制工作仍应抓紧进行，不能放松或下马。"周总理呼唤：我们有共同信念，一定要靠中国人自己的力量，造出"两弹一星"。钱学森向聂荣臻表示：我们五院的同志一定会在苏联撤走专家的压力面前挺直腰杆，自力更生，建立起自己的导弹事业；请聂荣臻转告中央放心，苏联压不倒我们。二机部宋任穷部长说："天要下雨，娘要嫁人。我们只能完全、彻底自己干。"

1960年11月5日、12月6日、12月16日，苏联专家撤走一个月后，完全由中国生产的"1059"火箭（东风一号）三次发射成功，射程550千米。1962年11月，刘少奇主席宣布成立中央专委会，领导"两弹一星"研制，周总理任主任。1963年春，五院组织3000人大讨论，制定《地地导弹发展途径》，提出"八年四弹"的研制计划：东风二号（中近程，射程1000千米）、东风三号（中程，射程2500千米）、东风四号（中远程，射程5000千米）、东风五号（洲际，射程9000～10000千米）。中科院成立星际航行委员会，竺可桢、裴丽生、钱学森、赵九章任组长，制订星际航行长远规划。钱学森建议中央把人造卫星列入计划。

1964年6月29日，中国自行设计的东风二号导弹靶场试飞成功。1964年10月16日新华社公报：中国在西部地区爆炸了一颗原子弹，这是中国人民自力更生、艰苦奋斗的伟大胜利。1966年10月27日，聂荣臻元帅主持了两弹结合实验，用东风二号甲运载原子弹靶爆成功。1966年7月，中央军委决定组建战略导弹新兵种——第二炮兵。

1967年6月，中央军委决定组建空间技术研究院（新五院），研制卫星、飞船，钱学森兼院长。1967年5月26日东风三号试飞成功，射程2500千米。开始研制东风四号，加第三级称为长征一号运载火箭，用以发射卫星。

1967年6月17日，中国自行设计的氢弹爆炸成功，当量达到330万吨TNT。从原子弹到氢弹，中国只用了2年8个月，而美国为7年3个月，苏联6年3个月，英国5年6个月，法国8年6个月。

1967年，自行设计的防空导弹红旗二号定型列装。9月8日击落美国的高空侦察机。

1970年1月，东风四号试飞成功，射程5000千米。

1970年4月24日，发射第一颗人造卫星，重173千克，超过美、苏首星。

1970年12月，自行研制的核动力潜艇下水。

1975年11月，发射第一颗返回式卫星。

1980年5月18日，东风五号洲际导弹向南太平洋发射成功，射程9000千米。5月9日新华社受权公告，中国于5月12日至6月10日进行运载火箭试验，落区以$171°33'E$、$7°05'S$为中心，半径70海里的公海上。5月8日，海军第一副司令刘导生中将率18艘舰船组成的特混舰队越过赤道，进入靶区，圆满完成警戒、观测、打捞弹头任务。这是中国人第二次越过赤道。第一次越过赤道是500年前的明初郑和船队。

1982年10月12日，潜艇水下发射运载火箭试验成功。

在西方封锁禁运、苏联毁约断援、国内"一穷二白"的情势下，我们完全、彻底地依靠自己的力量，自力更生，艰苦奋斗，只用了25年就完成了"两弹一星"的战略任务，突破了尖端高技术，建立了现代战略产业，从根本上改善了国家的安全环境，提升了中国在国际上的地位，一扫国人百年悲啸的心态，树立了自立于世界民族之林的自信。诚如钱学森先生尝说："这种大科学事业，一两个人是无法完成的，一切成就要归功于党，归功于集体。""两弹一星"的成功是中国人民解放事业的续篇，是新中国第一代领导人，以气壮山河的革命气魄作出的伟大战略决策，周总理及聂荣臻、张爱萍、刘亚楼、宋任穷、王秉璋等开国将领们直接领导和精心指挥的战果。人民解放军成千上万卓有战功的各级指挥员转战"两弹一星"，成为组织指挥、科学实验、试制生产、后勤保障和靶场试验的坚强领导骨干。20世纪30年代至50年代，为科技救国负笈求学欧美或国内高校的学贤学长们，是攻克"两弹一星"、奠基原子能和航天事业各条战线上的科技主将。1999年中共中央、国务院、中央军委授予"两弹一星"功勋奖章的23位科学家中有21位是欧美归学。科学主帅钱学森于1935年毕业于国立交通大学，1936—1955年誉满美欧，1955年10月回国；钱三强1936年毕业于清华大学，1936—1948年卓越于欧法，1948年5月回国。故"两弹一星"也是中国人民为民族解放振兴中华百年奋斗的盛举。

数代中青年科学家、工程师和职工们，世代相接，天年相续，继承前志，不断把中国航天事业推向高潮。2003年10月15日中国首位航天员杨利伟乘神舟五号飞船实现了首次太空飞行，2013年12月2日发射的嫦娥三号探测器首次登月，开启了中国航天深空探测的新时代。

回稽"两弹一星"的经历和近年原子能和航天事业的迅速进步，不难看到：中央的英明决策、科技界的自主创新、各条战线的协同合作和系统工程科学管理是大科学事业和战略产业的制胜法宝。自主创新一直是决定中国航天事业生死存亡的生命线。在西方制裁封锁、苏联毁约断援的形势下，彻底依靠自己掌握的科学知识和智慧，不屈不挠，艰苦奋斗，10年突破科学原理和关键技术，20年取得完全胜利。创新是中华文明的禀赋。在世界高新技术和现代科学成就面前踌躇嗫嚅、裹足不前是没有根据的。中央提出创新发展战略，把创新置于国家发展全局的核心地位，推广到各行各业，大众创业，万众创新，是符合中国国情和世界发展潮流的壮举，在国力提升、全民科教水平不断提高和改革开放的新局势下，一定会取得更大的新成就。

在中国航天事业创建60周年之际，中共中央、国务院最近批准，从2016年起，每年4月24日定为"中国航天日"，全民纪念1970年4月24日中国成功发射第一颗人造卫星——东方红一号。"中国航天日"的设立，对激励全民族创新精神，普及航天科学知识，建设航天强国，意义深远。

自主创新是"两弹一星"留给后人的宝贵遗产。只要坚持传承，继续奋斗，代代创新，一个繁荣富强的科技强国正在喷薄欲出，指年可待。

（宋健　原航天工业部副部长、国家科委主任、国务委员、中国工程院院长、全国政协副主席）

前　言

2016年是中国航天事业创建60周年，也是中国第一颗人造卫星上天遨游46周年。从1956年10月8日中国火箭、导弹研究机构成立到1970年4月24日成功发射东方红一号卫星，经历了14年时间，开创了中国进入太空活动的新纪元。恰逢其时，国务院批复，从今年起把4月24日设立为"中国航天日"。为此，中共中央总书记、国家主席、中央军委主席习近平作出重要指示，向60年来为航天事业发展作出贡献的同志们表示崇高敬意，强调广大航天科技工作者要牢牢抓住战略机遇，坚持创新驱动发展，勇攀科技高峰，谱写中国航天事业的新篇章，为服务国家发展大局和增进人类福祉作出更大贡献。经过几代航天人的持续奋斗，我国航天事业创造了以"两弹一星"、载人航天、月球探测为代表的辉煌成就，走出了一条自力更生、自主创新的发展道路，积淀了深厚博大的航天精神。设立"中国航天日"就是要铭记历史，传承精神，激发全民尤其是青少年崇尚科学、探索未知、敢于创新的热情，为实现中华民族伟大复兴的中国梦凝聚强大力量。中共中央政治局常委、国务院总理李克强作出批示，向航天战线的全体同志致以崇高敬意。他指出，新中国成立以来，广大航天人胸怀爱国之情，肩扛报国之责，艰苦创业，顽强拼搏，一次次刷新中国高度，取得一系列辉煌成就，为国家发展作出了重大贡献，也彰显了自主创新的中国力量。广大航天科技工作者肩负加快建设航天强国的光荣使命，希望秉承优良传统，坚持创新驱动，深入实施航天重大工程，推动空间技术、空间应用和空间科学全面发展，大力营造尊重科学、追求卓越的浓厚氛围，培养造就更多创新人才，带动大众创业、万众创新，激发全社会创造活力，汇聚发展新动能，为促进经济社会发展、提升国家综合实力作出新贡献，让航天梦助力中国梦早日实现。

回顾60年前的1956年10月8日，国防部第五研究院成立，中国从研制火箭、导弹开始创建了新兴的航天事业。经过60年的建设和发展，取得了研制导弹武器、运载火箭，发射人造卫星，开展载人航天，进行月球探测等具有里程碑意义的伟大成就。中国航天之光，已经惠及社会经济发展的各个方面，对经济建设、国防建设和科技进步都产生了巨大效益和积极影响。中国航天已成为国家兴旺发达、繁荣富强的一个重要标志。

在中国航天走过60年艰难、辉煌的岁月之际，我们有必要回顾和总结中国航天事业创新发展之路，包括它所体现的哲学思想、文化精神以及经验教训。由此，我们策划、编辑、出版了"纪念中国航天事业创建60周年丛书"。

宋健同志为丛书写了序言，深情回顾了中国航天事业发展的艰苦卓绝历程，精确地阐述了中国航天事业发展的指导思想和所发挥的重大作用。这套丛书包括三册，分别是：《中国航天事业的60年》，概述了中国航天事业60年发展的成就和经验，展现了中国航天事业是在党的正确领导下走向成功的创新之路；《中国航天事业发展的哲学思想》（第二版）在该书第一版的基础上进行了补充和修改，更加集中、突出、深邃地体现了中国航天发展的思想基础和科学规律；《中国航天文化的发展与创新》则诠释了中国航天文化的形成发展，特别是解析了航天精神的孕育弘扬及其显示的重要作用。总体而言，这套丛书涵盖了中国航天事业在物质和精神领域的丰富成果。

《中国航天事业的60年》是丛书的第一本,包括13篇文章。中国科学院、国家国防科工局、中国航天科技集团公司和中国航天科工集团公司党组分别撰文,阐述了航天事业各有关领域取得的重大成就和成功经验;中国航天科技集团公司董事长、党组书记雷凡培和中国航天科工集团公司董事长、党组书记高红卫联名撰写的《中国航天科技工业60年的创新之路》一文,着重总结了中国航天科技工业60年来取得的重大进展,及其对于促进国家经济建设、国防建设、科技进步和社会发展的重要作用;任新民等10位在航天科研、管理、制造、政工、后勤保障等岗位上的代表,用自己的切身感受和体会讲述了航天事业60年日新月异的变化;《中国航天工程60年跨越发展》一文,列述了25项航天工程任务的发展状况,集中地反映了航天科技工业60年的壮大发展。该书最后附录了《中国航天60年大事记》及中国航天科技工业机构的演变情况,可以让读者比较全面、准确地认识和了解中国航天事业60年发展的面貌。

我们将这套丛书作为中国航天事业创建60年的礼物,献给为中国航天事业的腾飞和崛起而不懈拼搏奋斗的航天人,献给所有关心、支持和助力中国航天事业取得辉煌业绩的人们。让我们在党中央、国务院、中央军委的坚强领导下,遵照习近平总书记"探索浩瀚宇宙,发展航天事业,建设航天强国,是我们不懈追求的航天梦"的殷切希望和要求,沿着老一辈航天人开辟的中国航天创新发展之路,不断攀登新高峰,创造新辉煌,为实现航天梦、强军梦、中国梦作出更大贡献。

序

中国航天事业自1956年10月8日诞生之日起,已经走过了60年艰苦卓绝的风雨历程。在中国共产党的领导下,中国航天从无到有、从小到大、从弱到强,从仿制到自主创新,在导弹、火箭、卫星、载人航天、深空探测等领域里创造了举世瞩目的辉煌成就,强国力、壮军威、振民心,走出了一条独具特色的中国航天发展之路。在60年的发展历程中,中国航天人在继承中华民族优秀传统文化的基础上,创造了独具特色的以航天精神为核心的灿烂的航天文化。在中国航天事业60年之际,本书由精神层、行为层、物质层三个层面对中国航天文化进行阐述和介绍,剖析支撑中国航天事业成就与辉煌的内在动力,献礼华诞。

"航天"二字,意义深远而又绵长。对于国家,是国之重器;对于个人,是梦之彼岸。华夏民族五千年的历史长河中,流淌着无数个对于星空和宇宙的思索与追寻,用生命去实现对于人类梦想的探索。工业革命之后,在科学技术快速发展的支撑下,"航天"与国防相依存,是国家实力的显著象征,更是一个国家屹立于世界舞台的重要支撑。中国航天事业起步于一无所有的贫瘠土壤,却有着飞速发展的辉煌成绩,这与航天文化作为内生动力的促进作用密不可分,这种伴随着航天事业的成长应运而生的精神力量,对物质文明的壮大产生着强大的推动力。

人类用眼睛记录了波澜壮阔的历史,以生命交融了绵远悠长的文化。文化是人类的文化,人类是文化的人类。中国航天事业是几代人用生命浇注的辉煌,在血液流淌的脉络中,积淀着一代代航天人通过传承与守护、创新与发展、实践与发扬而不断形成的航天文化。在航天精神传承、航天人才培养、航天科研生产、航天事业发展、航天形象建设等方面,航天文化以内在驱动培育着中国航天的伟大事业。经过60年的实践、总结,中国航天文化通过不断的发展演变,形成了"热爱祖国、奉献敬业、求真务实、自主创新"的航天核心价值观。

爱国情怀是牵引无数航天人奉献青春、相伴终生的灵魂指引,对于国家的热爱与对事业的追求相融合,是每一位航天人毕生的幸运更是难舍的情怀,也正是这份赤诚的爱国之心成就了中国航天事业的奇迹。忠诚岗位、奉献忘我是老一辈航天人用实干造就的精神支柱,意识深处的无私奉献成就着辉煌事业的诞生。实干求真、稳健务实是航天人的作风态度,用实干的豪迈支撑梦想的前行,务实求真的坚守创造了属于华夏民族自己的航天伟业。自研、自主、自强,航天与国防相依存的特殊属性,注定了独自前行、埋头苦干的攻关之路,正是航天人心中的匠人精神,踏过荒漠戈壁、闯过万里黄沙,只为神剑长空、梦圆寰宇。

一辈辈航天人在物质寂寥、精神丰满的独行之路上,谱写了中国航天事业的华美篇章。由此升华而出航天文化之魂——深厚博大的航天精神,引领着无数航天人前赴后继、寻梦航天。国家至上、民族至上的爱国情怀,自力更生、艰苦奋斗的实干本色,大力协同、勇攀高峰的求索意志,是航天人奉献一生的精神动力。

精神层面是最为深刻的内核,牵引着行为层面的探索,引领着物质层面的飞越。航天文化是航天软实力的核心。真正的竞争,在抛却产品的比值、硬实力的打拼之后,更离不开软实力的吸引、文化的对决。文化是气质,文化更是气场。中国航天文化不仅凝聚在航天产品中,更体现在技术创新、商业模式创新、管理创新中,反映在各项实际工作中。在知识经济时代（互联网经济时代）和后工业社会，文化作为知识的复合，更加深刻地融入产品、融入创新、融入实践中，文化的物质性在历史的逻辑中和市场化大潮的冲击下获得彰显。中国航天各大产业的发展与中国航天文化的发展，互为逻辑，互为支撑，互为表里，互为促进，相辅相成，在交融发展中不断推动着自身的进步，同时也促进着社会生产力的发展。

毛泽东、周恩来等老一辈无产阶级革命家做出了英明决策，开创了中国航天事业。追寻行为的背后动力，探寻文化的内在属性，这是一卷讲述中国航天人自己故事的书，更是一部理顺中国航天文化发展脉络的白皮书。

中国航天事业60年来的辉煌成就，离不开中国航天文化的精神助推。而自钱学森等老一辈航天先贤们白手起家的奋斗伊始，由爱国情怀不断深入而衍生出的航天文化，也在不断进化、不断升华。中国航天文化是由精神脉络梳理中国航天事业奋斗的60年，也是与时间交叉过、梳理过、穿梭过而留下的内涵结晶。

在中国航天事业60年之际，缅怀先辈忘我之豪迈、激励吾辈奋发之搏击、引领后辈寻梦之激扬，用一份仪式感的凝重去历练文化的沉淀，感受爱国情怀的伟大与匠人坚守的执着。

中国航天、梦之摇篮，航天文化、魂之所在。中国航天文化是助推航天事业发展的精神动力，是建设航天强国不可或缺的精神支柱。文化的贯通性使得航天文化是航天的、是中国的，更是民族的，愿共同激励，早日实现中华民族的伟大复兴，一同追寻航天梦、强军梦、中国梦。

目 录
contents

引言 ·· 1
    一、文化与组织文化 ·· 2
    二、航天文化 ·· 3
    三、本书结构 ·· 4

第一章　中国航天文化的起源与发展 ························· 7
  第一节　中国航天文化培育的历程 ···························· 10
    一、在艰难困苦中坚持自力更生 ······························ 10
    二、在转折变化中坚持自主创新 ······························ 14
    三、在快速发展中坚持勇攀高峰 ······························ 18

  第二节　中国航天文化的核心要义 ···························· 26
    一、中国航天文化的深刻内涵 ·································· 26
    二、航天文化的构成要素 ··· 28
    三、中国航天文化的发展特色 ·································· 31

  第三节　先进文化助力伟大事业发展 ························ 38
    一、航天文化推动航天精神传承 ······························ 38
    二、航天文化激励航天人才培养 ······························ 39
    三、航天文化创新航天科研生产 ······························ 40
    四、航天文化塑造航天形象建设 ······························ 41

第二章　中国航天核心价值观 …… 43

第一节　航天核心价值观的内涵与实践 …… 45
一、航天核心价值观的内涵 …… 45
二、航天核心价值观的实践 …… 47

第二节　航天核心价值观的作用 …… 64
一、航天核心价值观的整合作用 …… 64
二、航天核心价值观的导向作用 …… 65
三、航天核心价值观的推动作用 …… 66

第三节　航天核心价值观的培育与传播 …… 68
一、宣传教育的传播作用 …… 68
二、先进榜样的表率作用 …… 69
三、文化活动的渗透作用 …… 70
四、管理规范的支撑作用 …… 71

第三章　中国航天文化之魂——航天精神 …… 73

第一节　航天精神的形成 …… 75
一、航天精神表述的变化 …… 75
二、"两弹一星"精神 …… 77
三、载人航天精神 …… 79

第二节　航天精神的本质 …… 83
一、国家至上、民族至上的爱国情怀 …… 83
二、自力更生、艰苦奋斗的政治本色 …… 86
三、大力协同、勇于攀登的大局意识和进取意识 …… 91
四、严慎细实、科学求实的行为准则 …… 95

第三节　航天精神的继承与发扬 …… 100

第四章　党的思想政治工作 …… 103

第一节　航天思想政治工作是军队思想政治工作的

　　　　　继承和发扬 ································· 105
　　　一、老五院时期的思想政治工作 ················· 105
　　　二、继承和发扬优良传统,不断改进创新 ··········· 108
　　第二节　着眼提高干部职工的综合素质,开展形势
　　　　　任务教育 ································· 110
　　　一、大力宣传党和国家关于发展航天事业的方针政策 ···· 110
　　　二、形式多样、内容丰富的形势任务教育 ··········· 113
　　第三节　坚持以科研生产为中心,确保工作方法的科学性 ···· 118
　　　一、坚持以科研生产为中心 ····················· 118
　　　二、坚持深入科研生产第一线 ··················· 122

第五章　系统思维与航天系统工程实践 ··················· 129
　　第一节　系统思维促生航天系统工程 ··············· 131
　　　一、中国航天事业的发展需要系统思维 ············ 131
　　　二、中国航天系统工程的发展之路 ················ 132
　　　三、系统工程中的航天特色 ····················· 137
　　　四、系统设计确保航天工程有效运行 ·············· 140
　　第二节　中国航天系统工程的基本做法 ············· 148
　　　一、总体设计部的统筹优化 ····················· 148
　　　二、"两总"系统的协同组织 ···················· 151
　　　三、"三步棋"的战略部署 ······················ 155
　　　四、四个技术状态的阶段管理 ··················· 160
　　　五、"零缺陷"的质量文化 ······················ 161
　　第三节　载人航天工程的成功实践 ················· 164
　　　一、科学严谨的决策体系 ······················· 164
　　　二、以专项管理为核心的组织体系 ················ 165
　　　三、以总体设计部为龙头的技术体系 ·············· 166
　　　四、综合统筹的计划协调体系 ··················· 166
　　　五、系统规范的质量管理体系 ··················· 167

六、坚持创新、创造、创业的人才资源体系 …………… 169

第六章　独具特色的组织管理体系　171
第一节　中央决策体制 ………… 173
第二节　型号院组织体系 ………… 179
第三节　航天特色管理制度 ………… 185
　　一、航天实践形成特色制度 ………………… 185
　　二、特色制度保障有序发展 ………………… 201

第七章　一流人才队伍建设　205
第一节　党和国家高度重视航天人才队伍建设 ………… 207
　　一、中央领导高度重视 ………………… 207
　　二、国家给予优惠政策 ………………… 210
第二节　人才队伍建设的主要做法与特色 ………… 215
　　一、落实政策，尊重人才 ………………… 215
　　二、造就政治过硬、技术精湛的人才队伍 ………… 223
　　三、采取有力措施稳定科研骨干队伍 ………… 228
　　四、实现人才队伍的新老交替 ………… 233
　　五、建立科学合理的考核评价体系 ………… 238
第三节　新世纪的航天人才建设 ………… 244
　　一、高度重视创新人才队伍建设 ………… 244
　　二、创新机制激发人才活力 ………… 247
　　三、科学规划增强企业发展动力 ………… 250
　　四、以人为本营造成才环境 ………… 251
　　五、着眼未来，凝聚人才 ………… 252

第八章　中国航天文化硕果累累　255
第一节　爱国强军，牢筑国家安全长城 ………… 257
　　一、艰苦奋斗，打造国之重器 ………… 258
　　二、保卫和平，铸就防御盾牌 ………… 266

三、协同作战，增强信息支援 ································· 273
　第二节　自主创新，勇攀航天高峰 ································· 276
　　　一、自力更生，从人造卫星到探月工程 ························· 276
　　　二、大力协同，载人航天工程硕果累累 ························· 285
　　　三、推陈出新，航天运载火箭走向世界 ························· 289
　第三节　军民融合促转型升级 ····································· 297
　　　一、开拓进取，确立军民融合国家战略地位 ····················· 297
　　　二、齐心协力，推动民用产业迅速发展 ························· 302
　第四节　关注民生履行社会责任 ··································· 310
　　　一、履行社会责任与航天文化相辅相成 ························· 310
　　　二、履行社会责任助力国计民生 ······························· 314

第九章　中国航天文化塑造航天形象 ······························· 323
　第一节　航天形象 ··· 325
　　　一、航天形象的一般定义与内涵 ······························· 325
　　　二、航天形象与航天文化的关系 ······························· 326
　　　三、航天形象的功能和作用 ··································· 329
　第二节　航天品牌 ··· 332
　　　一、航天品牌的特征 ··· 332
　　　二、航天品牌的塑造与传播 ··································· 336
　第三节　航天人 ··· 342
　　　一、航天事业的奠基人——钱学森 ····························· 342
　　　二、航天四老 ··· 354
　　　三、国家最高科学技术奖获得者 ······························· 384
　　　四、科技人员优秀代表 ······································· 401
　　　五、技能人才队伍 ··· 405

第十章　航天文化的传承与发扬 ··································· 409
　第一节　航天文化建设面临新的挑战 ······························· 411
　　　一、航天文化建设面临尖锐复杂期 ····························· 411

二、航天文化建设面临转型升级期 ……………………… 413
　　三、航天文化建设面临发展机遇期 ……………………… 414
　第二节　航天文化的继承与发扬 …………………………… 417
　　一、先进文化引导未来发展 ………………………………… 418
　　二、航天使命指引前行方向 ………………………………… 420
　　三、以人为本构筑和谐氛围 ………………………………… 421
　　四、创新发展激发无限活力 ………………………………… 422

后记 ………………………………………………………………… 424

引 言

20世纪50年代中期,刚刚诞生不久的中华人民共和国,百废待举,百业待兴。党和国家的第一代领导者,高瞻远瞩,做出了发展中国航天事业的英明决策。1956年,中国第一个导弹(火箭)研究机构——国防部第五研究院诞生了。六十载风雨兼程,一甲子春华秋实,中国航天事业从一个胜利迈向另一个胜利,从一座高峰攀上另一座高峰。今天,中国的航天技术已经跻身于世界先进国家之列,成为我们伟大祖国国防实力和综合国力的象征,成为中华民族和海内外炎黄子孙的骄傲。

习近平总书记在2013年8月召开的全国宣传思想工作会议上指出:中华文化积淀着中华民族深沉的精神追求,是中华民族生生不息、发展壮大的丰厚滋养;中华优秀传统文化是中华民族的突出优势,是我们最深厚的文化软实力;中国特色社会主义植根于中华文化沃土、反映中国人民意愿、适应中国和时代发展进步要求,有着深厚历史渊源和广泛现实基础。学习习近平总书记对中华优秀文化鞭辟入里的论述,对解读中国航天文化的历史渊源和重要作用,有着最根本的指导意义。

中国航天事业虽然只有60年的时间,却是中华民族文明发展中极其重要的一段历史。中国航天文化伴随着航天事业的诞生而诞生,伴随着航天事业的发展而发展,同时又对中国航天事业的发展发挥了巨大的推动作用。中国航天文化继承了中华五千年优秀历史文化传统,是中国先进文化的典型代表,体现了社会主义核心价值体系的根本内涵,成为中华民族优秀文化的有机组成部分。

一、文化与组织文化

"文化"一词,由来已久。马克思主义认为,一定的文化(作为观念形态的文化)是一定社会政治和经济的反映,同时又给予影响和作用于一定社会的政治和经济。翻开人类社会的历史就不难发现,一定社会的文化是与一定社会的政治、经济乃至整个社会的发展进步密切联系在一起的。

文化可以从广义和狭义两个范畴来理解。广义的"文化"是指人类在社会历史实践中所创造的物质财富与精神财富的总和。狭义的"文化"是指社会的意识形态,以及与之相适应的组织机构和制度。在改革开放初期,中国文化界、学术界把"文化"仅仅理解成"精神",所以才有了"精神文明""物质文明"两个文明的说法;后来,随着观念的更新,社会的发展,"精神"已经无法完全包含一些社会文化内涵,所以"三个代表"中明确提出"中国共产党要始终代表中国先进文化的前进方向",后来的一些重要文献里更深度解读了"先进文化"这一概念,实际上精神的范畴已经囊括在大的文化概念里,"先进文化"实际上就是一切有利于社会发展,代表社会发展潮流的大文化范畴。

文化是一种历史现象,它随人类社会的产生而产生,随人类社会的发展而发展。文化是人类历史文明的产物,在人类社会繁衍发展的漫长历史进程中,不同种族的人曾经创造了不同的文化,并通过相互的交流与渗透,推动了整个人类社会文化的发展。对同一个种族内部而言,这种文化的形成也不是一朝一夕完成的,而是人们在长期的社会生活中日积月累形成的一种相对稳定的生活方式、思维方式及各种社会规范和行为准则的结合。它一旦形成便发挥着整合人类群体的作用,确定个体在群体中的角色知觉与角色地位,从而对人类社会的个体和群体行为产生导向和规范。

文化的一般功能在于教化人、改造人、培育人、塑造人。这是因为:

第一,"文化"一词原本就包含着文治和教化之义,也就是对人的教育、培养塑造之义;第二,文化的深层核心是价值观,价值观对人的行为具有导向、激励、权衡、调节作用,这些作用的实质在于改造人、培养人、塑造人;第三,文化具有知识信息的储存和传递功能,它能启发人的心智,开发和提高人的能力,文化作为人类智慧、人类文明、人类思想和精神财富的积淀,内化为人的深厚意识,对人的行为起一定的支配作用;第四,人的活动依赖于一定的文化存在,这种文化环境不仅改造人,而且使人在创造和享受环境中得到塑造;第五,文化实际上也是对人的一种设计,它规定着人的生存方式、生活方式、行为方式和思维方式,也规定着人的自我价值的实现方式。总之,文化对人的思想和行为具有导向、凝聚、激励、调节和约束作用。文化是随着社会的发展而不断发展的,它既有历史继承性又具有时代性,每一时代的人都会自觉不自觉地继承前一时代的文化遗产,并根据新的时代要求创造新的文化。随着时代的发展,科技的进步,文化的内涵和外延也在不断地丰富和发展。

20世纪70年代末,日本企业迅速崛起,西方开始关注日本的管理模式,发现组织文化在日本的崛起中起到了关键的作用,国内外许多专家学者开始认识到组织文化在国家、行业、企业等组织管理中的重要性。组织文化是指一个组织由其价值观、信念、仪式、符号、处事方式等组成的其特有的文化形象,一般包括文化观念、价值观念、道德规范、行为准则、规章制度、文化环境、生产产品等。尽管有多种定义,但一般学者都将文化或是组织文化分为精神层、行为层、物质层进行分析研究。

二、航天文化

什么是航天文化呢?按照人们对文化概念的一般理解,对"航天文化"这个概念也应从广义和狭义两个方面认识。广义而言,航天文化是指航天人在从事航天事业的实践中所创造的全部物质财富与精神财富的总和。狭义而言,是指航天人在从事航天事业的实践中所形成的具有航天特色的思想、意识、观念等意识形态和行为模式,以及与之相适应的组织体系和制度体系。航天文化是一种行业文化,它是整个社会文化的一个组成部分、一个子系统。

不同文化有着不同特质。文化不同,文化熏陶下的人也不同。中国航天文化既具有一般文化的特点,也具有鲜明的自身特色和时代特色。中国航天文化崇尚科技强军、航天报国,崇尚自力更生、自主创新,崇尚艰苦奋斗、无私奉献,崇尚团结奋进、大力协同,崇尚严谨务实、勇攀高峰,崇尚胜不骄、败不馁,百折不挠。中国航天文化是一种富有蓬勃朝气、昂扬锐气、虎虎生气的优秀文化。它植根于中华民族优秀文化沃土之中,并从中汲取了丰富的营养;它兼容并蓄,在国际交流中吸收和借鉴了世界先进文化的精华;它作为新中国社会文化的一个重要组成部分,和着时代的节拍,迈着稳健的步伐,伴着新中国航天事业的发展而茁壮成长。特别是中国改革开放以来,随着"企业文化"理论在中国的广泛传播和企业中掀起的建设企业文化热潮,中国航天文化在创新中健康发展,展示了它强大的生命力。航天文化不同于一般的企业文化。每一个企业都有自己的企业文化,每一个航天企业也有自己的企业文化,航天文化与航天企业文化既有联系,又有区别。航天文化是航天企业文化的集中表现,而航天企业文化则是航天文化在企业的反映,它们是不同层次的文化范畴。

本书作为对60年来航天文化产生、发展的初步总结,在对文化的广义与狭义相结合的基础上,将航天文化的结构要素分为三个部分,即航天精神文化(深层文化)、航天行为文化(中介层文化)、航天物质文化(表层文化)。

三、本书结构

全书共分十章,分别从精神文化、行为文化、物质文化层面进行阐述。

第一章介绍了中国航天文化的起源与发展,阐述了中国航天文化的特征、功能和对航天科技工业发展以及人才成长的作用;第二章重点阐述中国航天文化的核心——航天核心价值观的内涵和实践形式以及对人们思想观念的影响;第三章阐述了中国航天文化的集中体现——航天精神的形成及其功能,阐明航天精神文化是实现中国航天科技工业发展的强大精神动力和思想基础;第四章通过阐述航天思想政治工作对于航天科研生产活动的保证和引导作用,论述思想政治工作对航天文化的导向作用;第五章和第六章通过对航天系统工程管理理念和组织管理体系、系统化制度的介绍,展示系统工程组织管理的宝贵经验及其作为行为文化的核心,是航天文化的重要组成部分;第七章描述了航天事业及航天文化的主要载体——一流人才队伍,说明航天科技工业对人才的重视,更说明人才队伍对于航天事业发展的重要性;第八章和第九章分别从航天科技工业的科技成果、军民融合、社会责任,以及先进形象塑造精神榜样等方面展示航天物质文化的累累硕果;第十章分析了新的历史时期航天文化建设面临的新形势、新任务,阐释了继承和弘扬航天文化的重要性和紧迫性。

第一章

中国航天文化的起源与发展

中国航天事业已经走过了60年的风雨历程。在党中央、国务院、中央军委的正确领导下,在全国各条战线的大力支持和协同下,经过航天战线广大职工的不懈努力,取得了举世瞩目的辉煌成就,在世界航天高科技领域占有了一席之地。今天,中国不仅具有研制发射近地轨道、地球同步轨道、太阳同步轨道运载火箭的能力,而且在高能燃料技术、火箭捆绑技术、一箭多星技术等方面达到世界先进水平;不仅具有研制通信卫星、气象卫星、资源卫星、导航卫星、科学试验卫星等航天器的能力,而且在卫星回收技术、轨道控制技术、姿态控制技术等方面达到世界先进水平;不仅具有载人飞船、深空探测器的研制和发射能力,而且还在航天员出舱、空间飞行器交会对接等关键技术上取得了突破;不仅具有研制各种战略、战术导弹武器系统的能力,而且为我军提供了大批现代化武器装备,大大增强了中国的国防实力。航天先进技术与管理思想在国家经济社会中的推广应用产生巨大效益,已成为推动社会发展的重要生产力。中国航天事业为什么能在基础十分薄弱、困难重重的条件下取得突飞猛进的发展?为什么会在这样短的时间内取得如此巨大的成就?在中国航天事业创建60周年之际,在回顾历史、展望未来的时刻,有必要认真研究和探讨中国航天事业发展的深厚文化底蕴,揭示中国航天文化形成的历史过程及其丰富内涵和重要作用。

文化是民族的血脉,是人民的精神家园。中华民族有着优秀的文化传统,五千年中华民族发展的文明史,也是一部中华民族发展的文化史。中国航天科技工业创建60年中形成的航天文化,只是中华民族文化发展中极其短暂也是极其渺小的一份子,但它蕴涵的文化含量以及对人们的引导教化作用却是异常深刻的。中国航天文化继承了中华五千年优秀历史文化传统,是中国先进文化的典型代表,体现了社会主义核心价值体系的根本内涵。中国航天文化的边界既不会止于航天人,也不会止于中国航天。

航天文化作为中华民族优秀文化的一部分,同中华民族文化一样,源远流长,博大精深。在中国古代的神话传说中,嫦娥奔月、夸父追日的故事,反映着人们登月、飞天的美好幻想。在中国古诗词中还有大量写星月的诗词,如辛弃疾的"可怜今夕月,向何处,去悠悠?是别有人间,那边才见,光影东头?是天外。空汗漫,但长风浩浩送中秋?飞镜无根谁系?嫦娥不嫁谁留?"这些脍炙人口的古代诗词,反映了古人欲探索茫茫宇宙空间奥秘的心理。在人们幻想飞天的同时,也不断进行着制造飞行器的试验,从"神火飞鸦"到"万户飞天",从"一窝蜂"到"火龙出水"……在一次次成功与失败的考验中,人们探索宇宙奥秘的精神一代代流传下来。

先进文化引导着中国航天事业新的发展。在60年发展历程中,中国航天不仅取得了以人造卫星、载人航天和月球探测为代表的辉煌成就,还孕育了以伟大的航天传统精神、"两弹一星"精神和载人航天精神为代表的先进航天文化。航天文化生动诠释了以爱国主义为核心的民族精神和以改革创新为核心的时代精神,是社会主义核心价值体系在航天领域的具体体现。

第一节　中国航天文化培育的历程

以毛泽东、周恩来为代表的老一辈无产阶级革命家做出英明决策，开创了中国航天事业。中国老一代航天科技工作者在异常艰苦的条件下成功研制出"两弹一星"，新一代航天人发挥聪明才智实现了"载人航天""嫦娥探月"等人间奇迹。人们无不为随着中国航天事业的发展应运而生的一种精神力量对物质文明产生的强大推动力而惊叹。这种强大的精神推动力正是来源于中国航天的文化，伟大的事业产生伟大的文化，伟大的文化支撑伟大的事业。

中国航天人在60年的创业发展过程中，把中华民族传统文化与当代科技发展融合凝聚在一起而创建的具有时代特征和行业特征的新型科技文化，是建设中国特色航天科技工业所特有的一种自成体系的创新文化。作为中国先进文化的重要组成部分，中国航天文化是中国航天事业焕发青春活力的丝丝脉动，张力无限、魅力无穷。中国航天文化的力量，深深熔铸在一代又一代航天人的追求与创造之中，深深熔铸在一代又一代航天人的血液与生命之中。随着时代的发展，这种文化对于航天科技工业的推动作用和促进作用日益显现。

一、在艰难困苦中坚持自力更生

中华人民共和国成立初期，旧中国和国民党政府留给新中国的是满目疮痍的烂摊子，在国防军工方面留下了72个军工企业，其中兵工厂41个、航空修理厂11个、无线电器材修配厂12个、船舶修造厂8个，只能生产一些轻型武器和做一些简单的军械修理，而且国民党在溃逃时，还进行了不同程度的破坏。与此同时，帝国主义扬言要将新中国"掐死在摇篮里",1950年美国悍然发动了侵略朝鲜战争,直接把战火烧到了中国边境。毛泽东主席等党和国家领导人面对帝国主义的封锁和挑衅,以大无畏的气概提出要独立自主、自力更生,发展自己的国防工业。毛泽东主席指出:"无论抗美援朝的结果如何,都要搞国防工业的建设和军工生产,朝鲜战争证明,已不能靠夺取敌人的装备来武装自己了。"

1956年1月,毛泽东主席在最高国务会议上指出:"我国人民应该有一个远大的规划,要在几十年内,努力改变我国在经济上和科学文化上的落后状况,迅速达到世界先进水平。"为此,周恩来总理直接领导、聂荣臻牵头挂帅,组织专家反复讨论研究,制定了《1956—1967年科学技术发展远景规划纲要》,党和国家决定重点发展以导弹、原子弹为代表的国防尖端技术,并把火箭和喷气技术列为重点项目。此后,周恩来总理主持中央军委会议,讨论并批准了航空工业委员会提出的《建立我国导弹研究机构的初步意见》,1956年5月成立了国防部五局,负责筹备工作。当年10月8日,成立了国防部第五研究院。

图1-1　1956年6月14日,毛泽东主席等党和国家领导人接见编制《1956—1967年科学技术发展远景规划纲要》的科学家

当时中国经济落后、工业基础薄弱、科学技术水平低,加之帝国主义对中国进行封锁,在此种情况下,要发展航天技术,困难是可想而知的。为此,党和政府给予航天科技工业的创建与发展一系列特殊的政策。如,对航天科研生产实行高度统一的集中领导和严格的军队管理;在三年困难时期,国家组织向国防科研战线供应肉、鱼、海带、大豆、水果等食品,被广大国防科技人员称为"科技肉""科技鱼",而且还送货到人,送货到家。

在这个时期,国家在建设资金十分紧张的情况下,挤出资金基本建成了中国第一个导弹(火箭)研究机构,形成了一定的研究、设计、试验、试制能力。国防部五院一边建设,一边组织近程导弹的仿制,确立了"自力更生为主,力争外援和利用资本主义国家已有的科学成果"的建院方针。1957年11月,国防部五院成立了一、二分院,分别承担导弹总体、发动机和控制导引系统的研究任务,此后又分别成立了三分院、四分院和上海试制基地,确立了中国航天科技工业的最初组织基础。1960年苏联专家撤走后,中国航天的开拓者们迅速转入自行设计、独立研制的工作中;在全国人民的大力支持和各部门的大力协同下,中国自行研制的第一枚中近程导弹于1964年6月29日发射成功。与此同时,自行设计和配套生产走完了一个全过程,各项预先研究取得了重大成果,为其后大规模的航天科研生产工作做好了技术准备。

在这一时期,中国航天形成了一支具有较高技术水平和思想素质的科研、管理和后勤队伍。"自力更生、艰苦奋斗、大力协同、无私奉献、严谨务实、勇于攀登"的精神,在初期型号研制过程中得到了初步确立。所有这些,从物质、技术、人才、精神等多个方面为航天文化的形成与发展提供了丰富内容与良好条件。

就拿人才队伍来说,中央十分重视科技队伍、干部队伍尤其是领导干部队伍的建设。通过大量富有实效的工作,抽调了1000多名经历过革命战火洗礼的军政干部充实各级领导班子。在中国共产党和新中国的感召下,以钱学森为代表的科技专家,放弃国外的优越生活

图1-2 房屋漏雨，科学家们打着雨伞进行研究计划

和科研条件，克服种种困难，聚集到新中国航天科技事业的旗帜下。不少学有专长的国内知名专家，如任新民、屠守锷、黄纬禄、梁守槃等，积极响应党和国家的召唤，以发展航天科技工业为己任，投身航天事业，开始从事拓荒性的工作。在组织工人队伍时，除了选调一批有丰富实践经验、善打硬仗的技术工人外，还从部队选调一批身强体壮、思想作风好的复员战士，从技工学校选调一批有理论、有文化、肯钻研的学员，从而保证了工人队伍的良好素质。在组织后勤队伍时，选调了一批富有军队后勤经验的解放军官兵，使科研后勤工作从一开始就有一个较高的起点。

在实际工作中，党和政府制定了正确的知识分子政策，极大地调动了知识分子的积极性和主动性。特别是大批从军队调来的党政领导干部，他们来五院后继承和发扬了我党我军的优良传统，把部队思想政治工作的经验与五院科研工作实践相结合，认真贯彻党的知识分子政策，对知识分子政治上充分信任，工作上全力支持，生活上关心爱护，技术上尊重放手。知识分子感到工作和生活在五院心情舒畅，他们潜心钻研技术，顽强刻苦攻关。这些都为航天文化的形成奠定了较好的组织基础和思想基础。

图1-3　1958年,中央军委决定在甘肃酒泉设立特种工程指挥部,十万大军开进了广袤无垠的戈壁滩

二、在转折变化中坚持自主创新

　　1965年是中国航天科技工业发展过程中具有重大转折意义的一年,经第三届全国人民代表大会通过,第七机械工业部(简称"七机部")宣告成立,标志着中国有了自己的航天科技工业。在这一阶段,中国航天技术取得了突破性进展。1964年6月29日,中国自主研制的中近程导弹发射成功;1966年10月27日,用改进的中近程导弹发射核弹头试验成功,同年12月26日,中国自主设计研制的中程导弹发射成功。圆满完成了第一代型号任务的研制,形成了有中国特色的航天科技工业管理体制。伴随着这期间的许多转折、变化和突破,中国航天文化实现了与航天科技工业发展的历史共进。

　　经过初创阶段,中国航天基本形成了导弹(火箭)工业体系,以1965年七机部的成立为标志,有中国航天特色的部、院(局、基地)、所(厂)三级管理体制逐步形成。先后在三线地区新建了几个生产基地,在上海建立了航天研制基地,提高了科研生产能力,改善了航天科技工业的布局,形成了较为完整配套的研究、设计、试制和生产体系,并达到了相当的规

图1-4　1966年10月27日,"两弹"结合首次试验成功后,
聂荣臻、钱学森等人在罗布泊试验场合影

模和水平。特别是1976年粉碎"四人帮"后,党的十一届三中全会和全国科学大会胜利召开,经过拨乱反正和整顿调整,中国航天科技工业迎来了快速发展的春天。在中央精神的指导和改革开放的环境中,航天科技体制改革不断深化,调整恢复了原型号院的管理体制,按"革命化、年轻化、知识化、专业化"的要求,加强了部、院(局、基地)、所(厂)领导班子和干部队伍的建设,进一步确立行政和技术两条指挥线;根据中央"调整、改革、整顿、提高"的方针,按多型号研制生产的需要和系统工程原理,充实完善了科研生产管理组织及科研力量,形成了多型号并举的科研生产组织体制。在这一阶段,航天制度文化逐步走向成熟。

中国航天技术的发展在此期间取得了重大进取。首先是根据需要和形势变化,在导弹(火箭)技术的基础上发展空间技术,于1970年4月24日,成功发射了中国第一颗人造地球卫星,标志着在导弹武器基础上发展起来的中国航天事业的蓬勃崛起。

图 1-5　1970 年 4 月 24 日 21 时 35 分，发射控制台操纵员按下"东方红一号"发射按钮

在航天人的顽强拼搏与全国各有关方面的大力协同下，1980 年 5 月，洲际导弹成功飞向南太平洋；1982 年 10 月，潜艇水下发射固体导弹取得成功；1984 年 4 月，长征三号运载火箭发射试验通信卫星成功，胜利一个接着一个。"三抓"任务在 20 世纪 80 年代前期完成向太平洋发射洲际导弹、发射试验通信卫星和进行潜艇水下发射固体导弹三项任务的完成标志着中国航天技术在赶超世界先进水平方面又迈出了十分重要的一步。同时，航天技术被广泛应用于国民经济的各个领域，取得了显著的社会效益和经济效益。在此期间，具有独立自主研制能力的航天技术及其文化得以确立和完善。

在这一时期，通过型号研制任务和技术进步，基本形成了老中青相结合、专业知识扎实、技术过硬、勇于献身、富有创新精神的航天科技人才队伍；培养了一支思想好、基础扎实、善打硬仗、熟悉系统工程管理的航天科研管理队伍；造就了一个懂技术、擅管理、敢决策的航天科技工业领导群体。而且，在党的领导下，通过强有力的思想政治工作，在航天系统工程实践中逐渐形成并发扬了"自力更生、艰苦奋斗、大力协同、无私奉献、严谨务实、勇于攀登"的航天精神。这标志着航天精神文化在原有的基础上进一步走向成熟。

图 1-6　20 世纪 60 年代科技人员日夜攻关，解决难题

中国航天人并不满足于已经取得的成绩，在继续攀登航天技术发展新高峰的同时，还根据形势和任务的变化对自身的管理体制和组织形式进行了调整和创新。根据中央 1979 年确立的"军民结合、平战结合、军品优先、以民养军"的方针，改变单一的军品体制，在确保军品航天科研生产任务完成和强化型号管理组织建设的同时，面向国民经济主战场，面向国内、国外两个市场，大力组织开发民品和积极参与国际市场竞争。为确保民品生产任务的完成和开拓市场，各航天企事业单位实行转轨变型，大力进行管理体制改革：由单纯管理执行型变为经营决策型，由完全内向型变为内外结合型；在组织原则上，坚持以职责设机构、以事定人和分权经营。基本实现了"一个目标、两级经营、三级管理"的军民品结构型管理体制，完成了从纯军品的科研生产型到军民结合的科研生产经营型的转变。1985 年的统计数据表明，航天民用产品工业总产值已占航

天全部工业总产值的65％。经营方针和管理体制的变化、民品市场的发展既为航天文化的形成提供了新的动力,又为航天文化的发展营造了良好的内外环境。

三、在快速发展中坚持勇攀高峰

随着改革开放的深入和社会主义市场经济体制的建立,航天科技工业的管理体制、运行机制发生了重大变化。在完成第一代航天型号任务的基础上,开始了新一代航天型号的研制,以长征系列火箭进入国际市场和"神舟"系列飞船升空为标志,中国航天科技工业进入了上水平、快速发展的新的历史时期。伴随着航天科技工业的发展,航天文化也得到了迅速发展,成为社会主义精神文明建设的重要成果和中国特色社会主义新文化的有机组成部分。

20世纪80年代后期和90年代初期,随着国家经济体制改革的进一步深入和社会主义市场经济体制的建立,航天科研项目和企事业单位的拨款方式发生了重大变化,航天企事业单位同时面临军品和民品两个市场的竞争。20世纪80年代转轨变型所形成的科研生产经营型的航天科研生产组织体制并没有从根本上理顺航天军品、民品与市场的关系,航天企事业单位一方面要完成国家指令性军品科研生产计划和保证军品科研生产能力持续提高的任务,另一方面还要面向国民经济建设主战场,肩负起将航天高技术产业转化为民用的历史使命。所以,客观上要求航天科技工业及其各企事业单位在管理组织和领导体制上注入新的元素,引入新的机制,在科研生产经营型管理体制上深化改革,加大结构调整力度,以解决军民品科研生产运行中的矛盾和冲突,理顺军民品的关系,建立结构合理、资源配置优化的军民品科研生产体系,促进军民品的健康、持续发展,实现军品优质高效和民品提高经济效益的目标。在这种宏观环境和内部需求的双重推动下,中国航天科技工业的领导者顺应当代产业发展和企业管理的潮流,重视加快建设中国航天文化,为航天科技工业的持续、快速发展提供不竭动力。

图1-7　1991年2月,邓小平同志等党和国家领导人视察上海航天局

1993年6月,中国航天工业总公司(简称"航天总公司")的成立使中国航天科技工业的管理体制由政府管理变为公司化管理。航天科技工业及其各企事业单位通过改组、改制、改造,开始了从计划经济体制向市场经济体制的转变。1999年7月1日,航天总公司改组为中国航天科技集团公司(简称"中国航天科技")和中国航天机电集团公司(2001年后更名为中国航天科工集团公司,简称"中国航天科工"),政府管理职能彻底剥离,标志着中国航天科技工业按照社会主义市场经济发展的要求进入了一个全新的发展阶段。这是中国航天科技工业历史上变化最大、最深刻的一次变革。江泽民在给十大军工集团公司成立大会的贺信中要求,各军工集团公司要在这次体制改革的基础上,按照社会主义市场经济发展的要求,继续深化管理体制和运行机制的改革,加快结构调整和军工企事业单位的战略性重组,加大科技创新的力度。朱镕基要求国防科技工业要着力解决五个方面的问题:一是政企分开;二是建立适

度竞争的机制；三是科研力量要适当集中，确保武器装备的生产和发展；四是促进国防科技工业的合理布局和结构调整；五是有利于企业搞活和脱困。目的在于建立起适应社会主义市场经济发展要求的政企分开、产研结合、供需分离、精干高效的管理体制，为跨世纪长远发展打好基础。

十大军工集团公司组建后，以江泽民为核心的第三代中央领导集体相继做出一系列重要指示，指出要建立"军民结合""寓军于民"的国防科技工业新体制，形成"竞争、激励、监督和评价"的新机制。这意味着在新的世纪，中国航天科技工业管理体制发生根本性变革，航天各企事业单位的战略性重组也会进一步发展。在"中国航天"的共同旗帜下，两大集团公司成为携手合作、适度竞争的新型关系。航天文化作为促进中国航天人团结协作、增强航天两大集团内部凝聚力和面向市场的核心竞争力的重要手段，被中国航天科技工业的领导者提高到更重要的战略位置，以适应社会主义市场经济发展的要求，并肩负起新的时代赋予航天科技工业的更伟大的历史使命。

这一时期，中国航天科技工业上了一个新台阶，先后掌握了气象卫星总体设计技术，通信卫星的大容量、长寿命、高可靠技术，遥感卫星的长寿命、高分辨率技术，新一代导弹武器技术，运载火箭捆绑技术和太阳同步轨道卫星发射技术，并陆续在移动通信卫星、导航定位卫星、载人航天等技术领域取得重大突破。航天领域的国际交流与合作广泛开展，运载火箭进入国际卫星发射服务市场并占据一席之地，在航天技术输出、卫星零部件和机电产品出口方面取得了十分显著的成绩。一系列技术创新，推动中国航天物质文化和精神文化达到了前所未有的繁荣。

伴随着中国航天事业的持续发展，航天科技工业部门还出台了相应的管理制度，推出了一系列航天文化建设工程，如"航天标志工程""凝聚力工程""行为规范工程"等。许多航天企事业单位在加强内部文化建设时，十分重视航天形象、部门形象、企业形象、产品品牌的树立和航天精神的弘扬。特别是1999年9月18日，中共中央、国务院、中央军委隆重表彰"两弹一星"突出贡献科技专家,江泽民全面总结和高度评价了"两弹一星"的伟大成就和成功经验,指出"两弹一星"精神是社会主义精神文明的宝贵财富,航天精神再一次在全社会范围内得到了认可和确立,标志着航天精神文化从航天领域上升到整个中华民族文化的层次和高度。"中国航天"不仅成为航天科技工业在国内外最响亮的名字和标识,而且是中国科技发展水平和建设成就的标志。

图1-8 受表彰的部分"两弹一星"元勋

"十五"期间,政府加大了对航天科技工业基础能力建设的投入,先后制定了《民用航天项目发射许可证管理暂行办法》《空间物体登记管理办法》等航天行业管理政策与规章制度,加强了航天科研生产许可证的管理,积极推进航天科技工业体制机制改革,有力地促进了寓军于民的航天科技工业格局的形成。2000年11月,中国发布了《中国的航天》(2000年版)白皮书,提出了中国航天包含空间技术、空间应用和空间科学三大领域的"大航天"概念,广大航天部门、客户和社会各界积极支持和参与国家航天活动,全国大力协同,形成了航天活动管理的新构架,初步形成了空间技术、空间应用、空间科学协调发展的局面。

在此期间,中国航天取得了举世瞩目的成就。空间技术、空间应用、空间科学各方面均取得快速发展,成功发射"长征"系列火箭24次,运载火箭质量和可靠性水平稳步提高,新一代运载火箭发展步伐加快;天地一体化综合卫星应用体系建设有效推进,卫星应用领域得到拓展,卫星应用产业规模不断扩大,通过组织实施资源卫星示范应用工程,推动了资源卫星应用领域的扩展,提高了国产卫星数据的占有率;月球探测一期工程全面启动,为进一步开展深空探测积累经验。"大航天"概念得到广泛认同,载人航天不断取得历史性的突破,2003年"神舟五号"发射,首次实现了中国人几千年来的飞天梦想,使中国成为世界上第三个能够独立开展载人航天飞行活动的国家;2005年"神舟六号"载人航天飞行成功,实现多人多天的在轨飞行并安全返回,大大提升了中国载人航天工程的可靠性、安全性及大系统集成能力,为后续发展奠定了坚实的基础。工业基础和研发能力稳步提升,航天科技工业体系更趋完善,建立了一批具有世界先进水平的民用航天科研生产和试验基地,航天科技工业的研制生产条件明显改善,供给与保障能力得到较大提高。

图1-9　2002年3月26日,江泽民会见参加载人航天工程试验的科技人员和解放军指战员

中国航天国际影响力不断扩大,与世界各国的航天交流与合作不断加深,对外合作成效显著,中国航天的国际影响力得到较大提升。2005年10月28日,中国、泰国、巴基斯坦、秘鲁、蒙古、伊朗、孟加拉、印度尼西亚等八国在北京正式签署了《亚太空间合作组织公约》,成为继欧空局之后,第二个推动区域空间合作的政府间国际组织。中国已跻身于世界航天大国之列。中国航天为国家经济建设和国防建设,为带动中国高技术领域的发展作出了积极贡献。

图1-10　杨利伟在"神舟五号"飞船中展示中国国旗和联合国国旗

"十一五"期间,中国航天发射数量再创新高,48枚"长征"系列火箭发射了53个中国航天器(其中人造地球卫星50颗、载人飞船1艘、月球探测器2个)和5颗外国卫星。《2006年中国的航天》白皮书中阐述了这一时期中国航天事业的快速发展及取得的一系列新成就,包括建成了一批具有世界先进水平的研制和试验基地,进一步完善了研究、设计、生产和试验条件,航天科技基础能力显著提高;空间技术整体水平明显提升,攻克一批重大关键技术,载人航天取得历史性的突破,月球探测工程全面启动;空间应用体系初步形成,应用领域进一步拓展,应用效益显著提高;空间科学实验与研究取得重要成果。

"十二五"期间,中国航天作为中国国防科技工业的中坚力量,不断强化体系化的发展思路,针对国家需要,矢志不渝地为国家安全提供先进的航天防务装备和高科技产品,极大地提升了中国国防实力,为国家的领土、领空、领海筑起了坚固的钢铁长城。《2011年中国的航天》白皮书中阐述了这一时期中国航天事业的快速发展,载人航天、月球探测等航天重大科技工程取得突破性进展,空间技术整体水平大幅跃升,空间应用的经济与社会效益显著提高,空间科学取得创新性成果。

图1-11　胡锦涛等中央领导会见"天宫一号"与"神舟九号"载人交会对接任务航天员及参研参试人员代表

中国航天科技工业所取得的丰硕成果表明,中国已从航天大国逐步向航天强国迈进。中国自主研制发射的各种功能的卫星,应用在国家经济建设的诸多领域。载人航天工程,按照党中央的决策部署,迎难而上,稳步推进,取得一系列重大成果。探月工程按照"绕、落、回"三步走的计划,顺利组织实施。

包括载人航天工程、探月工程在内的航天事业的成就,不仅仅是客观物质的存在,更是一种文化存在和精神存在,其物质存在就是航天器

图 1-12　习近平总书记为即将出征的航天员聂海胜、张晓光、王亚平壮行

和运载工具,研究院所和工厂,发射场和测控站,各种设施设备等。然而,航天事业之所以称为事业,关键在于其具有文化存在和精神存在。

第二节　中国航天文化的核心要义

一、中国航天文化的深刻内涵

中国政府一直把航天事业作为国家整体发展战略的重要组成部分，坚持为了和平目的探索和利用外层空间，使外层空间造福于全人类。中国作为发展中国家，其根本任务是发展经济，不断推进国家现代化建设事业。航天活动在维护国家利益、实施国家发展战略中的重要地位和作用，决定了中国发展航天事业的宗旨和原则。

航天的行业特点是什么？概括成四点：一是国家意志，二是前沿科技，三是系统庞大，四是综合性集成。中华民族优秀的传统文化与伟大的航天事业结合，就产生了航天传统精神、"两弹一星"精神和载人航天精神。

航天文化可以说是对航天事业的意义、价值、地位、作用的揭示和体现，也是对航天人群体的精神状态、价值追求的揭示和体现，还是对航天战线的管理思想、控制模式和制度规范的总结和弘扬。航天文化高度融合在航天事业的发展中，既是航天事业的构成部分，又对航天事业具有指导力、凝聚力、规范力和支撑力，是发展航天事业的强力助推和精神支撑。航天文化就其内涵来讲，是以民族优秀传统文化为根基、以社会主义核心价值体系为主体、以航天事业优良传统为品质的文化，是在推进航天事业伟大实践中培育形成的核心价值观和行为准则，是履行国家使命、推动航天科技发展的文化，是追求更快、更高、更强的文化，是创造一流、确保万无一失、确保百分之百成功率、把风险降到最低的文化，是跟踪运用最新科学技术、不断创新拓展的文化。

未来，中国航天科技工业面临着更加复杂的国际安全环境与更加完善的国防科技工业竞争机制，航天技术发展的动力也由冷战时期的政治动力、军事动力为主转向解决人类面临的种种严峻挑战，如经济发展、战争与和平、环境污染、生态平衡、资源枯竭、能源危机、人口爆炸、粮食短缺等问题，这给中国航天科技工业发展和航天文化建设带来了重重考验。

航天科技工业肩负着提升中国国防实力的重要使命。世界正处于一个新旧格局交替的过程。当前，世界的主要力量中心，包括美国、欧盟、俄罗斯、中国、日本等一些国家或地区，在竞争中此消彼长，形成"一超多强，多元争极"的态势。由于多极化的格局还没有形成，所以世界各方力量都在抓紧时机增强自己的综合实力，提高自己在世界上的竞争力和国际地位。虽然经济因素在国际事务中的作用逐渐上升，但这并不意味着各国忽略了军事建设的重要性。相反，军备建设仍被一些国家，尤其是大国作为国家建设的重要内容。首先，超级大国倚仗自己的经济实力，加强军事建设，积极发展扩张战略，以谋取更大的经济利益。近年来，美国国防预算逐年增加，研究新武器、试验新战略的热潮一浪高过一浪，目的就是为了保证美国在军事上的绝对领先地位。其次，有些国家在经济成就的推动下，积极加强自己的军事建设，来实现自身国际竞争利益。日本从20世纪80年代末起就不断加强军备建设，积极向海外派遣部队，企图实现"世界政治大国"的梦想。再次，一些国家因经济发展刺激了民族主义和宗教主义兴起，更加重视军事力量的建设，以夺取和维护自己的政治实力。落后就要挨打，没有强大的、现代化的国防实力就难以维护国家的和平发展，没有自主的国防科技工业就没有国防现代化。肩负着推动国防现代化建设进程、科技强军、振国威、扬军威神圣使命的中国航天事业任重而道远。

确保打赢未来高科技条件下的局部战争，对航天科技工业提出了更高的要求。一切爱好和平的人们是不愿看到战争的，可战争往往并不以人们的意愿为转移。中国作为一个大国，要对世界和平与人类进步作出更大的贡献,仅有一个良好的愿望是远远不够的,还得努力做好应付突发事态、制止战争的精神与物质准备。

中国的周边环境也存在着诸多不安定因素,中国要实现祖国统一,维护国家主权,为社会主义现代化建设营造良好的安全环境,必须有强大的国防后盾。未来战争是高科技条件下的战争,拥有先进精良的武器才能克敌制胜,这给在高技术武器装备研制生产中扮演举足轻重角色的航天科技工业提出了新的更高的要求。

航天文化的形成是以航天科技工业的发展为推动力,反过来又为航天科技工业的持续发展提供深层动力。航天科技工业的不断发展与壮大,一方面为航天文化的形成奠定了物质、制度和精神方面的基础和条件,另一方面,又不断产生促进航天文化发展的新需求;而航天文化一旦形成,就在航天科技工业的发展过程中起到了无形的支柱作用。中国航天科技工业取得的成就和航天文化建设成果,是中华民族凝聚力和时代精神的体现,也是航天科技工业在新世纪实现改革、发展、繁荣的巨大精神动力。航天文化是中国航天人为中华民族创造的宝贵精神财富,也是航天事业最佳历史机遇实现跨越式发展的强大精神动力,必将在航天事业新的发展中不断丰富,在未来绽放出更加绚丽多彩的花朵。

当前良好的外部环境和发展机遇将推动航天文化建设进入一个崭新的历史时期,每一个航天人应主动肩负起历史责任,把握机遇,以创新的精神全面推动中国航天文化建设,为航天科技工业在新世纪的繁荣与发展营造良好的文化环境。

二、航天文化的构成要素

航天文化的结构要素大致可分为三个部分,即航天精神文化(深层文化)、航天行为文化(中介层文化)、航天物质文化(表层文化),其核心是航天价值观。

1. 高度凝练的精神文化

航天精神文化是指航天人在从事航天事业的实践中所形成的意识形态，是指导航天人进行航天产品研制、生产的行动指南，以航天价值观为核心，以航天精神为集中体现。航天精神文化反映了航天人的共同追求和共同认识，是航天事业之魂，是推动航天事业发展的强大精神动力。新中国航天事业发展的风雨历程和独特环境，航天系统各级党组织和领导干部的不懈努力，为航天精神文化的形成与发展创造了条件，打下了基础。航天战线广大职工在继承和发扬我党我军优良传统的同时，面对重重险阻，种种挑战，以大无畏的革命气概和"一不怕苦，二不怕死"的献身精神，开拓进取，拼搏向前，在实践中不断创造和发展着航天精神文化，铸就了"自力更生、艰苦奋斗，大力协同、无私奉献、严谨务实、勇于攀登"的航天传统精神。航天传统精神、"两弹一星"精神和载人航天精神实际上是对中国航天精神的写照，是中国航天精神文化的精髓之所在。

2. 切实有效的行为文化

航天行为文化是指具有航天特色的组织体系、管理制度、道德规范、行为准则和习惯，是航天人在长期从事航天实践活动中所形成的一种行为模式，它规范着人们的行为，使整个航天队伍围绕着一个目标，朝着一个方向前进。航天行为文化以党的思想政治工作为源头、为引领，以系统工程方法为运行规则，以组织管理体制和制度体系为基本框架，以一流人才队伍为有机载体，是航天事业实践经验和教训的总结，是航天人不断取得胜利的重要保障。

行为文化是介于物质文化与精神文化之间的一个中介层，是人们在科研生产经营活动和人际关系（包括个人与个人、个人与组织、组织与组织）中形成的一种活动文化。航天行为文化包括航天事业的组织体系、组织目标、管理制度以及非制度形态的工作作风、工作习惯等。这些制约和影响人们行为的文化，一方面不断地向人的意识内化，促使精神文化的生成,另一方面又不断地通过人的物质生产活动外化,促使物质文化的生成,即创造出符合既定文化目标的物质产品。航天行为文化不仅在航天文化中具有十分重要的地位,而且在航天事业60年的发展中发挥了十分显著的作用。

3. 硕果累累的物质文化

航天物质文化是指为了满足航天事业发展的需要,由航天人创造的产品和各种物质设施等及其所表现的文化,是一种以物质为形态的表层文化,是航天行为文化与航天精神文化的显现和外化结晶。主要表现为中国航天事业对于社会的贡献,高新技术引领科技进步,国防建设守护国家安全,产业促进经济社会发展,先进形象塑造精神榜样。它一方面受行为文化与精神文化的制约,具有从属性、被动性;一方面又是人们感受航天文化存在的外在形式,具有形象性和生动性。

任何物质文化的形成都要经历这样一个过程,即物质生产力(包括劳动者、劳动对象和劳动工具)——物质生产过程——物质生产产物。这个过程是通过人的具体劳动将设计方案转化为感性实物的过程,它体现着人的思想、人的精神、人的行为。所以,航天物质文化是航天行为文化和航天精神文化的外在表现形式。人们了解认识中国航天事业也是从航天物质文化开始的。比如,从庆祝中华人民共和国成立60周年阅兵式、纪念中国人民抗日战争暨世界反法西斯战争胜利70周年阅兵式上看到中国航天的各类导弹,从电视上看到中国航天的运载火箭升空、"神舟"飞船与"天宫一号"交会对接,就会对中国航天事业产生一种感性认识,并为这辉煌的成就而欢欣鼓舞。当然,航天物质文化不仅包括航天产品,还包括从事航天实践活动的环境、条件、生产工具等各种器物和标识,这些同样是航天物质文化的重要组成部分。

航天物质文化,是航天人赖以从事航天实践活动的物质基础和活动成果,是航天人劳动和智慧的结晶。每一代航天人都在一定的物质条件下从事航天实践活动,也就是说他们总是在自觉或不自觉地继承着前人创造的物质文化,同时每一代人又都在不断地改变着原有的物质文化,创造着新的物质文化,从而使中国的航天事业不断发展进步。

三、中国航天文化的发展特色

1. 继往开来丰富航天文化的深刻内涵

中华民族在五千年的文明史中,形成和发展了光辉灿烂的民族文化。航天文化继承和发扬了中国传统文化的精华,并借鉴吸收了国外社会文化有益的营养,可以说,航天文化是中华民族优秀文化在新时代、在航天领域的继承和发展。在中华民族的优秀文化传统中,爱国主义始终闪耀着瑰丽的光彩,从替父从军的花木兰到民族英雄岳飞,都为国人历代传颂,中国近代史上的无数爱国志士和革命先烈,更为中华民族的爱国主义传统文化增添了光辉的篇章。他们那种"男儿七尺躯,甘为祖国捐"的大无畏革命精神,永远激励着每一个中华民族的优秀子孙为中华民族的崛起和强盛前仆后继的战斗。当代中国的航天文化,正是继承了这些优良传统并在新的历史条件下进一步发扬光大。

60年来,一代代航天人为了祖国的繁荣昌盛,立足岗位,献身航天事业,把爱祖国、爱航天、爱岗位紧密联系在一起。在航天事业实践活动中,以无与伦比的勇气、智慧和干劲,自力更生,艰苦创业,无私奉献,勇攻难关,不断创造着航天事业的新业绩。

2. 爱国信念树立航天文化的发展精髓

当今世界,和平与发展已经成为时代的主流。但是,国际竞争日趋激烈,冷战思维依然存在,世界仍不安宁。努力赶上世界先进水平,尽快拿出高水平、高质量的航天产品为国争光,为中华民族争光,成为航天文化的主旋律。航天产品是综合国力和国防实力的重要体现。它在反对侵略、保卫国家安全和社会主义制度等方面具有强大的震慑力量,对于争取一个良好的国际和平环境和周边环境具有十分重要的意义。航天产品的特殊使用价值决定了航天文化中爱国信念的重要地位。

航天人在发展航天事业的过程中,时刻把国家利益放在第一位,把富国强军、增强国防实力当作自己最大的政治任务和神圣使命。无论在航天事业初创时期,还是在"文化大革命"的年代,无论是在历经坎坷的过去,还是在改革开放的今天,一代又一代航天人,时刻牢记党和人民的期望,肩负重担,把献身航天当作最大的光荣。

图1-13　一壶热水、几个馒头,就是在戈壁滩上工作的航天人的午餐

20世纪70年代建设"大三线"后,一大批航天人从城市转入山沟,在艰苦困难的环境中,他们发出了"甘为航天献青春,献了青春献终身,献了终身献子孙"的豪迈誓言,充分表达了航天人崇高的精神和对伟大祖国的一片赤诚之心。在这种精神的鼓励下,涌现出一大批英雄模范人物,他们的无私奉献精神与爱国主义信念既是航天文化的重要组成部分,又为航天文化的发展谱写着新的篇章。

3. 自主创新开拓航天文化的前进道路

习近平总书记指出,创新始终是推动一个国家、一个民族向前发展的重要力量。航天事业作为尖端科技领域,处于科学技术发展的前沿,涉及众多新学科、新技术,且所有相关的学科和技术都必须进行新的探索和攻关。这种探索和创新正是航天事业发展的动力,这就决定了航天文化的创新性。

中国的航天事业是在"一穷二白"的基础上发展起来的。创建初期,艰苦的条件给新中国的航天事业造成了极大的困难。自力更生、艰苦奋斗、发奋图强、追赶世界先进水平成为了航天人的历史责任。

图 1-14　航天科技人员用简陋的工具熬制和浇注炸药部件

航天领域是最具创新活力也最需要创新精神的领域之一,创新既是发展动力,也是根本出路,是航天事业不断发展的力量源泉。有了创新,甚至是奇思妙想,才有载人航天,才有奔月探月,才有太空行走,才有深空探测。因此,自主创新是航天文化中最具活力的部分,是航天文化的特质。创新作为一种文化,已成为各个领域、各项事业乃至国家建设的主流,成为推进事业发展进步的精神和动力。

中国把提高自主创新能力、建设创新型国家，作为经济社会发展的重大战略，作为中国经济长期平稳较快发展的重要支撑，作为调整经济结构、转变经济增长方式的重要支撑，作为中国国际竞争力和抗风险能力的重要支撑。航天事业进行的每一项科研试验，都是高科技实践活动，都是艰巨的创新实践。中国航天战线的科技专家始终致力于自主创新，突破一系列关键技术，取得巨大成功的同时在世界航天科技领域中占有自己的一席之地。适应新形势、履行新使命、完成新任务、谋求新发展，就必须把创新作为航天建设与发展的本质特性，推动发展思路创新、管理手段创新、组织指挥创新、技术领域创新，以及理念、方法、制度的创新。

在航天领域培养和倡导创新精神，要坚持依靠科技进步搞创新。必须紧跟世界科技发展和航天建设大势，适应航天科技迅猛发展的需求，下大力抓好基础性、前沿性、战略性技术研究；必须依托高素质的专家方阵和庞大的专业人才队伍，有计划、有目标地开展科研攻关；必须坚持走开放式科研之路，注重发挥资源优势，加强合作交流，联合集智攻关，不断提高航天试验的能力和水平。

提倡技术创新，更多的是应用科学技术发展的最新成果，通过科研攻关，突破关键技术，解决航天科技中前人没有解决的问题，解决制约航天建设中遇到的重点、难点和现实问题，不断促进航天试验能力的提升。要不断适应新型号、新技术、新装备的需要，大胆改革创新。同时，又要着眼百分之百的成功率和"零风险""零差错"的要求，确保稳妥可靠、万无一失。这就决定了航天领域的创新，必须建立在反复论证、稳妥可靠的基础之上。"成熟的就不要轻易改动"，这是航天最重要的经验，同时也是失误和失败的惨痛教训换来的一条铁律。一些新技术、新工艺、新材料的运用，必须经过反复试验、反复论证，确保万无一失才能付诸实施。这是一个优化过程，优化也是创新。

60年来，航天事业的每一项成果，都是航天人不怕困难、敢于创新、勇于攀登的结果。可以说，中国航天事业的发展历史就是航天人不断创新的历史。在科技、管理、制度等领域不断创新的实践中形成的航天文化，其创新性尤其突出。在这种文化的熏陶下，一代又一代航天人将在创新的道路上进行不懈的努力，创造崭新的业绩。

4. 系统规划完善航天文化的行为准则

航天工程是一项复杂的系统工程，每一个型号的系统性、复杂性和严密性都是其他产品难以相比的。航天产品的这一特点决定了航天文化的协同性。

60年来，航天人在研制航天产品过程中深深懂得，航天产品是集众多高新技术于一体的复杂产品，不论是战略战术武器，还是火箭卫星，或是载人航天，其组成的零部件都数以万计。因此，保证每个零部件的质量对全局都至关重要，一根导线、一个焊点、一个元器件的故障，都可能使数亿元的投资、几十万人的汗水付之东流。而且，从研制、生产，到飞行试验，每一个阶段、每一个步骤都有严密复杂的程序，任何一个环节的疏忽，都可能使整个系统无法顺利运行。没有全局观念，没有大力协同的精神，没有集中统一的指挥，没有严密的组织和严格的制度，要想完成型号研制任务是根本不可能的。航天人在完成这些任务的过程中，不仅形成了具有自身特色的行为文化，而且养成了与之相适应的思想观念和行为准则。局部服从全局的观念、系统工程的观念、大力协同的观念、质量与安全的观念已深入人心。每一个人都自觉把自己的工作与整体相联系，严肃认真，一丝不苟，为确保型号的成功做出自己最大的努力。

5. 真抓实干打牢航天文化的建设基础

航天事业是一项振国威、壮军威的光荣事业，它把航天人紧紧凝聚在一起，激励着人们朝着一个目标、一个方向，开拓进取、勇于攀登。在从事航天产品研制、生产、试验活动的实践中，创造了具有航天特色的行为文化和精神文化。马克思主义认为，实践—认识—再实践—再认识，是认识客观事物的规律。航天文化与航天事业的发展相伴而生,相伴而行。可以说,航天事业发展的历史也是航天文化形成和发展的历史。航天文化是在中国航天事业的实践中产生和发展起来的,同时又指导和推动着新的实践活动。

60年来,中国的航天事业经历了几个较大的发展阶段,登上了一个又一个新的高峰,取得了世人瞩目、国人称颂的巨大成就。这每一个发展阶段,每一次新的攀登,都凝聚着航天人的辛勤汗水,丰富和发展着航天文化的内涵。与此同时,航天文化又以它强大的力量,激励着航天人去克服一切困难,攻克一个又一个难关。航天文化不仅为航天事业的发展提供了强大的精神动力和组织制度保障,而且培养和造就了一代又一代高素质的航天人,为航天事业的持续发展奠定了坚实基础。

6. 科学严谨保障航天文化的持续发展

世界航天史上,苏联航天员加加林首次进入太空,美国"阿波罗"计划将人类的足迹留在月球,都成为了人类探索宇宙,实现突破的不朽象征。随后的航天飞机、哈勃望远镜、国际空间站都发挥着拓展人类探索宇宙和提高认知能力的作用。其间形成的不畏艰险、勇于挑战的精神也构成了航天文化的重要精神实质,激励着人类太空探索活动的延续和深入。航天事业是高投入、高风险的事业。持续性是勇攀高峰的永恒课题,是确保航天永不止步的根本保证。

中国航天科技工业60年的发展历程,积淀了深厚的、具有特色的文化底蕴。航天工业创业时期,在聂荣臻等老一辈革命家和钱学森等老一辈科学家的积极倡导和直接带领下,航天战线广大干部职工就开始树立起"严肃的态度、严格的要求、严密的方法"的"三严"作风。20世纪60年代,针对航天型号技术复杂、质量与可靠性要求高的特点,周恩来总理提出了"严肃认真、周到细致、稳妥可靠、万无一失"的"十六字方针",成为航天工业科研生产及质量管理工作的指导思想。

图1-15　1966年10月27日，聂荣臻(右二)与钱学森(右一)主持中国首次导弹核武器试验

航天科技工业是国家经济社会发展和科技进步的重要推动力量，是国家综合国力的集中体现。而航天技术是尖端的技术创新和最复杂的系统工程。中国航天取得的伟大成就极大地增强了中国的综合国力、科技软实力和地缘政治影响力，极大地激发了民族自豪感和荣誉感。中国航天的每一次重大突破，都引发了公众的广泛关注，这为航天文化的传播奠定了基础。

第三节　先进文化助力伟大事业发展

航天文化与其他行业文化一样,具有十分重要的教化人、改造人、培养人、塑造人的功能,尤其是对人的思想和行为具有导向、凝聚、激励、调节、约束和监督等作用。而这些功能和作用的发挥,对航天事业的发展起到了重要的不可替代的作用。

一、航天文化推动航天精神传承

航天文化所反映的是中国航天人的共同追求、共同价值观和共同利益所在。它在中国航天创立、发展过程中,像一面旗帜,使中国航天人在不同的时期,将个体的思想、观念和追求与中国航天所要求的整体利益和特定目标相一致,使每一个中国航天人都自觉地为实现中国航天所特定的目标而努力奋斗。中国航天文化就像航标一样,始终为中国航天人引导着前进的方向。

60年的实践证明,航天文化对人们的思想道德、科学文化素质具有广泛而深刻的影响,而正确把握舆论导向在航天事业发展中具有十分重要的地位。在中国航天艰苦创业阶段,自力更生、发奋图强,就是航天文化的主旋律。广大航天职工牢记聂荣臻提出的"自力更生为主,力争外援和利用资本主义国家已有的科学成果"的建院方针,坚持走独立自主、自力更生的发展道路。在全面发展阶段,根据我国的实际需要、技术水平和物质基础,中国航天又采取了集中优势力量,打攻坚战,坚持有所为、有所不为的发展战略。在这一时期,航天人在总结历史经验的基础上,明确提出了"自力更生、艰苦奋斗、大力协同、无私奉献、严谨务实、勇于攀登"的航天传统精神,为航天事业的发展提供了强大的精神动力。

改革开放以来,面对科学技术的飞速发展和复杂多变的国际形势,中国航天事业又面临新的挑战,不仅要拿出新的武器来装备部队以保卫国家安全和领土完整,而且要在航天技术上迈上一个新的台阶,以巩固和拓展中国在世界航天领域的地位。同时还要在市场经济条件下,求生存、求发展,为国民经济建设作出更大的贡献。在这一时期,"振兴航天,人生能有几回搏"的响亮口号,进一步唤起了航天人的极大热情,引导中国航天继续谱写新的篇章。

二、航天文化激励航天人才培养

航天文化集中体现了中国航天人共同的价值观和思想、行为方式,使人们产生了对中国航天的目标、准则、观念的认同感、使命感、归属感和自豪感,从而使中国航天事业具有一种强烈的向心力和凝聚力,形成一种强大的力量,发挥出巨大的整体优势。航天文化吸引和召唤着人们将自己的命运与航天事业的发展紧密联系在一起,正确处理国家、集体、个人三者利益关系,无怨无悔、全心全意为中国航天事业的发展贡献出自己的全部才智和力量。在航天文化的熏陶下,中国航天人健康成长,全面发展,积极性和创造性得到充分发挥,从而使中国航天的发展有了强劲的动力。

在中国航天事业创建发展的60年岁月中,航天文化培养、造就了一支高素质的航天队伍。这支队伍经过多次大的调整和扩充,形成了比较合理的结构,发挥出系统的综合优势。这支队伍由院士专家、管理人员、技术骨干、技能人才、服务保障人员等组成,是一支富有爱国激情和献身精神,能攻善战、敢打硬仗的队伍。为了发展中国航天事业,中国航天人在极其艰苦的环境里,不计名利,默默耕耘,夜以继日,废寝忘食地战斗在科研生产第一线。可以说,在航天事业的每一项成就和成功后面,都有着一大批可歌可泣的无名英雄。

三、航天文化创新航天科研生产

航天文化内求团结、外求发展的管理功能,使其对中国航天事业的科研生产起到了良好的保障作用,保证了中国航天各个发展时期目标的实现。

航天文化是伴随中国航天事业的创建发展而产生和发展的,它紧紧围绕航天科研生产这个中心,渗透到型号研制的全过程。在型号研制工作的方案论证、技术设计、工程研制、生产和试验的各个阶段,贯彻了国家对型号研制任务的各项要求,建立了一整套适合航天工业特定科研、生产、试验工作的规章制度,并注重管理工作与思想政治工作的结合,把思想的教育引导和行为的规范约束相结合,从而有效地保证了各项型号研制任务的完成。

在方案论证阶段,对技术上的不同看法,充分发扬技术民主,贯彻"双百方针",引导科研人员正确处理各种关系和矛盾,使继承与创新、全局与局部、进度与质量等问题通过反复协调取得共识,以保证总体方案的正确性。

在工程研制阶段,紧密结合工作中出现的矛盾、问题和职工的思想实际,运用各种形式,深入做好经常性的思想教育工作,引导技术人员正确处理理论与实际、主要与次要等关系,确保行政和技术两条指挥线的畅通无阻。同时,做好后勤保障工作,使职工无后顾之忧,调动起一切积极因素,团结合作,集智攻关,确保研究设计的高质量。

试制生产阶段的目标是按照型号研制计划,试制生产出符合设计要求的产品。航天文化注重发挥其激励和综合管理的功能,焕发工人和设计人员的主人翁责任感和使命感,引导职工牢固树立"质量第一"的思想,培养严肃认真、一丝不苟的质量意识,严格按照质量管理体系的要求,确保试制生产任务的圆满完成。

飞行试验是航天工程研制中特有的关键性阶段,它全面检验设计方案与制造工艺的正确性、可靠性,是研制工作各个环节工作质量的总检验。航天文化注重做好飞行试验中的组织管理工作和思想政治工作,提高每个参试人员的责任感和事业心,并通过誓师动员激励斗志,通过开展"三检"(自检、互检、专检)、"两想"(工作回想、事故预想)等活动,强化试验人员的责任感和质量安全意识,以保证飞行试验万无一失。这些都充分显示出航天文化的显著特色和重要作用。

四、航天文化塑造航天形象建设

航天文化是随着航天事业的创建、发展而形成、发展起来的。它一旦形成,就如一种强大的动力,有力地推动着航天事业的发展。航天文化对内具有强烈的感染力,对外具有强烈的辐射力,对社会文明产生了积极的推动作用。60年来,特别是改革开放以来,航天文化塑造和展示了中国航天的光辉形象,充分显示和宣扬了中国的科技水平和综合国力,展示了中华民族的伟大形象,鼓舞和激励着全国各族人民,使他们从中国航天事业的发展中看到了中华民族的辉煌前景,并为之感到骄傲和自豪。

航天文化所塑造的中国航天形象,以鲜明的标识、合理的流程、优良的秩序使国人耳目一新。中国航天人在赶超世界航天技术方面不畏艰险、勇于攀登;在面向市场积极贯彻军民融合方面,直面挑战,参与竞争,在国民经济主战场上奋力拼搏的风貌,把中国航天的优良形象展示在世人面前,增强了社会各界对中国航天的认同感、信任感和美誉度。

航天文化所塑造的中国航天形象综合体现了中国航天的内在素质,这种良好形象的展示和宣扬,产生了极大的集聚效应,从人才、资金、社会舆论等方面为航天事业的发展创造了较好的环境氛围。

第二章

中国航天核心价值观

中国航天事业基础薄、起步晚,但是在比较短的时间内,以比较快的速度取得举世瞩目的成就,这既有党中央、国务院、中央军委的正确领导和英明决策,又有社会主义的优越制度保障,更有全国人民的鼎力支持等客观因素,同时也离不开航天文化的巨大推动作用。航天核心价值观作为航天文化的内核,对于中国航天事业的发展发挥了不可忽视的作用。

回首中国航天事业的一次次突破,从起步建设到成就辉煌,托举这一次次跨越和奇迹的,正是闪烁着民族精神和时代精神的航天核心价值观。

第一节　航天核心价值观的内涵与实践

一、航天核心价值观的内涵

党的十八大明确提出,社会主义核心价值体系是兴国之魂,决定着中国特色社会主义发展方向,要大力加强社会主义核心价值体系的建设。社会主义核心价值观是社会主义核心价值体系的内核,是航天核心价值观形成和不断丰富的依据。

社会主义核心价值观要求航天人坚持以爱国主义为核心的民族精神。一个民族,没有振奋的精神和高尚的品格,不可能自立于世界民族之林。中国航天事业之所以能够快速发展,就是因为航天人始终把国家利益放在首位,视国家利益高于一切;把个人的价值实现和国家利益的实现统一起来,以热爱祖国、为国奉献作为行为准则,并把它落实在岗位上,体现在行动中。

社会主义核心价值观要求航天人秉承以马克思主义为指导思想的严谨精神。马克思主义始终严格地以客观事实为依据,随时代、实践和科学的发展而不断发展。航天技术作为密集度高、尖端科技聚集的高科技系统工程,始终都需要把马克思主义作为思想依据。

航天核心价值观是在航天事业的建立和发展实践中形成并高度浓缩出来的,是航天事业经过千锤百炼而取得的丰硕成果。正如马克思描述的那样:"在再生产的行为本身中,不但客观条件改变着……而且生产者也改变着,炼出新的品质,通过生产而发展和改造着自身,造成新的力量和观念,造成新的交往方式,新的需要和语言。"中国的航天事业从1956年10月8日诞生至今,中国航天人是在外有帝国主义的封锁挑衅、内是新中国的百废待兴的条件下,通过对航天产品成千上万次的设计、研制、生产、试验,逐渐提炼和浓缩出一些对航天事业和航天人有价值的人生追求和基本准则,形成了"国家利益高于一切"的核心价值观。不论怎样描述,航天人的价值取向的主要内涵可被概括为"热爱祖国、奉献敬业、求真务实、自主创新"。其中,热爱祖国是航天核心价值观的灵魂,奉献敬业是航天核心价值观的精神,求真务实是航天核心价值观的作风态度,自主创新是航天核心价值观的气魄理念。

在60年的航天事业发展历程中,中国航天不仅取得了以人造地球卫星、载人航天、月球探测等为代表的辉煌成就,也孕育形成了独具特色的航天核心价值观。航天核心价值观是航天系统的组织领导者在航天科研生产、运营管理等实践中,通过集中群众智慧并大力倡导而逐步形成的,为广大航天职工所认同并为之努力追求和推崇的、被实践反复证明是有利于推动中国航天事业发展和航天人发展的正确理想信念。

航天核心价值观是航天人铭刻于心的意识形态。作为一种行业群体共同的理想追求和价值取向,航天核心价值观不是少数人的个别看法,也不是简单的标语口号,而是广大航天人已经内化于心的意识形态,是广大航天人外化于行的行为准则。以钱学森为代表的一批杰出科学家自愿放弃国外优越的工作和生活条件,历尽艰难回到祖国,甘愿在艰苦的条件下投身中国的航天事业;一代又一代航天工作者胸怀报效祖国之心,矢志不渝地把中国航天事业作为强盛民族、提升国威的毕生事业,把自己的一切都奉献给了中国航天。航天核心价值观是对航天人起主导支配作用的坚定信念,这种信念跨越时空、跨越分工,激励每一个航天人为国家利益和个人理想去努力去奋斗。

航天核心价值观是航天事业组织领导者的经营理念和全体航天人的行为准则。面对国家和人民给予热切期盼的航天事业,面对纷繁复杂、头绪万千的航天工程,为了实现国家确定的战略目标,为了回报人民给予的大力支持,为了更好地整合资源实现迅速发展,航天事业组织领导者必然要有一套谋事用人的管理思想。这种管理思想运用于实践中,就会形成管理理念。只有把这种理念倡导灌输到全体职工中去,全体职工才能心往一处想、劲往一处使、情往一处系,才能共同创造中国航天事业的辉煌伟业。因此,航天系统的各级领导既是航天核心价值观的倡导者,又是航天核心价值观的率先垂范者。应当特别指出的是,党和国家历代领导人对中国航天事业的英明决策和正确领导,对航天人才的亲切关怀和精心培育,为航天核心价值观的形成发挥了决定性作用。

航天核心价值观是伟大的民族精神与航天实践相结合的产物,具有鲜明的民族性和实践性,反映了不同时期航天人与时俱进的精神风貌,已经成为中华民族精神文化宝库中的璀璨明珠。

二、航天核心价值观的实践

航天核心价值观是广大航天人在60年的奋斗实践中成功经验的积淀和理性认识的结晶,构成了航天人人生理想的认知和信念,决定了航天人人生意义的性质和方向,托举了航天人人生道路的成就和辉煌,是航天人代代相传的精神财富。

1. 航天人时刻坚定热爱祖国的信念

习近平总书记指出:"实现中华民族伟大复兴,是中华民族近代来最伟大的梦想。可以说,这个梦想是强国梦,对军队来说,也是强军梦。我们要实现中华民族伟大复兴,必须坚持富国和强军相统一,努力建设巩固国防和强大军队。"

《孙子兵法》中说:"兵者,国之大事,死生之地,存亡之道,不可不察也。"对于一个国家、一个民族来说,最根本、最长远的利益就是国家安全利益。国家的昌盛、民族的兴旺离不开全民国防意识的增强。中国近代百年屈辱历史深刻地证明,一个国家如果忽视国防建设,就难以避免战争的灾祸;一个国家如果没有强大的国防作后盾,就不能确保国家的安全稳定和领土完整。战争可百年不打,国家不可一日无防。国无防不立，民无防不安。历史的教训、胜利的经验，无不启示人们：强大的国防，是民族的生存之盾，是国家的安全之本。

热爱祖国是航天人矢志不渝的努力方向。我们伟大的祖国，有着960万平方千米的陆疆、近300万平方千米的海疆、18 000多千米漫长曲折的海岸线。幅员辽阔，宝藏丰富；地大物博，山河秀丽；历史悠久，人杰地灵。在这片古老而文明的土地上，中华民族世世代代生生不息，创造和继承着龙的文化。在人类发展历史上，中国是唯一没有被中断过文化传统的国家。

然而，在近代，这个拥有五千年灿烂文明的悠久古国却惨遭欺凌，且不说清末时八国联军如何破我海防、侵我国门，只说在抗日战争中，日本肆意践踏中国国土，屠我同胞，给中华民族带来了深重灾难。1937年抗日战争全面爆发时，面对日本现代化飞机的狂轰滥炸，中国甚至还没有正规的空军可以迎敌；面对日本先进狙击步枪的疯狂射击，中国甚至连小米加步枪的军需供给都难以为继！

勿忘国耻，方能重铸辉煌。作为一名航天人，无疑是幸福的，因为肩负着铸国之重器、保国之安宁的使命。随着"嫦娥"探测器的成功升空，"神舟"与"天宫"交会对接任务的顺利完成，"北斗"卫星导航系统成为世界上第三个成熟的区域性有源三维卫星定位导航系统，中国航天事业不断刷新着世界高度。航天人砥砺前行，用自己制造的国之重器威慑敌人不敢来犯，为祖国和人民筑起安全长城，为中华民族的伟大复兴贡献力量！

热爱祖国是中华民族爱国主义优良传统在新时代的升华。炎黄子孙素来以爱家报国而著称。在中国航天事业的初创阶段，一位从海外归来的专家深情地说："我回来不是为了金钱和地位，而是为了把学到的知识奉献给祖国，为我国的国防现代化事业贡献一份力量。"他的话充分代表了老一代航天科技工作者的共同心声！

在今天的酒泉卫星发射中心，有一个特殊的地方——东风革命烈士陵园。地处巴丹吉林沙漠边缘的酒泉卫星发射中心，距离最近的城市酒泉市240千米,因地势开阔、人烟稀少、干燥少雨,年均满足执行任务气象条件的天数超过200天。优越的试验条件意味着工作环境的艰苦。在发射任务频繁的酒泉卫星发射中心,一直保持着一个特殊的传统:每次重大发射前,各试验队的科技人员都要到东风革命烈士陵园祭奠先烈。30 000平方米的东风革命烈士陵园长眠着自1958年酒泉卫星发射中心组建以来为中国航天事业献身的13位将军和680多名官兵、科技人员,他们用生命谱写了中国航天的最强音!在最尖端的前沿,在最艰苦的岗位,一代代航天人用自己的聪明才智和青春生命创造了最辉煌的成果,筑起了中华民族的腾飞梦想!

图2-1　东风革命烈士陵园

热爱祖国是航天人从事科研生产、经营管理、行政后勤、政治工作等全部工作的出发点和落脚点。航天人始终不懈地把中国航天事业视为强盛民族、雄振国威、为强大国防铸"剑"造"盾"的崇高事业,把富国强军视为自己的神圣使命。他们把自己所从事的工作与祖国的荣辱兴亡和人民的幸福安宁密切联系在一起，在自己的本职工作岗位上忠于职守、尽心尽力，把航天事业作为自己报效祖国的舞台，并在这个舞台上充分发挥自己的聪明才智和力量。

航天与祖国紧密相连，航天与祖国荣辱与共。1992年3月22日，长征二号E运载火箭发射"澳星"失利，引起了全国乃至全世界的反响。在认真查清了故障原因后，各有关方面进行了思想动员，全体研制人员以高昂的爱国热情和高度的政治责任感，积极投入到后两发长征二号E运载火箭的战斗中。总装厂采取了流水作业"一条龙"的方法，打破原有的工种工序界线，不分一线二线，不分工人干部，形成了热气腾腾、团结协作的生动局面。不少车间为了保证尽快完成任务，实行了24小时连轴转。在"背水一战"中，有的年轻同志推迟了婚期；有的同志抱病参加生产；有的同志几天几夜吃住在厂房里。经过几个月的艰苦奋战，保证了长征二号E运载火箭按时总装出厂，并于1992年8月14日和1994年8月28日连续两次成功发射了两颗"澳星"，为国家争了光，也为中国人民争了气。

热爱祖国是航天事业的立足之本、发展之基、动力之源。航天人历来把祖国来之不易的国家主权、利益、尊严、安全和荣耀看得高于一切，并时刻牢记"落后就要挨打""弱国无外交"的历史教训，深深懂得只有贯彻实施科技强军、质量建军的方针，才能不断增强我军在现代高技术条件下的作战能力，才能在未来战争中保卫国家的安全和人民的和平生活。中国的航天事业是直接贯彻国家国防建设方针的部门，是国家战略意志的体现者，在保卫祖国、捍卫国家主权独立和领土完整、维护与推动世界和平等方面，有着责无旁贷的历史责任，承担着实现国防现代化的繁重历史使命。

加强国防是国家的战略要求。国际政治风云变幻，从20世纪五六十年代开始，到70年代初，以美国为首的资本主义发达国家，采取武力威胁、经济封锁的手段，妄图把新生的中华人民共和国扼杀于摇篮之中。在中国共产党的领导下，从成立国防部五院开始，在短短的14年间，航天人自力更生、发奋图强,研制生产了自己的导弹、火箭和卫星,实现了"两弹一星"发射的成功,一举震动了世界。

对此,以美国为首的西方势力调整战略,软硬兼施,利用政治、经济、文化往来与社会主义中国打一场"没有硝烟的战争"。进入20世纪90年代,由于东欧剧变和苏联解体,世界由两个超级大国主宰的时代告一段落,冷战结束,和平与发展成为世界的主题。于是,有些同志一厢情愿地以为"世界充满了爱",战争已成为历史。1999年5月8日,发生了以美国为首的北约轰炸中国驻南斯拉夫大使馆的事件,使人们对当今世界的形势和帝国主义的本质有了更清醒的认识,并更加坚定了要爱国必须强军的信念。

中国周边局部战争连绵不断。自中华人民共和国成立后,先后发生过抗美援朝战争、中印边界反击战、珍宝岛事件、中越边界反击战、南沙群岛海战。20世纪后半叶,平均每10年一次战事。近些年来,由于中国经济的快速增长,有些西方国家公开宣扬所谓"中国威胁论",视中国为潜在的战争对手,这就不能不引起重视。

胡锦涛曾指出:"广大航天工作者自觉把个人理想与祖国命运、个人选择与党的需要、个人利益与人民利益紧紧联系在一起,始终以发展航天事业为崇高使命,以报效祖国为神圣职责,殚精竭虑、呕心沥血,奋力拼搏、挑战极限,表现出了强烈的爱国情怀和对党对人民的无限忠诚。"航天人始终坚持爱党爱国,无私奉献,大力发展航天技术,经过多年励精图治,建立了完整的导弹武器系统,固体运载火箭及空间技术产品等的开发与研制生产体系,部分专业技术达到国际先进水平,极大地提升了中国的科技实力。一部中国航天事业的发展史,就是一部航天人可歌可泣的热爱祖国和报效祖国的奋斗史、奉献史。

2. 航天人时刻秉承奉献敬业的精神

奉献敬业是指航天人热爱本职,忠诚事业,为了国家强盛和民族振兴,埋头苦干,不计名利,不怕牺牲个人利益乃至宝贵生命的高贵品质和崇高精神。奉献敬业是航天人崇高理想和信念的极致。航天事业之所以始终保持了长盛不衰的发展势头,始终充满了蓬勃向上的生机和活力,就是因为航天人热爱和忠于自己的事业,并在日常各项科研生产中,有着不怕苦、不怕累、不计名、不计利,拼命而忘我,甘做无名英雄的精神。这充分体现了航天人为国家的最高利益,勇于献出自己的全部智慧和力量,甚至英勇献身的高风亮节。

　　航天人奉献敬业的价值观是在党的培养教育下和航天事业实践中千锤百炼孕育而成的。早在国防部五院创建初期,聂荣臻就对来自部队的党政首长说:"五院是一个特殊单位,担负着特殊任务,你们这些从部队来的同志原来都是当首长的,你们在五院工作,不能有任何计较个人地位、待遇的想法,要甘心当普通兵,这是党对你们的信任,也是你们的光荣和骄傲!"当年很多来到老五院担任党政领导的干部,有的曾参加过二万五千里长征,有的曾在抗日战争中与日本帝国主义进行过八年浴血抗战,有的曾在解放战争中参加过辽沈战役、平津战役和淮海战役,为中国人民的解放事业立下过不朽的功勋。他们为能被党挑选到航天这个国防尖端部门来工作感到无限荣光,同时也感到自己身上责任重大,决心抛弃一切个人名利,一心一意为科研工作服务,为科研人员服务,甘当科研战线的无名英雄。这些党政干部没有辜负组织对他们的期望,他们处处严于律己,处处以身作则,为了中国航天事业的建立和发展,废寝忘食、竭尽全力地工作,甘当国防科技工作的"勤务员"。

　　党政干部的言传身教,深深地感染着每一位科技人员,党的关怀更加激励着科技人员忘我地投入到科研生产中去。1960年苏联专家撤走后,原来仿制的第一枚火箭要自己设计弹道。这个任务落在了一位刚从学校出来的年轻人身上。为了尽快拿出设计方案,他抓紧时间学习有关资料和地球物理、大地测量等方面的知识,夜以继日地计算、绘制,最后终于设计出符合要求的弹道方案。"文化大革命"中很多人闹派性,但为了设计出远程火箭的"特殊弹道",这位同志始终没有放下手中的笔和纸,仍然在科学迷宫里默默地耕耘着。他回家,有时走错了门,吃饭时常常端着饭碗发愣。他爱人怜惜地说："你呀,丢了魂了,真是魂系航天呀?"为了使弹道模拟量再提高2 000千米,他经常连续工作二三十个小时,终于出色地完成了任务。1980年5月18日,中国向南太平洋发射远程火箭的全程试验又获得圆满成功。他也获得了国家科研成果奖,但他却把奖金分发给了大家。

热爱祖国是热爱航天、奉献敬业的内在动力。航天人把对祖国和人民的热爱之情,全身心地倾注在自己热爱的航天事业上。每当遇到困难的时刻,每当遭到挫折的时候,他们想到的是国家和人民的利益,急国家之所急,想国家之所想,把自己的智慧、知识、技术、精力、体力毫无保留地贡献给祖国的航天事业。1980年7月,负责某卫星上通信系统"本振源"研制的一位科技人员接到了领导交付的仅有4个月研制周期的紧急任务,他明知时间紧、难度大、风险多,可他没提任何困难就把任务接下来了。他加班加点,不分昼夜地工作,攻下了一个个的技术难关,仅用了两个月就完成了从设计到样机调试的任务。可人们哪里知道他是带着病在抢时间。不久后,他就在一次学术研讨会上病倒了,住院不到一周,便永别了他热爱的航天事业。

为了报效祖国,使祖国尽快强大起来,很多老专家在经济生活比较困难、设备和技术条件都十分落后的情况下,与年轻科技工作者、工人一道加班加点,攻克技术难关。他们不知在车间、在实验室、在发射场熬过了多少不眠之夜,最终拿出了高质量的航天产品。尽管苦、尽管累,但当看到一项项的技术难关被攻克时,他们便以苦为乐,无怨无悔。这是一种人生价值观的升华。

一位哲人曾经说过:"热爱,是伟大的导师。"航天人奉献敬业的精神,来自于对航天事业发自肺腑的热爱。在建设大三线的艰苦岁月里,很多航天人把个人的享受、待遇、物质生活条件置之度外,义无反顾地投入到交通、通信、生活不便,远离城镇的深山沟,去开辟新的航天基地。基地领导与职工群众一样住简易楼,有的三世同堂不足50平方米,有的甚至长期住在油毡棚。某基地的一位领导干部,在三线奋斗了十几个春秋,在身患绝症后仍坚持三线工作。临终前,他唯一的要求是:希望把他的骨灰埋在三线。在这些航天人的心目中,为自己热爱的事业贡献全部精力、体力、智慧、力量是值得的,这样的人生才充实,才有意义。

图 2-2　航天人开赴三线

航天事业的职业特点培养了航天人奉献敬业的价值观。首先,航天是探索性的事业,是一个风险与机遇共存、成功与失败同在的行业。每前进一步都要付出极大的努力,有时为了攻克一个技术难关或做一次试验,不仅要付出大量的精力和体力,而且还要冒着生命危险。某型号为了进行潜艇水下发射试验,参试人员要反复登艇下潜到深海,具有相当大的风险。为了祖国,为了国防,参试人员在每次登艇前都要写好"遗书",以防不测,这就是奉献敬业的典型写照。航天技术要求不断地向纵深去探索、去研究,技术探索的连续性使航天事业成为航天人的毕生事业。航天事业又是保密性很强的行业,很多核心技术,即使研究试制成功了,也要保密,这样使得很多研究成果不能公之于世,很多为航天事业发展作出卓越贡献的人却默默无闻、鲜为人知。

其次,航天事业集中而又典型地代表了社会化大生产式的系统工程。它需要方方面面的密切配合、大力协同才能完成。在这个集体大协作当中,有的当主角,有的当配角,有的在前台,有的在后台,但是每一个部门都有不可或缺的重要性。在航天系统内,每一项成果中都凝聚着研究、试验、生产各环节航天人的智慧和劳动,哪一项成果都是集体智慧和集体力量的结晶。在任何一项科研生产成果中,都包含着无数工程技术人员、工人、管理人员及行政后勤保障人员的心血和汗水。但政治荣誉和物质奖励往往只能体现在少数人的身上,更多的个人只能当配角,做无名英雄。在充分体现集体主义精神的航天事业中,每一个局部和个人,都深深懂得局部与全局、个人与集体的关系,工作中互相支持,互相配合,大力协同,主动承担重任和风险。他们为中国航天事业的发展甘愿当好"螺丝钉",甘愿奉献自己的聪明才智和毕生力量,这是航天核心价值观中最为宝贵的财富。

航天文化是以敬业奉献为特色的先进文化。在利益意识和竞争观念深刻影响社会的今天,只有淡泊名利、奉献敬业,才能真正凝聚力量,使全体航天人全身心投入到追求梦想的事业中去,积极性、创造性就得以充分发挥。中国航天人不计个人得失,不求名利地位,以苦为乐,无怨无悔,同舟共济,群策群力,铺就了中国航天的成功之路。

3. 航天人时刻恪守求真务实的作风

联系中国航天事业的发展历程,尤其是习近平总书记"发展航天事业,建设航天强国"的嘱托,航天人深切体会到求真务实的重要性,对求真务实有着刻骨铭心的认识。一代代航天人秉承"严慎细实"和"求实、务实、扎实"的作风,素有科学严谨、求真务实的优良传统,并且深蕴在血脉之中。航天事业需要求真务实,这是型号成功、事业成功的关键所在。

在中国航天事业60年的辉煌发展历程中,有一条制胜的法宝,那就是周恩来总理提出的"严肃认真、周到细致、稳妥可靠、万无一失"的"十六字方针"。早在20世纪60年代,周恩来总理主持原子弹研制工作时,就对科技战线上的同志提出了这一方针,并告诫大家"搞试验关系重大,绝对不可能有一丝一毫的马虎"。他认为,"上天是关系人民生命的大事。我们国家穷,做什么事,都要考虑周到。略有失误,都会加重人民的负担"。实践证明,这"十六字方针"是航天事业发展的制胜法宝,已成为航天各项工作长期遵循的重要指导原则。60年来,航天人认真践行周恩来总理的"十六字方针",并在实践中形成了求真务实的工作作风,可以说,求真务实已深深融入航天人的血脉之中。

求真务实工作作风的形成有着深厚的历史渊源,甚至可以说是航天人用无数惨痛的教训换来的。在20世纪90年代,因为工作上的不严不实、不慎不细,给研制、生产、试验造成挫折,有的甚至给国家造成巨大的损失,让航天人对求真务实有着刻骨铭心的认识和切肤之痛的教训。面对重大挫折,航天人深刻反思,系统总结,加深认识,当时的航天总公司党组提出了"管理上要严之又严,决策上要慎之又慎,技术上要细上加细,工作上要实实在在",进而凝练成为求真务实的工作作风,这是冰与火的考验,这是血与泪的凝结。

求真务实意味着"严"字当头,主要是从工作作风和管理角度,强调严谨的作风、严密的策划、严格的要求、严肃的处理。航天系统单位严格执行质量信息报告制度,不报或瞒报将给予处罚。产品质量问题多发、性质恶劣,给予通报批评、黄牌警告或红牌处罚。对单位负责人、型号两总颁发责任令,完成责任令予以双倍奖励,没有完成的给予罚款处罚,取消当年奖金。所有单位、全体员工一视同仁,没有例外。

某陆基巡航导弹的研制成功实现了远程精确打击能力的跨越式发展,但其研制过程也不是一帆风顺的,在试验初期连连遭遇失败。由于中央领导和军方首长的高度关注,1999年巡航导弹进场的时候在试验基地受到隆重的欢迎,震天的锣鼓响彻云霄,迎接的队伍蜿蜒数百米。可是进场3个多月,导弹试验几经周折,万事俱备只差导弹装箱之时,意想不到的事情却发生了:导弹竟然装不进发射箱。经过彻夜奋战,研制人员终于找出了原因,解决了问题。首批飞行试验失利后,巡航导弹团队从彻底吃透技术和苦练管理硬功入手,在试验基地技术阵地和发射阵地全面开展问题清查,共清查出大大小小52个问题。为了尽快解决这些问题,对每个问题按照"归零双五条"标准进行认真分析讨论,并在此基础上整理出管理、技术设计、外协外购、生产试验等方面起具体指导作用的56条要求。这56条要求后来被提升为国防科工委关于《强化"专项工程"型号研制管理的若干要求》的通知,印发到国防军工系统所有承担专项工程的部门和单位以及各军兵种,要求按照执行。正是因为对巡航导弹团队初期暴露的问题给予了严肃处理和严格要求,经过两年多的卧薪尝胆,巡航导弹再次进场开展飞行试验时,连续取得成功,终于打了一个漂亮的翻身仗。

求真务实意味着"慎"重而为,强调对于高风险的航天工程必须持审慎、谨慎的态度,要求综合权衡、吃透技术、规避风险、控制状态、试验验证。20世纪90年代就发生过因为决策不慎导致失败的案例。"东风21"导弹在第一次发射失败的情况下,未准确定位故障原因,认为该技术已经成熟,失败是小概率事件,仓促进行了第二次发射,导致第二次发射弹毁车炸,造成了恶劣的影响。

求真务实意味着"细"出精品,强调对于复杂的航天产品必须采用细致的工作方式,关注细节,精细管理。俗话说"细节决定成败",航天事业无小事,航天产品关系到国家安危和形象,产品在实现过程中任何工作都要一丝不苟,细上加细,否则往往小错铸成大错,酿成大祸。1992年3月22日,长征二号乙捆绑式火箭在执行发射澳大利亚通信卫星"澳星B1"任务时,由于一丝重量仅为0.2毫克的铝制多余物,导致火箭发射任务失败。一粒小米的重量约为8毫克左右,0.2毫克仅相当于一粒小米重量的 1/40，正是这 0.2 毫克的铝制多余物导致发射失败，再次发射不得不推迟了 5 个月，不但经济遭受了损失，中国航天的声誉也受到了极大的损害。

1996 年 2 月 15 日，长征三号乙运载火箭首次发射国际通信卫星，火箭起飞后 22 秒爆炸，星箭俱毁，并造成人员伤亡，这次发射在联合国总部大厅设置了显示屏，实况转播，全世界都看到了中国发射失败。那之后很长一段时间，世界上所有的保险公司全部拒绝给"长征"火箭发射投保。

2005 年 7 月 29 日，在海军某发射阵地进行的某型号设计定型飞行试验中，导弹飞行一会儿后异常坠地。后来，通过大量的试验验证，查找出了异常坠毁的原因。此次飞行试验失利，虽然没有给整个设计定型飞行试验工作造成颠覆性的影响，但原定的考核任务没有完成，直接经济损失约 1500 万元，并给后续飞行试验带来了严峻的考验，导弹预定的考核任务推迟完成，教训极为深刻。

求真务实意味着"实"字落地，是航天型号工作的落脚点，要求作风务实、责任落实、基础夯实、信息真实，重在取得实效。科学技术研究需要求真务实的态度，技术质量管理要求眼见为实，透过现象抓本质，否则会付出沉重的代价。在 20 世纪 90 年代初期，某型号导弹连续五年批抽检飞行试验一直未成功，每次失败的原因和性质都不同，技术人员百思不得其解，每次失败都对当场的问题进行了分析验证，但是下一次的飞行试验问题又在意料之外。在第六年，作为空军反导的靶弹进行试验时，不同于以往的坠入海中，此次是在沙漠中找到残骸，通过技术分析，发现是发动机提前喷火导致反噬电缆，每次电缆烧化的位置不一样，导致的结果也不一样，这次试验找出的原因全面解释了过去五次不同结果的失败。从这个案例可以看出，技术归零一定要做到保障定位准确，求真务实，不被表象所迷惑，而且要努力做到故障复现。

在强力贯彻求真务实的工作作风后，航天人逐步走出事业的低谷，除了吸取事故自身在机理、原因、管理方面的教训，在思想意识深处更强化了"科技强军、航天报国"的使命与责任,加深了"卫国为民"的决心。深刻的教训和经验成果时刻警醒党员领导干部要敢于担当、直面问题、科学求实,出实招、干实事,始终保持经营企业、强化管理、提高效益、防控风险的事业心。这是求真务实的核心所在。

艰苦努力必将迎来丰厚的回报。最近十年来,中国的武器装备科研生产越来越顺利,型号飞行试验保持很高的成功率,这是航天人贯彻求真务实工作作风结出的丰硕成果。

4. 航天人时刻树立自主创新的意识

习近平总书记指出:"要牢牢扭住国防科技自主创新这个战略基点,大力推进科技进步和创新,努力在前瞻性、战略性领域占有一席之地。要继续干好基础研究这项打基础、利长远的工作,为国防科技和武器装备持续发展增强后劲。"

一部人类文明史,就是一部发奋图强、不断创新、不断进步的历史。敢于和善于创新是一个民族进步的灵魂,是一个国家兴旺发达的不竭动力。中国航天事业60年取得的辉煌成就进一步证明:伟大的中华民族历来具有自强不息、不甘人后、自主创新的精神。国防部五院创建初期,从苏联引进近程地地导弹和地空导弹时,聂荣臻就明确提出,要"在消化的基础上再创新""仿制的目的是为了独创"。"再创新"与"独创"的思想,是中国航天由单一型号到多种型号蓬勃发展的指路明灯。

自主创新是指航天人为了尽快发展我国的航天事业,为了赶超世界航天技术的先进水平,发扬自力更生、艰苦奋斗精神,坚持走独立自主地发展我国航天事业的道路。自觉地学习和应用国内外一切新知识、新技术、新工艺、新材料和新的管理经验,并在此基础上,大胆改革创新,以提高航天产品质量,实现航天产品的使用价值和价值。这种自主创新的赶超意识和行为,是在爱国强军指导下产生的必然结果,是不断瞄准更高目标、追求卓越的生动表现,是中国航天事业发展的内在驱动力。正是由于有了这种自主创新的强烈意识,中国航天人在向科技高峰顽强攀登的过程中、在向诸多未知领域探索的艰难跋涉中,表现出无所畏惧、敢为人先的英雄气概。

20世纪60年代,美制高空侦察机频繁入侵中国领空,中国的常规防空武器"鞭长莫及",部队急需防空导弹武器。可是某地空导弹生产厂已生产出的几十套制导站却因为天线性能指标不合格被判了"死刑",无法交付部队。在这十万火急之际,钱学森急令科研人员火速赶赴该厂协助解决问题。科研人员到该厂后,经过深入调查研究、分析测试发现,不仅仿制的天线性能指标有问题,就是国外进口的成套设备、天线性能指标也与原设计要求相距甚远。于是,他们大胆推翻了当年外国专家所谓"工装设备落后和工艺水平低造成天线性能指标问题"的结论。在其他工程技术人员的配合下,经过周密思考和计算分析,终于找出了天线误差的真正原因,并大胆创新,采取巧妙方法彻底解决了天线误差的问题,使其性能指标大大超过了国外同类产品。该项成果不仅使几十部制导站"起死回生",满足了部队急需,而且开创了天线研究设计的新理论、新途径。1984年,在全国科学大会上,该项成果荣获国家发明一等奖。

解放思想、实事求是,是中国共产党的思想路线,是自主创新的先导。中国航天事业,是一项前无古人的全新事业,只有在攀登路上破除迷信,解放思想,以科学家的胆识和革命战士的勇敢精神,大胆探索,才能掌握科学技术的规律。只有解放思想,破除陈规旧律,勇于走前人没有走过的路,才能有所发明、有所创造、有所作为。只有坚持实事求是,才能走出一条投资小、发展快、起点高、步距大、符合中国国情的航天发展之路。

独立自主、自力更生,始终是中国航天事业发展的立身之本。它反映了中华民族不屈不挠、自信自强的气节和风骨。在国防尖端技术领域从来就不会有无私的援助,只有把基点放在依靠自己力量上,走自己的发展道路,才有主动权,才不会受制于人。因此,无论在过去、现在还是将来,独立自主、自力更生地发展航天事业,始终是中国航天的传家宝。即使是在可以大力引进国外先进技术、设备、产品和服务的条件下,坚持独立自主、自力更生的方针,增强自主创新的能力,也是中国航天与别人竞争的本钱和对话的平台,是国际合作中不卑不亢的基础,是打破垄断的先决条件。

一切先进的科学技术成果都是人类文明的一部分,在坚持自主创新的前提下,中国航天也应该采取"拿来主义",大胆地吸收、借鉴、引进一切有益于我国科学技术进步的优秀成果,兼收并蓄,集百家之长为我所用。这样有利于缩短探索的时间、降低研制的成本。改革开放政策给中国航天创造了这个机遇和条件,在吸收借鉴和自主创新关系上,既要坚持以我为主,又要善于博采众长,使党中央给航天事业确定的"自力更生为主,力争外援和利用资本主义国家已有的科学成果"的发展方针,在新的历史条件下注入新的内涵,使中国航天事业在未来的发展中更加充满生机和活力。

进入20世纪下半叶以来,世界科学技术以日新月异的速度迅猛发展起来。世界航天技术也逐渐打破了仅有少数几家垄断的局面,如今已有很多国家研究、生产火箭、导弹和卫星,更多的国家已广泛应用航天技术。面对激烈的国际竞争,中国航天人自主创新的脚步一刻也没有停顿,物竞天择,适者生存,成绩对强者来说只能意味着过去,而绝不能代表明天。只有永不满足于过去,只有面向世界、面向未来、面向现代化,不断地敢于创新、善于创新,开拓新的技术领域,不断攀登新的科技高峰,才能使我们的国家和民族在国防尖端技术方面跻身世界前列。

航天人大力推进科技创新、商业模式创新以及管理创新,向建设国际一流的航天工业的战略目标稳步迈进。中国航天人在比世界航天大国起步晚几十年的情况下,紧盯航天科技发展前沿,抓住核心技术和关键技术大胆探索、自主创新,在解决一系列重大课题上取得了新突破,攻克了国际宇航界公认的诸多尖端课题。

科技创新保证航天产品的成熟度和可靠度,增强航天产品的竞争力与创造力。航天事业创新的关键是科学技术的创新。中国航天人坚持大力推动科技创新,研发的航天产品和掌握的核心关键技术,部分已达到国际先进水平,圆满完成了国家赋予的各项研制生产任务,增强了我国综合国力、国防实力、科技实力,提高了民族凝聚力。中国自主研制的新一代防空主战装备——"FD-2000"远程防空导弹武器系统,标志着中国成为世界上第三个拥有远程防空技术和能力的国家。"FD-2000"应用了复合制导体制、相控阵制导雷达、主动雷达导引头、垂直冷发射、数字化指控等大量先进技术,可以拦截各种类型的空袭目标,作战距离远,多目标强,体现出 21 世纪远程防空导弹武器最先进水平。

  随着中国政府不断出台鼓励商业航天发展的新政策和不断涌现的新的商业应用,中国航天产业正经历由完全政府主导型向民商发展型转型升级的历史机遇期。2015 年 11 月 21 日 0 时 07 分,中国在西昌卫星发射中心用长征三号乙运载火箭,成功将"老挝一号"通信卫星发射升空,卫星顺利进入预定转移轨道。此颗卫星成为老挝第一颗卫星,同时也是中国为东盟国家发射的第一颗卫星,这颗卫星更是中国第一个"整星"(卫星组装完成)出口并参与卫星地面营运的项目。本次发射是建设"一带一路"的重要项目,卫星发射的圆满成功标志着老挝卫星项目全面实施,不仅实现了中国航天向东盟国家整星出口"零"的突破,更代表着中国航天率先践行国家"一带一路"战略,对中国航天走出去有重要意义。2016 年 1 月 16 日 0 时 57 分,中国在西昌卫星发射中心用长征三号乙运载火箭成功发射白俄罗斯"通信卫星一号",卫星准确进入预定转移轨道。中国航天 2016 年首次发射任务的圆满成功标志着中国首次向欧洲用户提供卫星在轨交付服务正式开始,也标志着中国航天迈出了开拓欧洲市场、服务世界航天的重要一步。

  2015 年,中国航天科工集团公司与湖北省武汉市共同筹建"湖北武汉国家级商业航天技术创新创业园区",依托中国航天产业的主力军、生力军、重要力量和后起之秀所蕴藏的巨大创新创业能量和国内外巨大的市场空间,形成"有规模、上水平,有活力、重创新,有影响、出效益"的商业航天产业重地。中国航天科工集团公司与武汉市政府及其他参与机构一起,努力创造一切必要条件,推动各类商业航天产业要素资源集聚、相互开放共享，各种商业航天产业能力汇聚、分享、协同，提高科研资源配置效率和商业航天产能的运用效率，在更大范围、更高层次上促进中国商业航天产业创新驱动发展，为实现中国商业航天产业发展进入世界先进行列这个战略目标提供基础性支撑。

　　航天产业工程系统复杂、协作难度大，涉及航空、船舶、机械、电子、化工、冶金、建筑等众多领域、全国数千个单位、几十万科技大军，是规模空前的社会大协作体系。要使这个大系统高效运作，就离不开管理制度、管理方式上的创新。将科技创新和商业模式创新落到实处，关键是管理的创新，核心就是最大程度地统筹整合资源和激发人才的创造力。多年来，中国航天科技集团公司将航天系统工程理念贯穿于创新体系建设的全过程，坚持"一个总体设计部，总指挥、总设计师两条指挥线"；坚持"探索一代、预研一代、研制一代、生产一代四步走的产品发展路线"；坚持"方案、初样、试样（正样）、装备定型四个研制阶段的技术状态控制"；坚持"零缺陷质量管理"，统筹推进创新体系建设。此外，中国航天科技建立了创新激励机制。通过建立健全人才的培养、使用、激励和保障机制，实行津贴向一线倾斜、向科技骨干倾斜，制定荣誉奖励、专家管理、特殊津贴等管理办法，对贡献突出的科技骨干实行政治待遇、荣誉奖励、推举专家、培训深造、职称评优"五优先"，极大地激发了人才的创新激情和活力。

　　习近平总书记曾对航天工作者说，当我们落后的时候去引进国外先进技术，别人可能会给你；当我们强大了，再去引进国外先进技术就困难了，所以需要我们创新发展。航天人责任重大、使命艰巨，航天事业创新发展迫在眉睫。创新是一个国家立于世界发展潮头的原动力，中国航天的发展史就是一部高科技的自主创新史，就是一部中华民族自力更生、自主创新的艰苦奋斗史。

第二节　航天核心价值观的作用

价值观作为一种观念形态，来自于对事业的执着与人生的体验和认识，发自于内心深处而又决定了个人对事物的取舍，并支配着个人与群体行为的走向。航天核心价值观作为一种群体的价值取向，在航天事业的发展与航天人的成长过程中，有着不可忽视的作用。

一、航天核心价值观的整合作用

航天科技工业系统与其他社会组织一样，是高度社会化、组织化的社会群体。它不仅是科学技术的集合体，也是企业化了的经济组织，同时也是社会性质与社会制度的"浓缩"。它同样要受到来自于社会政治、经济、文化、道德、社会风气与习俗的影响和制约。同时，航天科技工业系统又是一个人际关系互动系统，其内部成员之间的互动关系与交互作用关系，同样也会影响航天事业与航天人的世界观、人生观、价值观。航天系统单位分布在全国各地，受不同地域的政治、经济、文化、道德、风尚的影响与制约。以上这些因素，互相碰撞，互相融合，互相联系，又互相作用，必然对航天人的基本信念、思想、观念、心理、行为模式产生这样或那样的影响。

对此，航天核心价值观就要承担起整合整个航天队伍的思想观念和行为模式的任务，使各种各样、各层次来自天南地北的航天人的信念、思想、观念、追求达到一种统一和谐的状态，铸造出适应航天事业需要的理想人格和行为模式，并以价值观为核心，去构筑航天精神之大厦，建立航天文化之楼宇。通过价值观的调整、修正、完善，为航天人提供优质的观念和理想，剔除那些落后的、消极的、劣质的价值观念和行为模式，使航天人对人生价值的追求建立在一个较高的水准上。正像马克思曾经指出的那样:"动物是按照它所属的那个种的尺度来生产,而人却懂得怎样处处把内在的尺度运用到对象上去。"马克思这里所说的这种人的"内在尺度",就其实质而言,就是人的一种价值尺度。进入航天战线的人们有着五彩纷呈的价值观念,其社会心理的调整,都应以航天核心价值观为基本规范和准则,都应以航天核心价值观的要求作为价值尺度和行动指南。从而使整个航天队伍每一个人的价值观都聚集在航天核心价值观的大旗下,形成统一和谐的共同价值取向。

从来没有哪个行业,像航天这样涉及如此众多的专业和领域;也从来没有哪一项工程,像航天工程这样牵动着全国人民的心,凝聚着全国人民的力量。

对航天人来讲,"一盘棋"绝不仅仅是一句口号,而是"有困难共同克服,有难题共同解决,有风险共同承担"。航天系统工程的综合集成,实现了"一加一大于二"的效果。集中力量办大事是社会主义制度的巨大优势,也是中国航天事业跨越式发展的重要保证。只有把方方面面的力量凝聚起来,真正做到一条心、一股劲、一盘棋,才能形成万众一心共创伟业的生动局面。

二、航天核心价值观的导向作用

人的行为是个人思想、观念、心理活动、价值观的外在表现。价值观对人的导向(调节、控制)是在一种潜移默化的情况下发生作用的。它不像规章制度,不像行政指令,不像经济处罚那样属于硬管理。价值观对人们的控制、管理、协调是一种"软管理""软控制""软约束"。

法国政治学家莫里斯·迪弗尔热曾指出:"文化是规范性的,也就是说文化组成一整套行为准则,人们从中感到必须在某种程度上服从这些准则。但这种规范不一定是强制的,通常由价值观而不是惩罚来说明为什么一个文化整体的成员必须服从它的准则。"莫里斯·迪弗尔热讲的

"必须服从"是指由价值观在人的内心世界,在人的大脑或者是思想系统发挥作用的结果。价值观的调节、控制、约束、管理功能,凭借的是一种社会心理和群体氛围的强大感召力,通过人的更深层面的精神与意识,内在地引导着人的价值取向和行为指向。航天核心价值观的这种柔性管理,较之许多日常采取的行政手段、组织手段、制度手段、奖惩手段的显形管理,更具有持久性、渗透性、导向性和自律性。

具有重大影响的载人航天、月球探测、北斗导航等重大工程任务,既是对中国尖端技术和创新能力的实际检验,也是航天核心价值观导向作用的充分展示。广大航天科技工作者用心血和汗水铸就的"特别能吃苦,特别能战斗,特别能攻关,特别能奉献"的载人航天精神,是"两弹一星"精神的发扬光大,是伟大民族精神的丰富和发展。

航天科技工作者中,既有德高望重的科技大家,有技艺精湛的技能大师,也有朝气蓬勃的青年骨干,更有初入航天系统的新鲜血液。无论是谁,航天核心价值观的导向作用是一脉相承、薪火相传的。中国航天事业奠基人钱学森等老一代科学家坚持以国家利益为最高准则,自觉把祖国命运放在高于一切的位置,为航天人树立了精神标杆。新一代航天人把个人理想和国家利益、个人选择与人民期盼紧紧联系在一起,围绕完成"国家级"任务、树立"国家队"形象、强化"国家使命高于一切"的思想,始终以发展航天事业为使命,以报效祖国为神圣职责,展现出了强烈的爱国情怀和对人民的无限忠诚。

三、航天核心价值观的推动作用

在任何事物的各种矛盾运动中,总是有着矛盾的主要方面和次要方面,都有主要矛盾和次要矛盾。其主要矛盾在事物的生存、运动、发展中居于主要的、支配的地位。航天文化是由航天精神文化(深层文化)、行为文化(中介层文化)、物质文化(表层文化)组成。价值观则是精神文化的核心和精髓。因此,在整个航天文化系统中,航天核心价值观处于主导和支配地位,在这个价值观的基础上,航天人在科研生产实践中产生了伟大的航天精神;在这个价值观指导下,形成了系列适应科研生产规律的组织管理制度和运作方式;在这个价值观支配下,航天人产生了具有航天特色的思维方式和行为方式;在这个价值观的带动下,航天人发挥了极大的聪明才智,创造了中国航天事业的丰功伟绩。正是基于这个意义,人们把航天核心价值观视为促进航天事业发展的强大动力。

核心价值观助推中国航天的崭新高度。老一辈航天科技工作者曾提出"自力更生,艰苦奋斗,克服一切困难,为国争光"的口号,他们以惊人的毅力,战胜了难以想象的困难,相继实现了中近程地地导弹、"两弹结合"、人造地球卫星、载人航天等多个划时代的壮举,打破了美国、俄罗斯等大国对航天尖端技术的垄断。新时期,中国航天事业继续蓬勃发展:遥感卫星多次发射、回收成功;远程导弹向南太平洋发射成功;一箭多星发射成功;"嫦娥"探测器成功升空;"神舟"与"天宫"交会对接顺利进行;"北斗"卫星导航系统成功研制……茫茫太空,留下了中华民族的崭新高度;航天领域,拥有了属于中国的一片天地。

中国航天事业需要核心价值观作为思想武器,武装一代代航天科技工作者的头脑,使他们继承和发扬立足岗位、追求卓越的敬业精神,严慎细实、以质取信的诚信精神,团结协作、爱岗敬业的友善精神,筑好航天梦、中国梦!正如习近平总书记指出的那样:探索浩瀚宇宙,发展航天事业,建设航天强国,是我们不懈追求的航天梦。历史、现实和未来都告诉我们,在实现中华民族伟大复兴的历史进程中,中国航天梦不仅从科技兴国上,更会从精神强民上持续奏响中国的时代最强音!

第三节　航天核心价值观的培育与传播

航天核心价值观造就了航天队伍,也成就了中国的航天伟业。但是,作为一个群体价值观的形成和发扬光大,不是自然而然的,它必须通过多种形式培育、塑造与传播,包括多种渠道的思想教育、各种文化活动的熏陶、实践的锻炼与制度的规范等。

一、宣传教育的传播作用

中国共产党历来有重视世界观、人生观、价值观教育的光荣传统。毛泽东主席还专门写了《为人民服务》和《纪念白求恩》等著名文章,倡导像张思德、白求恩学习,全心全意为人民服务,做一个高尚的人,做一个纯粹的人,把自己的毕生献给人类的伟大事业。邓小平在改革开放中,反复强调要做一个"有理想、有道德、有文化、有纪律"的社会主义公民。江泽民在1993年全国宣传部长座谈会上指出:"加强正确的理想、信念、人生观、价值观的宣传教育。在实行改革开放和发展社会主义市场经济的形势下,这方面的思想教育更加显得重要和迫切了,不但不能放松,而且必须加强。"

航天核心价值观是进行职工思想道德、理想、信念教育的重要内容。各级党组织和行政组织历来把航天核心价值观的培育列入精神文明建设和职工思想素质教育的重要议事日程。在全航天系统,在各企事业单位都把正确的人生观、价值观教育作为思想政治教育的主旋律,利用各种场合、机会,大张旗鼓地进行宣传,形成正确的舆论导向。采取有力措施,通过多种途径对领导干部和青年职工进行系统的教育培训。在航天系统内的有关院校,开设专门的课程,进行普及教育。对新入厂、所的职工,首先进行岗前培训,把航天核心价值观纳入培训的内容,使他们在跨入航天队伍之初,就上好航天核心价值观的第一课。在布置各项具体业务工作时,以航天核心价值观为指导,动员组织职工大力弘扬航天核心价值观。在科研生产的实际工作中,努力实践航天核心价值观。

大力培育航天核心价值观,不断增强航天文化的浸透力,切实培植起科技人员血脉相承的精神基因。航天文化是以民族优秀传统文化为根基,以社会主义核心价值体系为主体,以航天事业优良传统为主线,在推进航天事业伟大实践中培育形成的核心价值观和行为准则。在发展航天事业的实践中,培育形成的航天传统精神、"两弹一星"精神、载人航天精神,就是核心价值观在航天领域的具体体现。加强航天核心价值观建设,对于丰富教育手段,强化教育成果,激励科研人员圆满完成各项任务具有重要意义。

二、先进榜样的表率作用

榜样是旗帜,代表着方向;榜样是资源,凝聚着力量。习近平总书记指出:"在活动中注意总结典型,及时起示范作用。"航天核心价值观的培育与传播,离不开先进榜样的表率作用。

毛泽东主席早就告诫我们:"政治路线确定之后,干部就是决定的因素。"只有各级领导干部具备了对祖国、对事业、对人生崇高的理想和信念,才能在实际行动中充分体现出来,才能在教育和倡导中取信于民。领导者的职责就是对其下属进行带领和引导。领导者本身是否在各项科研生产和生活中体现航天核心价值观,是维护、塑造、培育和传播航天核心价值观的关键。只有自身充分理解和把握了航天核心价值观,才能通过各种言论、行为去影响其下属,去教育和引导下属。在科研生产与经营管理中,航天核心价值观本质上是领导者的一种管理理念,所以对航天核心价值观的维护、塑造、培育和传播应成为领导者的首要职责。为此,航天战线各级领导者应自觉地站在更高的层次和水平上认识、理解、掌握航天核心价值观,并身体力行,率先垂范。

"两弹一星"元勋之一的黄纬禄就是践行航天核心价值观的典型。他在与人讨论问题时,挂在嘴边的总是"我讲清楚了吗",而不是"你听明白了吗"。从这个微小的细节中,黄纬禄对他人的尊重、包容、谦和的精神风貌一展无余,航天核心价值观也由此言传身教给身边的人。

"神舟六号"团队是载人航天任务中的杰出代表,也是航天核心价值观的集中体现者。他们曾围绕进一步提高全系统的协调性、安全性、可靠性等问题,整个团队进行了成百上千次的探索试验,对飞船、火箭系统进行了180多项技术改进创新,对发射场、测控通信、着陆场系统进行了十几个方面的优化完善,对飞行控制和应急救生提出了150多种故障模式的处置预案。这些技术的进步为实现航天员首次进入轨道舱,并开展多项科学实验活动,为航天员出舱活动以及飞行器空间交会对接等项目的完成奠定了坚实基础。

注重典型引路,在增强职工认知认同上下功夫。航天核心价值观的传播注重知行合一、选树典型,积极引导职工在参与中让航天核心价值观内化于心、外化于行。在实践层面,始终坚持以榜样的力量让职工自己现身说法、展示自我,引导职工以优秀典型为榜样。这些活动不仅得到了干部职工的认同,同时也充实了航天文化的内涵,丰富了航天文化建设的形态,对于航天文化建设提供了新的途径。

三、文化活动的渗透作用

利用本单位举行的多种日常文化活动,进行航天文化的熏陶和传播,使职工在潜移默化中,受到航天文化的培育和启迪。其主要途径有举行厂庆、所庆、院庆等重大活动;开展文化娱乐及体育竞技活动;举行新老职工的欢迎会与欢送会;职工家访、病访及生日庆贺;各种有组织的聚会与休闲性活动;开设荣誉展室,传颂航天业绩;编制航天歌曲和相关的影视、录像教育片;组织报告会、演讲会;为先进英模人物发奖章,为其家属送喜报等。仪式典礼活动同航天核心价值观有着密不可分的内在联系。利用这些形式,会收到滋润职工心田,潜移默化地牵动职工情感的效果。

在酒泉卫星发射中心,通过参观学习载人航天发射场、"两弹一星"资料展映厅等红色资源,教育引导大家站在民族复兴、国家富强的战略高度,深刻理解航天事业不仅仅是客观物质的存在,更是一种文化存在和精神存在。航天文化彰显民族凝聚力、熔铸民族感情,是一个民族生生不息、世代相传的纽带,是对航天事业的意义、价值、地位、作用的提示和体现。

注重载体创新,在激发职工广泛参与上下功夫。为不断创新活动载体,根据不同人群的不同特点和不同需求,三院三部建立了主阵地讲堂,将活动在基层研究室延伸,轮流承办,真正做到活动成效落地;建立网络讲堂,通过网络专栏,让广大干部职工通过浏览网站,学习先进道德人物事迹、经典名言和道德故事,学唱道德歌曲,参与道德先进人物的评选活动等;建立流动讲堂,把航天核心价值观的宣传教育搬到研究室、班组、试验基地等基层一线,同时结合不同主题辐射到社区,从而传播航天核心价值观,扩大活动辐射面。

四、管理规范的支撑作用

航天核心价值观是航天文化的核心,航天系统的各项政策和管理规范、标准是航天价值观的延伸与文字化的外在表现形式,各项政策和规章制度、岗位规范、行为规则都是外化了的价值观,是指导航天人行为取向的依据。因此,要求在制定政策、规章制度和组织各项管理活动中,应以航天核心价值观为指导,充分体现航天核心价值观,以正确的政策和制度引导规范人们的行为。通过政策引导使航天人牢固树立航天核心价值观,努力干好本职工作;通过各种规范性的制度与标准,培养职工良好的行为取向;通过管理体制和具体的组织领导来实现航天人的价值目标和崇高理想。

航天五院始终把是否符合航天文化及其核心价值观作为衡量管理制度是否可行、有效的重要标准,从继承性、适用性、前瞻性角度修订完善了以《五院宇航科研生产管理若干规定》为代表的规章制度,实现了企业管理的科学化。

航天核心价值观的推广始终坚持将深邃的理论用简单质朴的语言表达清楚,把深刻的道理用群众喜闻乐见的形式表达明白,推动航天核心价值观入脑入心,不断赋予航天核心价值观时代所需、社会所急、群众所盼的新内涵,为中国航天事业的不断腾飞奠定了强大的思想基础。

第三章

中国航天文化之魂
——航天精神

60年来，在航天事业出成果、出人才、出效益的同时，孕育和催生了航天精神。航天精神是民族精神、时代精神与航天实践相结合的产物，是党的光荣传统和优良作风在航天事业中的具体体现，是推动中国航天事业不断发展的精神动力和思想保证，是航天文化之魂。不同时期、不同责任主体对航天精神所概括的内容和方式不尽相同，但其本质是一脉相承的。经过一代代航天人薪火相传、发扬光大，航天精神成为我们过去、今天乃至将来攻坚克难的制胜法宝和宝贵的精神财富。

第一节　航天精神的形成

　　航天精神是伴随着中国航天事业的创建和发展而产生的,在20世纪50年代末中国航天事业创建时期初步萌芽,六七十年代逐步形成,80年代逐渐丰富并进行提炼概括,表述为"自力更生、艰苦奋斗、大力协同、无私奉献、严谨务实、勇于攀登"的精神。1999年9月18日和2003年11月7日,党中央、国务院、中央军委陆续提出了"两弹一星"精神和载人航天精神。"两弹一星"精神和载人航天精神体现了航天精神的内容,又更具有时代特征。因此,在航天科技工业领域的许多单位,把航天精神、"两弹一星"精神和载人航天精神一起作为在干部职工中弘扬传承的"三大精神"。"三大精神"虽然在不同时期概括、形成、表述不同,但核心内容高度一致、一脉相承。正如习近平总书记在2016年4月24日中国首个航天日到来之际指出的"探索浩瀚宇宙,发展航天事业,建设航天强国,是我们不懈追求的航天梦"。经过几代航天人的接续奋斗,中国航天事业创造了以"两弹一星"、载人航天、月球探测为代表的辉煌成就,走出了一条自力更生、自主创新的发展道路,积淀了深厚博大的航天精神。

一、航天精神表述的变化

　　1956年10月8日,国防部五院成立之初,根据聂荣臻的提议,经毛泽东主席、周恩来总理批准,确定了"自力更生为主,力争外援和利用资本主义国家已有的科学成果"的建院方针和"集中力量,形成拳头,组织全国大协作"的工作方针。在苏联终止援助的艰难境地,国防部五院提出了"自力更生,艰苦奋斗,克服一切困难,为国争光"的口号。周恩来总理针对国防尖端科技的大型试验提出了"严肃认真、周到细致、稳妥可靠、万无一失"的要求。1961年,国防部五院根据聂荣臻的要求,倡导在科研工作中树立"敢想、敢说、敢干"和"严肃的态度、严格的要求、严密的方法"的"三敢""三严"作风。经过老一辈航天工作者的实践,形成了最初的老五院精神,也就是航天精神的核心元素。1986年年底,航天工业部党组经过调研、征集、归纳和提炼,提出了"自力更生、大力协同、尊重科学、严谨务实、献身事业、勇于攀登"的航天精神。随后,根据聂荣臻倡导的"自力更生、艰苦奋斗、大力协同、无私奉献"的精神,结合航天科技工业的具体特点,对航天精神的基本点作了新的概括,正式表述为"自力更生、艰苦奋斗、大力协同、无私奉献、严谨务实、勇于攀登"。这六个方面相互联系,构成一个有机的整体,深刻反映了航天科技工业广大干部职工的精神境界。1988年,航空部、航天部合并成立航空航天部,原来的两个部简称航空系统和。航天系统主动把航天精神改称"航天传统精神",而航空航天部的行业精神则由新成立的机构概括提出。1990年,航天系统编辑出版了《航天传统精神概论》,系统地阐述了航天传统精神的形成、内涵、表现形式以及弘扬传承的重要性,聂荣臻为该书题词。1993年,国务院机构再次改革,航空航天部分拆为航空工业总公司和航天工业总公司。为了规范行文和宣传需要,航天工业总公司正式下文,规定以后航天传统精神仍恢复称"航天精神"。在2016年4月24日中国第一个航天日到来之际,习近平总书记指出,"60年来,经过几代航天人的奋斗,积淀了深厚博大的航天精神",这是对航天精神最高的肯定与褒扬。

航天精神凝聚着一代又一代航天人的智慧与心血,记录着一代又一代航天人的探索与实践,体现着一代又一代航天人的理想与追求,推动着中国航天事业不断地走向胜利,已经成为中华民族宝贵精神财富的一个重要组成部分。航天精神的六个方面都渗透着航天广大干部职工浓厚的爱国主义情怀。为了祖国的强大,为了增强国防实力,保卫社会主义革命和建设的胜利成果,竭尽全力发展航天事业,无论过去、现在和将来,都始终是航天人的崇高理想和神圣使命。

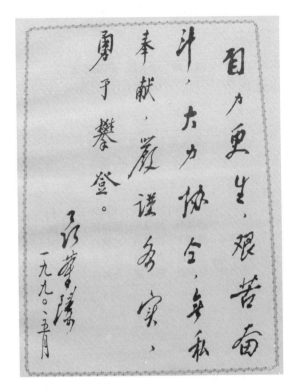

图 3-1 聂荣臻为《航天传统精神概论》题词

二、"两弹一星"精神

"两弹一星"精神是 20 世纪 50 年代末至八九十年代,广大国防科技工作者在发展"两弹一星"事业中培育形成的宝贵精神成果。"两弹一星"精神是指"热爱祖国、无私奉献、自力更生、艰苦奋斗、大力协同、勇于登攀"的精神。"两弹一星"精神,是爱国主义、集体主义、社会主义精神和科学精神活生生的体现,是中国人民在 20 世纪为中华民族创造的新的宝贵精神财富。

在新中国波澜壮阔的发展历程中,20 世纪五六十年代是极不寻常的时期。当时,面对严峻的国际形势,为了抵御帝国主义的武力威胁和打破大国的核讹诈、核垄断,尽快增强国防实力,保卫和平,以毛泽东主席为核心的第一代党中央领导集体,果断地作出了独立自主研制"两弹一星"(原子弹、导弹和人造卫星)的战略决策,并提出了国防科技工业"原子弹和导弹为主、导弹第一"的方针。1955年、1956年党中央先后作出研制原子弹和导弹的重大决定;1958年提出要研制和发射人造卫星;1964年6月,中国第一枚自行研制的地地导弹——"东风二号"发射成功;1964年10月16日,中国第一颗原子弹爆炸成功;1966年10月27日,中国第一枚装有核弹头的"东风二号甲"地地导弹飞行试验("两弹结合"试验)成功;1970年4月24日,中国第一颗人造地球卫星发射成功。在最初的"两弹一星"研制成功后,国防科技战线的广大干部职工乘胜前进,到20世纪90年代末,在原子弹、氢弹、各类导弹和多种用途的人造卫星研制中,不断取得骄人的成绩。航天人以超人的胆识和智慧,完成了中华文明史上勇攀科技高峰的壮举。

  研制"两弹一星"的伟大实践,造就了一支能吃苦、能攻关、能创新、能协作的科技队伍,极大地增强了全国人民开拓前进、奋发图强的信心和力量,为增强中国的科技实力特别是国防实力、奠定中国在国际舞台上的重要地位作出了不可磨灭的巨大贡献。"两弹一星"的宏伟事业,是新中国建设成就的重要象征,是中华民族的荣耀与骄傲。正如邓小平所说:"如果六十年代以来中国没有原子弹、氢弹,没有发射卫星,中国就不能叫有重要影响的大国,就没有现在这样的国际地位。"

  1999年9月18日,在建国50周年前夕,中共中央、国务院、中央军委隆重表彰为研制"两弹一星"作出突出贡献的科技专家。江泽民在会上提出并精辟阐述了在"两弹一星"研制过程中形成的"两弹一星"精神,进一步提炼并概括了支持中国航天事业发展的精神内涵。

图 3-2　23 位为研制"两弹一星"作出突出贡献的科技专家
被授予或追授"两弹一星"功勋奖章

"两弹一星"的奋斗历程将重建中华民族精神的努力提升到一个新的水平,其影响是巨大而深远的。而在当代,虽然国际国内的情况与当年相比都有了很大不同,但"两弹一星"精神仍然是建设中国特色社会主义的宝贵精神财富和不竭的力量源泉。新的历史时期,"两弹一星"精神被进一步传承并赋予了新的内涵,体现了社会主义的时代精神。今天,面对世界科技革命的深刻变化和迅猛发展,新一代的航天科技工作者,继承并发扬老一代科研人员的"两弹一星"精神,紧盯世界航天科技前沿,从高起点出发,在继续攀登世界科技高峰的道路上,取得更大的成就。也正是在这种精神的鼓舞下,航天人始终保持昂扬向上的精神状态,奋发图强、齐心协力、锐意进取,取得一项又一项骄人成绩,攀上一个又一个新的高峰,中国特色社会主义事业显示出旺盛的生机与活力。

三、载人航天精神

"特别能吃苦、特别能战斗、特别能攻关、特别能奉献"的载人航天精神是 20 世纪 90 年代初到 21 世纪初，广大航天工作者在载人航天工程研制试验的过程中培育形成的宝贵精神成果。

从 1992 年中国载人航天工程正式立项，到 1999 年"神舟一号"无人飞船首访太空，到 2003 年"神舟五号"第一次载人飞行，到 2013 年"神舟十号"多方位与"天宫一号"太空交会对接，中华民族一次次将凝结着民族精神与梦想的飞船顺利送入太空，在浩瀚宇宙中铭刻下了中国载人航天的伟大精神。

20 世纪 90 年代初，面对世界科技进步突飞猛进，综合国力竞争日趋激烈的新形势，党和国家对我国尖端科技事业的发展进行了全面部署，做出了实施载人航天工程的重大战略决策，并确定了中国载人航天"三步走"的发展战略，随后对载人航天工程的实施倾注了大量心血。

1999 年 11 月 20 日，由中国自主研制的"神舟一号"试验飞船首次发射成功，并于次日安全返回。11 月 24 日，江泽民在观看"神舟一号"飞船返回舱时说："我所有的千言万语，都代替不了你们所表现出来的爱国主义精神。"他指出，参研参试人员身上表现出来的强烈的使命感和事业心、爱国主义精神和奉献精神，是飞行试验成功的精神动力。

2003 年 10 月 15 日，"神舟五号"载人飞船发射成功，胡锦涛亲临现场并发表重要讲话，指出要大力弘扬载人航天精神，第一次正式使用"载人航天精神"的提法。11 月 7 日，在庆祝中国首次载人航天飞行圆满成功大会上，胡锦涛指出，在长期的奋斗中，我国航天工作者不仅创造了非凡的业绩，而且铸就了"特别能吃苦、特别能战斗、特别能攻关、特别能奉献"的载人航天精神。他特别指出，载人航天精神，是"两弹一星"精神在新时期的发扬光大，是以爱国主义为核心的民族精神和以改革创新为核心的时代精神的生动体现。载人航天精神，集中体现了中国人的崇高品质，是中华民族精神的重要组成部分，是中国航天事业的精神支柱，是构建社会主义核心价值体系的强大动力。

2005 年 11 月 26 日，在庆祝"神舟六号"载人航天飞行圆满成功大会上，胡锦涛进一步阐述了载人航天精神的实质和意义。他指出，伟大的事业孕育伟大的精神,伟大的精神推动伟大的事业。载人航天精神主要表现为:热爱祖国,为国争光的坚定信念;勇于登攀,敢于超越的进取意识;科学求实,严肃认真的工作作风;同舟共济,团结协作的大局观念;淡泊名利,默默奉献的崇高品质。胡锦涛特别指出,在全面建设小康社会、加快推进社会主义现代化的征程上,一定要在全社会大力弘扬载人航天精神,增强全民族的自信心和自豪感,凝聚全民族的智慧和力量,紧紧抓住发展机遇,积极应对各种挑战,战胜前进道路上的艰难险阻,不断开创中国特色社会主义事业的新局面。

2013年7月26日,习近平总书记会见"神舟十号"载人飞行任务航天员和参研参试人员代表时指出,在实施载人航天工程的发展进程中,取得了连战连捷的辉煌战绩,使我国空间技术发展跨入了国际先进行列。培养造就了一支"特别能吃苦、特别能战斗、特别能攻关、特别能奉献"的高素质人才队伍,培育铸就了伟大的载人航天精神。广大航天人展现出了坚定的理想信念、高昂的爱国热情、强烈的责任担当、良好的精神风貌。习近平总书记对我国载人航天工程给予了高度评价,赞扬载人飞行任务航天员和参研参试人员不愧是思想过硬、技术过硬、作风过硬的英雄团队。

图3-3 习近平总书记会见"神舟十号"载人飞行任务航天员和参研参试人员代表

航天事业的发展,离不开一定的经济基础和科技实力,航天奇迹的创造,更需要巨大精神力量的推动。载人航天工程立项之后二十多年的历史,是一部独立自主、自力更生、自主创新的发展历史,体现了中国航天人满腔的爱国热情、报国之志和聪明才智。正是在载人航天工程的艰苦实践中,在挑战世界尖端科技领域的艰难征程中,中国航天工作者铸就了物质文化、精神文化的辉煌。如今,站在新起点上,广大航天人一如既往地牢固树立以国为重、忠诚于党的崇高信念,继续秉承敢为人先、勇攀高峰的进取意识,大力发扬严慎细实、以质取信的工作作风,团结协作、无私奉献,努力实现航天发展史上的新跨越,推动中国航天事业取得新的更大成就。

第二节　航天精神的本质

一、国家至上、民族至上的爱国情怀

国家至上、民族至上的爱国情怀是贯穿于航天精神的主线和灵魂，是航天科技工作者为实现国家富强、民族复兴的坚强精神动力。

中国航天从诞生的那一刻起，就承载着国家的使命、民族的尊严，凝聚着人民的期盼，是与国家的安全、人民的幸福紧密联系在一起的。祖国的需要高于一切，祖国的荣誉高于一切，这是中国航天人心中永远高扬的旗帜，航天人热爱祖国体现在报效祖国的使命意识和为国争光的责任意识，体现在以国为重的价值观上。

20世纪五六十年代，以钱学森为代表的一批从国外归来的优秀科技工作者与新中国培养的一批科技专家、工程技术人员和干部职工，怀着对新中国的满腔热爱，响应党和国家的召唤，义无反顾地投入到强国兴邦的航天事业中来。在当时科学技术基础薄弱、研制条件十分简陋、资源匮乏且又无现成经验可以借鉴的情况下，老一代航天科技工作者顽强拼搏、迎难而上，凭着国家至上、民族至上的爱国情怀，用较少的投入和较短的时间，突破了原子弹、导弹和人造地球卫星等尖端技术，取得了举世瞩目的辉煌成就。他们胸怀强烈的报国之志，自觉把个人的理想与祖国的命运紧紧联系在一起，把个人的志向与民族的振兴紧紧联系在一起。许多才华横溢的科学家在国外已经功成名就，但他们自愿放弃国外优厚的待遇、优越的工作和生活条件，冲破重重障碍和阻力，义无反顾地回到祖国，甘愿在艰苦的条件下投身中国航天事业，而这一切，都源于他们对祖国的热爱和赤诚。

图 3-4　钱学森等科学家回国加入新中国建设

航天人的爱国情怀集中表现在三个方面：一是对航天尖端事业的高度责任感、使命感，以及在此基础上形成的高度负责、事业第一的工作态度；二是为了国家和民族的整体利益，为了国防现代化水平的逐步提高，在各种物质利益和个人享受的考验面前，不计名利、甘当无名英雄的人生追求；三是在科技方面赶超世界先进水平，为伟大祖国的腾飞而献身的宏伟志向，以顽强拼搏的精神、坚忍不拔的毅力、锲而不舍的追求、脚踏实地的作风干事业的良好品质。

航天工程的保密性很强，许许多多技术精湛、工作优秀的专家、技师，甘当无名英雄。航天系统工程需要千千万万人合作完成，荣誉属于集体，这同样是一种爱国情怀。航天系统人才荟萃，从航天"跳槽"的人有相当一部分到新的工作岗位成为佼佼者，以至这几年一些外企对从航天企业走出的应聘者可以免试录用。但是，几十万航天儿女为了祖国的航天事业，拒绝高薪诱惑，一如既往地安心本职工作，无私地奉献着各自的聪明才智。新华社一位资深记者采访航天二院后大发感慨："用新闻价值尺度来衡量，这里遍地是黄金！"事实上，他在二院的所见所闻对整个航天而言，只不过是沧海一粟。

为了实现中华民族的千年飞天梦想,一大批优秀科学家、工程技术人员、解放军指战员,胸怀报效祖国之志,肩负建设航天重任,老一代航天人甘当人梯,新一代航天人茁壮成长。飞天征途的每一步都充满着艰辛和风险,投身这一事业需要数年甚至数十年如一日的付出,但中国航天工作者毫无怨言、义无反顾。仅以载人航天工程为例,"载人航天是中华民族攀登现代科技高峰新的标志性工程,是新中国建设成就的重要象征,是中华民族伟大复兴道路上新的里程碑"。因此,党中央作出实施载人航天工程的战略决策后,从项目研发到试验定型,从科研院所到航天基地,从荒凉戈壁到浩瀚海洋,从地球家园到宇宙太空,广大航天人自觉强化国家使命意识,把个人理想与祖国命运、个人选择与党的需要、个人利益与人民利益紧紧联系在一起,始终以发展航天事业为崇高使命,以报效祖国为神圣职责,为了早日实现飞天梦想,默默地奋战在载人航天工程的第一线,用实际行动实践着"使命因神圣而光荣,生命因奋斗而精彩"的诺言。全国贡献力量的人员就达十万之众,而每个人的背后还有他们的亲人在默默付出。在载人航天工程的几大系统中,35岁以下的技术骨干已占80%,一批既懂专业、又善管理的人才成为各系统、各专业的带头人。一大批能够站在世界科技前沿、勇于创新的高素质人才,为中国航天事业实现新的突破积蓄了强大的发展后劲。祖国人民的需要就是命令,就是使命,就是行动的号角,就是终生奋斗的事业。广大航天人不计个人得失,不为各种诱惑所动,不求个人名利地位,为了一个共同的理想,在各自的岗位上默默奉献着青春年华。他们舍家庭,忘自己,辛勤地耕耘着科技的土壤,忍受寂寞,淡泊名利,奉献自己的热血汗水,浇灌着航天事业的果实,甚至为此献出了宝贵的生命。他们把个人的理想建立在集体荣耀的基础之上,把人生交给了神圣的航天事业,用顽强的意志和杰出的智慧,将"一切为了祖国,一切为了成功"写在了浩瀚无垠的太空中。

爱国主义精神已经成为航天事业赖以生存和发展的强大精神支柱和力量源泉,它引导航天人去奋斗、去攀登,创造出举世瞩目的成就,使中国航天在世界航天领域占有重要的一席之地。航天人把对祖国的无限热爱,化作为国争光的雄心壮志,化作报效祖国的实际行动,以国为重的价值观、无私奉献的精神都是航天人报效祖国的生动体现。一代又一代航天工作者胸怀报效祖国之心,始终不渝地把中国航天事业视为强盛民族、振兴国威的崇高事业,把强国强军视为神圣的使命。他们把自己所从事的工作与祖国的荣辱兴衰紧密地联系在一起,与人民的幸福安宁紧密地联系在一起,把航天事业作为报效祖国的舞台,在自己的工作岗位上忠于职守、尽职尽责、殚精竭虑、忘我工作,贡献自己的聪明与智慧、心血与汗水。热爱祖国是他们最大的精神支柱,报效祖国是他们毕生的理想和信念。

二、自力更生、艰苦奋斗的政治本色

自力更生、艰苦奋斗是航天精神的政治本色,是航天科技事业取得成功的立足基点。

"自力更生"就是指立足国内,正确处理好独立自主与国际合作、自主创新与学习借鉴的关系,主要依靠自己的力量独立自主地发展航天事业。自力更生精神孕育了中国最初的航天精神。中国航天事业是在中华人民共和国成立后不久,国家的经济、技术还"一穷二白"的基础上艰难起步的。我国所急需的设备、资料进口,都要受到国外的种种限制。自力更生,实际上是当时国际国内环境下的唯一选择。中国航天发展的历史和现实证明,真正的军工核心技术是金钱买不到的,只有自力更生才能牢牢掌握航天事业发展的主动权,否则就会被别国所牵制,陷入极其被动的地位。

1956年8月李富春出访莫斯科,他向苏联政府提出导弹方面的援助问题。得到的答复很是令人遗憾:援助只限于培养干部,并且只能接收50名中国留学生!按照这个步骤,至少要等七八年甚至是更长时间,中国才能开展导弹研制。显而易见,苏联要在尖端武器方面对我国实行限制政策。即便1957年中苏《十月十五日协定》签字生效后，苏联给予中国航天技术方面的援助也是极其有限的，虽然同意仿制他们国内接近停产甚至已经停产的装备，但拒绝供应关键技术资料、研究设计和理论计算资料，拒绝提供专用或关键的非标准设备、精密测试仪器，越是特种原材料卡得越紧。到20世纪60年代初，由于政治原因，苏联中断一切援助，撤走全部专家，中国航天除了自力更生、独立自主，没有第二条路可走。

原与中国结成友好同盟，且被亲切称作"老大哥"的苏联尚且如此，其他掌握导弹技术的西方国家对中国发展航天科技事业持何种态度，就可想而知了。他们视新生的社会主义中国为眼中钉、肉中刺，时刻梦想将她扼杀在襁褓之中，自然不会支持中国的航天事业。甚至进入20世纪70年代，中国与美国、日本、法国、英国等国家关系的大门陆续打开，80年代中国实行对外开放后，以美国为首的西方国家依然没有放弃其遏制中国的各种政策，严格限制向中国出口航天领域的高新技术和先进设备。因此，作为中华民族优良传统的自力更生精神是中国航天事业曲折发展道路的真实写照。中国航天科技工业从仿制到自行设计，从战术导弹到战略导弹，从武器装备到运载火箭，从人造卫星到载人航天、深空探测，从主要面向国防现代化服务到军民深度融合、航天工程商业化……总之一句话，她从无到有，从小到大，直至今天成为世界航天大国，都是依靠全国各行各业的支持协作和航天战线广大干部职工的智慧和力量，充分利用各种人力物力资源，发扬自力更生精神所取得的伟大胜利。

在苏联拒绝向中国提供技术资料并撤走专家后，有人曾断言中国航天工业已经遭到毁灭性打击。如此的国际形势下，"两弹一星"事业只能依靠中国自己的力量来进行。在党中央的坚定领导下，来自全国各地的航天工作者完全依靠自己的力量，充分发挥聪明才智，敢于创新，善于创新，运用有限的科研和试验手段，使用较少的投入和较短的时间，攻破了几千个重大的技术难关，制造了几十万台/件设备、仪器、仪表。他们知难而进，奋力求新，不仅使研制工作在较短时间内连续取得重大成功，而且有力地保证了中国独立掌握国防和航天的尖端技术。实践证明，自力更生、自主创新，是中国真正在世界高科技领域占有一席之地的重要基石。尖端技术不可能从国外直接拿来，即使有的一时可以从国外引进，但如果不能进行有效地学习、消化和新的创造，最终还是会受制于人。唯有自己掌握核心技术，拥有自主知识产权，才能将祖国的发展与安全的命运牢牢掌握在自己手中。

毛泽东主席总结中国革命和建设的经验得出一个重要结论："我们的方针要放在什么基点上？放在自己力量的基点上，叫做自力更生。""我们希望有外援，但是我们不能依赖它，我们依靠自己的努力，依靠全体军民的创造力。"航天事业60年的发展，生动地实践了毛泽东主席的这一论断，再次证明了它的科学性。如今，可以当之无愧地说：中国航天靠自力更生起步，在自主创新中发展，不仅突破了一系列具有自主知识产权的核心技术，更锻造出了一大批站在世界科技前沿的航天人才。自力更生已经成为航天文化最鲜明的特征。

自力更生并不等于盲目排外。相反，中国航天自诞生之日起，始终没有放松学习其他国家的先进技术与管理经验。最初引进苏联的"P-2""C-75"导弹，虽然技术不是很先进，但是毕竟为中国导弹的研制提供了蓝本，使中国的导弹事业不是从零而是在一定的基础上起步。在以美国为首的西方国家对我国进行经济技术封锁的五六十年代，广大航天科技人员也千方百计利用各种可能的途径，借鉴吸收各国一切有益的东西。改革开放以后，更是努力开辟并扩大对外经济、技术交流与合作的渠道，博采众长，为我所用。同时，还积极主动地进军世界航天市场，面向境外用户提供产品和服务。

艰苦奋斗与自力更生有着内在的联系。没有自力更生的精神，就不可能激发艰苦奋斗的作风，不去艰苦奋斗，自力更生便成为纸上谈兵。它们相互依赖，相互促进，有力地推动着航天事业的发展。"艰苦奋斗"就是不畏艰险，不怕困苦，埋头苦干，迎难而上，运用有限的科研和试验手段,依靠科学,顽强拼搏,奋发图强,敢于挑战极限,勇于突破一个又一个技术难关,夺取航天事业的胜利。

国防部五院成立时,正是中国百废待兴、财政困难、人才奇缺的时候,工作条件十分艰难。但是,老五院上下发展航天尖端技术的热情很高,爱国主义和党的艰苦奋斗光荣传统得到空前发扬。没有设备自己造;没有材料设法代替;没有试验场所,就在露天风雪中进行;因陋就简,土法上马,研制出复杂的上天产品。中国航天事业由于贯彻了艰苦奋斗、勤俭节约方针,注意结合实际,精打细算,以较少的投资、较少的发射次数,掌握了比较先进的航天技术。

图 3-5　中国第一台战略导弹姿态控制发动机雏形在"厕所实验室"里诞生

20世纪60年代中期,中央根据国际政治形势的变化,决定在经济文化落后、自然条件复杂、交通闭塞的战略大后方进行航天三线基地建设。远离城市,深入崇山峻岭开展现代化航天基地建设,自然是困难重重,基地建设者们形象地说,"有多少个山头就有多少个困难"。他们因陋就简,安营扎寨,披星戴月,风餐露宿,晴天一身土,雨天一身泥,为了中国的航天事业做出了巨大的牺牲。不少同志积劳成疾,有的同志甚至献出了宝贵的生命。改革开放以后,他们几经周折,千辛万苦,部分基地陆陆续续就近迁入大城市,开始二次创业。有的基地由于种种原因无法搬迁,至今仍然在三线地区继续奋斗。

图3-6　科研人员抬着关键部件过河,送往试验现场

　　航天工程的技术特点也为艰苦奋斗精神的形成和发扬提供了天然的土壤。由于航天工程要博采各种新技术、新材料、新工艺,其研制工作本身就是一个艰苦的创造性劳动过程。型号设计、技术革新、科研攻关、试制生产,没有哪个环节不包含复杂艰难的脑力和体力劳动。每一次的发射成功,每一个型号的定型生产,都是无数航天员工同甘共苦、呕心沥血、不懈奋斗的结果。

　　艰苦奋斗的精神伴随着航天创业者们走过荆棘,越过险阻,创造了一个个巨大成就,极大地鼓舞了中国人民的士气,振奋了中华民族的精神,为增强中国的科技实力,特别是国防实力,奠定我国在国际舞台上的重要地位,作出了不可磨灭的贡献。以艰苦奋斗为根本的节俭意识与忧患意识,是中国航天事业发展的基础,是中国航天事业发展成功的保证。中国载人航天工程是在世界航天大国已经发展几十年后起步的,为了缩小差距,迎头赶上,载人航天工程开始实施时就明确提出,要坚持做到起步晚、起点高,投入少、效益高,项目少、水平高,从总体上体现中国特色和技术进步,走跨越式发展的道路。面对重重困难和严峻挑战,中国航天人始终以人民利益为最高利益,以苦为荣,以苦为乐,常年超负荷工作,默默承受着常人难以承受的困难和压力。寂寞的实验室、艰难的排故现场,处处洒下了航天人不懈奋斗的汗水;戈壁荒原、深山峡谷,处处留下了航天人艰苦创业的足迹。他们知难而进、顽强拼搏,在道道难关面前毫不退缩,以惊人的毅力和勇气战胜了各种困难,创造了一个个中华民族飞天的奇迹。中国载人航天工程的每一次壮丽腾飞,都以这样一种精神不断地震撼着人们的心灵——艰苦奋斗,以苦为乐。正是这种强大的精神力量,托举起一个民族千年的飞天梦想。

三、大力协同、勇于攀登的大局意识和进取意识

大力协同、勇于攀登体现了航天工作者的大局意识和进取意识,是中国航天科技事业取得成功的重要保证。

"大力协同"就是指为了实现航天事业发展的总目标,所有参与这项事业的单位或个人要团结一致、胸怀全局、服从整体、密切配合、互相支持,共同完成神圣的使命。它与各自为政、损人利己、唯利是图、互相排斥、本位主义、利己主义、小团体主义是格格不入的。

为支援国防部五院建设,经中央批准,1959年12月成立了国防部第五研究院基本建设工程修建委员会,由国家经委、国家建委、一机部、解放军总后勤部、北京市和国防部五院有关负责人组织指挥和协调工作,中央军委决定抽调一个师的兵力参加工程建设,北京市指定两个建筑公司6 000余人参加施工,有关部门的11个设计单位帮助进行工程设计。1960年,中国仿制苏联近程导弹时,许多需要的材料与仪器设备当时还是国家的空白。为此,国家专门组织力量进行新材料、新设备的试制,组织了包括国家科委、国防科委、国家计委、国家经委、冶金部、机械部、化工部、石油部、建工部、轻工部、中国科学院等部门的试制小组,限期完成。各有关工业部门进行了长期的科研攻关,取得了大量的成果。

20世纪60年代初,在中国原子弹、氢弹技术处在攻关的关键时刻,毛泽东主席指出:"要大力协同,做好这件工作。"为了贯彻这一指示,集中力量突破以导弹、原子弹和卫星为重点的尖端技术,中央调动国防科研部门、中国科学院、各工业部、高等院校和地方科研部门等多方面力量,立足已有条件,发挥各自优势和专长,分工合作,大力协同,展开会战,奋力攻关;26个部委、20多个省区市、1 000多家单位的精兵强将和优势力量大力协同,在全国范围形成了一个个协作网,成功地发射了导弹,爆炸了原子弹,把人造卫星送上了天,奏响了一曲曲集国家优势资源、确保航天发展的动人凯歌。"两弹一星"作为新中国高科技的宏大工程,在党中央的统一领导下,全国"一盘棋",大力协同,集体攻关,把有限的人力、物力、财力集中起来,形成了干事创业的强大合力。在研制"两弹一星"的伟大历程中,全国各地区、各部门,成千上万的科学技术人员、工程技术人员、后勤保障人员,团结协作、群策群力,汇成了向现代科技高峰前进的浩浩荡荡的队伍。广大研制工作者求真务实,大胆创新,突破了一系列关键技术,学术民主、集思广益,实现了一系列重大突破,使中国科研能力实现了质的飞跃。他们用自己的辉煌业绩,在中华民族几千年的文明创造史上书写了新的光彩夺目的篇章。

大力协同是研制试验导弹、火箭、卫星、载人航天等复杂系统工程的客观要求。一枚长征二号火箭协作项目达4 800多项,涉及27个部、委、局,25个省、市、自治区,1 300个生产企业、研究机构和高等院校。这么多单位,没有一种大力协同精神,是根本不可能合作共事的。再如卫星的大系统工程由卫星系统、火箭系统、发射系统、测控系统和地面接收处理系统五大系统组成,而卫星系统又包括有效载荷、控制、遥测、遥控、跟踪、结构、温控、天线等十多个分系统,技术上极为复杂,涉及很多科研领域和生产工艺,不是一个研究所、研究院甚至航天系统所能完成的,必须建立全国协作网,包括电子元器件、原材料协作网,产品定点加工、配套协作网,各种试验、特别是大型试验协作网,各有关厂、所及协作单位部门质量保证体系协作网。还有载人航天工程,直接参与工程研制工作的研究院、基地、研究所就有近200个,配合参与这项工程的单位有3 000多个,涉及数十万科技工作者。参与工程研制的单位和科技人员秉持载人航天工程"一盘棋"的思想,密切配合,自觉服从大局、保证大局,不讲条件、不计得失,坚持统一指挥和调度,有困难共同克服,有难题共同解决,有风险共同承担,哪里有问题就出现在哪里,大家凝聚成一股气势磅礴的强大合力,铸就了载人航天工程一座又一座里程碑。正是依靠团结合作、大力协同,集中最宝贵的资源,汇聚最优秀的力量,以整体优势弥补客观条件暂时的不足,航天人才创造了"一代人干成了几代人的事"的奇迹。因此,一枚导弹的成功上天,一颗卫星的入轨运转,一艘飞船的独往独来,都是成千上万专家、学者、工人、干部群体智慧的结晶。

发扬大力协同精神具体到一个单位,就表现为没有高低贵贱之分,不管担任"主角"还是"配角",都要尽职尽责、尽心尽力,确保实现统一的目标。作为组织管理者还要注意搞好三个"三结合":一是领导干部、科技人员和工人三结合;二是工厂、研究机构和高等院校三结合;三是部队、研究单位和生产企业的三结合。在内外协作上,发扬风格,勇挑重担,主动配合,把方便让给别人,把困难留给自己。在系统内单位与系统外单位之间,主承制单位与配套单位之间,行政、技术、物资、质量、思想政治工作与后勤保障等各职能系统之间,总体设计与分系统之间,具有相互支持、密切配合的精神,彼此合成一股绳,各司其职,各尽其责,形成一个有机的整体,共同完成型号研制试验任务。

"勇于攀登"就是指为了祖国的航天事业不畏艰险,勇往直前,刻苦攻关,开拓创新,不断攀登世界航天技术的新高峰,不断创造航天事业发展的新成就,体现了广大航天干部职工为了中国国防现代化事业披荆斩棘、开拓进取的革命精神和无所畏惧、勇往直前的英雄气概。

勇于攀登在实践中具体表现为:一是瞄准目标,奋力攀登。搞尖端技术是走前人没有走过的路,是向无路可走的一个个高山之巅挺进,只有不畏劳苦,拼搏进取,才有希望到达光辉的顶点。二是不断追求,勇于探索。只有这样,才能使国防尖端技术从一个台阶跃上另一个新的台阶,不断开辟新天地,不断攀上新高峰。如果安于现状,故步自封,就不可能树立新的追求目标,努力赶超世界先进水平就成为一句空话。所以从事航天事业的人任何时候都不能有骄傲自满或悲观失望的情绪,要不断追求,永不停止。三是知难而进,百折不挠。航天事业每前进一步,航天技术每提高一个水平,都不是一帆风顺的,成功与失败相伴而行,必须正视失败,锲而不舍,经得起挫折的考验,才能锻炼成为真正的航天人。

勇于攀登需要坚定的信心、顽强的意志,需要付出很大的代价。但是航天人苦在其中,乐在其中。每当攀登上一座新的高峰,为国争光,令海内外华夏儿女扬眉吐气的时候,航天人无一不感到由衷的自豪与骄傲。

航天人面对科技高峰不畏难,面对尖端技术敢攻关,面对困难和挑战,不畏艰险,知难而进,一往无前,在攀登科学高峰的征途上,以强烈的事业心和进取心,刻苦钻研,勇于探索,开拓创新,追求卓越,铸造一流,奋力占领航天科技的制高点。特别能战斗,特别能攻关是中华民族坚韧不拔、勇攀高峰精神的时代写照,他们敢于走前人没有走过的路,在攀登过程中拼搏进取,不断创新;面对困难和挑战,他们知难而进,攻坚克难,锲而不舍;面对失败和挫折,他们百折不挠,从不气馁;面对成功和胜利,他们不骄不躁,再接再厉。一项项关键技术的突破,一道道科学难题的破解,一个个辉煌成就的取得,都是航天人勇于攀登精神的体现。

载人航天工程是中国航天领域迄今规模最庞大,系统最复杂,技术难度大,质量可靠性、安全性要求最高和极具风险性的一项重点工程。但从该工程创立之日起,从飞船设计、火箭改进、轨道控制、空间应用到测控通信、航天员训练、发射场和着陆场等方案论证设计,都瞄准世界先进技术,确保工程一起步就有强劲的后发优势,关键技术就能与世界先进水平并驾齐驱,局部还有所超越。当载人航天工程正式启动的时候,尽管中国是在"两弹一星"工程的基础上起步的,已经掌握了大推力火箭和返回式卫星等基础技术,但对于载人航天这个难题,很多专业要从零开始、白手起家。即便如此,中国航天人还是大胆提出了设计制造一步跨越国外近40年发展历程的飞船的设想。广大航天人紧盯世界科技前沿，瞄准科技的制高点，面对一系列全新领域和尖端课题，以顽强的毅力，坚持自主创新、科学严谨、自强不息、不懈探索、敢于超越，攻克了载人航天技术一个又一个的难题，实现了载人航天技术一个又一个的突破，获得了一批又一批具有自主知识产权的核心技术和生产性关键技术。在这个工程的实施过程中，中国航天人仅用了4次无人飞行试验就实现了载人首飞，仅用了3次载人飞行就完成了从一人一天、多人多天到空间出舱的跨越，仅用了2次飞行就完全掌握了空间交会对接技术，使中国成为世界上第三个独立掌握载人天地往返、航天员太空出舱和空间交会对接技术的国家。这项空前复杂的工程在比较短的时间内不断取得历史性突破，一个极其重要的原因在于，中国航天人发扬勇于攀登的精神，在重重困难面前百折不挠，在道道难关面前决不退缩。从大漠深处的航天发射场到浩瀚三大洋上的远望号测量船，到处留下了航天人攻坚的足迹，洒下了航天人攀登的汗水；从试验室到各生产企业，他们以惊人的毅力和勇气战胜了各种难以想象的困难，用满腔热血谱写了共和国载人航天事业的壮丽诗篇，终于使中华儿女梦圆九天。

图3-7 "天宫一号"与"神舟十号"交会对接

四、严慎细实、科学求实的行为准则

严慎细实、科学求实是广大航天人的行为准则，是强烈事业心和高度责任感的具体体现,是航天产品高质量、高可靠的有力保证。

"严慎细实"就是以科学求实的态度,以严谨务实的作风,严格按科学规律、规章制度和工作程序办事,严肃认真,严格要求,科学缜密,细致入微,求真务实。严慎细实的实质是我党一贯倡导的"三老"(说老实话,办老实事,做老实人)、"四严"(严肃的态度,严明的纪律,严格的要求,严密的方法)精神,在航天科研、生产、试验工作中的坚持和发扬,是马克思主义科学世界观和方法论的反映。通俗一点讲,严慎细实、科学求实就是发扬"四严"的科研作风,以谨慎认真的科学态度,探求航天技术内在的规律性,最终研制出国家实用的尖端产品。

周恩来总理在国防科技工业初创时期提出的"严肃认真、周到细致、稳妥可靠、万无一失"的"十六字方针"影响了几代航天人。为了确保万无一失,航天科技工作者在研制试验工作中,把提高工程安全性和可靠性作为重中之重,始终坚持把工作热情与科学态度相结合,把开拓创新与求真务实相结合,坚持不懈地严格要求、严格管理,持续不断地研究新情况、新问题,与时俱进地把握新特点、新规律,特别是不断加强质量控制,实行"零缺陷"管理,以高度负责的态度对待每一道程序、每一个部件、每一项操作,以严慎细实的作风为航天事业的发展奠定了坚实基础。

航天型号是复杂的系统工程,航天技术是高难度的尖端技术,不能有半点浮躁、松懈和马虎。无数事实已经证明,一颗螺钉、一根导线、一个元器件质量的好坏,都可能影响到整个型号的成败,一次小小的失误都可能影响全局。因此,必须以严肃的态度、严谨的作风、严密的组织、严明的纪律,严格按照规章制度和要求,高标准地做好工作;必须尊重客观规律,以科学的态度,慎重决策,审慎行事,确保稳妥可靠、万无一失;必须从细微处入手,关注细节,一丝不苟,分秒不差,做到工作零缺陷;必须一切从实际出发,实事求是,扎实工作,落实责任,力求实效。

图 3-8　工程技术人员在对"红二改"发射架系统进行检测

胡锦涛在庆祝中国首次载人航天飞行圆满成功大会上阐述了这种作风。他说:"参加工程研制、建设和试验的同志们始终依靠科学、加强管理,严慎细实、一丝不苟,坚持把质量建设作为生命工程,把确保成功作为最高原则,以现代科学管理谋求最大效益,初步走出了一条高起点、高质量、高效益、低成本的航天发展道路。"这种过硬的工作作风集中地表现在"严、慎、细、实"几个方面。

严,就是严明的纪律、严肃的态度、严格的要求和严密的方法。航天人制定的"质量问题归零双五条标准"就是一个"严"的标准,它包括技术归零和管理归零。其中技术归零包括定位准确、机理清楚、问题复现、措施有效、举一反三,按照时间和逻辑的顺序对问题从技术层面进行分析和解决;管理归零则包括过程清楚、责任明确、措施落实、严肃处理、完善规章,将管理漏洞一一杜绝,并对责任人进行严肃处理。这些都体现了严谨务实、严肃认真的工作作风。慎,就是依靠科学、尊重规律、慎始慎终、慎言慎行。这要求和规定了航天产品研制一般都要按照"方案、模样、初样、试(正)样、定型"等研制阶段来进行,确保所有环节无质量隐患、无人为差错、无状态错误。"慎"的作风就是要求"不下错一个口令,不做错一个动作,不减少一个项目,不漏掉一个数据,不放过一个异常现象",保证每一次发射成功。细,就是认真细致、精细到位,做到一丝不苟、分秒不差。在航天研制试验中开展的"双想"活动(问题回想和事故预想),培养了科研人员"细"的作风。这种作风在任何时候都能显示它的作用。实,就是实事求是的思想方法和脚踏实地、求真务实的态度。航天产品从项目立项开始,到出厂,最后到发射上天,接受考核,每个环节都必须实实在在,不容虚假,不容隐瞒,按标准通过才算成功。"实"的作风更多体现在平时的精心设计、精心指挥、精心操作上。航天讲究眼见为实,讲究数据说话,反对浮夸或应付了事。中国航天人发扬严谨务实、严肃认真的作风,通过严谨细致、周密充分的工作,保证了航天产品的质量,圆满地完成了承担的国家各项重点任务。

　　载人航天工程取得的举世瞩目的成就是与广大航天科技工作者严慎细实、科学求实的工作作风紧密联系在一起的。载人航天涉及系统工程、自动控制、计算机、通信、遥感、新能源、新材料、微电子、光电子等众多高新科技领域。为了保证载人航天工程取得成功,航天科技工作者进行了细致周密的规划、科学严格的管理。他们以极其严肃、极端认真、高度负责的态度对待每一行程序、每一个部件,真正做到了严慎细实、有条不紊、精益求精、万无一失。他们十几年如一日,视质量如生命,确保所有环节无质量隐患,无人为差错,无状态错误,无错漏装检。

图 3-9　航天职工在一丝不苟地加工精密产品

"科学来不得半点虚假、半点浮夸,是科学就必须用科学的态度来对待它。"这是航天科技工作者的深刻体会。多年来,广大航天科技工作者始终按照科学规律办事,努力提高航天工程技术水平,不断寻求关键技术突破。他们瞄准世界航天科技发展的前沿,依靠科学,尊重规律,不懈探索,反复试验,终于取得了令人鼓舞的重大进展,获得了一批具有世界先进水平并拥有自主知识产权的核心技术和关键技术。从这个意义上说,载人航天飞行的成功,是科学精神的成功,是科学求实的结果。

严慎细实、科学求实的过硬作风作为航天文化的重要组成部分,在航天事业的发展中显示出了巨大的威力。没有这种过硬的作风就不会有航天工程和航天产品的可靠质量,也就不会有中国航天的辉煌成就。

第三节　航天精神的继承与发扬

航天精神是中华民族灿烂文化的精髓之一,是中华民族宝贵的精神财富,是航天文化的精髓所在,是中国航天科技工业持续发展的思想支撑、精神动力和文化源泉,对发展航天事业产生着深远和重要影响。

航天精神是航天实践与伟大的中华民族精神相结合的产物,具有强烈的民族性和实践性,航天精神集中体现了航天人崇高的思想境界、良好的精神风貌和过硬的工作作风,是激励人们献身航天事业、推动航天事业不断发展的强大精神动力。

目前,航天科技工业所处的环境、条件已今非昔比,无论经济基础、设备水平还是技术力量,较之初创阶段乃至20世纪90年代,已经发生了质的飞跃,但是与美、俄等航天强国相比,在航天基础实力、前沿科技水平和国际竞争力等诸多方面仍然存在较大的差距。要在相对落后的经济技术基础上发展与世界先进水平不相上下的中国航天科技工业,必须热爱祖国、勇于攀登;要在一些发达国家顽固坚持"中国威胁论",对中国实行高技术出口限制的国际背景下推进中国国防现代化,必须依靠自力更生、艰苦奋斗;要高质高效地完成技术乃至协作关系日趋复杂的现代航天工程,必须一如既往地严谨务实、大力协同。物质条件改善了,但是磨炼航天人意志、锻造航天人品质的艰苦奋斗的创业精神不仅不能丢,还要结合新的形势大力弘扬。

中国航天创造性地、不断地运用系统工程理论、现代管理技术,走出了一条有中国特色的创新之路。航天技术创新是将需求牵引和技术推动两种模式有机地结合起来,通过需求牵引和技术推动相互作用,实现航天科技发展。中国航天选择预先研究和积累跨越作为创新路径。自主创新一定要以持续的技术积累作为基础,不能急功近利。预先研究是技术积累的途径,技术积累是跨越发展的基础。预先研究不够,技术储备就不足;技术储备不足,跨越发展就难以实现。中国航天每一次跨越发展都是以十几年甚至几十年的持续技术积累作为基础的。中国航天注重航天技术与组织管理的一体化创新,形成的系统工程组织管理体系,有力地支撑了航天科技的创新发展。

在新形势下,实现航天事业的不断跨越,就要勇于站在世界科技发展的最前列,敢于在重要领域和科技前沿实现"中国创造",弘扬自主创新精神,勇于攀登,敢于超越,大力提高核心竞争力,努力开创航天事业发展的新局面。在世界经济一体化的背景下,国际贸易与技术交流不断扩大,航天领域的国际合作也逐渐增多。但要清醒地看到,航天科技水平事关一个国家的综合国力和国际竞争力,不可能依赖外国。实践证明,自主创新是中国航天在世界高科技领域占有一席之地的重要途径。在建设先进的国防科技工业的征程中,广大航天人要牢牢抓住战略机遇,坚持创新驱动发展,继续发扬勇于探索、勇于超越的精神,永攀科技高峰,瞄准长远发展需要,瞄准世界航天工业先进水平,以不断增强科技发展与应用的首创能力为目标,切实推进先进的航天工业核心能力建设,谱写中国航天事业新篇章,为服务国家发展大局和增进人类福祉作出更大贡献。

一种精神之所以伟大、之所以流传,其自身的光芒必不可少,但后来人不断总结、提炼、完善、传播的力量也不可小视。伴随着事业的持续发展,精神的支柱也在不断传承加固。航天精神伴随着航天事业,在60年的发展历程中不断发扬光大。以"飞航精神"为例,自20世纪60年代以来,一代又一代心系祖国和国防的飞航人,60年风雨兼程,书写了一部属于自己的充满开拓与奋斗,也充满梦想与自豪的历史华章,为国家作出了巨大贡献,同时也留下了宝贵的精神财富——"团结奋进,负重拼搏,科学求实,敢为一流"的"飞航精神"。"飞航精神"作为航天精神的生动体现,是时代精神的展现,是民族精神的浓缩,是智慧与力量的象征。

回应伟大时代的呼唤,60年间,中国航天人自强不息、接续奋斗,

图 3-10　1998 年 7 月,航天总公司党组书记、总经理刘纪原(左一)亲自为四院内蒙古指挥部(现科工集团六院)航天精神教育基地揭牌

走出了一条自力更生、自主创新的发展道路。他们胸怀爱国之情、肩扛报国之责,艰苦创业,顽强拼搏,一次次刷新中国高度,取得一系列辉煌成就,积淀了深厚博大的航天精神,为国家发展作出了重大贡献,彰显了自主创新的中国力量。如今,一支让世界航天强国都艳羡不已的年轻的航天队伍,将续写这一伟大事业的辉煌。他们肩负加快建设航天强国的光荣使命,将秉承优良传统,坚持创新驱动,深入实施航天重大工程,推进空间技术、空间应用和空间科学全面发展。

中国梦吹响了凝聚中国力量的奋进号角,广大中国航天人将牢记科技强国的神圣使命,在党的领导下,在全国人民的支持下,继承和弘扬航天精神、"两弹一星"精神和载人航天精神,汇聚智慧和力量,以更加饱满的精神状态、豪迈的气概和扎实的工作,紧紧抓住发展机遇,积极应对各种挑战,战胜前进道路上的艰难险阻,推进航天科技工业持续跨越发展,努力创造出无愧于前人和无愧于时代的光辉业绩,谱写中国航天事业新的壮丽篇章,为实现航天强国梦不懈努力奋斗,为中华民族的伟大复兴不断作出新的贡献!

第四章

党的思想政治工作

中国航天事业的发展是中国共产党开创的宏伟大业的光辉写照。60年来，在党的领导、全国人民的支持下取得了举世瞩目的伟大成就，在导弹武器、运载火箭、卫星、载人航天、探月工程等领域取得了骄人业绩，极大增强了中国的国防实力、经济实力和科技实力。这些成就的取得，党的思想政治工作起到了不可替代的重要作用。党的思想政治工作也在航天文化建设中起到了导向和支柱作用。

中国行业、企业、科研院所乃至社区的文化建设，是在改革开放以后由企业文化研究和应用拓展开来的。在日本、美国等资本主义国家，企业文化是作为企业管理的方法与技术而逐渐被西方国家的一些企业认同，并不断推广开来。20世纪80年代初企业文化引进到中国后，首先被东南沿海一些企业效仿，之后逐步扩展到内地的企业，不但被企业家重视，而且引起文化界和思想政治工作领域的研究兴趣。就其内容来看，企业文化主要由企业创造的物质文化、经营管理文化和精神文化构成；就其经营管理文化和精神文化来看，它所提倡的经营哲学、企业和员工的价值观、行为准则、形象塑造等，又与党的思想政治工作有着许多相通之处，因而，就一般意义而言，特别是在中国这样的社会主义国有企业，一个行业、一个企业的文化与党的思想政治工作明显地存在一种交叉和互为依存的关系。当然也存在诸多不同认识。因为在国有企业，特别是国防军工企业，党的思想政治工作有着深厚的优良传统和成就，一些同志认为引进"企业文化"这一"舶来品"没有必要，持"无用论"；而另一些同志则认为党的思想政治工作内容和方法陈旧，主张在企业里只搞企业文化建设就可以了，不用再提思想政治工作，持"替代论"。经过企业界和理论界较长时间的研究探讨，比较一致的意见是："在社会主义企业文化建设中，思想政治工作起指导作用，保证企业文化建设的社会主义方向。企业文化建设为企业思想政治工作创造了必要的条件和良好的环境，增强了思想政治工作的活力。"这一论断也适用于认识行业文化即航天文化建设与思想政治工作的关系。本章阐述的内容，仅是航天领域思想政治工作与航天文化建设联系最为密切的主要方面。

第一节　航天思想政治工作是军队思想政治工作的继承和发扬

由于航天系统初创时隶属军队编制,所以航天思想政治工作带有很深的军队烙印。从部队精挑细选而来的政工干部将自身在长期革命实践和部队工作中积累的思想政治工作传统和管理经验,带进了新生的中国航天事业。面对全新的工作环境和迥然不同的工作对象,这些政工干部因时因事而动,与时俱进,根据工作实际不断加强业务知识学习和科技知识学习。这使得他们逐渐对科研生产工作有了较多的发言权,同科研人员有了较多的共同语言。许多同志成为优秀的思想政治工作者,这使思想政治工作在中国航天事业创建时期发挥了重要作用。

一、老五院时期的思想政治工作

航天事业作为国家高度机密的战略产业,初创时期隶属于军队编制,所以当时的航天政工系统基本与部队一致。

根据规定,中国人民解放军在师级及其以上单位设政治部,在团级和相当于团级的单位设立政治处。政治部、政治处等政治机关是党在军队中的工作机关,是所属部队政治工作的领导机关,它通常由组织、干部、宣传、保卫等业务工作部门或相应的人员组成。政治委员作为军队中主管政治工作的主官,只有团级和相当于团级以上的单位才会设置,全面负责党的建设和思想政治工作。

政治工作是人民军队的生命线,这一思想早在1929年《古田会议决议》中就已被提出:"红军第四军的共产党内存在着各种非无产阶级的思想,这对于执行党的正确路线,妨碍极大。若不彻底纠正,则中国伟大革命斗争给予红军第四军的任务，是必然担负不起来的。"这就从根本上指出了政治工作对于完成红军任务的重要性。中华人民共和国成立以后，人民军队的发展建设进入了全新的历史阶段，党仍然一如既往地高度重视思想政治工作。1954年，毛泽东主席亲笔在《中国人民解放军政治工作条例（草案）》的送审稿中，加上"中国共产党在中国人民解放军中的政治工作是我军的生命线"。政治工作作为人民军队的生命线，主要体现在保证和服务两个方面。从"保证"方面来讲，政治工作是维护军队内部团结和军政军民团结的有力武器，是保证军队战斗力和完成各项任务的坚强后盾。从"服务"方面来讲，政治工作始终必须服务于国家的大政方针政策，始终必须服务于军队的革命化、现代化、正规化建设，从政治上、思想上、组织上保证党对军队的绝对领导和人民军队的性质。政治工作只有充分发挥了服务和保证的作用，才真正落实和体现了生命线的根本要求。

1956年国防部五院创建后，以及从1957年开始到1964年一、二、三、四分院陆续组建，五院和各分院在设立科研、后勤、物资等部门的同时，都设立了政治部，由组织、宣传、干部、保卫部门组成，同时任命了政委、副政委，任命或选举了党委书记和党委领导班子。到1965年五院集体转业前，各分院所属的工厂、研究所、研究室也如此设置。党委、政委、政治机关的职能、作用、工作内容和方法基本上按部队的规定执行。

在聂荣臻的主导下，五院各级政治工作机构在执行部队的有关条例、规定的同时，结合科研工作和知识分子多的特点，不断改进思想政治工作的机构设置、职能、内容和方法。到1962年，聂荣臻提出实行"两改"：把研究室的政治委员改为指导员，把研究室党支部对科技工作的领导作用改为保证作用。同时提出"两个服务"：为科研服务，为科研人员服务。政工干部在实践中逐步感受到"两改""两个服务"的必要性、重要性，着力深入基层，做好为科研生产工作和科技人员的服务保证工作，成效显著，取得了改进和加强思想政治工作的经验。

五院创建初期，一位领导同志在一天晚上约一位技术干部到家里谈话,可是这位同志刚接到医院通知,爱人难产,要马上赶赴医院,他只好前来告假。这位领导考虑到路程太远,又是黑夜,不安全,就亲自为他派了车,又关照司机一定要等事情处理好再把人接回来。这件事使这位同志非常感动。多年来,每个单位都有类似这样主动为科技人员解决困难的具体事例。在航天初创时期,聂荣臻把知识分子看得非常重要、非常宝贵,尊重、关心他们,被称为"科技工作者的知心领导人"。

1958年的冬天特别寒冷,滴水成冰。虽然聂荣臻的家里因有暖气很温暖,但是他却坐立不安,因为他牵挂着五院刚从各地来报到的科学家们。建院初期住房紧张,有的技术干部甚至住在临时搭起的军用帐篷里。"我不满意,我要告诉五院的领导们,如果冻坏了一个人,你们得赔我!"聂荣臻去五院视察后严肃地对领导干部和行政人员说。

"科技鱼""科技肉"这些一度被批判的字眼,在许多科学家的记忆中却是那样美好和温暖。在三年自然灾害时期,科研单位和试验基地的生活一度十分困苦。身处茫茫戈壁的东风基地的官兵只能用沙枣、甘草叶、骆驼刺掺着玉米面、青稞面制成的代食品充饥。长期营养不良,使得许多人得了夜盲症,身体浮肿。

聂荣臻得知这些情况后,果断地向海军和北京、广州、济南、沈阳等军区的领导同志求援,请他们尽快设法给予支援,划拨给国防科研战线一批猪肉、鱼、海带、黄豆、食油、水果等。

"这批鱼、肉、大豆、海带都是专门给科技人员的,其他任何人不得动用。"聂荣臻对负责这项工作的领导同志说。这项政策得到了很好地执行。东风基地的科技干部至今都忘不了,聂荣臻特批给他们每人每天2两黄豆,连基地司令员、政委都没有享用过。"要是我们领导干部分了1两,就开除我的党籍。"五院时任政委刘有光拍着胸脯说。

在实际工作中,"为科研生产服务,为科技工作者服务"的具体体现就是深入实际、服务实际。自航天系统创建以来,广大政工干部不辞辛劳、不计功名,坚持哪里有需要,哪里就有思想政治工作;哪里有困难,哪里就有政工干部。如此一来,政工干部赢得了广大航天科技工作者的拥护,政治工作赢得了广大航天科技工作者的支持,从而更有利于发挥思想政治工作的作用。

二、继承和发扬优良传统,不断改进创新

1965年,国防部五院集体转业,脱离军队系统,尽管管理体制多次改变,经历了七机部、航天工业部、航空航天工业部、航天工业总公司、中国航天科技集团公司和中国航天科工集团公司等不同时期,但军队思想政治工作的优良传统一直传承下来,并不断改进创新,发扬光大。

继承和发扬部队的优良传统,其中有三项主要内容:一是重视各级党委的政治核心作用、党支部的战斗堡垒作用和共产党员的先锋模范作用;二是保留精干高效的思想政治工作机构和党群工作队伍;三是工作方法在延续了我军一系列卓有成效的方式方法的基础上,不断改进和创新。

在航天系统的各单位,很长时期实行党委领导下的分工负责制,在改革开放后,实行行政领导负责制(院长、所长、厂长负责制),各级党委的职责、任务有了很大改变,但党委的政治核心作用一直没有变。这种政治核心作用集中体现在党委集体领导的机制上。党委集体领导,是指凡属党的建设和思想政治工作、精神文明建设、航天文化建设方面的重大问题必须由党委民主讨论,集体做出决定,个人不得专断。实施集体领导,是贯彻民主集中制的本质要求,是党委形成坚强领导核心的重要组织基础和制度保证。集体领导的实质是集中集体智慧,保证正确决策。航天系统党委集体讨论决定重大问题时,在充分发扬民主的基础上,实施正确的集中。

在航天系统党委的工作中,切实将民主集中制落到了实处,并取得了理想的效果,既大幅提升了科研生产决策的科学性,又显著得到了广大职工的热情拥护。1965年2月,七机部组织了2 400多名科技人员、干部和一线生产工人参加型号技术途径讨论会,广泛听取意见,统一对

各类型号技术发展途径的认识,上报中央专委审批。最为典型的是制定出了《地地型号发展规划》("八年四弹"规划)。这次技术途径大讨论,是中国航天事业创建以来最有代表性的、取得成果最大的一次技术讨论会。

随着航天事业的不断发展,许多技术干部先后加入思想政治工作的行列。他们既通晓航天技术,又认真学习思想政治工作知识,因此在面对航天职工这群特殊群体时,他们的工作更能有的放矢,成果斐然,为航天事业的思想政治工作增添了新的力量。

脱离军队编制的航天政工系统虽然工作模式发生了转变,但是继承和发扬了军队的优良传统,党委的政治核心作用、党支部的战斗堡垒作用和共产党员的先锋模范作用一直在科研生产中得到发挥,谱写了动人篇章。

如前所述,虽然航天科技工业的管理体制几经变换,但一直保留了精干高效的政工机构和党群工作队伍。这些机构包括组织、宣传、文化、工会和团组织。这些机构的人员数量尽管随着深化改革不断精简,但这支精干高效的队伍一直兢兢业业地为党的思想政治工作无私奉献着,努力工作着。

"为科研工作服务,为科技工作者服务"是党的根本宗旨在航天事业中的具体表现。60年来,航天思想政治工作者牢记"两个服务",想科技人员所想,急科技人员所急,为科研生产服务,为科技人员服务,已形成一种风气。科技人员也从政工干部身上,感受到了党组织对科研工作的重视,体会到了党的知识分子政策给科技人员带来的温暖。一位航天系统管理者曾说:"我曾长期在一线工作,深知航天人内心的酸甜苦辣和肩负的巨大压力。因此,一方面要大力弘扬航天精神,默默奉献、艰苦奋斗,让大家有使命感、责任感;另一方面,要给员工创造良好的工作环境,提供与市场接轨的待遇,给员工健康的身心、体面的生活。"

第二节　着眼提高干部职工的综合素质，开展形势任务教育

60年来，中国航天事业的快速发展充分说明，党的思想政治工作生命线的作用要靠人的主观能动性去发挥。因此，提高航天队伍的综合素质，是思想政治工作的主要着力点。多年来，连续不断、丰富多样的形势任务教育，对提高航天干部职工的综合素质起到了重要作用。

一、大力宣传党和国家关于发展航天事业的方针政策

建院之初，进行五院建院方针的宣传，保证航天事业走上正确的发展道路。在1956年国防部五院刚刚成立时，迫切需要解决的首要问题就是中国导弹发展、火箭技术应该选择一条什么样的发展道路。究竟是一切依靠自己从头探索，还是在自力更生的基点上争取可能的外援？在聂荣臻的领导下，在有关部门的反复研究下，最终确立应该把立足点放在坚持自力更生上，同时尽可能地争取外国援助。经党中央批准后，"自力更生为主，力争外援和利用资本主义国家已有的科学成果"成为国防部五院的建院方针。这一方针也孕育了中国的航天精神。中国航天事业正是在这一方针的指引下，走出了一条适合中国国情的发展道路。

国防部五院组建后，各级党组织反复在干部群众中宣传建院方针，讲明这是发展中国导弹、火箭技术唯一正确的方针，使这一方针逐渐在各级领导干部和广大航天职工的思想中深深地扎根，成为行动的指南。

中国的航天事业几乎是在零基础的条件下起步的。在国防部五院创建初期，除个别火箭专家外，科技工作者没有见过导弹与火箭到底为何物，更不熟悉导弹与火箭的研制工作，因此，要坚持以"自力更生为主"

开展航天研制工作,从仿制苏联提供的导弹实物开始起步,无疑是科学正确且便捷有效的途径。但是,由于受当时社会环境影响,有的同志在研制中还未学会走路便想快速跑步,认为与其仿制他国产品,不如设计自己的产品,提出了一些不切实际的想法。针对这些情况,聂荣臻教育科技人员"要先学会走路,然后再学跑步,像爬楼梯一样,爬完了第一层,才能爬第二层"。仿制只是手段,最终目的是通过仿制学会技术,走自行设计、独立研制的道路。因此,科技人员通过对苏联导弹进行分解、测试,用所得数据进行重新计算和分析,弄清它们的依据,通过反设计,提高自行设计的本领,在消化国外技术的基础上进行创新。

在建院方针的正确指引下,在科技人员的不懈拼搏下,中国航天这支年轻的科技队伍通过独具特色的仿制实践,在相对比较短的时间内,以比较快的速度掌握了自行设计的本领,突破了初创起步阶段的重重困难,逐渐成熟起来。正因如此,当1960年苏联撤走全部专家时,中国航天事业不仅没有中断发展和止步不前,反而依靠自己的力量成功进行了仿制型号的飞行试验,并开始转入自行设计阶段,为以后中国的导弹、火箭研制工作奠定了基础。

起步阶段,进行党的科技政策和知识分子政策的宣传,保证航天事业走向新的发展阶段。1957年"反右派"运动以后,在"左"的思潮影响下,知识分子普遍感受到巨大的精神压力,浪费了许多科技人员的宝贵时间,影响了科研任务的完成进度。针对当时知识分子科研工作时间不足的情况,针对当时对"红"与"专"关系的模糊认识和一些不切实际的做法,1961年在聂荣臻的主持下,国家科委党组织、中国科学院经过反复调查研究和广泛听取科学界意见,总结了中华人民共和国成立以来党领导科学技术工作的经验,提出了被誉为"我国第一部科学宪法"的《关于自然科学研究机构当前工作的十四条意见(草案)》(简称"《科研十四条》"),聂荣臻还就其中的若干重大政策问题向中央专门写了报告,经中央政治局讨论批准,发布试行。中央批准这个草案的批语指出:"近几年来,有不少的同志,在对待知识、对待知识分子的问题上,有一些片面的认识,简单粗暴的现象也有所滋长,必须引起严重的注意,以端正方向,正确贯彻执行党的政策。"《科研十四条》就正确理解对自然科学工作者的"红"与"专"的要求,正确贯彻执行"百花齐放,百家争鸣"的方针和理论联系实际的原则,明确科学研究机构的根本任务,保持科研人员工作的相对稳定,保证科学研究工作的必要时间,改进研究机构中党的领导方法等,做了一系列具体的规定。

在当时的历史条件下,《科研十四条》中最关键、最敏感的问题有四个。第一,明确研究机构的根本任务是"出成果、出人才";第二,尊重科学家、保护科学家,提出"初步红"的标准(拥护党,拥护社会主义,用自己的专业为社会主义服务);第三,明确研究所一级党委才有领导权,基层党组织只起保证作用,党员要尊重非党科学家的意见;第四,认真贯彻"百花齐放,百家争鸣",区分政治问题和学术问题的界限、思想问题和行动问题的界限,保证了科技人员有六分之五的时间能从事科学研究活动。

国防部五院党委认真贯彻《科研十四条》和聂荣臻报告的精神,对调动知识分子的积极性,促进科研工作的健康发展,起到了十分重要的作用。

腾飞阶段,进行贯彻新时期党和国家关于航天事业发展方针政策的宣传,保证航天事业走向新的辉煌。随着导弹、火箭和卫星等航天型号不断取得新成就,党和国家、人民对航天事业寄予新的、更高的期望,中央陆续制定了航天事业发展的方针政策。各级党委和思想政治工作部门采取举办领导干部学习研讨班、编印宣传提纲、举行报告会、报刊网络宣传和推介先进典型等措施,大力宣传贯彻这些方针政策,使之贯彻到基层,有力地推动了事业的发展。

改革开放初期,党中央明确要求航天科技工业在研制新的导弹武器的同时,要集中力量发展实用、急用的应用卫星,并努力实现航天高技术出口,部署实施了以"新一箭三星"为代表的航天工程。在党中央的统一部署下,"东方红三号"通信卫星、"风云二号"地球静止轨道气象卫星、

"资源一号"遥感卫星等一批应用卫星和长征三号甲大推力运载火箭的成功研制；与此同时，长征三号火箭首次成功发射美国制造的"澳星一号"卫星，拉开了中国航天参与国际竞争的序幕。

20世纪90年代初，党中央着眼国家整体发展战略，果断决策实施载人航天工程。航天人仅用了11年的时间，就实现了载人航天的一系列重大突破，"神舟五号"首次载人航天飞行取得圆满成功，极大地振奋了民族精神。90年代末，党中央针对当时严峻的国际形势，做出了实施"高新工程"的英明决策。在党中央的高度重视下，"高新工程"一期任务出色完成，特别是一大批导弹武器装备部队，军事航天装备初步形成体系，有力地提升了我军现代化的作战能力和水平。

进入21世纪以后，党中央明确指出："发展航天事业，是党和国家为推动我国科技事业发展，增强我国经济实力、科技实力、国防实力和民族凝聚力而做出的一项强国兴邦的战略决策。"同时，明确把载人航天与探月工程、第二代卫星导航系统、高分辨率对地观测系统等列入国家中长期科学技术发展规划，并做出了实施"高新工程"二期等一系列重大决策，为航天事业的蓬勃发展指明了前进方向。

习近平总书记指出，发展航天事业，建设航天强国，是我们不懈追求的航天梦。党中央做出实施载人航天工程重大战略决策以来，航天战线的同志们秉持航天报国的理想和追求，艰苦奋斗，自强不息，开拓进取，取得了举世瞩目的伟大成就。

二、形式多样、内容丰富的形势任务教育

在发展方式方面，进行自力更生和发奋图强的教育。著名航天专家梁思礼院士曾说："中国航天工业发展几十年来，走的是一条自力更生为主、力争外援为辅的道路。正是由于这样，我国的航天技术现在才能跻身于世界航天大国之列。"

在航天事业创业初始，党和国家就确定了"自力更生为主，力争外援

和利用资本主义国家已有的科学成果"的发展方针。20世纪50年代末,即使争取到了苏联的有限援助,也不依赖他人,而是奋发图强,从仿制中学习本领,发挥自己的聪明才智,很快走上自行设计、独立研制的道路。尖端技术是买不来的,因此在发达国家对我国实行长期技术封锁的环境下,航天战线的广大职工自强不息、发奋图强,依靠自己的力量圆满完成了第一代航天型号的研制,奠定了完全独立研制的坚实基础。

1960年前后,中苏关系严重恶化,苏联撤走专家,给当时的仿制工作带来很大困难。聂荣臻指出:"这些困难是暂时的,可以克服的,希望五院的同志坚决贯彻中央和毛主席的指示,自力更生,奋发图强,埋头苦干,下决心把我们自己的导弹和试验设备研究设计出来,用中国的材料制造出来。"五院党组织在职工中广泛进行自力更生、发奋图强的教育,激励大家化愤怒为力量,为祖国争光,为民族争气,早日造出"争气弹"。正是由于航天人发扬了自力更生、发奋图强的精神,苏联专家的撤走让航天人并没有措手不及,相反,促使了中国航天尽快从仿制走向独立研制,并迅速取得成功。

改革开放后,为适应市场经济的新情况,经过一些失败的教训后,航天人振奋精神、与时俱进、改革创新,仍然依靠独立自主、自力更生,攻克和掌握新的核心技术,把航天发展的主动权掌握在自己手中,载人航天和探月工程取得重大突破,中国航天技术打入了国际商业发射服务市场,实现了卫星整星出口,航天技术在许多方面达到世界先进水平。

习近平总书记指出,创新是一个民族进步的灵魂,是一个国家兴旺发达的不竭源泉,也是中华民族最鲜明的民族禀赋。托举中国航天事业的,是几代国家领导人、众多科学家、成千上万岗位上的航天人。从梦想到现实,航天人自力更生、发奋图强的精神造就了今天的航天伟业。

在思想素质方面,进行党的基本理论和基本路线的教育。从1956年五院建院之始至今,各级领导和政工部门一直重视党的基本理论教育,以提高全体干部职工的思想素质。尤其重视各级领导干部的马克思主义、毛泽东思想的学习,使领导干部打下扎实的政治理论功底。

党的十一届三中全会是中华人民共和国成立以来党的历史上最具深远意义的伟大转折,为航天事业的发展开拓了广阔的天地。为了适应新形势的要求,进行了一系列思想理论教育,主要有:实践是检验真理的唯一标准的教育;清理"左"倾错误思想,实现党的工作重点转移的教育;基本国情和党的基本路线的教育;贯彻"军民结合,平战结合,军品优先,以民养军"方针的教育和形势任务教育;等等。近年来,通过"三讲"、群众路线教育等活动,进行中国特色社会主义理论教育。这一系列的政治思想教育,对保证航天系统广大职工适应新形势发展的要求,实现战略转变,推动航天事业在社会主义市场经济条件下的发展,产生了深远的影响。

党中央、国务院始终高度重视航天事业的发展,特别是习近平总书记发出了"发展航天事业、建设航天强国,是我们不懈追求的航天梦"的号召,使全体航天干部职工深受鼓舞,增强了从事航天事业的自豪感和做好本职工作的责任感。长期坚持党的基本理论教育,强化航天人的理论武装,筑牢了全体职工的思想道德基础,使社会主义核心价值观内化于心、外化于形,航天工业的凝聚力、文化软实力和社会影响力不断增强,提升了航天科技工业的社会影响力和美誉度。

在人才培养方面,进行注重在实践中锻炼成长的教育。航天系统非常重视科技人员在实践中锻炼成长。创业初期,针对一些科技人员对现代火箭技术比较陌生,一批刚刚毕业的大学生没有实践经验的情况,狠抓以仿制为主的大练兵,通过翻译、学习和消化从苏联引进的图纸资料,进行反设计,组织大批技术人员随图纸下工厂,同工人和工艺技术人员一起学习、熟悉生产工艺技术,广大科技人员树立了重视实践的观点,同时掌握了工艺技术,缩短了研究设计的摸索过程。

1956年,钱学森受周恩来总理之托起草了《建立我国国防航空工业的意见书》,其中就以很大篇幅提出了研制队伍建设的途径。他在分析了我国当时的工业基础及人才状况后,写道:"问题是如何从约15个高级干部和50个年轻干部的人力中,以最迅速的方法建立起我国国防航空工业的三部分:研究、设计和生产。"他估算这项事业所需要的总人数:"到1967年,共有工厂技术人员2400人,设计院技术人员5700人。"在当时,全国与火箭及导弹相关的专业人才只能以百计数,11年后要达到以万计数,这实在是一件十分困难的事情。面对人才需求多、来源少的困难,钱学森提出以在航天工程实践中培养教育人才为主的主张,而且率先垂范,主要采用了以下方式:结合航天工程实践,举办培训班,亲自授课;在重大航天工程中拔擢将帅之才,委以重任;在工程实践中指导科技人员攻关克难;耳提面命,"以师带徒"。这些方式,成为航天战线培养造就人才的典型模式。

航天工程需要人才,而人才只能通过工程实践的锻炼才能成长。由于党和国家的高度重视,航天领域不断有重大工程项目开展,创造了一个培养人才的环境和平台,因而才涌现出一大批人才。随着经济全球化的加剧,国家之间各个领域的竞争日趋激烈。知识经济的迅速发展,使得国际竞争不仅是经济竞争、科技竞争,更是教育的竞争、人才的竞争。为了在未来的航天事业竞争中争得鳌头,必须建立适合中国国情、与国际接轨的航天人才培养新模式,把培养具有国际竞争力的航天专业人才作为当务之急。

在以上各种方式培养人才的过程中,思想政治工作部门与干部、人事和科研部门紧密配合,在提高各类人员业务强、技术素质的同时,进行弘扬航天精神的教育,使一代又一代新人成为业务强、技术精、政治素质高的航天事业接班人。

在保密工作方面,进行保守国家秘密的教育。航天事业创建初期,在党中央、国务院和中央军委的领导和关怀下,一大批技术专家、大中专毕业生、技术工人、转业军人以及党政领导干部从四面八方汇集到国防部五院,当时绝大多数同志,都以能进入国防科研单位、从事国防尖端事业而感到光荣和自豪。但是,大部分同志对这项事业的高度保密性缺乏认识。各级党组织和思想政治工作部门对所属人员进行了热爱国防尖端事业的教育和保守国家机密的教育,提高了全体人员为增强中国国防力量、保卫和平而奋斗的使命感,热爱航天事业、热爱岗位工作的责任感,以及为攀登航天技术高峰而奉献的光荣感,提高了保密意识。航天领域的保密工作是复杂艰辛的。20世纪60年代,国家组织一批顶尖科学家隐姓埋名研制"两弹一星"。为做好保密工作,大家秉承"上不告父母、下不告妻儿"的原则,所有关于"两弹一星"的事,科学家们都守口如瓶。

特殊的战略地位、独有的科技领域、卓越的工作实绩都决定了航天保密工作的复杂性和艰巨性,决定了保密工作必须树立更严、更高的标准和要求。尤其是随着信息化建设的快速推进,窃密手段不断翻新,特别是近年来保密管理的对象、方式、手段发生深刻变化,泄密渠道、泄密风险和泄密隐患明显增多,涉密人员、涉密载体、涉密活动管理难度明显加大。这就要求航天人从根本上提高保密工作实效,解决新形势下保密工作面临的新情况、新问题。

第三节　坚持以科研生产为中心,确保工作方法的科学性

航天工业是当今世界高新科技中最具挑战性的领域之一,是难度高、规模大、系统复杂、可靠性和安全性要求极高的工程。中国航天科技的进步有力地推动了中国科技的跨越式发展,对促进中国经济社会发展具有十分重大的意义。实践告诉人们,高度重视和充分发挥思想政治工作在科研生产中的重要作用,才能保证中国航天事业的发展;也只有坚持以科研生产为中心,才能确保航天文化建设方法的科学性。

一、坚持以科研生产为中心

在航天事业创建之初,聂荣臻就强调要加强思想政治工作,明确指出:国防科研机构的思想政治工作"首先要明确目的,结合特点,才能发挥更大的威力"。"两个服务"一直是航天战线思想政治工作遵循的原则。在坚持以科研生产为中心的思想政治工作中,要注意处理好以下三种关系。

1. 正确处理政治工作和科研工作的关系

坚持以科研生产为中心,是做好思想政治工作的必然要求,也是航天思想政治工作者一直坚持的原则之一。

确保科技人员的工作时间。航天科技工作大多具有技术尖端、任务繁重、时间紧迫的性质,要求科技人员必须投入大量的时间,加班加点更是家常便饭。但是,在国防部五院成立之初的一段时间内,由于当时特殊的政治环境和社会环境,政治学习、行政会议、义务劳动等科技工作以

外的事务占据了科技人员大量宝贵的时间,严重影响了航天科技工作的发展和航天科技人员的生活。对此,聂荣臻高度重视并及时指出:"敲锣鼓能上天吗?能上天就每人发一副锣鼓去敲,不用搞科研了。听说球打得不坏,打球有'八一队',中央要你们早日把'两弹一箭'搞上去,不是要你们来打球、敲锣鼓的。"随后的1961年12月14日,国防部又发出《关于五院工作时间安排的规定》。根据聂荣臻的特殊指示和国防部的相关规定,各单位在工作时间内的非技术业务活动一律停止;为确保工作环境的安静,有线广播停止使用;纠正用"突击""献礼""开运动会"等不科学的方法组织科研活动的倾向。以今天的目光审视这些规定似乎无可厚非,但是在当时特殊的政治环境和社会环境下,这是难能可贵的,需要极大的魄力和胆识。

尊重知识分子,充分发挥他们的积极性。20世纪五六十年代,由于受历次政治运动的影响,有相当一部分老专家和中青年知识分子不同程度地背负着各种思想包袱,顾虑重重,谨小慎微,沉默寡言。各级党委、政治机关认真贯彻《科研十四条》精神,落实党的知识分子政策,对过去历次政治运动中受过批判和处分的党员、干部和知识分子,进行了公开甄别、退赔工作;在档案里装有"材料"的,一律清出当面烧毁,不留尾巴;对知识分子的家庭出身、个人历史和社会关系问题,贯彻"重在表现"的政策。党的各级领导干部深入群众,同广大知识分子交朋友,老老实实地当好勤务员。特别是党委负责同志亲自同老专家谈心,增进理解;经常邀请老专家一起畅谈国际、国内形势,讲当前党和国家的大事,自由讨论,畅所欲言。经过一个时期的努力,航天系统的新老专家和广大科技人员思想得到解放,积极性大为提高。

加强学习,变外行为内行。在五院创建初期,聂荣臻曾对政工干部指出:"在五院工作,不懂一点技术,与技术人员没有共同语言就没法工作。"他又说:"学深了不行,学点目录学还是有可能做到的;要由浅入深,尤其要到实践中去学习,拜技术人员为师,耳濡目染,经过几年的努力,逐渐使自己变外行为内行。"广大政工干部深入实际、深入群众的过程,也是使自己变外行为内行的过程。

2. 正确处理思想政治工作一般要求和航天系统实际情况的关系

初创时期,由于航天事业的特殊性,国防部五院隶属于军队,绝大部分科技人员为军人身份。虽然由于党和国家的高度重视,初创时期航天系统的政工干部都是千挑万选而来的佼佼者,但是面对与部队军人不同的航天科技工作者和知识分子这一特殊群体,他们需要变更工作思路、创新工作方法,而不能机械照搬部队的管理经验。为此,广大政工干部不断加强思想政治学习和科技知识学习,根据新情况、新特点有的放矢地展开针对性工作,效果显著。一位航天科技工作者回忆当初被分配到工作单位的"第一印象"时不无感慨:"当我在秦岭脚下一个不知名的三等车站下车时,出人意料的是,基地研究所的主要领导人(一位40年代参加革命的老同志)风尘仆仆地驱车20多里路,亲自到车站来迎接我这个外来户。要知道,那正是到处鞭挞'臭老九'的混乱年代啊!我扪心自问,要是在当时"极左"思潮泛滥成灾的学校,能有这样的礼遇吗?不要说主要领导人,就是办事员也不会来,更不用说派车了。我隐隐约约地看到了老五院传统的官兵关系。这是一种在长期战争年代里培养起来的优良作风,给我留下了终生难忘的印象。"

重视创造有利于发扬技术民主和落实技术责任制的良好气氛。实行技术民主,提倡不同学术观点的自由争论,对推动技术进步具有重要意义。思想政治工作在创造技术民主气氛的过程中,努力引导各级干部以及广大知识分子划清政治问题、思想问题和学术问题之间的界限,禁止给科学技术的不同学派、不同主张,贴上"资产阶级的""无产阶级的""资本主义的""社会主义的"之类的标签。无论制订一个技术方案或解决一个技术问题,都让技术人员、行政干部、技术工人共同参加。总之,凡是与讨论该问题有关的同志,都从各自不同的角度充分发表自己的意见和看法,这样就可以集思广益,取长补短,把方案定得比较正确,问题解决得比较合理。

为了保证以定方向、定任务、定人员、定设备、定制度为主要内容的技术责任制的落实,思想政治工作者积极开展宣传教育,引导科技人员树立敢想、敢说、敢干与严肃、严密、严格相结合的作风,说真话,报实情,认真负责地进行工作。技术问题中经常夹杂着大量的思想问题,有时思想问题比技术问题的分量更大。通过政治工作解决这些思想问题,有助于技术责任制的贯彻以及技术本身的健康发展。

3. 正确处理保证出成果和保证出人才的关系

出成果和出人才是党和国家对发展航天事业的殷切期望和根本要求。在航天事业初创时期,党和国家领导同志就指出,对航天事业的"根本要求是出成果、出人才,为社会主义服务"。航天系统的思想政治工作自始至终坚持以科研生产为中心,为实现出成果、出人才的根本要求而努力。

培养人才、建设队伍,是保证出成果的重要前提。通过思想政治工作,提高科技队伍的政治素质,培养高素质的人才,是为了出更多更好的成果。60年来,航天系统的广大科技人员正是通过仿制练兵、自行设计、独立研制的实践磨炼,以及各级党组织结合实践不断地进行教育培养,才形成一支政治素质、技术素质俱佳的研制生产队伍。出人才要以出成果来检验。检验人才的标准,就是看他能否创造出高质量的研制成果。离开出成果,出人才就会失去客观标准。有了高素质的队伍为出成果提供组织保证,并以出成果来检验人才成长和队伍建设,才能实现党和国家对航天事业的根本要求,才能加速航天事业的发展。

在人才培养方面,航天政工、人事部门通过多年的实践,总结出"在实践中学习,在学习中体会,在体会中提高"的原则。将人才的培养寓于科研生产任务和各项管理工作中,让人才在实际工作中得到锻炼、学习和提高。纵向以重大科研项目为牵引,加强各层次人才的培养,组建了预先研究队伍、型号研究队伍、专业研究队伍等;横向以研究室、班组管理能力建设为重点,加强中层领导干部、班组长管理能力的培养,为各类人才的成长提供机会和舞台,加速各类人才的成长。

航天战线历届各级领导和思想政治工作者,把我党我军思想政治工作的优良传统与航天科研生产实践相结合,以强有力的思想政治工作,保证了党和国家的各项方针政策在航天系统的落实,保证了各项科研生产任务的圆满完成,保证了"出成果、出人才、出效益",从而成为航天文化建设的一道亮丽风景。

二、坚持深入科研生产第一线

深入实际、深入群众是中国共产党的优良传统,航天系统的广大思想政治工作者切实将这一传统发扬光大,他们长期坚持深入科研生产第一线,紧紧围绕型号的方案论证、研究设计、试制生产和飞行试验各个阶段的不同任务及其特点,展开全方位的思想政治工作,充分发挥思想政治工作的服务保障作用,助力中国航天事业的发展壮大。

1. 保证型号总体方案的正确性

总体方案论证是型号研制工作的第一阶段,主要是通过合理性、现实性、可行性和必要的试验,确定初步的技术性能指标、选定技术发展途径等,其目标是提出型号总体设计方案,其特点是系统论证、高层次决策、发挥综合技术优势,从而保证型号总体方案先进性与合理性的有机统一。

航天型号研制作为大规模的系统工程,是多学科、多专业、多技术在一个总体思想下有机结合的综合技术体系。在总体方案论证阶段,最突出、最常见的问题就是在论证各项技术指标和选定技术途径上往往会有不止一种方案,且诸方案各有长短。同时,在技术上的分歧又常常表现为继承与创新、全局与局部、进度和质量与效益相冲突,以及总体方案中的技术指标的分配等问题。

正因如此,航天型号研制工作是需要在高度集中统一的指挥下,需要在成千上万单位的大力协同下才能完成的复杂工程。为了保证型号总体方案的正确性和协调工作，思想政治工作者积极配合技术指挥，着力宣传、贯彻型号设计工作的原则和指导思想，充分发扬技术民主，引导和帮助科研人员处理各种问题，为方案论证工作的圆满完成和下一步工作的展开作出了特殊贡献。

针对个别科技人员对于保证全局、满足型号总体要求与专业技术发展的意见分歧，各级技术指挥和思想政治工作者引导科技人员要认真深刻理解指导思想，做到局部服从全局、现阶段工作安排服从长远战略方针、个人想法服从国家要求的科技战术指标和进度质量要求。例如，在建院之初，针对中国航天事业起步晚、工业基础薄弱的现实，思想政治工作者积极引导教育个别科技人员的"大跃进"思想，要求型号研制工作必须从中国的客观实际出发，不能脱离中国的现实物质技术基础；积极引导教育个别科技人员摈弃"闭门造车"的思想，试图完全依靠自身力量发展航天事业，拒绝依靠可能的外援、仿制苏联技术，从而缩短了中国航天事业的起步周期。

针对个别一时难以统一意见的问题，思想政治工作者引导和鼓励双方不急于做结论，鼓励在相互尊重和共同探讨的基础上，以开诚布公的态度和实事求是的原则，甚至可以通过不断的实践检验，待认识提高后再最终解决问题统一意见。对于已经得出结论的意见分歧，由于型号方案的时间性要求，思想政治工作者引导和鼓励双方不应无限期地争论下去，而是应该在保留不同意见的同时，在行动上保持一致，保证总师意图的贯彻执行。

2. 保证研究设计的高质量

近年来，随着航天事业的快速发展，航天型号研究设计工作的生产任务日趋繁重，产品技术越来越复杂，其特点是工作量大、时间紧迫、技术协调难度大等。在这一阶段，思想政治工作的主要任务是通过多种方式的综合运用，引导科研人员不断提高思想觉悟，正确处理团结问题、畏难情绪、骄傲思想等问题，保证型号研究和设计阶段的任务顺利完成。

由于航天型号研制设计工作是由诸多单位和科研人员参与的高度集成工程，难免出现"主配角之争"的问题。思想政治工作者狠抓团结协作问题，引导全体人员牢固树立整体观念、全局观念和"一盘棋"思想，提倡互谅、互让的高尚风格。同时，他们引导教育科技人员正确处理研制工作中民主与集中、自由与纪律、局部与整体的关系，对于上下级之间、同事之间出现的不协调、不顺畅、互不尊重和组织纪律观念不强、整体观念淡薄以及民主作风不好、自以为是等不良倾向，及时做好思想工作，确保两条指挥线畅通。

在执行任务的过程中，遭遇技术难关不可避免。个别科研人员由于对任务缺乏了解，对攻克难关缺乏信心，常常会产生畏难情绪。针对这种情况，思想政治工作者首先积极引导科研人员要坚定信心，迎难而上，发扬"特别能吃苦、特别能战斗、特别能攻关、特别能奉献"的精神；其次积极引导科研人员深入科研实际，刻苦钻研，集智攻关。正是在广大科研人员的拼搏进取和思想政治工作者的不断引导下，航天腾飞道路上的一个个困难才最终迎刃而解。

与此同时，还反复强调在对外协作中，要克服"尖端特殊"、高人一等的骄傲自大的思想，树立顾全大局、发扬风格、谦虚谨慎、善于团结共事的思想。各级党政领导还带领机关人员深入协作厂沟通关系，教育下厂人员必须放下架子甘当小学生，要不怕脏，不怕累，虚心求教，同工人打成一片，严格要求自己。

当型号设计工作告一段落时，基层党组织及时做好总结上报、表彰先进和评定成果工作，实事求是地评价科技人员的工作成绩，对工作中表现突出的给予记功奖励，号召大家向先进学习。

3. 保证试制生产任务的完成

试制生产阶段的基本特点是：产品批量小甚至是单件，生产周期短，时限紧。开展试制生产中的思想工作，主要是激发工人的主人翁责任感和使命感,调动积极性、创造性,保证按时完成试制任务。同时,还要做好设计人员的思想工作,引导他们积极配合工厂试制,做好设计意图的交底,保证试制工作顺利进行。

教育职工树立全局观念,搞好团结攻关。在对外关系上,要谦虚谨慎,平等待人,不以"大厂特殊"压人。对内要有"一盘棋"思想,局部利益服从全局利益。大力宣传基层单位和个人的好思想、好作风,对于主动承担难度大、有风险的工作,不计较奖金和报酬的单位和个人及时给予表扬。

在试制过程中,经常会遇到一些技术上需要解决的问题。面对技术难关,工人容易产生畏难情绪,怕久攻不下影响声誉,怕出了差错担不起责任。这时,需要引导大家正确对待困难,既要坚定必胜信心,又要精心实践。只要不是工作粗心或违反操作规程而造成的事故或时间延误,一律不追究个人的责任,努力使他们放下包袱,轻装上阵。

在产品试制生产阶段,质量问题尤为重要,如果稍有疏忽,出现质量事故,就会造成飞行试验失败,使成千上万人的辛勤劳动和巨额资金付之东流。因此,在产品试制、生产的全过程始终坚持从思想教育入手,使生产工人精心加工、精心操作,严格工艺规程,努力生产出优质产品;工艺人员树立严格遵守工艺纪律的思想,制定高质量的工艺流程和工艺规范;检验人员思想高度集中,精心检验、把关,坚决杜绝误检、漏检;装配工人确保无错装、漏装,无误操作,无隐患,无多余物。广大职工以每道工序的优良工作质量来保证生产出优质、高可靠性的产品,从而保证了中国导弹、火箭、卫星试验以较高的成功率闻名于世。

4. 保证飞行试验成功

飞行试验是航天工程研制中的一个重要环节,是对型号设计与生产等各方面工作质量的总检验。它具有时间紧、责任重、影响大等特点。因此,做好飞行试验中的思想政治工作至关重要。

挑选"精兵强将"上前线。执行飞行试验任务需要参试人员具有过硬的思想、技术和作风,必须选派"精兵强将"上前线。1980年,向太平洋发射洲际火箭的试验队,就是经过逐级挑选,经部、院批准而组成的。试验队建立临时党委,按型号系统分别编为12个专业组,每个组都成立临时党支部,各所、厂主要行政技术领导担任各专业组组长;由总师、副总师和各级行政指挥、调度组成强有力的两条指挥线。在试验队300多名队员中,共产党员有210名,占试验队人数的70%以上。他们具有高度的事业心和政治责任感,自始至终严肃认真、一丝不苟。在综合测试中,发现问题及时,处理果断,解决准确、快速,保证了飞行试验圆满成功。

召开动员大会,激励斗志保上天。每次重点型号试验队进场前后,都召开动员大会,明确任务,提出要求,鼓舞士气,激发斗志。誓师大会以后,各分系统结合具体情况分别召开动员会,使全体参试人员都深刻认识完成任务的重要意义,从而坚定信心,精心测试,精心操作,一丝不苟,保证飞行试验圆满成功。

开展"双想"活动,确保工作质量。在飞行试验之前,组织进行"质量回想、事故预想"活动,发动群众认真查找薄弱环节,采取相应措施。在测试安装过程中及时抓住事故的苗头,对参试人员进行反复教育,做到警钟长鸣。对于暴露出来的质量问题,教育大家决不能采取不承认、推诿或无所谓态度,也不要产生害怕担责任的思想顾虑,必须以积极、慎重、认真负责的态度,"举一反三",把一切问题统统暴露在上天以前,采取措施消除隐患,做到不带一个疑点上天。

搞好大力协同的教育。飞行试验是一项复杂庞大的系统工程,如果某个环节出现故障,协作关系上的某种事情处理不妥,都会影响飞行试验的顺利进行,甚至可能造成整个飞行试验的失败。所以,必须教育参试人员注意搞好上下、左右、内外之间的团结协作,搞好型号总体同分系统、分系统同单机、单机同零部件之间的关系。而飞行试验中最经常、最大量的矛盾,是在试验队同试验基地之间,担任技术保驾任务同执行具体操作的人员之间发生的。试验队党委和各党支部,自始至终要求大家树立全局观点，发扬集体主义精神，搞好同基地和兄弟单位之间的团结，搞好部、院内各单位之间和同志之间的团结，带头创造一个团结、合作、友爱、互助的战斗集体，并明确要求，在工作上必须局部服从全局，分系统服从总体，一切工作服从飞行试验这个大局。

发扬"两不怕"精神，关键时刻敢上。导弹与运载火箭的飞行试验需要根据气象条件选择最佳的发射时间，称之为"窗口"，在有些基地，这个时间很短。为了抢"窗口"，常常需要动员全体参试人员争分夺秒，连续奋战。飞行试验中最严峻的考验是在临发射前出现偶然事故。当一切准备就绪，待命点火起飞时，突然某个系统出现异常情况，必须当机立断，采取非常措施，紧急排除。每当这种关头，就要求共产党员将生死置之度外，积极参加排险。这是对队伍政治素质的严峻考验，也是对思想政治工作成效的最重要检验。1990年7月长征二号E运载火箭待命发射时，脉动压力传感器出现泄漏，现场决定取出四台助推火箭的推进剂，堵死接管嘴，置换传感器。一院211厂共产党员、老工人魏文举、陆阿宏等迅速穿戴好防护服和防毒面罩，抢先钻进火箭尾舱。陆阿宏7进7出，8个传感器换下7个。由于舱内四氧化二氮毒气弥漫，魏文举中毒晕倒，抢救无效，光荣牺牲，其他同志也受到不同程度的损伤。在历次大型飞行试验中，许多试验人员为了争取飞行试验的成功，为了祖国的荣誉，都挺身而出，表现出崇高的英雄本色。

做好两手准备，力争成功。飞行试验任何时候都有成功和失败两种可能性。一方面要向全体研制人员提出"确保一次成功"和"首发必胜"的要求，动员大家齐心协力，千方百计地完成任务。同时，也提醒大家充分做好可能失败的思想准备。20世纪60年代初，中国自行设计的地地中近程导弹第一次进行飞行试验失败，全体人员极为震惊，心情紧张，压力很大，吃不下饭，睡不好觉。针对这种情况，试验队立即组织传达了聂荣臻关于不指责、不埋怨、不"上纲"、不追查个人责任的指示精神，安慰和引导大家消除悲观、泄气情绪。经过反复的思想工作，广大研制人员思想情绪安定下来，积极投入到分析原因和研究、修改设计的工作中去，取得第二次飞行试验的成功。1984年1月,长征三号运载火箭首次发射试验通信卫星,由于第三级发生故障,卫星未能进入同步轨道。试验队临时党委广泛发动群众,组织各方面力量,春节期间连续作战,分析故障,修改方案,前方、后方齐动员,连续奋战了70个日夜,终于取得了发射通信卫星的圆满成功。

历史经验告诉人们,只有坚持党的领导,坚持社会主义制度,全面加强党的建设,发挥集中力量办大事的政治优势,才能确保航天事业的成功与发展。这是几代航天人在实践中认识和总结出来的宝贵经验,也是继续推进航天事业科学发展的根本保证。

展望未来,站在新的历史起点上,必须始终坚持党的领导,进一步加强和改进党的思想文化建设工作,更好地履行富国强军、建设创新型国家、推动中国从航天大国迈向航天强国的神圣使命和历史责任。

第五章

系统思维与航天系统工程实践

航天文化源于长期的航天科研生产实践。在航天系统工程的实践过程中，逐步完善和强化了系统工程这项管理技术，体现在航天系统工程的基本特征和严密的组织管理体系之中，成为不断丰富的中国航天文化的组成内容，也为航天文化的落地提供了有力保障。

航天工业系统在国内较早运用系统工程方法开展技术活动和组织管理。随着人们对系统工程的思维和理念的不断认识，逐渐形成了航天系统工程自身的特点和规律。中国航天创造了一套航天系统工程的有效方法并以此指导航天人的管理行为，规范航天人的科研生产实践活动，到20世纪70年代中期已初步形成了具有中国航天特色的系统工程。

第一节 系统思维促生航天系统工程

中国航天系统工程在特定的历史背景下起步,随着环境和任务的变化逐步改进和完善,先后经历了创立、丰富完善、深入应用及创新发展四个阶段,并且仍将是中国航天当前及未来发展中不变的主旋律。

一、中国航天事业的发展需要系统思维

航天工程同其他简单工程装备的开发与运用不同,具有系统复杂、技术密集、风险性大、研制周期长等特点。这些特点要求实施航天工程时必须建立一种新的组织管理机制,用新的思想、技术方法进行研究、开发和运用。中国航天事业创建时,首先遇到的不仅仅是技术问题,也有组织问题。成千上万的研制人员、数量众多的协同单位、难以计数的生产设备等各方面组织协调,需要建立一种"组织管理系统的规划、研究、设计、制造、试验和使用的科学方法",这就是航天系统工程。这种高效、有序的组织管理系统科学方法,是航天工程顺利实施的前提和基础,更是进入航天这个领域必须解决的问题。

中国航天系统工程是在中国特定的历史条件和社会、经济、技术环境下产生和发展起来的。首先,系统工程的思想是世界性的,要在实践中发挥作用,必须与社会现实的背景相结合。中国的社会主义制度与西方国家有所不同,加之当时中国严格的计划经济体制和模仿前苏联模式的军事工业体系,为中国航天系统工程体系和方法的起步与发展从政治和经济层面都提供了条件。其次,中国航天事业创建时薄弱的经济、技术和人才背景,决定了中国的航天系统工程不能照搬国外已经成熟的经验。国力的微弱和当时的政治形势决定了必须"走自己的路"。中国航

天工程的管理必须采取特殊的组织方式,通过高效的行政协调和组织,用尽可能少的投入,在尽可能短的时间内取得尽可能多的成果。这也决定了中国航天系统工程的特色。

在这里,必须提到的是钱学森。中国航天事业的发展是与钱学森的名字联系在一起的。他不仅是中国航天事业的开创者之一,更是系统工程思想和方法的创始人。他多年从事航天的经历、学识和思想对中国航天系统工程的发展产生了深刻的影响。

航天系统工程是中国系统工程最早经过实践检验的有效方法体系,取得的经验也最为丰富和完善,培养的实践人才也最多。它提炼出的经验和方法是中国其他系统工程专业,如军事系统工程和环境系统工程等的发展基础。它不仅对国家科学技术工作,而且对中国社会主义建设中涉及的大型工程提供了有效的指导。例如,三峡工程建设、许多重大石油石化工程、中国铁路网的发展等都广泛应用了系统工程这一技术,取得了丰硕的成果。同时,其他系统工程发展的需要,也促进了航天系统工程的进一步发展和完善。此外,航天系统工程的发展培养了一大批系统工程人才,这支队伍是中国系统工程实践和理论的发展以及广泛推广应用的重要基础。

二、中国航天系统工程的发展之路

1956年到1970年初,是中国航天事业的起步阶段,同时也是航天系统工程的探索和初创阶段。与国外一样,中国航天也是从研制导弹发展而来。20世纪40年代,国际上提出并开展了一般系统理论的研究,"二战"以后,一系列重大的国防与航天计划有力地推动了系统工程理论与方法的研究和应用。50年代,中国航天事业在创建之初就关注系统工程方法的研究和总结,在实践中形成并发展了具有中国特色的航天系统工程体系与方法。在国防部五院建院后不久,钱学森就组建了总设计师室,随后建立了总设计师制度,这就是中国航天系统工程发展的开端。

在中国航天事业发展 60 年的历程中,无论是航天的发展战略、发展规划、预先研究、型号研制,还是计划、人才、物资、经费等各项管理工作,都始终贯穿着系统工程的理念、体系与方法,运用系统工程实施科学管理。

国防部五院成立之时,在其内部组建了运载、导弹总体设计部,发动机研制和控制系统研制两个专业部。1961 年 9 月,根据聂荣臻的指示,在《科研十四条》的基础上,着手研究制定了《国防部第五研究院暂行工作条例(草案)》(简称《暂行工作条例》),之后用了一年的时间试行并广泛地征求意见。特别是在 1962 年 3 月,中国自行研制的第一枚中近程导弹飞行试验失败后,认真总结了经验与教训,加深了对型号研制规律的认识。在此基础上进一步修订了《暂行工作条例》,后被称为"70 条",并于 1962 年 11 月正式颁布实行。该条例包括了型号研制与设计工作、研究工作、试验工作、科技队伍、技术责任制、组织计划与条件保证、政治工作、党的组织等方面。按照规定,在保留总体设计部的前提下,将"专业院"调整为"型号院",并建立了相应配套的专业所、厂;建立了总设计师制度,加强了技术指挥系统和行政指挥调度系统;提炼出了预研一代、研制一代、生产一代的产品发展路线,建立了航天工程型号研制的质量保障体系。此时,型号总体设计部、型号两条指挥线的体制已初步形成,研制程序也已基本确定。这体现了航天系统工程的基本理念、体系与科学方法,奠定了航天系统工程的基础构架,开始了运用系统工程实施科学管理的探索,对航天事业初期的建设与发展起到了重大作用。

在这一阶段,虽然没有明确"航天系统工程"的说法,但实际工作的指导思想和做法在今天看来都是符合系统工程理念的。可以说,中国航天系统工程在此起步,开启了中国航天快速发展的新篇章。

20 世纪 70 年代到 90 年代初,是中国航天的系统工程不断改进、形成体系的阶段。以 1970 年第一颗卫星"东方红一号"的发射成功为标志,初步建成了包括发射场、测控、卫星、运载和地面应用的五大航天系统,拉开了中国航天活动的序幕。

这一时期,中国航天实现了从小到大,从封闭到开放的跨越发展。

伴随着航天系统工程的推广与应用，中国的系统工程形成了完整的理论体系：1978年，钱学森发表了《组织管理的技术——系统工程》论文，对系统工程的概念、内容、在中国的发展、理论基础及应用前景等作了深刻的阐述。这篇文章被誉为系统工程在中国发展的里程碑。70年代，钱学森花了很多精力从事系统工程的推广应用和系统学的理论研究，他指出，"系统工程是组织管理'系统'的规划、研究、制造、试验和使用的科学方法，是一种对所有'系统'都具有普遍意义的科学方法"。而这种方法是通过组织体系、规章制度将相关的资源有效地集成起来，在一定的约束条件下实现系统预定的目标。1979年钱学森提出了建立系统学的任务，1980年中国系统工程学会成立，标志着系统工程的推广应用进入了一个新的阶段。1982年《论系统工程》一书出版，同年5月航天部成立了从事系统工程理论与应用研究的研究所。1990年，钱学森将80年代初提出的"经验和专家判断力相结合的半经验半理论的方法"加以提高和系统化，提出了"从定性的到定量的综合集成法"，使中国航天系统工程理论进入最为活跃、取得成果最为丰富的时期。系统工程的理论体系与中国航天型号研制工程相结合，使中国航天事业呈现出高速发展的态势，取得了一系列佳绩。

图5-1　1978年，钱学森在文汇报发表《组织管理的技术——系统工程》

图 5-2　1982 年出版《论系统工程》

20 世纪 90 年代初至今，是中国航天系统工程的理论和方法整体提升、深入应用的阶段。90 年代中期，在经济转型期间，外部环境发生了很大变化，同时国内任务和对外商业卫星发射服务任务不断增加，而中国在思想观念、体制机制等方面还不适应并滞后于这种变化与发展，在航天发展史上出现了艰难局面，在型号研制过程中除暴露出一些深层次问题外，低水平的、重复出现的质量问题也明显增多，飞行试验成功率下降，并发生了几次重大失利，面临着"失败不起，没有退路，只能成功"的严峻形势。在经历了解放思想，转变观念，理顺机制，采取了一系列措施后，中国航天的系统工程进入了一个新的发展时期。融入市场经济意识，对原有的系统工程方法进行总结、调整和创新，在原来的"70 条"基础上，制定了《强化航天科研生产管理若干意见》和《强化型号质量管理的若干要求》，即"72 条"和"28 条"，制定了"技术归零"和"管理归零"的质量归零"双五条"标准，体现了系统工程理念和方法与市场经济的有机结合，更加有力地推动了航天事业在市场经济下的健康发展。

经过上述的调整和改进，中国航天再次实现了高速发展和大踏步跨越。2007 年 5 月，长征三号乙成功发射了中国制造的尼日利亚"通信一号"卫星，实现了整星出口、在轨交付的商业模式的零的突破；2007 年 10 月，"嫦娥一号"月球探测卫星由长征三号甲发射升空，中国首次月球探测工程取得圆满成功；2005 年 10 月，"神舟六号"成功实现多人多天在轨飞行,将中国载人航天工程带入新的发展起点。截至2015年年底,长征运载火箭已经进行了221次发射,还创下了72小时内两次成功发射和一个月内4次成功发射的记录,发射国内卫星231颗、国外卫星45颗;形成了7种卫星系列,30余颗卫星在轨运行,正在多个领域为国民经济建设服务的局面。

进入21世纪,中国航天事业面临着历史上难得的发展机遇期,为适应新形势、新任务、新体制的要求,实现航天系统工程的再次跨越发展,按照继承、完善和发展的要求,在总结以往经验和研究分析新形势、新任务、新体制的基础上,中国航天进一步重视对航天大型工程的管理与顶层设计。中国航天科技集团公司于2004年1月颁布了《航天型号管理规定(试行)》。该规定从顶层的高度对型号研制生产管理的理念、体制、模式与要求等做出了规定;明确了各项工作要以科研生产为中心,成功是硬道理;对航天工程管理的全过程,对涉及的管理体制、技术政策、资源保障、信息管理等诸多方面做出了原则规定;强调信息技术、并行工程、先进制造等新技术在航天工程中的应用;强调自主创新与适应市场经济规律;并在某些型号领域实行项目管理等。这一规定既是对历史上航天系统工程的继承、完善和发展,又适应了新世纪的任务、要求与时代特点,有力地促进了航天事业在新世纪快速健康发展。

中国政府颁布的《2006年中国的航天》白皮书,审议通过了中国航天未来发展规划。为实现未来几年的发展目标,中国航天的系统工程也随之进入了创新发展、不断完善提高的新阶段。中国政府在白皮书中指出,要积极探索外层空间,扩展对地球和宇宙的认识,和平利用外层空间,促进人类文明和社会进步,造福全人类。围绕这一目

图5-3 《2006年中国的航天》白皮书

标，中国将继续开展载人航天，实现航天员出舱、航天器交会对接和建立空间实验室，进行对月球"绕、落、回"三步探测和建立高分辨率的对地观测系统等重大航天活动。这些工程的实施难度和复杂程度更大，对航天系统工程要求更高。同时，科技的发展促使新理论、新方法不断出现。中国航天将在已有的基础上，加强创新，不断丰富完善航天系统工程理论，加强新方法、新手段的应用，使航天型号工程的管理适应时代发展潮流和趋势，不断发展，不断完善。

三、系统工程中的航天特色

航天技术在新技术革命中的地位和作用日益突出和重要，它是社会先进生产力的重要标志之一，是现代科学技术的前沿，对科技进步和科学发展具有先导作用。航天工程多是国家大型工程，它是显示国家综合国力的标志之一，也是决定国家国际地位的重要因素之一。

航天系统工程与其他专业系统工程一样，在继承已有科学技术成果的基础上，有着许多共同的管理理念、原则和方法，并以此指导人们的管理行为，航天系统工程本身的特点和规律，又极大地丰富和发展了一般系统工程的管理理念。航天系统工程的实践，形成、完善和强化了许多先进理念。

1. 以大局为重

航天系统工程的构成要素以一定的方式构成为有机整体，整体性表现为更为突出的基本属性。在考虑一项航天系统工程时，把它视为一个系统，并从系统整体出发去研究各个组成部分，不是把研究重点放在一个个要素的功能上，而是放在各要素之间的相互关系上，努力寻求系统的整体性能、水平大于各组成部分在孤立状态下的性能、水平的总和，以实现整体优化，达到依据国家发展战略而确立的预定目标。

航天系统工程整体优化包括战术技术性能指标、费用成本和研制周期三者之间的匹配统一达到最优。一是要用最短的研制周期、最少的研制经费得到技术性能最先进的产品,忽视研制周期和费用成本的观点和做法都是与系统工程整体优化的理念相背离的;二是技术性能与产品生命周期、费用成本的匹配优化,即产品成本要低,维护费用经济,使用操作方便和时间短,产品生命周期长,技术性能好。在以往的工程实践中,常因强调技术指标的先进性而忽视研制周期和费用成本,忽视用户的使用、维护方便的问题,这是应该引以为戒的。

2. 重视分系统

航天系统工程是由总体、分系统、子系统和单元组件按层次严密组合成的有机整体。各组成之间存在着相互联系、相互依存、相互作用、相互协调和相互制约的特定关系,并有机地联系为一体,是遵循现代管理科学的能级原则,按严格的层次结构组织起来,具有明显有序的层次结构特征。系统的分系统、多系统输入与输出之间,参数与系统功能之间都是互为因果,并通过物质、能量、信息的相互交换来实现的。人们既要认识各组成之间的相关、协调与制约关系,又应采取有效措施处理好它们之间的关系,使其达到匹配、平衡、优化,维持系统整体优化的状态。

航天系统工程是现代各种高科技和现代管理技术的综合运用,表现出各种高科技相互关联、相互制约的密切关系。因此,须以诸因素综合动态平衡的管理理念,从整体上考察系统工作过程,尽可能全面地把握影响系统变化的因素,注重研究要素之间相互联系与相互协调、制约的关系,以及它们发展变化的总趋势,用定性、定量或两者结合的方法来描述系统内外诸因素之间的关系,拟订出优化途径和方案,为最后决策提供依据。

3. 创新融合发展

航天技术发展的历史是技术不断创新的历史。中国航天技术经历了开拓创建阶段、型号研制试验阶段和应用发展阶段,包含了很多技术上和管理上的创新,积累了丰富的经验和成果。

世间一切事物都是在不断地运动、演化、发展着。航天系统工程从导弹武器系统研制起步,运用系统工程方法开展技术活动和组织管理。这在国内是比较早的,到 20 世纪 70 年代中期已经初步成型。70 年代末,随着贯彻军民结合方针和深化改革开放,航天系统在确保完成军品研制任务的条件下,大力开发民品。产品结构、管理体制、运行机制和调控手段都发生了新的变化,航天系统工程方法也得到进一步发展。20 世纪 80 年代以来,在中国市场经济的建立中,航天系统开始重视工程项目的效益问题,开展研制经费模型研究、成本模型研究、效益分析和航天技术经济研究,为中国航天系统工程活动的系统分析、系统设计、系统建模以及系统评价注入了更为深刻的内容和有效的方法。

20 世纪 90 年代以来,开展可持续发展的战略规划研究,制定行为规范,落实岗位责任制,推行三化(系列化、通用化、组合化)改革,等等。这些活动不断丰富着中国航天系统工程的内容,推动着航天行为文化的不断发展。

4. 适应客观环境

航天工程存在于一定的环境之中,不断地与外部环境产生物质的、能量的和信息的交换,受环境的影响与制约,可以把环境理解为更高一级的系统。外部环境包括国内外政治环境、军事环境、经济环境和社会环境,也包括自然环境、生态环境和科技环境等。外部环境的变化必然会引起系统内部结构的变化,也就必须通过对系统内部各要素的调整去适应环境的变化,以求得生存和发展。航天系统工程在发展历程中表现了较强的环境适应性,在每个阶段、每一项航天工程的设计、计划和管理活动中,面对环境因素的变化状态,拟制了多种可能的应变方案。在航天工程的技术途径选择、技术方案设计、计划周期和管理措施的制订中,都曾深入考虑环境变化情况下的各种方案,而且在评价系统工程设计水平或是评价系统功能时,对环境的适应性都已作为一项重要的评价内容。

5. 保持风险意识

航天工程技术探索性强,所需投资巨大,受环境影响因素繁多,而且难以事前预料得周全,因而在主观和客观上必然存在风险。这种风险表现为航天工程开发的行为后果与预期目标发生的偏离,偏离的大小决定了造成危害的大小。为此,在航天系统工程活动中,面对这种风险性的客观存在,要有较强的风险意识,形成一种管理理念,对风险深入分析,并进行风险管理。分析风险成因,开展风险预测、风险控制研究,主动去防范和化解风险,力求把风险降低到最小的程度。不能一味沉浸在中国航天所取得的辉煌成绩之中,认为成功来的轻而易举,放松对风险的管控。

四、系统设计确保航天工程有效运行

作为社会构成的任一群体组织,都无不客观存在着一定的管理行为,而且只有这种管理行为适合自身的客观规律,才会起到有效的推动作用,确保群体组织实现社会活动的目的。

1. 顶层规划,绝对服从国家战略决策

管理的首要职能在于决策规划。决策规划的正确与否直接决定管理行为的有效性。航天工程的管理行为不同于其他行业和产品的管理,在管理思维和观念上把贯彻顶层规划意图视为航天管理行为的天职。

航天工程的管理行为过程是一种社会行为,完全要为体现国家和民族最高利益为准。航天科技工业为国家提供的产品不是一般的社会生活用品,而是关系到保卫世界和平和国家安全的特殊产品。因此,党中央和国家最高领导层做出的有关航天事业的每一项决策,都是航天管理行为的方向和目标。

航天人在航天工程管理行为中的所作所为,都要从国家的全局利益

出发，完全为其政治、军事、经济需要服务，绝对服从于国家的决策。航天工程是耗资大、周期长、风险高、技术复杂的庞大系统工程，需要国家持续不断地大量投入，以国家的经济实力为后盾。因此，航天工程与国家经济实力相适应，以国家经济实力综合平衡为基础。航天人的管理行为必须立足于国家发展的整体利益，从而形成了航天人"国家利益高于一切"的管理理念和行为准则。

中国航天事业是国家战略性产业，是国家综合国力的重要标志。顶层设计、统筹规划、统一领导是航天科学管理的重要特征，是航天系统工程整体性能优化理念的本质体现。航天技术综合集成了现代尖端科技，集中反映了一个国家整体实力和核心竞争力。航天事业的发展是国家战略意志的重要体现。

在中央做出了战略性决策之后，如何实现战略性目标，统筹规划十分重要。无论在实施重大航天工程还是其他型号工程时，都制定了科学的发展战略，选择了正确的发展方向，确定了可行的技术路线。航天工程是多学科与技术的集成，是多部门协作的产物，因此运用系统工程进行统筹规划，实现航天工程技术方案及组织实施方案的优化，是完成工程研制任务，实现战略目标的重要措施。统筹规划、系统集成是站在国家的高度，全国一盘棋，以全局的观点，集各家之优，扬各家之长，追求航天工程系统的整体优化，这是社会主义制度大力协同，集中力量办大事的优越性的生动体现，同时也牵引着相关学科和相关技术的发展。因此，从统筹规划而言，"中国航天"是中国人民的航天。

航天事业涉及众多高新技术领域，是一项规模宏大、高度集成的复杂系统工程，不仅需要航天战线的努力奋斗，更需要各行各业和全国人民的大力协同与支持。"两弹一星"工程与载人航天工程的成功，航天事业的每一步发展，都是在党中央的统一领导下，集全国的优势资源，联合攻关、发挥社会主义制度的大力协同所取得的。这些成就的取得是全体同志万众一心、众志成城、团结奋战的结晶。党的统一领导、发挥社会主义的优越性是航天事业取得历史性突破、实现跨越式发展的根本保证。

基于航天产业的战略性,技术的前瞻性、创新性与竞争性,系统的复杂性和发展的带动性等特点,60年来,搞好顶层设计,加强统筹规划,实行统一领导是中国航天运用系统工程实施科学管理的重要特征,也是系统工程追求整体优化理念的显著体现,是中国航天事业持续健康发展的根本保证。

2. 配套研制,确保型号研制顺利开展

航天工程是由多专业、多系统、数百种单机设备有机协调、相互制约构成的系统工程。因而,航天人在型号研制生产全过程的管理行为中,对型号工程的研究、设计、试制、试验、生产,始终注重以系统的观点进行工程全系统的配套研制、相互衔接,不脱节、不漏项。坚持"成套设计、成套试验、成套生产、成套交付"的配套研制原则。对预先研究也做到配套开展,以确保航天工程型号研制工作的顺利开展。

抓好配套预研,以做好航天工程型号的前期技术准备。一要以后续型号发展的总体技术需求为牵引;二要以专业技术关键的突破为重点;三要根据型号各配套系统新技术的需求,跟踪世界科技发展,统筹协调做出配套安排。

落实成套设计,是航天工程型号研制的客观需要。管理工作以型号总体设计为龙头,并在满足总体要求的前提下,对其配套系统及其配套产品的设计,按照研制程序统筹做出部署。成套设计首先在于型号配套系统及其硬件产品的同步协调设计,以实现实物配套;其次表现在设计图纸、资料、技术使用文件等软件产品的配套性,以实现技术配套。

做好成套试验,是确保航天工程型号圆满完成的重要管理环节。型号研制所进行的各类试验,是验证、考核设计和生产产品的性能与质量的重要手段。包括充分的地面单机试验、专项试验、检验试验、验收试验、系统试验、系统匹配试验以及各类大型综合试验和进行全面考核的飞行试验,在型号设计之初都要配套做出运筹,在型号研制管理工作中不失时机地做出协调安排,按型号研制阶段分别组织实施。

完成成套生产，是实现型号产品实物配套的基础。成套生产不仅要按时按质按量完成型号配套系统各种单机产品，而且要生产出与单机、系统相对应的配套检测设备。航天工程型号生产阶段的管理，不仅要对航天系统内部配套生产做出协调安排，而且要对需要全国相关单位和部门配套协作的项目做出妥善的外协安排。

实现成套交付，是确保航天工程型号实现使用功能的根本保障，缺一不可。包括型号总成产品、地面检测仪器仪表及其相应的操作使用勤务指南等软件产品的提供。成套交付优质精良产品是航天管理行为的准则。

航天工程配套研制的管理行为，集中反映了航天工程系统性和整体性的管理理念。

3. 总体牵头，力求达到系统整体优化

航天工程型号是典型的复杂系统工程，它包括型号总体系统、分系统以及构成系统的单机设备；既有弹（箭、星）上配套系统和设备，又有地面作战使用的指挥、控制、操作、检测、技术保障系统和设备。因而航天工程型号构成本身决定了管理必须要以系统工程理论为指导，单机设备服从于系统，分系统服从于总体，其管理行为的着眼点就在于力求达到整个系统的优化。

系统优化是一种全局观念，不在于局部的得失，而是站在全局的高度，实现整体的优化，满足使用要求。对于航天工程，过高地追求局部最优，从全局观念上看是种无意义的消耗，不但不利于经济性，甚至会增加不必要的研制难度，加大投入，拖延周期。因而航天工程管理行为的出发点和落脚点，不在于追求局部的高精尖，而是其各构成部分组合起来如何达到整体最优化。

航天型号产品是为了实现特定目的的应用，必须具备完善的使用价值。为此，必须满足战术技术性能指标要求。而这一要求的实现，有其错综复杂的管理过程，而其中系统的观念起着主导作用。对于任一具体

事项的管理,其管理思维都无一例外地要跨越具体事项,引申到对系统以至于型号总体性能和技术指标可能会带来的影响,权衡利弊,决定取舍的关键就在于要有利于达到系统的最优。

4. 分段实施,适应复杂系统研制规律

航天工程项目的研制,从型号任务的确定到型号产品交付的全过程,既包含着复杂的技术探索和攻关过程,也蕴含着错综复杂的系统管理过程。而这个管理过程客观地存在着程序化的阶段性。航天工程型号科研生产全过程,按阶段可概括为论证阶段、方案阶段、研制阶段、定型阶段和生产阶段。每个阶段有其特定的任务范围和实现的标志。按阶段组织实施,是实现航天工程型号系统管理行为的准则。每个阶段紧密有机衔接,不可随意跨越。前一阶段是后一阶段的前提条件和技术准备,而后一阶段是前一阶段技术上的深化和发展,直至实现最终的目标。按阶段组织实施,严格程序化管理,是与航天工程复杂巨系统研制规律相适应的管理行为。

在论证阶段,要对航天工程型号目标的选择和战术技术指标进行论证,是整个型号系统开发的起始阶段。首先根据国家科学技术发展和国防及国民经济建设的需要,以及对具体航天工程型号的要求,立足人力、物力、财力资源和力所能及创造的客观条件,结合所需新技术已有的成果和可能取得的技术突破,实事求是地做到需求与可能的有机统一,为国家决策提供翔实的科学论证依据。完成的主要标志是提出航天工程型号战术技术指标论证报告和可行性论证报告,提交国家最高决策层做出抉择。

在方案阶段,要根据国家下达的型号战术技术指标和作战使用要求,对航天工程型号进行方案论证、方案设计和模样研制,进行多种方案和技术途径的分析比较,以系统优化的观念为主导,综合择优,提出型号总体方案和分系统方案,并通过系统原理性、模样实物的试验,验证方案的可行性。在此阶段,还要确定型号研制所需的各种大型试验和飞行试验方案,以及可靠性指标分配和所需经费概算,制订型号工程实施步骤

（型号研制程序图），拟订研制计划进度。完成的主要标志是提出型号方案论证报告，送交型号总设计师审批，下达型号各分系统初样研制任务书。

在研制阶段，要对航天工程型号进行初样和试样的研制和试验，也可视为不同层次的两个阶段。但是，共同点是要把理论上的构想方案转化为实际的样机，先初样，后试样。在初样阶段，根据型号总体提出的初样研制任务书要求，由各分系统进行初样设计、单机生产和分系统试验。型号总体要进行初步设计和总体初样试验及对各分系统提供的初样进行综合匹配试验，并研制出型号的模样机。型号总体通过初样一系列试验获取的实际参数值，经综合协调进一步修订总体和分系统的基本参数，明确并经审批下达分系统试样设计任务书，为试样研制提供依据。在试样阶段，型号总体和分系统分别要进行试样设计、计算、试制，对试样进行单机、分系统试验和全系统综合匹配试验，以及真实环境条件下的靶场飞行试验，全面考核型号的系统性能、系统的精度、可靠性和适应性，确认型号设计的正确性。完成的主要标志是完成型号研制性飞行试验，提出飞行试验结果分析报告、申请研制定型报告和定型鉴定性抽检飞行试验方案。

图 5-4　钱学森到发射中心指导发射任务

在定型阶段，交付的航天工程型号要接受国家的鉴定和验收。此阶段，要对型号的战术技术指标进行全面评定，组织进行型号总体、分系统、单机的设计和工艺定型，以及配套使用文件、资料的定型，并对型号生产所需的专用工装、设备及非标准件进行鉴定，为型号转入批量生产做好一切技术准备。完成的主要标志是编写出航天工程型号定型工作总结报告，提供配套完整的设计文件、工艺文件和使用文件，并获得国家定型委员会对型号定型的批准。

在批量生产阶段，按照设计定型的技术状态进行生产准备，制订工艺程序，制造工装，组织备料，全面开展生产。对于战略战术导弹还将进行生产定型的鉴定验收，验收合格后才能组织批量生产，交付使用。

5. 优质保证，质量可靠贯穿研制过程

质量是一切产品的生命所在，对于航天工程尤为重要，型号研制实践充分说明，即便是一个螺丝钉、一个焊点出了问题，甚至一个细微的多余物存在，都将导致整个型号的失败。航天工程质量第一是天字第一号的管理关键，是由设计、生产所决定的，是型号技术管理工作的中心环节，贯穿于航天工程研制的全过程。

航天工程型号的固有质量和可靠性首先是设计出来的。因此，设计质量控制是确保型号质量的首要问题。要把好设计质量关，首先要从设计源头抓起，把方案阶段的质量控制好，包括各种论证是否透彻，方案选取是否科学合理，技术途径是否正确，各种数据、设计图纸资料是否准确无误，以及型号中要采用的一些新技术、新材料、新工艺等是否已经突破自身的关键问题而加以引用，这是保证型号质量和可靠性的基础和前提。其次就是要强化型号总体设计，把型号可靠性指标融入型号战术技术指标设计中去，科学合理地分解到分系统及其产品，最后通过对可靠性进行试验验证，加以评定和验收。此外，在型号研制各阶段结束时，进行严格的设计评审，组织专家和有关人员对型号阶段性设计质量做出审查评价，确定型号可靠性水平，只有达到要求，方能转入下一设计阶段。

生产质量控制是确保型号优质的又一重要方面。首先是从生产源头把住质量关,对所需元器件、原材料和外购件进行质量控制,通过对其筛选、复验以及严格出入库制度。其次是严格工艺纪律,把好工艺质量关,确保生产工艺的稳定性、先进性以及满足设计图纸要求的适应性。再有就是生产过程的严格管理和工序的质量控制,如严格的生产岗位责任制,生产工序过程中的"检验制""留名制",以及关键岗位的"双岗制"和自检、互检、专检的"三检制",并在型号产品完成后,在反复进行质量复查的基础上进行的"出厂质量评审制"。

提高全员质量意识,是确保型号质量的根本性措施。严格健全的质量控制体系,虽然对规范航天人的行为起到控制质量的有效作用,但是发挥人的主动性和自觉性是至关重要的。制度制约作用的发挥,最终还是通过人来实现,要靠人自觉的质量意识和高度的政治责任感。因此,把质量第一的思想渗透到各项工作领域,把各项工作纳入质量第一的轨道,贯彻全面、全员和全过程的质量管理,完善健全质量保障体系,加强全员思想上质量意识教育,提高全员质量观念,是保障航天工程型号质量的根本性措施。

第二节　中国航天系统工程的基本做法

中国航天系统工程是对型号系统从方案可行性论证、方案设计、工程设计、工程研制到设计定型和生产装备的全过程，在技术、计划、组织、进度、质量等方面，到对人、财、物、技术、信息与知识六个基本要素实施管理。

航天系统工程理念融会于航天工程管理的方方面面，支配着航天人的管理行为，营造了适应航天工程科研生产规律的管理体系，建立了区别于其他行业的管理模式，构成了航天文化的重要组成内容，推动了航天事业健康稳步地发展。

一、总体设计部的统筹优化

航天型号工程总体设计部，是适应型号系统工程研制特点而建立的。由于航天型号工程技术的复杂性和研制过程各种因素的多变性，适时的进行技术协调和控制显得特别重要。而这种协调和控制涉及多种专业技术，靠行政管理部门难以完成，靠少数专家、总设计师去处理，也难以应付。所以，必须要有一个掌握多种专业技术、多种学科知识、具有丰富研制实际经验的高科技队伍来承担，这就是总体设计部。在型号工程研制中，总体设计部这个技术研究、设计的实体部门有着重要的功能和发挥着重要的作用。

首先是咨询功能。总体设计部是航天工程型号研制的技术参谋部，它要收集资料，研究分析当代航天技术发展动向和各种专业技术的发展方向，并结合国家的实际，通过充分论证，提出国家发展航天型号工程的规划建议，在型号工程研究探索、方案探讨、技术途径选择、预先研究选题等方面提出具体意见和报告,为国家决策、计划安排、技术管理提供咨询。并且,总体设计部在整个型号研制过程中,还直接参加又承担技术责任,这使其区别于一般咨询机构。

第二是技术协调管理功能。总体设计部是以自己的技术活动实践为基础,参与型号工程研制中的组织管理。诸如,型号工程研制目标的制订、研制程序的编制、参与研制周期和研制经费的预测和估算,又如,为保证型号的质量和可靠性,对型号研制各种地面试验计划的提出和可靠性保证大纲的制订等。同时,总体设计部还是型号总设计师的直接助手和办事机构,直接承担一些技术行政性事务,贯彻总设计师的各项技术决策,立足型号总体作好整个系统的技术协调。这种管理性质的功能,是通过技术抓总与技术协调来实现,而不是采取行政手段。这是一般研究、设计单位所没有的,又不同于机关的管理部门。

第三是总体设计功能。总体设计部在型号工程研制全过程中,始终处于技术抓总和牵头的地位,并直接参加实践,是一个科研实体单位。在研制中,不仅负责型号总体技术方面的设计工作,而且还承担众多的具体设计任务。对型号工程方案的正确与否、各分系统间是否协调、预期性能指标能否实现等,都负有直接责任。总体设计部在航天型号工程研制中所具有的这种特定功能、作用和地位,充分体现在对型号的技术抓总和技术协调中。

在型号的技术抓总上,首先,型号总体设计作为技术抓总的起始点,是开展一切研制工作的龙头。满足型号使用要求的总体方案,要由总体设计部分析论证,立足系统全局,做好多种技术成果的综合运用。择优设计,拟定战术技术指标,并通过综合权衡利弊、分解指标要求,提供分系统设计的依据。以此依据开展的型号研制工作以及管理行为,都是围绕总体要求和服务总体要求而进行的。所以,型号总体工作的优劣,总体方案选择是否正确,技术途径选择是否科学合理,直接影响整个型号研制的前景。型号总体设计就是一个型号研制工作的"龙头",型号总体抓总就要从这一步抓起、抓好。否则,必将隐患无穷。其次,其他型号总体要求作为技术抓总的控制点。总体要求是服务型号系统工程整体，是保证型号使用性能派生出来的指标准则，技术抓总的控制点、管理行为的着眼点都应放在是否满足总体要求上，分系统也要做到满足总体要求。这就是系统工程的一个重要观念——局部必须服从整体。当然，在技术抓总过程中，也不排除对试验证明不正确、不合理的总体要求作必要的修正，这也正是为了实现型号系统工程的最优化。再有，就是把型号性能的保证作为技术抓总的落脚点。型号总体抓总的最终目的，是研制出符合使用要求的型号产品。型号产品是否具有符合要求的使用性能，是由诸多具有一定功能而又彼此相互联系的分系统综合起来而形成的。型号性能是否得以实现，要通过实际的检验、验收。而这种检验和验收，并不完全是型号真实环境条件下最后的飞行试验，应把这种技术的抓总延伸到各个研制阶段，如：初样、试样的系统综合匹配试验，以及有关总体的各类大型地面试验。只有按研制阶段每步都做好技术抓总的把关，才可能确保实现优质的型号产品。

总体设计部技术权威作用及其特定功能作用的发挥，不仅体现在技术的抓总上，还充分体现在做好型号总体技术的协调上。首先，进行技术协调是实现总体技术抓总的重要手段。由于航天工程型号技术的复杂性，又是集多专业、多学科的技术于一体的综合技术体系，各分系统间存在相互关联、相互制约的关系，任何一个分系统的状态变化，必然要引起相关系统相应变化，甚至要牵动总体的变化。所以，只有以总体的统一要求为尺度，充分协调系统间这种相互影响、互为因果的相互关系，才能达到系统间的最佳配合，实现相互兼容，从而保证型号工程系统的整体功能。另外，由于型号工程的科研探索性，不可知因素多，变化多，为了顺利推进研制工作，适时进行技术协调是必不可少的。其次，航天型号工程总体把相互关联技术上的协调视为一种手段，技术协调的最终目的是把型号的不同层次、众多的不同构成因素协调到型号总体的统一要求下，形成一个有机整体，实现整体的最优化。因为构成型号工程的每个分系统都是自成体系地存在于整体中，具有一定的相对独立性，并靠自身的组成体系按程序执行规定的功能。但是,型号系统的整体功能,并非是各分系统功能的简单叠加,而是要按总体方案所规定的要求,协调有序地执行各自任务,才能形成协调的整体功能。还有,航天工程型号存在方方面面的技术协调,从型号自身而言,有总体与分系统、分系统与分系统、分系统与构成单机、弹上与地面设备,甚至单机本身也存在大量的技术方面的协调。然而,总体所应负责的技术协调的范围,主要不在于各分系统自身内部以及单机本身的技术协调,总体技术协调主要是解决有关型号总体与分系统以及分系统之间的关系。但是,即便是各分系统自身的技术问题,凡涉及总体方案的变动、总体参数的变化和影响型号系统性能的,总体都有不可推诿的技术协调责任。再有,总体技术协调的关键是技术接口关系。型号系统的整体功能,是以分系统的功能为基础,并按严格的预定程序相互传递和反馈得以实现。但是,系统功能的相互传递,又是通过系统间的技术接口来实现的,技术接口关系的协调,就成了实现系统整体功能的关键。技术接口关系有误,必然出现错误动作,甚至造成型号系统整体功能的紊乱。所以,在型号研制的各个阶段,总体技术协调,必须把技术接口的协调放在十分重要的地位。

以总体设计部为核心形成的技术协调体系,蕴含着丰富的航天行为文化的精华。总体设计部在技术抓总工作中总结出了应遵循的行为准则,即"谦虚、信赖、讲理、交底、主动、负责"十二字方针。为充分发挥总体设计部在型号研制技术抓总和协调的作用和功能,提出了总体设计部始终应该坚持的四条基本原则:有问题充分协商;有困难主动克服;有余量共同掌握;有风险共同承担。

二、"两总"系统的协同组织

决策既是一种结果,又是一个过程。因为任何管理都是有对象的,而使管理对象按预想的方向发展,并取得最终的预期结果,都离不开管理者的判断、谋划和选择。广义而言,决策贯穿于管理的全过程。

航天工程管理错综复杂,蕴含着技术与计划的决策过程。从目标的确定、型号总体、分系统以及单机配套设备的方案选择、技术途径的选定,以至在研制过程中经常出现的各种矛盾问题的协调解决,特别是系统接口关系技术问题的抉择,无一不需要立足全局,从系统整体优化的角度做出果断的决策。

在航天工程决策指挥管理过程中,航天科技工业系统按各级行政建立的科学技术委员会(简称科技委)的作用不可忽视。各级科技委都是由科学技术素养高、科学研究实践经验丰富的专家组成。他们是各级行政领导进行决策的高级智囊团。不论在航天科技发展战略、规划的制订、技术发展方向的选择,还是对重大技术途径和举措、技改、关键设备引进等诸多方面,都能为各级行政领导提供科学的咨询建议,并在技术上进行把关起到重要作用。科技委的建立,是对航天科技工业决策指挥系统的有效充实。

航天系统工程进行决策、调控、指挥的有效组织形式,是在航天型号工程研制过程中建立并不断完善的技术与行政两条指挥线。两条指挥线,经历了认识、实践、再认识、再实践的不断深化过程,通过对正反经验教训进行深刻总结而逐步得以形成,并在航天工程型号研制中持续不断地发挥着重要作用。

航天型号工程的技术指挥,应该说自航天事业创建至今,始终是不可缺少的。按航天型号工程建立技术指挥线,是随着航天事业的发展,为了适应型号工程技术上大量的组织协调、监督控制、决策指挥的客观需要而建立的。它是由型号总设计师、各分系统主任设计师及单项设备、部件的主管设计师和设计师组成的设计师系统,它可以不受行政建制的限制,进行跨建制、跨部门的技术决策、指挥和协调。

在航天型号工程研制的技术工作中,总设计师是主管型号技术决策与指挥的总负责人,是技术工作的组织者和指挥者,对型号研制技术工作实施组织、协调、决策、指挥的统一领导。工作中既对任命单位负责,也对同级的领导负责。各级设计师在型号研制中的技术决策与指挥,主要受上级设计师的领导,同时也要对同级行政领导负责,作为单位领导在型号研制工作中的技术代理人。

型号总设计师,作为技术抓总和协调的负责人,主要负责与总体设计有关的技术问题。各级设计师按技术岗位责任制,各司其职,各负其责。主任设计师负责分系统的技术问题,主管设计师负责单项产品的技术问题,按型号工程系统建立起由不同层次构成的责任明确的技术责任体系。

型号总设计师站在型号研制工作的顶层,从工程系统整体出发,以型号总体设计为中心,立足全局,抓好型号工程研制全面的技术组织和指挥。为此,首先在型号总体设计中,型号总设计师不仅要着眼于战术技术指标的满足和先进性,还要考虑分系统设计的现实性和可行性。特别是在分配指标要求上,要科学合理地运筹,该高的高、该严的严,着重点在于综合起来实现型号整体优化。按有利于型号标准化、系列化、组合化的原则组织方案论证,进行方案优化,选择技术途径,审核总体方案。其二,在型号研制工作中,重点要放在总体与分系统的技术协调、匹配和相容性上,着重抓好技术接口关系的协调。在总体与分系统技术协调上,要不偏不倚,要以系统的优劣为尺度做出抉择。其三,为确保型号工程稳步推进,要适时冻结技术状态,凡已满足要求的技术方案及其参数,总设计师要严格把关,杜绝所谓的技术上越新越高越好的无限追求。再有,就是按研制程序,严格阶段要求的审定,组织力量进行评价,凡未达到阶段要求的,绝不轻易准予转移到下一阶段。这是确保型号质量和研制工作扎扎实实向前推进的关键环节。

航天型号工程的行政指挥是在航天事业兴起之初就已存在的。作为一个以型号研制组织管理为中心的指挥线,是在型号研制实践中不断完善而逐步予以明确的。行政指挥线是由以主管该型号工程的各级行政领导为首,以计划调度系统为主,与机关职能部门有关人员组成。它可不局限于行政建制的限制,进行跨建制、跨部门对型号科研生产计划实施组织协调和指挥。

对于型号总体和分系统大部分研制单位隶属于同一个研究院的情况，是由研究院和承担研制任务的研究所和工厂的各级主管该型号工程的行政领导及相应机关负责人，形成上下指挥关系明确、渠道畅通的行政指挥线。一般是由一名管理副院长或相当级别的人选担任型号总指挥，各所、厂的一名领导担任指挥。对于航天型号工程规模较大、性质特殊，有的甚至跨院的国家重点工程项目，要由更高层领导担任总指挥。随着管理体制改革的深化，目前也有些单位在试行项目管理，型号总指挥即为项目负责人，不再由行政领导兼任。

在航天型号工程研制工作组织管理中，总指挥是主管型号的行政指挥系统的总负责人，负责该型号的组织实施和指挥，以确保该型号科研生产任务在给定经费指标情况下，按时保质完成。型号总指挥对任命单位及同级行政主要领导负责。

型号总指挥是型号工程研制工作的行政组织者和指挥者，以各级科研生产管理机关作为办事机构。其主要任务是确定落实该型号工程研究、设计、试制、试验和协作配套科研生产单位及其研制任务分工；落实重大技术改造措施和各项重要保障条件（包括试制与生产工艺、质量与可靠性、技术基础设施建设等）；制订与组织型号研制工作的各项研制计划（包括跨部门的配套计划），并按研制阶段组织实施；进行日常的指挥调度、协调、监督和检查；按行政管理渠道组织提供人、财、物以及后勤保障等，以确保设计师系统技术决策的实现和研制任务的如期完成。

型号总指挥做好型号工程的组织指挥工作，首先要从全局出发，一方面立足本型号的全局，另一方面是面对多型号，要遵循多型号统一协调平衡全局，不可各行其是。第二要严格遵循研制程序，按研制程序办事，要有明确的研制阶段性计划安排，把好研制阶段的质量关。第三要以型号研制工作中的关键问题和短线为重点，抓关键促短线，抓好系统间接口关系的计划协调和落实。第四对型号本身做好综合平衡，确保型号工程在研制进度、科研经费、技术指标、协作配套等多方面的有机衔接和协调。第五要狠抓配套落实，确保型号工程方面不缺项、不漏项，配套完整齐全。

在航天型号工程研制中，行政管理与技术管理本身就是不可分割的有机整体。两条指挥线，是为适应航天系统工程研制技术与行政管理两个过程的特点而设立的，是紧密相关、密切联系的技术与行政管理行为不同管理侧面的统一体。

首先是目的统一。两条指挥线都是以型号工程的研制为中心，只是管理分工的不同，各负其责。实际管理工作中，紧密配合，互相协调，既相互交叉、互相渗透，又相互依赖，为的就是一个共同的研制目标能够协调有序地如期、保质、保量地完成。

第二是互为条件。一方面，行政指挥线的计划、调度，必须以技术为先导，以技术协调为基础。只有在技术途径、技术方案确定的基础上，才谈得上进行计划的落实，开展研制与组织实施。反过来，技术指挥线的技术协调和落实，又要通过计划调度来实施和完成。

第三是互相支持。技术指挥线在技术决策时，必须把技术的先进性同经济的合理性统一起来，认真考虑人力、物力、财力、周期的可能性，不能把技术决策建立在不现实的基础上，以避免给行政指挥线造成不必要的困难。同样，行政指挥线要千方百计克服困难，从人力、物力、财力创造条件，组织协作配套，搞好思想政治工作和后勤保障，努力实现设计师系统确定的技术途径、技术方案，保证型号研制顺利进行。

第四是各负其责。技术和行政两条指挥线从不同的侧面各司其职，最终确保型号研制任务的完成，应落在一个责任主体上，才有利于统一领导和检查。

在实施两条指挥线管理的实践中，要进一步明确：型号研制任务的责任主体是总指挥，型号总设计师从技术管理上对总指挥负责，从而强化了总指挥的全面负责制。

三、"三步棋"的战略部署

航天型号工程的管理是集研究、设计、试制、生产、试验于一体的科研和生产相结合的有机整体，不仅技术复杂，而且研制量大大多于生产，科研探索性比重大。对于这样的工程，必须要有一个符合客观规律的科学部署，才能协调有序地发展。因而，按"三步棋"考虑安排航天工程型号的研制，规范管理行为，是符合研制规律的整体部署的。

"三步棋"的内涵有两层含义。其一，对于一个具体航天工程型号而言，即从预先研究起步，经过工程研制，最后转入小批量生产。遵循这一客观规律，做出先后紧密衔接的科研生产计划安排，是航天工程型号计划组织管理上始终坚持的一条不可违背的重要管理原则；其二，是从航天工程的整体安排上，在诸多型号工程同时研制时，使多个型号分别处于三个不同阶段：有的型号处在预先研究阶段，有的处在工程研制阶段，有的处在批量生产阶段。以此在科研生产线上做出相对均衡的统筹安排，不仅可以充分发挥科研和生产的潜力，解决科研生产线上的忙闲不均问题，还有利于型号研制循序渐进、系列发展。

"三步棋"还有更深层的管理理念内涵，就是在航天工程型号科研生产计划安排上，要有战略眼光，有一定的预见性，思虑要远一些，至少要考虑"三步棋"。俗话说，"手里拿着一个，嘴里吃着一个，眼睛还要盯着一个"。这样，航天工程型号才可不间断地持续发展，一个接着一个的诞生，保证航天型号循序渐进和系列发展，一个比一个先进。

"三步棋"是着眼航天事业发展的全局，把战略和战术密切结合的整体部署。这一思维谋略，充分体现在发展战略和长远规划之中，以及航天工程的预先研究和型号的计划运筹管理之中。

发展战略与长远规划是确定航天事业的长远目标，以及为实现目标而要采取的各种重大措施的发展蓝图，是对航天事业发展未来方向的预测描绘和目标追求，在航天科技工业的计划管理体系中占有重要地位。它是在一个较长时期内，安排预先研究，指导各个型号研制的重要依据和技术发展方向。发展战略正确与否、长远规划是否符合实际和科学发展规律，将从根本上直接影响航天事业的健康、持续发展，也关系到航天科研、生产和试验基础的建设、发展与配套，研制队伍的培养和成长，科研生产任务的有序安排以及国家资金的投向和使用等一系列问题。因而，发展战略和规划，是航天科技工业计划体系中的重要组成部分，是航天工程超前管理行为的具体体现。

创业之初，以仿制起步，通过仿制过渡到自行独立设计，并带动其他各方面工作的开展。1960年初中央军委提出以"两弹为主，导弹第一"的方针，有力地推进了导弹技术的发展。正确制订了导弹研制"先解决有无与从近到远、由易到难、循序渐进、逐步形成系列"的发展战略，确定了各类导弹的发展规划。1977年9月18日，中共中央、中央军委、中央专委决定实施"三抓任务"，这是航天事业全面发展的战略部署。由于战略思想对头，发展目标明确，正确指导航天事业纳入了健康的发展轨道，大大加快了各项航天工程的研制进程，确保目标一个接一个地实现，使中国的航天技术在多项重要领域跻身于世界先进行列。

为了正确制订航天发展战略和长远规划，首先必须对未来做出科学的预测，对国际风云和国家政治、军事、经济以及科学技术发展等变化，要有深入透彻的分析，全面了解和把握未来的发展趋势。还有，要从实际需要和可能出发，有所为，有所不为。集中力量，突出重点，讲求实效。再有，要以系统工程的观念，从全局出发，立足国家和社会的全局，统一筹划，形成一个宏观统一的、有机协调的综合整体，处理好需要与可能、任务目标与条件的关系。既要积极进取，又要量力而行，循序渐进。战略规划的制订，必须依靠群众的集思广益，并得益于群众的理解，变成群众的行动纲领和为之而奋斗的目标，这样的战略规划才有坚实的基础和实现的保障。

"三步棋"的第一步就是预先研究，它既是航天工程项目研制的技术基础，也是专业技术发展的先导。研制实践充分说明，航天工程每一项成就，无不包含着预先研究的成果。每研制一个新型号，为确保战术技术指标的先进性，提高其使用性能，都要采取成熟可靠的先进技术。而新技术的采用，又取决于是否有预研成果作基础。有了充分的预先研究基础，就会取得型号研制的主动权，研制工作开展的就顺利。反之，不重视预先研究工作,只抓研制,即便型号研制出来了,也难以确保技术上的先进和性能的精良,而后继型号在缺少技术储备的基础上仓促上马,也难以在技术上有新的跨越。如果不顾客观技术基础而强行开展,必将欲速则不达,还往往不得不在研制中反过来进行技术上的补救,重新组织技术攻关。这不但会延误研制周期,造成费用的增加,有时甚至会遭到中途夭折的惩罚。因此,预先研究是航天科技工业管理计划体系中不可缺少的重要内容,必须给予足够的重视和加强。

为抓好航天工程的预先研究计划,首先,要以航天发展战略和规划为依据,做出与之协调配套的预先研究安排。其次,要紧密结合型号工程项目研制的需要,服务于型号,先于型号做出超前的预先研究安排,为型号工程项目的研制做好技术储备。再次,应注意到航天工程的预先研究是一种应用研究,其研究成果最终以应用于型号工程为目的,因而不可陷于纯理论研究之中而无的放矢。最后,要坚持以未来型号工程项目需求为牵引,以专业技术发展为动力,做好远近结合。近期预先研究安排,以解决当前型号研制中存在的技术关键为主,力求预期予以突破。远期预先研究应以当代科学技术的发展与航天技术发展方向的需要,跟踪世界科技前沿和技术创新,做出预先探索性研究的安排,开辟新的技术途径,做好新的技术储备。

航天工程的计划运筹管理,就是对航天工程项目的研究、设计、试制、试验和生产实施全过程协调有序的组织和管理,协调群体活动步调,做出人力、物力、财力各项投入的综合平衡,以求以最少的投入获取最终目标的实现。由于航天计划管理的对象是一个庞大而复杂的系统工程,其本身固有的特点和特定的规律,决定了航天工程计划运筹所具有的特殊管理思维,有其特有的管理难点、热点和焦点。但是,系统工程理论起着突出的主导作用,以紧密衔接的研制阶段来划分的研制程序,必须严格遵守。

航天工程计划运筹工作,必须适应自身的管理特征。首先是计划的指令性。航天工程是国家级工程,是国家总体规划的重要组成部分,受国家政治、军事、经济和社会状况发展的影响和制约。所需经费由国家支撑，研制的产品受国家调控。因此，航天工程的计划是指令性的，这是计划运筹管理中的首要前提。第二是工程研制的科研探索性。一个型号的研究、设计、试制、试验和生产，其中占最大工作量的是从事高技术的科研探索，没有现成的图纸、资料和工艺方法，一切都要在研制进程中去创造、去探求、去解决，这就难免出现不可预测的变化，计划运筹中必须留有余地。第三是管理进程的动态性。航天工程既然是科学研究和科学试验探索性的工作，是从理论到实践的循环，就不能像一般产品生产计划那样按部就班地进行，必然存在大量信息的反馈，用以修正认识。正如一个型号由论证到方案，由初样到试样，完全是一种螺旋式逐步深化的过程，所以在计划运筹管理中必须实行动态管理。第四是实现研制目标的配套性。由于航天工程型号是由许多分系统、单机设备所组成的复杂工程系统，而研制工作又是由许多科研、生产、试验单位进行，有的还是分布在航天系统内外协作完成。这就要求在计划运筹管理中对计划配套管理引起足够的重视。第五是计划的滚动性。这是由航天工程研制的长期性所决定的。一个型号不可能在短期完成，数年就是短的，有的要有十几年的周期。为了做到近期目标和远期目标的连续性和系统性，近期目标任务安排要做细，远期目标任务也要有粗略的规定，在整个型号研制过程中随着时间的推移而不断地向前滚动。

着眼于航天工程型号计划管理特征，在计划运筹管理中必须有针对性地抓住管理的症结。第一要抓综合。以工程型号计划为主体，抓好全面的综合计划，以型号任务管理为中心，所需人力、物力、财力等其他各项工作，都要围绕型号任务这个中心，做出协调配套的安排，服务于型号，保障于型号。第二要抓接口。航天工程型号不论型号总体与分系统，还是分系统之间以及系统与配套单机设备之间，在技术上都存在着相互关联和制约的接口关系。在型号研制过程中，总会出现各种不协调的问题，而计划运筹管理的重点，要放在技术接口关系的协调上。第三要抓"结点"。就是按照型号研制程序，把不同研制阶段的目标作为一个管理结点。因为前后研制阶段是紧密相关的,前一阶段目标的实现,是作为后一阶段开展工作的先决条件,而后一个阶段的研制是前一阶段工作的延伸发展,阶段不可跨越。把好阶段目标这一关(技术的、质量的、进度的),就为后一阶段的倾力开展创造了一个良好开端。第四要抓配套。航天工程计划运筹管理中的配套工作,不仅要有型号本身的系统配套和弹(箭、星)上、地面设备配套,也要有相应的技术图纸、资料和使用文件的配套,还有元器件、原材料、外购件、外协件以及生产工装和工艺的配套,这是航天工程计划运筹管理非常重要的环节。第五要抓短线。以计划协调技术这一系统管理手段,对型号工程实施事项分解,按相互连接关系和层次绘制研制流程图,挖掘长线(富余路线)潜力,集中力量突破短线(紧急路线),解决"瓶颈"问题,是型号计划运筹管理中的着眼点和着力点,这样才会加速推动型号研制工作的进展。

四、四个技术状态的阶段管理

在技术状态管理方面,制订了方案、初样、正样试样、装备定型四个阶段,这是对型号产品研制生产的历史经验的总结与升华,反映了对型号研制规律认识程度的逐渐加深。

型号研制的每个阶段都有明确的定义、任务与完成的标准,转阶段也必须有严格的评估与评审,评审也要按行业标准执行。航天系统工程对型号研制各阶段的要求都很明确,在方案设计阶段特别关注总体方案设计的正确性和合理性。随着研制的不断推进,纠正方案设计的缺陷所付出的代价将会越来越大。在研制过程中,运用基线严格控制技术状态的更改,一个技术开发层次完成以后对系统状态要进行描述,形成基线,后一个开发层次将在上一级基线建立、稳定和受控之后才能开始进行。以技术评审作为系统研制的节点。当一个研制层次完成以后,必须评价是否已经满足预期的目标,检查设计的成熟性,分析技术风险,为是否进行下一个层次的研制提供决策依据。关键的几个技术评审包括系统要求评审(SRR)、系统设计评审(SDR)、初步设计评审(PDR)和关键设计评审(CDR)。技术状态的更改要严遵守"论证充分、各方认可、试验验证、审批完备、落实到位"的五条原则。

中国航天型号研制程序的研究开始于1958年。为了改变"边研究边设计,边生产边试验,边定型"的研制局面,以钱学森为首的专家们开始集中精力研究型号研制管理的核心——"研制程序",提出型号研制的"八大阶段",在"70条"中进行了系统的阐述。1963年,在近程运载火箭改型和中程运载火箭研制中设计和绘制研制程序图,去掉了两个不必要的阶段。之后1979年、1981年及进入90年代,在不断的研制实践中总结发展,型号研制程序逐步完善,直到今天形成了适用于各种研制型号的阶段划分。与此同时,每个型号也根据需要进行了特别的规定。

五、"零缺陷"的质量文化

中国航天的系统工程始终将可靠性和安全性放在重要位置,始终坚持质量第一的方针,在60多年的研制实践中,形成了"系统质量"观念和完善的质量体系和制度。

"系统质量"观念是指不仅局限于型号产品质量,而是把满足国家要求和用户需求作为质量目标,将研制质量、产品质量和服务质量融为一体。我们的型号质量体系是在各研制单位(型号院、专业所、厂)质量体系建设的基础上,实行型号质量建设,形成"单位抓体系保证型号研制生产质量、型号抓大纲促进单位产品生产保证工程技术的落实"的互动关系。质量制度建设是质量管理的重要组成部分,包括质量管理标准规范体系、质量管理文件体系以及相应的运行机制、激励机制和监督机制。它分为四个层次:第一层是质量手册,是质量管理的顶层法规;第二层是质量管理文件,是为落实质量手册而制定的具体标准或制度;第三层是质量工作文件,是对某类产品制订的质量计划和质量工作程序等;第四层次是质量记录,是证明产品达到规定质量的各种记录。

在航天工业创建初期，老一辈航天人树立了"严肃的态度、严谨的作风、严密的方法"的"三严"作风，有力地保障了中国航天事业的顺利起步。20世纪60年代，针对航天型号技术复杂、质量与可靠性要求高的特点，周恩来总理提出了"严肃认真、周到细致、稳妥可靠、万无一失"的"十六字方针"。60多年来，航天工业始终坚持这一指导方针，并取得了一系列优异的成绩。

图 5-5　为航天企业、航天产品颁发中国航天质量奖

但是到了90年代中期，多次较大的失误使我们面临着"失败不起、没有退路、只能成功"的严峻局面。为此，中国航天及时地制定了一系列强化质量管理的规章和标准：针对元器件突出问题实施"五统一"管理办法，针对研制质量问题，提出了"技术归零"和"管理归零"的标准，针对研制管理问题制定了"72条"和"28条"；针对疑难和多发的质量问题，开展质量专项改造工作；加强质量与可靠性技术研究等，扭转了中国航天产品质量状况的被动局面。2004年，根据"坚持、完善、发展"的方针，对质量管理提出了"从源头抓起、全过程受控、零缺陷管理、争取一次成功"的更高要求。零缺陷系统工程质量管理就是以追求零缺陷为理念，以系统工程为特征，以系统预防为重点，以过程控制为方法，以用户满意为标准，它是航天型号质量管理理论和方法的创新，其主要内容包括以人为本的航天质量文化、追求卓越的质量管理体系、强化基础的产品

保证能力和系统优化的产品实现过程。随着型号研制任务的发展，我们始终将质量可靠性与安全性管理放在首位，逐渐形成了一套有中国航天特色的质量管理制度和方法，成为中国航天系统工程最重要的组成部分。

第三节　载人航天工程的成功实践

载人航天工程是中国航天领域迄今为止规模最庞大、系统最复杂、技术难度、质量可靠性和安全性要求最高、经费有限、极具风险性的一项跨世纪的国家重点工程,也是中国航天成功实施系统工程的典范。它不仅验证了中国航天系统工程的理论和方法,更进行了创新发展,为中国航天系统工程的发展积累了宝贵的理论和实践经验。

一、科学严谨的决策体系

中国载人航天工程在论证阶段就坚持科学严谨的系统工程思想。20世纪60年代,中国首次开展名为"曙光号"的载人航天工程预研工作。80年代中期,国际上掀起新一轮的载人航天高潮,中国的载人航天工程也全面进入概念研究、工程方案设计和可行性研究、工程技术及经济可行性论证阶段。论证组对最初提出的六个方案,从技术、资金等方面深入研究,对比分析,综合论证,最后确定由载人飞船起步,作为中国载人航天的第一步,在此基础上建设空间站。1992年9月,中国政府批准了《关于开展中国载人飞船工程研制的请示》,代号为"921工程"。该《请示》是载人航天工程经过系统的论证后,最终形成的最完整的设计方案,既考虑了

图 5-6　当年 508 所提出的飞船方案模型

可能性,又考虑了先进性;既明确了发展方针、发展战略、任务目标和"三步走"以及步步衔接的总体构想,又提出了第一步载人飞船的四大任务,由航天员系统、飞船应用系统、载人飞船系统、运载火箭系统、发射场系统、测控通信系统、着陆场系统构成的七大系统,以及工程的经费、实施进度、组织管理等建议。

二、以专项管理为核心的组织体系

中国载人航天工程涉及政府、用户、承制方、配套方,处于一个关系复杂的大环境之中,高效清晰、权责明确、统筹协调的组织体系至关重要。

坚持制定政策与实施管理相结合,行政指挥与技术负责相结合,分散管理与统一协调相结合的基本原则,实行中央专委直接领导下的专项管理制度,由总装备部、国防科工委、中国航天科技集团公司、中国航天科工集团公司和中国科学院等部门、行业及单位按照工艺流程和职能分工组成跨部门、跨行业合作的组织体系;成立了"921工程"专项办公室实施总体顶层管理,设立工程总指挥、总设计师两条指挥线,建立总指挥、总设计师联席会议制度,决策工程中的重要问题。

在管理层面上,中央专委决策任务、制定方针政策后,由"921工程"办公室统一组织、协调并负责落实。在飞行任务期间成立任务指挥部,在北京设立联合指挥所,在发射场和主着陆场分别成立任务场区指挥部;总指挥和总设计师两条指挥线自上而下纵向贯通,各级921办公室横向管理,形成矩阵式的组织体系和网络。共有100多个研究院(所)、基地、工厂直接承担了研制、建设、试验任务;国务院有关部委、军队各总部、有关军区、军兵种和省市自治区3000多个单位的数十万人承担了工程协作配套和支援、保障任务。

三、以总体设计部为龙头的技术体系

载人航天工程的复杂性、研制周期长以及研制过程中各种因素的不确定性,赋予了中国载人航天总体设计特殊的使命。通过总指挥、总设计师联席会议制度决策工程中的重要问题,由总体设计到分系统具体实施,建立起层次严密、责任分明、运转合理、总体协调的决策体系,形成了一整套成熟、严格的管理制度。

"921工程"办公室承担以下三个方面的任务。

一是科学确定总体方案,实施技术抓总与协调。在载人航天工程总体方案论证阶段,根据中央决策的载人航天工程"三步走"的发展目标,充分借鉴了航天型号已有的成熟技术,又瞄准当时的先进水平,决定第一阶段采用三舱飞船方案,轨道舱可留轨运行,使工程第一步的成果能够应用于第二步、第三步。

二是严格控制技术状态。中国载人航天工程从研制需求出发,分为设计、初样研制、正样和无人飞船试验以及有人飞船飞行试验四个阶段,制订了各研制阶段的基本方案和技术要求,明确了技术流程,制订了各研制阶段完成任务的标志,使整个工程在研制阶段起始前有明确要求,过程中有可遵循的技术流程,研制结束后有检查评价的标准。

三是确保分系统优化和整体优化。载人航天工程由七个系统组成,载人航天工程系统是整体行为,系统的整体行为不是其组成要素的简单堆砌,局部最优并不必然导致全局最优,需要总体设计的统筹优化。

四、综合统筹的计划协调体系

在载人航天工程的研制过程中,针对多条战线并举、系统间相互交叉的局面,建立并充分使用综合统筹的计划协调体系,也是我们实施系统工程的具体措施和方法。

在载人工程的每个实施阶段，计划体系发挥了重要保障作用。它涵盖整个工程系统，通过系统筹划和综合平衡，制订工程中长期目标规划、年度计划，月、周、日的计划安排，使工程系统成为纵横有序、衔接紧密、运筹科学的有机整体。计划流程主要以技术流程为主要编制依据。中国开展的载人航天工程具有巨大的探索性，整个工程的研制生产是一个创造性的过程。我们制订的计划流程具有很强的预见性，并在动态评估的基础上，能够及时进行适应性调整。

计划是指挥调度、组织指导各系统协调发展的重要依据。中国的载人航天工程在各级都建立了强有力的指挥调度系统，强调统一组织、跟踪管理、过程控制、狠抓短线、科学调度，形成了以任务为中心、横到边、纵到底，责任明确的协调和调度网络，确保计划的有效执行。通过制订计划对流程实施动态管理，既满足技术要求，又合理配置设施、物资、经费、人力资源，严格保证质量，尽可能降低成本。

五、系统规范的质量管理体系

载人航天工程要求必须把航天员的安全放在首位，提高工程的安全性和可靠性是工程质量管理的核心。

载人航天工程按任务分为研制、生产、测试、发射和回收五个方面；按承担层次分为系统、分系统、单机、原材料、元器件五个环节。各方面、各环节的质量责任是同等的，都关系到航天员的安全和任务成败。因此，按系统工程的要求，采取系统整机研制质量与协作配套产品质量并重，工程硬件产品与软件产品质量并重等做法，全面、全员、全过程抓质量：一抓"头头"（领导和管理机关），二抓"源头"（元器件、原材料、设计和工艺），将质量控制点落实到每一个系统、每一个单位、每一个工作岗位，明确责任，规范制度，层层把关。

载人航天工程建立了以"载人意识"和"以人为本"为主体的质量文化。工程实施过程中，坚持围绕"一人"（航天员）抓质量，依靠"两头"（领导者和元器件)促质量,紧盯"三员"(设计、生产安装、操作人员)保质量;相继制定了《航天员安全性工作指南》和《首次载人航天飞行放行准则》等质量控制制度,规范全系统的质量体系;坚持狠抓技术管理工作质量,严格按"双五条"标准进行质量问题归零,形成了全面覆盖、预防为主、事前控制、常抓不懈的质量管理机制;坚持质量问题一票否决制,进度服从质量。

图 5-7　在"神舟六号"飞船舱内的费俊龙、聂海胜

图 5-8　"神舟六号"返回舱安全返回地球

六、坚持创新、创造、创业的人才资源体系

对于载人航天工程而言，人力资源是最宝贵的财富，是工程圆满成功的根本保证。载人航天工程的发展过程，正是中国社会主义市场经济体制建立和逐步完善的阶段，市场在资源配置中的基础性作用越来越大。面对许多新问题、新矛盾，如企业追求经济效益的取向、人的价值取向多元化等，总指挥、总设计师联席会议经过认真研究，一致认为，必须与时俱进，坚持创新、创造、创业，加强人才资源体系建设，以事业留人，用政策稳定队伍。

一是以事业积聚人才。载人航天工程极大地激发了工程队伍的使命感和荣誉感，一大批有志于航天事业、为国争光的优秀科学家、工程技术人员、解放军指战员，胸怀报国之志，不讲待遇，无私奉献，投身载人航天事业。

二是以特殊政策激励人才、稳定人才。党中央、国务院、中央军委非常关心载人航天工程队伍，建立专项资金，对载人航天骨干队伍给予特殊津贴，建立责任、贡献挂钩的收入激励机制，奖惩分明。针对队伍新老交替的紧迫情况，打破常规，双管齐下，延缓老专家退休时间，超常规增设副总指挥、副总设计师，实行传帮带。

三是下大力培养人才、造就人才。时势造英雄，事业育良才。老专家身先士卒，言传身教，严格把关，勇当领路人和奠基石。各级组织慧眼识珠，大胆提拔使用年轻人，给他们压任务、压担子，使他们在工程实施过程中迅速成长。载人航天人才队伍的新老交替在航天系统中走在了前列，45岁以下担任工程各系统主任设计师以上职务的各级技术骨干超过80%。

中国载人航天工程的研制及成功实施，充分体现了系统工程的思想与特点，更突出了载人在某些方面有针对性的严格要求；既继承了一般航天系统工程好的做法，又总结了经济转型期的经验，对中国航天系统工程有了更进一步的创新与发展，适应了新形势的需要，有力地推动了中国航天事业在市场经济环境下的健康发展。

第六章

独具特色的组织
管理体系

随着航天事业的创建和发展,领导体制、组织结构和管理制度等航天行为文化也逐步建立和完善起来,以此保障航天事业长期可持续性的发展。

中央决策体制的建立、发展和变化,是航天事业的建立、发展和变化的基本前提,也是中国航天60年辉煌成就的有力保障。以"部-院-厂(所)"分级管理为特色的航天组织管理体制也成了中国航天事业的最显著特色和成功经验之一,分级机构设置的合理性与适度性,反映了航天行为文化的发展水平。各项具有航天特色的管理制度是航天事业通过中国航天60年的成功发展经验所总结提炼的。中央决策体制、三级管理体制、各项行之有效的管理制度有机地组成了中国航天组织管理体系架构。

第一节　中央决策体制

　　科学的领导体制是规范领导行为的根本机制。邓小平在深刻总结党的历史经验时指出："我们过去发生的各种错误，固然与某些领导人的思想、作风有关，但是组织制度、工作制度方面的问题更重要。这些方面的制度好可以使坏人无法任意横行，制度不好可以使好人无法充分做好事，甚至会走向反面……领导制度、组织制度问题更带有根本性、全局性、稳定性和长期性。"领导体制是关于领导基本行为的规范，它具有合法性、强制性、稳定性和全面性的特点。领导效能的发挥固然同领导者个人的素质、领导班子的结构有关，但更重要的还是制约机制。因此，努力建立、健全科学合理的领导体制，便成为航天事业领导活动中至关重要的任务。航天科技工业规模大、高投入、高风险、技术复杂、未知因素多，是涉及多学科的复杂巨系统。具有开拓性、综合性、渗透性、军民兼容性等特点。航天工程的上述特点，同时也决定和影响着航天的领导体制。

　　航天事业是国家的战略产业，牵涉到国家政治、经济、军事的各个行业，它是国家综合国力的重要表征之一。作为一个极为特殊的行业，在不同历史时期的发展中，始终受到国家最高决策层的决策和直接领导。其发展方向、战略目标、工作重点乃至研制什么型号、采用什么样的管理制度等，都体现着最高决策层的思想，体现着国家的意志和人民的最大利益。回顾历史，可以清晰地看到这样一条主线。

　　20世纪50年代，世界上几个主要大国已经进入了"原子时代"和"喷气时代"，航天技术也进入了一个新的发展时期，而当时中国还处在帝国主义的封锁、包围和威胁之下。要想不受人欺负，就必须有强大的国防，有现代化的武器装备。建立中国的航天事业，具有深远的、重大的战略意义。党中央、国务院和中央军委高度重视航天事业的建设与发展,准确把握国内外形势的发展变化,及时做出了一系列重要决策与指示。中华人民共和国成立之初,为抵御外来威胁和打破大国的核讹诈,在经济实力、科技水平相对薄弱与落后的情况下,以毛泽东主席为核心的第一代中央领导集体,以非凡的政治家眼光,从战略的高度做出了研制"两弹一星"的决策。周恩来总理领导成立了科学规划委员会,组织专家制定了《1956至1967年科学技术发展远景规划纲要(草案)》,提出了"重点发展,迎头赶上"和"以任务带学科"的方针。特别强调发展原子能、火箭和喷气技术、电子计算机、半导体、自动化、精密机械、仪器仪表等新技术。1956年4月,周恩来总理主持中央军委会议,做出发展导弹技术的决策,指出了中国国防科技的一个重要主攻方向,对中国的国防建设和科学技术的发展,具有重大的战略意义。同期,国家成立了航空工业委员会,聂荣臻任主任,负责领导中国导弹和航空事业的发展建设。同年5月,由周恩来总理主持中央军委会议,确定组建国防部导弹管理局(五局)和导弹研究院(国防部五院)。任命钟夫翔为国防部五局局长,钱学森为第一副局长、总工程师,林爽为副局长、副总工程师,钱学森兼国防部五院院长。

图6-1　周恩来总理在招待出席全国科学规划会议代表的酒会上

第六章 独具特色的组织管理体系

图 6-2　1956 年 10 月 8 日，聂荣臻来到北京西郊原解放军
第 466 医院的小礼堂，宣布国防部五院成立

为适应导弹研制工作的需要，1957 年 11 月，国防部五院在原来十个研究室的基础上按专业分工分别组建了第一分院（导弹总体和发动机）、第二分院（控制和导引系统）。周恩来总理任命钱学森为五院院长兼一分院院长，刘有光为政治委员，王诤为五院副院长兼二分院院长，谷景生为五院副政委兼一分院政委，刘秉彦为五院副院长。至此，国防部五院的组织机构得到了充实、加强。

当时，航天领导机构和队伍的人员构成大致分为：从军队系统调任的军事干部和一些有造诣的老专家构成领导层（指挥员），大批刚毕业不久的大中专学生和从各部门调来的技术工人、转业复员军人构成科研和生产队伍。把中国人民解放军的一套传统和科学技术领导工作相结合，成为有中国特色的航天领导体制。

后来，根据国防建设的需要，党中央、国务院决定加速发展中国的导弹事业。重点发展弹道地地导弹，以建立中国独立的战略反击力量，也为发展运载火箭技术打下物质技术基础；发展防空导弹，进行国土防空、重点城市防空和野战防空；发展各类飞航导弹，形成近中远程系列，以适应国防需要。1958年5月17日,毛泽东主席在党的八大二次会议上,又发出了"我们也要搞人造卫星"的号召,表达了中国发展航天技术,向宇宙空间进军的强烈愿望和决心。

从发展导弹武器开始的航天事业,由于它紧密地和军事相联系,所以中国最早在国防部下设导弹管理局、导弹研究院,列入军队建制序列,成为统一指挥的军事科研机构。1958年,将原国家航空委员会改为"国防科学技术委员会",具体组织领导航空、航天、核、电子和国防科技各领域的研制工作。1962年,又组建了以周恩来总理为主任的中央专门委员会(中央专委),从最高层次领导和协调有关工作。自1964年以来,中国航天在中央专委的直接领导下,步入了国家航天工业发展的快车道。

为了发展中国航天事业,不仅相继组建了国防科委、各科研机构和国防科技工业高等院校,而且制定了一系列发展尖端技术的相应政策和规定。其中,"科学十四条"就是一个十分重要的政策性文件,也是指导科研管理工作的纲领性文件。国防部五院认真贯彻"科学十四条"精神,实行"五定"和"两改"(研究室党支部的领导作用改为保证作用、政治委员改为政治指导员),树立"一个中心两个服务"(以科研为中心,为科研服务,为科研工作者服务)的思想。极大地鼓舞和调动了广大科技人员的积极性和责任感,创造了一个刻苦钻研,顽强攻关,人人为国防科技事业尽心尽力,积极进取的大好局面。

十一届三中全会之后,以邓小平为核心的第二代中央领导集体,把国家工作重点转移到四个现代化建设上来,制订了发展战略性高技术的"863计划",明确把航天技术作为重点领域。中央军委决定加速武器装备现代化,提出了1981—1985年发展计划及"缩短战线,突出重点,狠抓科研,加速更新"的方针,调整部署,突出地抓好液体洲际导弹、潜地导弹、通信卫星及运载火箭四项重点工程。

20世纪80年代中期,国家集中力量进行经济建设,国防建设的指导思想从临战状态转到和平建设的轨道上来,把发展国防科技摆在军队装备建设的首位,打基础,上水平,跟踪世界先进技术,保持发展后劲,不断提高武器装备的性能和水平,使国防科技向持续、稳定、协调发展的方向迈进。20世纪90年代,以江泽民为核心的第三代中央领导集体高瞻远瞩,确定了以"应用卫星和卫星应用"为重点的发展方针,做出了实施载人航天工程等一系列重大决策。跨入新世纪,以胡锦涛为总书记的党中央,对航天事业的发展给予了极大的关怀与支持。胡锦涛指出:"发展航天事业,是党和国家为推动我国科技事业发展,增强我国经济实力、科技实力、国防实力和民族凝聚力而做出的一项强国兴邦的战略决策。"同时,做出了启动载人航天工程第二步及实施探月工程的英明决策。

领导体制的变化直接影响了组织结构的变化,中国航天事业创建初期是以专业设置研究室、研究所,进而组成专业研究分院、总院。20世纪60年代中期以后,建立航天科技工业体系,以国防部五院为基础组建了七机部。20世纪80年代后又逐步从单一型号研制发展成系列和多型号研制,并从纯军品的科研生产型发展成军民结合的科研生产经营型的研究院。20世纪90年代军民品分线管理,实行多元并举的运行机制,并积极建立高科技经济实体和发展科技企业集团。1999年国防科技工业领域组建了十大集团公司,航天科技工业组建成了中国航天科技集团公司和中国航天科工集团公司,标志着中国航天事业进入了一个全新的发展阶段。

随着领导体制的变化,国防科研单位(包括航天系统)组织管理体制也发生了较大变化,国防科研和生产能力结构进行了相应调整。科研生产能力结构调整原则是明确保军纲领、科研方向和任务,压缩规模,减少重复,精干科研队伍;加强预先研究和技术基础研究,增强新兴技术的科研能力,使国防科技在和平建设时期得到新发展。同时改变了国防科研经费拨款办法,实行合同制。领导机构的发展变化和航天事业的发展密切相关,也和国家政治经济的发展以及改革开放密切相关。

不同历史时期,不同的发展阶段会产生与之相适应的领导体制。由于航天事业体现国家意志,发展航天工程多是政府行为,这就决定了航天事业重大决策的高层次性,直属国家高层领导指挥和调控。中国航天事业一开始就由国务院总理、副总理直接领导。从地地、地空及以后的飞航导弹、人造卫星等均是由国家领导进行决策和指挥的。从以上的情况不难看出，中国始终是由国家最高决策层直接指导着航天事业的发展方向，适时提出相关政策，及时进行组织、指挥，从而保证了各项管理制度的权威性。这样的决策管理体系，为管理的有效性提供了有利条件，有利于激发人们为国家、为民族、为人民全身心奉献的激情。引导人们万众一心，群策群力，为中国航天事业的发展竭尽全力。

　　航天事业的特点，营造了航天领导者十分突出的信息、系统、效率、人才、时间、竞争和全球观念。随着社会主义市场经济的建立，航天工程的领导概念在发展，从行政官员、行政领导，向经营决策、行业管理等多层面发展。航天活动是一个完整的过程。进行某一项航天工程之时，通常经由彼此区别、相互联系的调研、决策、计划和执行四个阶段。系统上上下下具有共同的目标、共同的理念，每一个职工都把自己的岗位责任同整个航天事业相联系，这在航天系统已形成风尚，其中饱含丰富的航天文化内涵。

第二节　型号院组织体系

决定组织结构的因素有领导体制、环境条件、事业目标、科研生产技术和职工的思想文化素质等，组织结构形式的选择，必须有利于航天事业目标的实现。组织结构的变化直接依赖于所从事事业的规模大小、生产经营的复杂程度和领导活动管理职能的特点。使组织结构尽可能有助于实现单位及其各项制度规定中固定下来的功能是至关重要的，这对于弘扬与之相适应的制度文化、提高管理效率是十分重要的。

航天事业关系着国家利益，是集现代科技先进成果为一体的综合系统，需要国家巨额投资，全国各行业大力协同。从而对航天组织结构体系提出了一系列有别于其他行业的要求。

要求建成专业配套、工种齐全、设备先进的科研、生产、经营联合体。它是由相互促进、相互制约、相互影响的分系统、各职能部门组合而成的复杂巨系统。航天工程的研制过程历经预先研究、可行性论证、方案论证、工程研制、设计定型、生产定型、售后服务等不同工作阶段。要求有一个权威的实施统一技术决策与技术协调的科研、生产、经营联合机构，有一个能够适应科研生产规模发展变化的组织集团。要求适应现代系统工程管理的需要，建立总体设计部，建立航天型号总设计师系统，强化技术抓总和技术协调作用，以求保证总体的优化。要求建立信息通畅、反应迅速的指挥调度系统。要求建立健全相关的职能部门，特别是囊括各领域技术专家的科学技术委员会、专业组等智囊咨询机构，充分发挥其参谋作用。

多年以来，在总结航天科技工业取得辉煌成就的原因时，人们都会得出一个结论，从航天事业创建至今的60年，一直坚持以研究院为主体的科研生产体制，特别是以型号总体研究院为基础的科研生产组织体系，是成功的重要因素。

1956年成立国防部五院之初，下设导弹总体、空气动力、发动机、弹体结构、推进剂、控制系统、控制元件、无线电、计算机、技术物理10个研究室。当时有30多名技术专家，100余名应届大学毕业生。这支为数不多的队伍，就是中国最早建立的导弹技术的骨干力量，也就是航天科研院所最早的管理体制和组织形态。1957年，在原来10个研究室基础上，按照苏联的专业研究院模式设计组织机构，在苏联援助的设计任务书中明确规定，一分院以原六、七、八、九、十室组成，其基本任务是各类导弹的总体设计和弹体、发动机的研制；二分院以原十一、十二、十三、十四、十五室和通信兵军事电子科学院为基础组成，主要负责控制系统的研制和生产。1961年，又成立三分院，以区域管理的模式，主要负责大型地面试验的设施建设和试验，如跨声速、高声速、超声速的风洞，大型液体发动机试车台的建设及其试验。1963年中国科学院上海机电设计院划归五院建制，并扩建成上海试制基地。至此，以专业研究分院为主的组织管理结构形式得以确立。

图6-3　20世纪50年代，作为火箭发动机设计部研究设计办公室的废旧机库

图 6-4　二院工业区旧照

后来为适应研制工作的需要,国防部五院机构作了调整,确立了"以任务带学科,以任务带管理"的原则。为减少层次,国防部五局并入国防部五院。作为军事建制单位的国防部五院,直属中央领导,发展的客观环境十分宽松顺畅,满足了当时科研生产的各项要求。从而保证了通过仿制向独立研制生产迈出决定性的第一步,自行设计和配套生产走完了一个全过程,并积累了经验,锻炼了队伍,为进一步发展航天系统工程奠定了坚实的基础。

20 世纪 60 年代中期,国际形势的发展,严重的军事对峙,对中国安全构成严重的威胁。要求国防部五院不仅要发展和改进中近程战略导弹,发展多类战术导弹,还要研制洲际导弹。不仅掌握液体火箭技术,还要攻克固体火箭技术、巡航导弹技术。国土防空、重点城市及工业目标的保卫、近海防御等,都对发展航天科技工业提出了迫切的要求。国防部五院面临着要"多出型号、快出型号",而且要大批量生产的新形势。但是,按照专业设置的组织机构虽然看起开分工明确、有利于各专业的发展,但在实际工作中却十分不方便,比如,将各类导弹的总体、弹体结构、动力装置、环境试验、材料与工艺等集中在一个研究院内,将控制系统、原件与设备等设在另一个研究院内,进行地面试验又要跑到另一个研究院去,在多型号并举的态势下,每个型号都要横跨两三个行政单位,指挥渠道迂回,协调关系复杂,工作效率低。原有在军事序列的国防部五院的组织结构形式难以适应新的要求,需要对组织结构做相应调整。

针对这种情况,根据钱学森的建议,1963年9月14日,五院党委常委会议作出了各研究院从专业院向型号研究设计院转型的决定。1964年11月,在国防部五院基础上组建了七机部,在原第一、二、三、四分院基础上,按导弹型号类别划分,经过调整分别组建了地地导弹研究院(即第一研究院)、防空导弹研究院(即第二研究院)、飞航导弹研究院(即第三研究院)、固体火箭发动机研究院(即第四研究院),实现了从专业研究院向型号研究院的转变。按照型号类别分别由每个型号院负责其总体和分系统设计、试制、试验和生产问题。按型号配套,依照系统工程原理方法设置职能部门,初步形成了部、院、厂(所)三级管理体制。

在此之前,五院已经对各分院进行了微调。比如,把一分院负责地空导弹弹体设计的第二设计部的人员调整到二分院第二设计部,组成地空导弹总体部。把二分院遥测队伍的部分人员合并到一分院遥测研究所。在此之后,又把上海机电设计院负责探空火箭研制的队伍调入北京,组建第八设计院,转型为研制人造卫星和运载火箭;把二分院部分在北京的研究所迁入上海,同上海机电二局所属单位组成一个在二分院领导下的地空型号研究、设计、试制基地。

1965年,中央基于对当时国内外形势的分析,做出了巩固战略后方、加强战备、建设三线的指示,并对航天科技工业的三线建设确定了"型号为纲,地区配套"的方针,分别在三线地区建成几个导弹研制生产基地。各有关省、市也相应建立了管理机构。

正如有人总结说,这次体制调整非常重要,完全适应航天技术发展的需要,如果没有型号规划和体制调整,很难设想航天事业在"文化大革命"的年代,仍能迅速地发展。直至开始发展中国空间技术,加强人造卫星的研制工作，1968年国防科委成立空间技术研究院，1973年空间技术研究院划归七机部建制（即后来的第五研究院），仍持续了型号院的建设方案。

1982年4月国家体制改革，七机部根据中央精神调整了型号任务和组织机构，改称航天工业部，下属研究院、厂（所）组织体制开始了从单一型号向多型号转变。1982年，邓小平批示国防工业要"军民结合、平战结合、军品优先、以民养军"。为贯彻这一方针，航天系统各研究院、厂（所）在确保军品任务的同时，面向国内、国外市场，大力组织开发民品，从单一军品型转向军民结合型，从科研生产型转向科研、生产、经营型。为适应社会主义市场经济的需要，部、院、厂（所）三级组建了若干经营开发公司，并相应充实完善了管理组织，调整了职能机构，形成了多型号并举军民结合的矩阵型组织体制。随着经济体制改革和建立社会主义市场经济，国家改变了航天科研经费的拨款方式，航天系统面临着新的形势，面对军品和民品两个市场的竞争。国家要求航天系统一方面要完成指令性军品科研生产任务，同时还要为国民经济建设服务。为适应新形势、新任务的要求，1988年航空、航天两个工业部合并成立航空航天工业部，1993年航空航天工业部改为航空工业总公司和航天工业总公司。为理顺航天军品、民品与市场的关系，在管理体制上注入新的活力和引入新的机制，建立结构合理、资源配置优化的航天科研、生产体系，航天工业总公司提出了军民品分线管理。各研究院、厂（所）依据自身特点，分别调整、改建了新的组织机构。1999年7月1日航天工业总公司经过改组成立了中国航天科技集团公司和中国航天机电集团公司，这是航天科技工业历史上一次深刻的变革。

无论上层组织体制如何变化，院级以"型号院"为主体的管理模式，从未变化。在几十年的发展实践中，中国航天事业走出了一条具有中国特色的发展道路，形成了独具特色的组织结构和管理模式，以型号研究设计院为实体的科研、生产、试验联合组织体系，是中国航天事业的结构主架。它依据国防发展战略和总体布局，从自身的资源、技术、人才情况出发，把航天工程分类排序，划分和建立相应的研究院、局、基地，分工承担国家任务。这种组织形式可以说是中国航天的一种创新。它适应了现代系统工程管理特点，为中国航天的飞跃发展奠定了组织基础。

从各研究院的层面上看，它将型号任务分解，按照总体、分系统组成配套研制的研究所、工厂以及协作单位。根据型号研制生产的共同要求，院、厂（所）两级建立职能管理部门。院、厂（所）是主体性实体，以其为依托建立行政和技术两条指挥线，实施领导和组织管理活动。由此可以看出，航天系统组织结构具有系统性和整体性，指挥、控制、协调工作要求高，研究、设计和试制生产紧密联系，可以高效完成任务。

航天系统科研院、所的组织结构形态，在中国航天60年的实践中，基本保持了相对稳定性和继承性，并具有很强的适应性。实践表明，它对于完成各个时期国家赋予航天系统的历史使命发挥了巨大作用，成为创立卓越的航天文化的重要载体。今天在改革开放和发展社会主义市场经济的新形势下，航天科研院、所的组织结构必将更加显现出无限生机和活力，从体制上为未来中国航天科技工业的发展和繁荣提供强有力的组织保障。

第三节 航天特色管理制度

一、航天实践形成特色制度

1. 完善的科研管理造就航天工程

① 规划、计划管理制度

航天工程的规划、计划是各级行政指挥员实行指挥调度、组织指导各类型号协调发展的重要依据。制订和实施一个既有远见又切实可行的发展规划,对国家科技进步和航天事业发展都有重要意义。研制计划的正确制订和有效实施,是型号研制工作达到高效能和节约的重要保证。

型号发展规划是用来规划其奋斗目标,明确其技术发展方向并保持各项相关技术持续、协调发展的纲领性指导文件。它主要依据中国国防发展战略。在新的历史时期,中国导弹武器的发展战略是"重点搞科研,集中力量上水平,择优跟踪高技术,按照基本型、系列化发展,理顺各方面关系,协调配套发展",采取"择优跟踪,有序发展,形成体系,注重效益"的发展方针。

型号研制计划是航天系统计划管理的基础,其他各项保障计划都是以此为中心制订的。合理性、准确性是衡量计划工作的重要尺度。管理工作者根据国家的总方针,考虑政治、经济、技术的种种因素,分析需要与可能、任务与条件的关系,找出最合理的行动方案(计划),并监督、控制、协调职工的活动,把各部门、各系统、各环节的力量集中到型号任务上。航天工程的实践证明,航天科研生产的规划、计划、协调、调度,要以型号任务为中心,以型号研制计划为基础。

做好计划的综合平衡是计划工作的核心问题。而航天工程的综合平衡是以型号任务为目标的动态平衡。所有型号任务的计划都不能人为地割裂研制生产和其他工作的有机联系,各方面积极性的发挥都应着眼于有利于型号任务的完成。每个型号制订计划时,都有许多未知因素。航天技术的探索性要求计划的平衡只能在计划的执行过程中,不间断地进行以技术协调为主的综合平衡协调。计划的综合平衡原则是:第一,要配套,做到"成套设计,成套试制,成套生产,成套交付(使用)"。第二,远近结合,时间上按一个预研、一个研制、一个生产的三步棋走,研制程序各阶段互相衔接。第三,掌握"瓶颈",短线平衡,调动力量,变"短"为"长"。第四,进度服从质量。第五,需要与可能相统一,任务与条件、需要与可能的矛盾始终存在,要根据需要,结合实际情况确定任务目标,根据配套要求和任务序列,依次排开前置任务,分配时间和保证条件,进而根据可能,找出最佳实施方案,并在实施过程中不断调整。

计划协调是将构成任务目标的所有工作事项,按其相互间技术上和组织上的各种时序联系和逻辑联系,组成统一的计划流程图,然后运用数学方法对图中各环节进行分析、预测,分清主次,明确关键,寻求资源利用的最优方案,并在计划的编制和实施过程中随时进行调整。为协助各级技术指挥员和行政指挥员搞好技术协调和实施强有力的指挥调度,科技管理各部门逐步形成按型号分阶段管理与建立各级调度系统相结合的管理方式。一种是按型号类别和每一个型号不同研制阶段实施管理;另一种是建立各级调度系统,对各类型号实施综合调度。

科学的组织管理对加速航天事业发展有着重要意义,管理工作科学化、管理信息定量化、管理水平现代化的要求日益迫切,航天工业系统建成了一套新的自动化管理信息系统,利用计算机和现代通信技术,在管理手段现代化上前进了一大步,计划管理和技术管理提高到了一个新水平。

在长期的航天工程实践中,计划管理经常面临着经费紧缺而任务繁重的矛盾。如何用有限的经费,有效地完成目标任务是管理上的难题。通过技术、计划协调,运用现代管理方法,注重发挥人的积极性和创造性,发扬艰苦奋斗、勤俭节约的精神,中国航天人以国外相应经费几分之一,甚至十几分之一的费用,创造了一个个惊人的业绩。

② 预先研究管理制度

预先研究通常分为两类。一类是基础技术应用研究,包括为多种型号应用的专业技术研究,如遥测、气动、计量技术研究,也包括部分新技术、新理论的探索研究,如优化设计理论。另一类是以型号为背景的支撑性课题预研,主要包括关键技术课题,如通信卫星的波束天线研制、新型发动机研制、隐身技术研究等。这两类预先研究要安排适当,总的目标都是为了提高航天科技水平,加速型号的发展。

预先研究任务采用课题制,是一项重要的制度创新,以课题为基本单元,以课题组为基本活动单位,以型号需求配置科技资源,以合同制与法律手段规范各行为主体的责、权、利,来进行课题组织管理。目前,这种制度已经成为研究与开发活动中一种有效的和普遍采用的基本制度。

预先研究工作难度大,未知因素多,短期内不易见到成果,需要远见卓识,要有长远规划和合理选题,保证经费,组织好一支稳定的队伍。面对新技术革命的挑战,大力加强预先研究,抓紧新技术攻关,有着特别重要的意义。由于有了技术储备,中国的中程火箭,从总体方案设计到第一次飞行试验成功,仅用了一年零九个月。中国的多用途反舰导弹发展成系列化的弹种,成为空舰、潜舰、舰舰导弹的基本型,这也归功于有雄厚的预先研究基础。

1986年,国防科工委制定了《国防科学技术应用、基础研究暂行管理办法》,明确预先研究实行以行政部门为主体,充分发挥专家的作用,领导与专家相结合集中统一领导和分层管理负责的管理体制。从计划、经费、技术三个方面加强预先研究管理工作;对先期开发类和大部分应用研究类项目实行合同制;对应用基础研究类和少部分应用研究类项目,实行基金制管理。

③ 型号管理制度

型号研制必须按程序办事。国家有关部门从1985年起先后宣布了战略武器、卫星、战术导弹武器的研制程序。运载火箭和卫星工程研制分为总体方案阶段、初样阶段、试样阶段、正样阶段、应用改进阶段；战术导弹武器研制程序是论证阶段、方案阶段、工程研制阶段（初样、试样）、设计定型阶段、生产定型阶段。

按照型号研制的不同阶段的任务重点，组织研制工作。程序是客观规律的反映，按照程序办事，研制工作就可能顺利。反之，方案多变，技术状态反复，程序紊乱，就可能会造成无可挽回的损失。型号的飞行试验工作，是研制、定型、批量生产、交付使用的重要环节，影响型号工作的全局。在总结历次重大试验工作的基础上，制定了《航天工业部型号飞行试验条例》，以使试验的组织实施做到周到细致，万无一失。

2. 全面的质量管理成就航天产品

中国航天科技工业已走过60年的发展历程，在导弹武器研制、火箭卫星发射、载人航天飞行、深空探测、航天技术应用和产业发展等方面取得了令国人自豪、令世界瞩目的辉煌成就。

航天产品是在恶劣环境中一次性使用的产品，有的航天器（如长寿命的卫星），还要在恶劣环境下长期正常工作。每一个航天器又是由多个分系统，数以万计的元件、器件、零部件构成的有机整体，其中一个元器件的故障就可能导致全系统的瘫痪。在中国航天技术发展历史上，由于一根导线折断（或开焊）造成整个试验失败，由于一个元器件失灵使整个计划功亏一篑，由于某个细节考虑不周使整个试样毫无结果的事故都发生过。对航天工程来说，产品的质量和可靠性是产品的生命，是关系成败的决定因素。没有质量，就没有数量和速度，更谈不上效益。因此，实行全面质量管理，在航天工程的科学管理中占有特别重要的地位。周恩来总理提出的"十六字方针"已成为从事航天产品研制试验的重要指导原则。严格的要求、严肃的态度、严密的方法，是每一个航天职工应有的基本素质和作风。

中国航天工业系统,始终坚持质量第一的方针,把全部科研生产纳入以质量为中心的轨道。从控制元器件、单机质量为主,到型号方案一开始就抓质量和可靠性;从事后检验、复查、把关为主,到以预防为主;通过周密的设计、精心的生产和严格的管理,保证产品质量和可靠性,经历了一个逐步发展提高和不断严密完善的过程,最终形成了严密的质量保证体系。

设计在很大程度上决定了产品的固有质量和可靠性。较好的技术储备,充分的预研成果,对技术指标的充分论证,技术途径的正确选择是保证产品质量和可靠性的基础和前提。

总体方案的质量控制关系到整个型号质量的全局。要解决好"先进"和"继承"的关系,恰当选取安全余度,合理要求分系统的指标,这对产品质量、研制进度和经费、物资使用影响极大。在这一阶段总体提出可靠性设计要求,分配指标,提出检验鉴定方法,确定可靠性设计原则。技术管理工作制定质量控制措施和标准化要求。方案设计阶段的质量工作是重点检查设计指导思想是否正确,技术途径是否合理,总体结构是否协调,可靠性指标分配和对分系统的任务要求是否切合实际等。

然而,发展的进程并非一帆风顺,特别是1994年至1996年间,中国航天遭受了一系列挫折。面对"失败不起,没有退路,只能成功"的严峻形势,航天人卧薪尝胆,深刻反思,提出一系列强化型号研制和质量管理的措施,加强了产品保证能力的建设,从而保障了"长征"系列运载火箭成功发射200余次的历史性跨越;实现了载人航天飞行和探月工程任务圆满完成,铸就了中国航天发展史上新的里程碑;一批型号装备陆续定型交付用户,重点型号科研生产试验任务圆满完成。

这些成就的取得,无疑是得益于航天质量管理能力的跨越。正是坚持以人为本,培育航天质量文化,树立"零缺陷"的理念和严慎细实的作风,才为航天产品研制生产及质量管理提供了良好的环境氛围和强大的精神动力;正是坚持"从源头抓起、预防为主、全过程控制、系统管理"的原则,实施型号研制生产全过程质量控制,才形成了一整套具有中国航天特色的质量管理体系;正是坚持强化质量基础建设,不断完善并严格实施各项质量管理规章制度,才使系统工程管理和产品保证能力得到了显著提升。

① 生产过程的质量控制

生产过程是实现设计意图,把图纸、技术要求变成产品的过程,控制产品质量必须贯穿于整个生产过程,既要专业检验,又要重视预防工作。在生产过程中,从元器件、原材料开始,在每一道工序、每一个生产环节都要严格检验把关,并和岗位责任制结合起来。

原材料和元器件是整机的基础。生产过程中对元器件和材料的质量管理是全数检验制,择优选用,不采用未经充分试验的、可靠性没有把握的元器件和外购品。结构及电路一般不允许超负荷使用,关键线路采用冗余技术,应用各种形式的备份措施。

自1974年开始,卫星和运载火箭使用的元器件实行"三定",定技术条件、定型号规格、定生产厂家。1977年建立了"七专"航天级电子元器件生产管理制度,并实施型号用元器件"五统一"管理办法,即对航天用元器件实施统一选用、统一采购、统一监制和验收、统一筛选、统一失效分析的质量保证工作。

建立岗位责任制。包括:设计师责任制——图纸和技术文件的设计、审核,批准者要签字负责;工艺设计责任制——工艺员及主管业务领导签字负责;计量、检测工具定期检查、鉴定、标校责任制;工件、产品跟踪卡等内容。长征三号火箭在一次现场测试中,发现有两个插头带有多余物,按规定必须把几百个这样的插头从火箭中抽出逐个复查,这样必然影响质量可靠性。由于有跟踪卡,查出是一名工人漏检了12个插头,这样就把复查面缩小到12个插头,从而保证不影响整个火箭的可靠性。

建立健全生产者自检、专职检验和设计代表检验的"三检制"。生产岗位上的工作人员要经过训练和考核后上岗,要求以强烈责任心搞好文明生产,遵守工艺纪律。经常公布产品质量情况,建立产品质量报告和分析反馈制度。

② 试验过程中的质量控制

型号研制过程中,有不同项目、不同层次、不同规模的多种试验。有可靠性试验;有高低温、振动、冲击/噪声、辐射、真空等各种环境试验;有各种综合、匹配试验;有检验仪器、设备之间,分系统之间的相互匹配与相容性等试验;有最终考核的飞行试验。

飞行试验的准备阶段和实施阶段对产品质量的控制和管理,要以预防为主,消除隐患,杜绝重复故障,做到不带故障出厂,不带疑点转场,不带隐患上天。试验过程中,设专职质量管理人员,负责搜集产品质量信息,并进行分析、反馈和贮存。严格贯彻岗位责任制,做到操作人员、检验人员、设计人员"三到岗",执行自检、互检、专检"三检制",开展回想、预想的"两想"活动,查漏补缺,采取预防措施。中国在发射"澳星"时,在发射场进行"事故预想"和"应对"活动,曾引起外方人员的极大兴趣。

全部工作以质量为中心,实施全面质量管理制度。全面质量管理贯穿于设计、生产、试验的全过程,都和人有关。虽然规定了各种制度,建立了各种责任制,还要特别加强质量安全的教育,普遍进行质量管理的训练,把"质量第一"变成每个职工的价值观和自觉的行为规范。

20世纪90年代以来,航天各研究院依据ISO9000和CJB/Z9000系列标准,加强了质量保证体系的建设,进一步加强了型号产品全过程的控制,形成了初具规模的质量体系,实现了从人治到法治,从事后检验把关到预防为主的转变。1997年提出了《强化型号质量管理的若干要求》(28条),从设计、生产、元器件、原材料、标准件和质量管理方面,针对质量管理和技术管理上存在的问题,明确了要求和具体规定。提出了质量问题归零的"双五条"标准,即管理上归零的五条标准——过程清楚,责任明确,措施落实,严肃处理,完善规章;技术上归零的五条标准——定位准确,机理清楚,问题复现,措施有效,举一反三。并提出了"以质量求生存,以管理促发展,着力抓落实"的工作方针,使航天质量管理进入了一个新阶段。

为适应计划经济向社会主义市场经济体制的转变,1998年制订了《航天型号质量振兴措施计划》。航天型号研制的内外环境变化和影响产品质量的诸多因素给质量管理工作带来了一系列新的问题,如:从单一军品转变为军民品结合,从单一型号转变为多型号并举和小批量生产;原材料、元器件由计划供应转变为市场采购;利益主体多元化,造成单位和个人价值取向的多元化;人员新老交替和环境因素造成了职工思想素质和业务素质上的变化;航天机构由政府部门转变为科技工业集团公司。这些变化给质量管理提出了更高的要求。《强化型号质量管理的若干要求》总结了航天发展的经验教训,吸收国外先进的管理方法,提出了抓好建立和完善质量管理规章制度、严格型号质量问题、在技术上和管理上归零这三个环节;通过执行、监督、奖励这三个工作系统来落实规章制度;完善和提高人员素质、提供物质保障、落实信息系统和组织机构这三个必要的保障条件,实现航天型号产品质量及质量管理上台阶。

航天产品的质量和可靠性是设计出来的、生产出来的、管理出来的。不断提高航天工程的全面质量管理水平,才能使质量和可靠性提高到一个新的高度。

③ 质量文化的培育与推进

航天先进质量文化的培育是自觉培育,作为质量文化建设的基点,应遵循以下原则:一是领导作用,最高管理层作为倡导者和组织者,需要结合航天实践,不断提升质量文化的先进性和适应性;二是层层落实,各级单位要长时间、不间断地层层抓落实,形成上下协调一致、整体培育的氛围;三是全员参与,通过领导与员工、员工与员工、员工与顾客、领导与顾客在生产经营活动中相互影响、相互帮助、相互熏陶,达成共识;四是思想保障,航天先进质量文化培育的着力点要放在意识教育和素养培育上,充分发挥思想政治工作的保障作用;五是体系规范,让质量管理体系建设新成果成为航天先进质量文化培育的精髓,有效规范员工的质量行为;六是典型引路,善于抓典型,积累经验并广泛推广,使航天先进质量文化健康快速培育;七是奖惩到位,航天先进质量文化培育既要侧重精神激励的作用,又要发挥软约束的无形力量;八是创新活力,与时俱进、不断创新,保持航天质量文化的先进性和独特性。

图 6-5　中国航天科工集团公司 2014 年航天质量日主题活动

图 6-6　中国航天科技集团公司基层班组积极开展质量分析活动

图6-7　2013年12月16日,中国航天科技集团公司获得首届"中国质量奖",国务委员王勇为中国航天科技集团公司董事长、党组书记许达哲颁奖

　　航天先进质量文化的推进是系统推进,其有效性和持续性非常重要,需要进行科学的维系和管理。航天先进质量文化推进与质量管理持续改进、质量保证技术进步之间存在十分密切的关系,是相互依存、相互促进的,要着眼和围绕质量管理持续改进和质量保证技术进步这一核心层进行系统集成、协同推进,这有助于航天先进质量文化推进工作向最佳的方向逼近。

　　航天先进质量文化的发展具有继承性与创新性有机统一的特点,随着航天先进质量文化建设各阶段目标的提出以及培育和推进,全面发挥航天先进质量文化在航天系统的导向、凝聚、约束、激励和辐射功能,已在航天系统中日益显示出其显著的效果。科学发展观提出加快转变发展方式,不仅是经济问题,也是文化问题,要树立经济与文化一体化发展的战略思想。先进的技术和管理只有上升到先进的文化层面,才能使中国航天在激烈的竞争中长盛不衰。

3. 融合的民品开发推动航天产业

随着中国航天技术的不断发展,航天技术向国民经济各部门的转移越来越多,获得了较好的社会效益。20世纪80年代以来,航天科技工业部门根据国家总体发展战略及航天自身的实际情况,在保证国家下达的航天产品研制任务完成的前提下,加强民用产品的研究开发和生产销售工作,取得了显著的成效。

为了大力发展民品,经过三十几年的探索、创新和不断完善,制定并逐步修改、规范了航天经营开发的有关政策和各种规定、办法。包括产品开发的论证、投资和决策的管理;产品的生产、质量和销售管理;利润的分配和奖励办法;经营性公司的管理制度等。使航天科技工业面向国内外的大市场,按市场经济规律办事,为国民经济发展作出了重大贡献。

改革开放的全面推进,其由国家严格计划管理运营的格局不断地做出调整。1993年由国家部委变为中国航天工业总公司,1999年分拆为两大集团公司,形成虽有继承性的领域分工,但可相互竞争的格局,并逐步在各领域全面走向市场化。市场化转型是时代要求,也是航天自身谋求发展壮大、做强做优的必然选择。其影响可以概括为以下几点。

第一,使航天企事业单位成为市场主体。体现在:一是任务来源不再全是国家指令分配,而更多地来自于自身对用户的争取,这带来的后果便是航天系统内外竞争,包括集团内、集团间和国际间的竞争;二是经营独立核算,不再旱涝保收;三是组织形态更加市场化,股份公司、上市企业、中外合资等不同形式改变了原来单一的发展形态。

第二,使航天企事业单位员工身份发生根本变化。国家干部变为企业管理者,国家公务员或事业单位工作人员转变为一般企事业员工,用工方式转变为劳动合同或聘用合同制,人员招聘录用实行市场双向选择。

第三,使航天企事业单位生产经营领域得到扩大。传统的航天任务是以导弹、火箭、卫星、飞船等为主，市场条件下，航天企事业单位纷纷利用自身高科技优势涉足众多军用、民用产品市场以及国家倡导的战略性新兴产业，成为推动国家经济发展和转型的重要力量，这也带来与社会其他企业的竞争。

第四，使航天企事业单位的发展观念、意识和运营方式受到挑战。"等、靠、要"的思想没有了市场。立足自身优势，主动融入航天内外部市场成为企事业单位发展的必然选择，它促进了组织内部高效运营管理体制机制的建立。

经营开发的一系列转型正改变着航天企事业单位传统的发展轨迹，为新形势下航天科技工业更好更快的发展提供机遇，但也带来对航天企业文化竞争力的重塑需求。一直以来，航天企业文化竞争力以其鲜明的爱国性、时代性、系统性和独创性为中国航天赢得荣耀，成为推动中国航天持续发展的内在动力，是航天软实力的重要组成部分。但由于缺乏市场文化竞争力的基因；军工保密的特点又使其天生内敛，不具开放性；长期自成体系又使企业文化大院化，兼容并蓄不足，这些因素成为在市场化转型时代下的软肋，必须予以重塑。

一是建立成功文化。成功一直是航天事业永恒的主题，是航天企业文化的特色，也是中国航天事业的核心竞争力之一。传统的航天成功文化由航天质量文化、安全文化、保密文化等构成。市场化转型条件下，重塑的成功文化不仅指为争取每一次航天活动成功而建立起来的理念、制度和行为规范，而是包含在组织内部建立起适应市场经济、具有中国航天特色的、谋求长期成功的理念、制度、行为规范和企业形象，即组织成功的文化。市场经济优胜劣汰，企业没有订单，也就无法生存。

二是建立开放文化。开放已成为我们时代的特征。开放的文化是主动融入世界改变自己的积极文化，是推动组织发展的优秀文化。一个封闭企业很难取得长远发展。通过开放文化，开阔眼界，更新思路，取长补短，加快成长。开放文化要求我们要有主动利用国内国外两个市场、两种资源,加快发展,培养做强做大的理念、意识、制度和行为。

三是建立创新文化。创新文化在航天科技工业中有着深厚的底蕴。从发射卫星到载人航天,每一步都伴随着创新的脚步。然而市场化转型中,我们提倡的创新文化不仅仅是技术层面的,更包括管理层面、经营层面等全方位的创新,着力打造从技术到管理、从高层到普通员工重视创新、敢于创新、创新有奖、不怕失败的氛围和制度。

四是建立融合文化。融合文化一方面指航天内部各产业间的文化交流融合,另一方面指与社会优秀文化的包容融合。航天军品产业中的质量文化、安全文化、保密文化以及系统工程方法等已构成航天事业持续不断取得成功的文化基因,而民品产业中逐渐形成的市场文化、公司文化等又为航天民品发展贡献了力量,各具特色,相互交流融合,将促进共同发展。同时,大力吸收其他优秀企业的文化,将不断地更新航天发展理念,推动航天企业文化的与时俱进,提升竞争力。

五是建立市场文化。市场经济中通行的竞争、营销、成本、品牌文化等要引入到航天中,这是航天企业文化竞争力的短板,长期被人们所忽视。由于完成任务的国家性特点,航天员工以国为重的责任意识和责任文化非常强烈,但同时市场竞争意识和经营成本意识却稍显薄弱。培育市场文化应成为企业市场化转型中对员工教育管理的重要内容。

六是建立人本文化。以人为本是和谐社会的时代要求,是科学发展观的核心立场。航天领域集聚着大量高学历、高职称、专业齐全的科技人员、管理人员和高素质技能人员,然而长期加班、责任重大、确保成功的工作压力以及购房、婚恋、子女等生活压力,使得很多员工很少休息、休假,长期处于亚健康状态,这不利于航天科技工业在国际上的竞争和长期发展。新一代航天员工价值取向多元化倾向也提出了人本理念的需求,关心、关爱员工已成为航天快速发展的突出课题。

4. 务实的民主作风保障航天事业

在航天系统历来有一个习惯,对于技术问题在论证和探索中提倡

"百花齐放,百家争鸣",允许七嘴八舌、各抒己见,对于偶发奇想,也不堵塞言路。20世纪60年代,在一次规划会上,对于发展中国岸舰导弹的途径问题,钱学森在会上特意请三位持不同意见的同志阐述观点,最后大家心悦诚服地选定了方案。在航天40周年时,钱学森在写给航天工业总公司总经理刘纪原的信中说:"……最重要的实在只一句话:我国航天事业的科技人员在周恩来总理和聂荣臻的领导下,贯彻了民主集中制。我们今后仍必须坚持民主集中制。"这些有形或无形的管理制度不仅为航天事业的发展提供了重要保证,同时传播着航天文化的精神和价值观,展示着航天文化的瑰丽和光辉。

中国航天科技集团公司高级技术顾问孙家栋为人处世谦虚、低调,很注意发扬技术民主,倾听不同方面的意见。在中国通信卫星研制时,测控技术专家陈芳允提出了在卫星上应用"微波统一测控系统"的建议,当时这项技术从未在卫星上使用。孙家栋时任五院院长,又是通信卫星总设计师,如果同意其他学科的新技术在卫星上应用,是要承担工程风险的。孙家栋组织技术人员认真地研究分析,并提出了一些建设性意见后,采纳了陈芳允的建议。后来,在通信卫星上采用"微波统一测控系统"方案获得了成功。实践证明,这一技术不仅对卫星测控切实可行,而且可以节省星上设备,实现了一台设备多种用途,降低了卫星的功耗、减轻了卫星的重量,减少了设备的故障环节,对提高卫星的可靠性大有好处。

航天科研事业的奠基人钱学森讲过这样一件事:国防部五院时期,每个周末,一些老专家不约而同地到他家,以聊天的形式交谈导弹技术的若干学术问题。当年和钱老聊天的专家们现在多是两院院士。很多人至今仍怀念那时的"学术交流"带来的很多启迪,对复杂技术问题的解决有不小的帮助。现在航天系统有很多学术性组织,如各级科技委员会及其下设专业组,还有一些学会、协会,如中国宇航学会、航天科研管理研究会、航天工业企业管理协会、航天质量管理协会、航天思想政治工作研究会等。这些学术组织每年把不同专业的科技专家、领导干部、党务工作者及工程技术人员聚集到一起，组织一些发展趋势性的技术报告，研讨一些发展中共性的问题，为沟通思想、交流信息、增进友谊提供了一个园地，也为航天事业的发展产生了一定的推动作用。

月球探测是中国第一次向深空探测领域的迈进，一期工程面临着一系列新的关键技术和难点，孙家栋作为探月工程的总设计师，在工程方面他考虑最多的问题自然是工程目标的实现、关键技术的解决途径和大系统的配套协调。探月工程方案论证时，有些技术人员希望更多地采用新技术，为此，孙家栋曾做过一个发言，他说，自己多年的实践经验是将成熟技术与新技术交叉使用，最大限度地保证可靠性，才能保证工程目标的实现。孙家栋强调自己是在"抛砖引玉"，供大家制订方案时参考，但他谦和的人格魅力使大家一致赞同了这个观点。当时，对使用哪种型号的火箭发射"嫦娥一号"卫星，科技人员有不同看法。孙家栋边分析边和大家讨论：一项系统工程，并不是说技术最先进、性能最优、功能最强就是最好，关键是要看系统间的协调和匹配，总体最优才是最好，要"发挥系统集成优势"。长征三号甲运载火箭被称为"金牌火箭"，稳定性强、可靠性高，推力不是最大但够用。最后，科研人员们经过多番交流终于达成共识，"我们是第一次去月球，一定要在满足技术指标要求的前提下，尽量采用成熟技术，这样不仅可以减少风险和投入，而且可以缩短研制周期"。最终，"嫦娥一号"发射任务取得了圆满成功。

不仅在技术方面航天人一直保持着技术民主的优良作风，航天战线上的领导者，包括行政的、技术的、后勤保障的各方面的领导者，深入第一线已成为习惯，或者说成了一种风尚。聂荣臻、张爱萍等都曾频繁出现在研究室、车间、试验现场。国防部五院、七机部、航天部、航天总公司到集团公司的领导也经常深入科研生产第一线，在工程组、生产现场、靶场的技术阵地、发射阵地都经常留下他们的身影。研究院、厂（所）的领导和科技人员、生产工人在一起的场景更是司空见惯。这在航天系统习以为常的现象除民主制度保障之外，已经成为航天领导活动的一道风景线。

图 6-8 1984 年 4 月,张爱萍在北京同步地球卫星接收站

2013 年 10 月,经修订完善后的《中国航天科工集团公司党组联系基层工作制度》(简称《制度》)正式印发。该《制度》对集团公司党组如何更好地服务基层发展,密切与基层单位和广大干部职工的联系,加强党组自身建设作出了指导和诠释。根据该《制度》,集团公司党组成员的工作联系点不再停留在所属二级单位,而是深入到三级单位,甚至进科室、入班组。

《制度》指出,集团公司党组要根据年度工作部署和重点工作安排,确定党组成员每年度的工作联系点,工作联系点包括一至三个集团公司所属二级单位和所联系二级单位所属的一个三级单位、一个基层党支部或科室、班组。联系基层应以听取汇报、参加会议、召开座谈会、个别谈话、到科研生产试验现场等方式,深入一线,深入到群众中。党组成员要保持与工作联系点的经常联系,原则上每年到各联系点调研一至两次。

此外,党组成员到工作联系点调研应以全面的综合调研为主,尽量避免因不同专项业务而多头调研、重复调研,并在调研前了解工作联系点的有关情况、困难问题和其他领导及部门的工作要求。《制度》指出,根据工作需要,党组成员对部分单位实行蹲点联系制度。蹲点联系要按照"抓铁有痕、踏石留印"的作风要求,深入细致地了解蹲点联系单位各方面实际情况,指导和协助解决其存在的突出问题,促进企业持续健康发展。其中,党组成员的工作联系点每年轮换一次;党组成员的蹲点联系单位每两年或两年以上轮换一次。

《制度》特别强调,党组成员联系基层时要严格执行中央关于改进工作作风、密切联系群众的八项规定和《中国航天科工集团公司党组关于切实改进工作作风密切联系群众的具体措施》要求,不给基层单位增加负担,杜绝形式主义、官僚主义、享乐主义和奢靡之风。

二、特色制度保障有序发展

航天管理制度是在航天科研、生产、经营及各类管理实践活动中制定的各种带有强制性的义务,并能保障一定权利的各项规章制度、职工的行为规范和工作的运行程序规定等。它是实现航天事业发展目标的措施和手段,是航天职工行为规范的模式。它能够使职工个人活动合理进行,又能维护职工的共同利益,同时对职工在工作中所作出的贡献和造成的损失能给予合理的奖惩。

中国航天以骄人的成果蜚声世界,举世瞩目的巨大成就背后离不开航天系统内部严格的管理制度。然而近年来,随着世界多元化的加剧和中国社会的巨大变革,人们的思想也越来越多元化。航天人的思想在社会大环境中不可避免地呈现出多元化,对航天事业严格而又高度一致的管理制度提出了挑战,用制度规范行为越来越受到人们思想多元化的影响,文化对航天事业的影响越来越凸显。

国家决定发展导弹技术之后,建立机构、制定管理制度是顺理成章的程序。首先,变国家意志为实际行动是制订发展规划、计划和实施的具体规定。1956年,国家12年发展规划中强调要在12年内使中国火箭和喷气技术走上独立发展的道路。同年,钟夫翔、钱学森提出《关于当前导弹研究工作几个问题的请示》,主要内容包括:进行导弹的研究工作,应取得国际上的技术援助和技术合作;导弹从研究到使用,可分为研究试验、生产制造和组织使用三个过程;在技术力量缺乏的情况下,力量不宜分散;当前的中心任务是争取在最短时间内完成第一个导弹的模型工作;急需筹备试制工厂。同年10月1日,聂荣臻在向中央的报告中提出,中国导弹研制应采取"自力更生为主,力争外援和利用资本主义国家已有的科学成果"的方针,17日毛泽东主席批准了这个报告。上述方针即成为国防部五院的建院方针。

贯彻国家的政策方针和建院方针,制定管理制度就成了重要的落实措施。力争外援,当时就是从前苏联引进技术装备,进行仿制。五院建院初期的工作重点是仿制地地和地空导弹。因此,制定仿制工作的管理规定就是管理制度的中心内容。

发展导弹技术属国防机密事项,保密制度就成了一项十分重要的、突出的制度。特殊的年代,特殊的使命使当时的保密制度有了特殊的历史色彩。当时的保密制度十分严格,每人一个保密包,每天工作完后要将文件、资料、工作手册及手稿全部装入包内交到保密室,第二天再到保密室取出来使用。

20世纪60年代初期,由仿制转向自行设计之后,在国内外急剧变化着的环境条件下,国防科研面临着很多新问题。从党的领导、科研技术政策、技术发展途径和与之相关的各项管理都要提高水平。为了总结科研工作经验,促进科技事业的发展,在聂荣臻领导下,对国防部五院和中国科学院进行了深入的调查研究,针对当时影响科技发展的问题,提出了"科学十四条"报送中共中央。1961年7月19日中央批转全国。邓小平提出要在实践中加以补充,使之成为科研工作的宪法。1962年,国防部五院根据"科学十四条"精神,在总结实践经验的基础上制定和颁发了"70条",该条例系统地总结了型号研制规律、科研工作程序和以科研为中心的工作经验,对科研单位实行"五定"(定方向、定任务、定人员、定设备、定制度);建立和加强技术责任制;建立技术指挥员制度和技术指挥线;建立型号总设计师制度;树立"三敢"(敢想、敢说、敢干)、"三严"

（坚持工作的严肃性、严格性、严密性）的作风，创造一个有利于科学实验活动的安安静静、干干净净的文明环境等方面都做了具体规定，使五院工作进一步走上正规化、科学化。

20世纪80年代，随着航天科技工业体系的建立，航天事业由研制转向应用发展阶段。当时第一代航天工程型号研制已经完成，新一代型号正在论证、攻关、研制。航天科技队伍正处于新老交替的关键时期。为适应航天工程型号更新换代和科技队伍新老交替的需要，迎接国际航天高技术的挑战，1989年航天系统制定了《关于新一代航天型号研制工作中若干问题的决定》（简称《若干决定》）。《若干决定》总结了型号研制经验，把在实践中证明是成功的、有效的科研管理办法保留下来，对保证新型号研制、发展航天事业是至关重要的。

《若干决定》有三部分内容。第一，直接与型号研制有关的管理规定，包括型号研制的重要环节、组织领导、任务安排的管理，如研制程序、阶段评审、技术合同制、任务审计和型号任务定点管理等。第二，提高型号研制技术水平和研制质量，缩短研制周期，节约经费，应采取的技术方针、政策和技术、物资保障措施，如CA-MAC、CAD、CAM、CAT的推广应用，提高产品质量，加强工艺研究，加强地面试验，加强技术改造等。第三，是指导型号研制的基本方针、综合性要求及需要注意的重大问题。如贯彻打基础、上水平的原则，加强现代化管理，发扬自力更生、艰苦奋斗精神，加强队伍建设，加强政治思想工作，坚持军工第一方针，加强外贸型号管理和安全保密工作等。

进入20世纪90年代，国家改革开放进一步深入，市场经济进一步发展，许多管理制度需要和国际惯例接轨，需要建立一系列新的管理制度，并改革那些不适应新形势的旧制度。1996年，航天总公司制定了"72条"，这是集发展航天技术的多方面实践经验的智慧结晶，是继五院"70条"和《若干决定》之后又一里程碑式的管理制度文件。其总体构思是紧紧围绕科研生产管理，针对暴露的问题，在强化管理措施上下功夫。重点是在落实责任制、建立和完善竞争机制、建立独立有效的质量监督机制、加强职业道德建设等四个方面。强调要抓住新的历史机遇，深化改革，推进两个根本性转变，迎接新的挑战，开创航天事业发展的新局面。

同时，在"72条"中对于两条指挥线、总体设计部等有了进一步的认识和新的规定。明确在型号研制中实行总指挥责任制，总体设计部上升到研究院这个层次。提出了五个政策性问题的规定：更新观念，提高型号可靠性；处理好继承与创新的关系；型号坚持系列化、通用化、模块化；发挥技术民主，实行科学决策；积极开拓国内外市场，推进产业化。对于型号管理提出了推进CAD/CAM及其一体化技术，实行科研生产许可证制度，坚决执行质量问题归零的"双五条"标准等。

第七章

一流人才队伍建设

截至 2015 年年底,航天系统拥有:"两弹一星"功勋奖章获得者 9 名;历届国家最高科技奖获得者 2 名;中国科学院和中国工程院院士 69 名;国家级有突出贡献专家 133 名;国家级百千万工程人员 124 名;全国劳动模范 52 名;全国五一劳动奖状获得单位 98 个,全国五一劳动奖章获得者 303 名;全国五四青年奖章获得者 51 人;中华技能大奖获得者 17 名;全国技术能手 353 名;享受国务院颁发的政府特殊津贴者 4 379 名。这批人才构成了航天事业持续、稳定、健康、协调、发展的雄厚基础。航天事业辉煌的业绩,与一支政治素质好、技术精湛、作风过硬、勇于创新的一流人才队伍密不可分。伴随着中国航天的发展,航天人才队伍建设已经具有自己独特的做法,走出了一条独具特色的成功的发展建设之路。

第一节　党和国家高度重视航天人才队伍建设

一、中央领导高度重视

当党和国家最高领导层做出我们也要搞"两弹一星"的战略决策之时，中央就非常重视对航天人才队伍的建设。毛泽东主席曾先后多次亲切接见钱学森，并当面交给他一项重要的任务：让他大力培养航天科技人才。钱学森不负毛泽东主席的重托，亲自编写培训教材，亲自上讲台授课，亲自答疑解难，竭尽全力以最快、最有效的办法培养航天人才。

图 7-1　钱学森亲自上讲台授课

毛泽东主席曾经豪迈地说："世间一切事物中，人是第一个可宝贵的。在共产党领导下，只要有了人，什么人间奇迹也可以造出来。"1956年2月17日，钱学森根据周恩来总理的要求，起草了《建立我国国防航空工业意见书》（简称《意见书》）呈报给党中央。《意见书》中钱学森对中国航天事业从 1956 年起到未来 12 年间发展所需要的高、中、低级各类人才需求，按年做出了较为详细的规划，突出了人在发展航天事业中的核心作用。这既是航天人才建设的奠基之作，同时也成为中国航天人才队伍建设的第一个顶层设计蓝图。《意见书》增强了老一辈无产阶级革命家做出发展中国航天事业伟大战略决策的决心和信心。

在组建国防部五院过程中，周恩来总理决定：只要是第五研究院需要的技术专家和党政干部，都可以从工业部门、高等院校和军队中抽调；聂荣臻和国务院秘书长习仲勋亲自主持这项工作。虽然当时国家正处在第一个五年计划时期，各方面都急需人才，但有关部门都能以发展国防尖端技术为重点，顾全大局，大力支援航天建设。哈尔滨军事工程学院院长陈赓主动提出，军事工程学院的教授都可以给，调哪个给哪个；除了已经提名的以外，还可以多抽几个。

在"文化大革命"期间，周恩来总理对航天工业给予极大的关怀和支持，他在工作极度繁忙的情况下，仍特别关注航天科学技术队伍的稳定和安全。为了保护这支航天科技队伍，据不完全统计，周恩来总理先后接见航天系统干部职工群众和做出相关指示 30 多次。曾责成七机部革委会列出需要保护的专家名单，并要求绝对保障钱学森的安全，并把宋健等一批同志送到军队实习锻炼，实则保护起来。把航天系统大学生下放到军垦农场劳动锻炼，与运动隔离开来，实行别样的保护措施，在运动后期又适时把他们调回工作岗位。曾有中央部门提出要从航天抽调一万人到其他地方或部门工作，周恩来总理没有批准，使航天科技队伍没有被拆散。

20 世纪 70 年代中后期，国内外环境条件都发生了极大的变化。主持中央工作的邓小平对三线军工单位经过一番深入地调查研究之后，在国家经济条件还很困难的情况下，指示财政部要给三线航天战线职工建立"三线地区津贴"，每人每月 10 元钱。时任财政部长向邓小平反映，三线军工不只航天一个系统，涉及众多军工单位，只给航天系统建立"三线地区津贴"会引起不平衡。邓小平说过，"你有那么多钱吗？如果有钱就发,如果没那么多钱,就只能保航天"。每人每月的"三线地区津贴"虽然不多,但却充分体现了党和国家对航天战线的重视,体现了航天在国家政治经济生活中的战略地位,对航天三线职工队伍起到了巨大的鼓舞和稳定作用。今天来看,10元钱算什么?但是在计划经济年代,国家经济还很困难,工资收入普遍较低,像北京这样的大城市,人均最低月生活费曾经只有6元钱。

  聂荣臻亲自抓航天发展建设工作,在几个关键时刻代表中央做出决策,对航天人才队伍的发展稳定与组织思想建设都起到了关键性作用。在国防部五院成立大会上,聂荣臻激动地对与会同志说:"在座的各位,从今天起,你们就是中国导弹事业的元勋!眼下人手虽少,但只要大家团结一心,艰苦奋斗,中国导弹事业一定会有美好的前景。"聂荣臻的话极大地鼓舞着广大科技人员为祖国航天事业奋斗终生的决心和克服困难的勇气。在重大型号飞行试验或重大课题攻关面前,聂荣臻总是对技术人员说,成功了功劳是你们的,失败了我负责,我向中央写检讨。他的这种博大胸襟和担当精神,极大地减轻了一线技术人员的思想压力,释放了巨大的潜能,激发了工作活力,鼓舞了科研人员战胜困难的决心和勇气。三年经济困难时期,正是中国火箭技术进入自行设计的关键时刻,广大科技人员以忘我的热情进行技术攻关。但由于物资匮乏,生活艰苦,体质普遍下降,70%的人员营养不良出现浮肿现象。聂荣臻亲自向海军及北京、广州、济南、沈阳等大军区写信呼吁,请他们支援国防部五院一批副食品,同时专门派陈赓检查落实情况。于是,从全国各地调集了一大批生活物资,包括鱼、黄豆、黄羊肉、大米、面粉等稀缺物资,同时还明确规定"科技鱼""科技豆"只分配给科技人员享用,不允许政工、行政管理人员占用,极大地鼓舞了处在困难时期的广大航天战线科技人员的工作积极性。这件事对航天战线的知识分子在当时以致后来都产生了极为深远的影响。同时,党政干部自觉性很高,以身作则,按规定办事,保持了党员干部的高尚情操。在20世纪60年代初中期,突出政治、以红代专的氛围较为浓厚,批判所谓的"白专"道路,各种与钻研技术无关的活动和运动频繁,挤占了技术人员宝贵的时间和大量的精力。聂荣臻知道后明确表示,技术人员每周要有六分之五的时间搞技术,不要干扰他们钻研业务。讲这番话在当时的形势下是需要非凡的政治勇气的。由于有聂荣臻为技术人员开展业务工作撑腰打气,使他们能够理直气壮地搞技术、钻研业务。此外,为了鼓励科技人员钻研技术,聂荣臻还大张旗鼓地树立了航天二院二十三所雷达室主任张履谦为爱岗敬业、努力钻研业务的先进典型,在整个国防工业系统宣传推广,号召广大技术人员向他学习,提倡走又红又专的成长道路。

1992年,正当航天事业处在型号更新换代、设备转型升级和人员新老交替的关键时期,队伍不稳定,虽然在国家经济还不宽裕的情况下,李鹏仍然决定每年从总理基金中拿出上亿资金,为航天建立军品岗位补贴,稳定了航天技术研制生产骨干队伍,推动了航天事业的发展建设。

二、国家给予优惠政策

为了尽快地组建起和建设好航天队伍,国家不断地给予一些特殊优惠政策,主要体现在以下几个方面。

1. 汇集精英,组成科技领军队伍

国家通过努力,把以钱学森为代表的一大批留学欧美、苏联等发达国家、学有所成和事业有成后回国的科学家集中到航天队伍中来,奠定了航天科技人才队伍建设和事业发展的基础。除了在美国被公认为力学、工程控制和火箭技术专家的钱学森回国担任航天科研的领导外,还有比如:材料、空气动力、计算机、自动控制、微电子专家等一批航天科技骨干,也都被安排在重要的技术领导岗位上,在航天事业的创立与发展中作出了突出的贡献。另外,从全国各著名大专院校、各研究机构挑选了一大批各方面优秀的教师和科技人员,组成了航天科技的核心力量。

2. 调集骨干,奠定组织保障基础

从全军各部队选调了一大批经过战争考验、具有较强指挥能力、组织管理经验、政治思想工作经历和后勤保障知识、综合素质优秀的指战员,构成了航天科技指挥保障队伍基础。仅在1958年4月至1959年4月的一年时间里,解放军总政治部从部队抽调了3000多名领导干部和技术骨干给国防部五院,1960年又从军队抽调了1000多名优秀干部,以后还不断予以补充。

这批驰骋沙场、久经考验的老干部,带来了他们在长期革命实践中锻炼出来的组织、指挥、决策的才能,带来了解放军优良的政治工作传统和组织管理经验。他们在新的工作环境和新的工作对象面前,知难而进,刻苦学习科学技术知识,学习管理科研生产的本领,努力变外行为内行。他们诚心诚意地和知识分子交朋友,深入研究、设计、试制、试验、生产现场,掌握研制规律,熟悉知识分子特点,做好思想政治工作。他们放下"首长"的架子,为科学研究服务,为科技工作者服务。带领广大后勤保障人员,积极创造比较好的工作和生活条件,任劳任怨地做好"勤务员"。在不长的时间内,他们中的许多人成为科学技术组织管理工作的内行,成为优秀的思想政治工作者。

3. 征召生力军,多种措施培养科技人才

在航天事业创建的最初五年中,从全国各大专院校、中等专业学校优先挑选了一大批品学兼优的应届毕业生,形成了航天科研的基本队伍。

1960年,苏联专家在短期内陆续撤走,中国的科技人员要把航天技术的研制任务全部独立地担当起来。为此,张爱萍于3月5日给邓小平和党中央写了专题报告,希望把决定调给国防部五院的技术骨干和4000名大学生尽快调齐。中央书记处当即决定,技术干部的调配应以尖端科研需要为重点,尽量保证,满足需要,其他项目所需如果与此有矛

盾，应该让路。3月23日，中共中央又专门发出《关于迅速完成提前选调给国防部五院应届大学毕业生的通知》，要求各省市委指定组织部长亲自负责，进行挑选审查，按原定数额迅速选齐。各学校对国防部五院选调的学生都毫无保留。近百名技术骨干、4 000余名大学生迅速集中到了国防部五院。

航天系统还采取多种措施，培养航天工程研制所需高端人才。一是根据航天事业发展需求，适时向国家提出专业人才的需求计划，在与有关高等院校协商后，经国家批准，同意在高等院校设置航天需要的专业，为航天培养专门的急需人才。二是为了满足一些航天单位的用人需求，国家率先批准在高等院校设立航天定向培养学生，缓解了航天用人单位的专业急需。三是改革开放以来，为了加速培养工程研制一线所需人才，同时发挥航天型号研制一线工程技术人员的聪明才智，国家批准在航天科研单位设立研究生培养点和给予博士、硕士学位授予权，使培养出的人才更好地理论联系实际，提高了解决工程实际问题的能力。四是为了更加充分地利用高层次人才和先进设备的优势，在有科研条件和能力的企事业单位设立博士后流动站，既可有针对性地解决工程实际问题，又能更有效地培养工程研制高端人才。五是在组建、培养和锻炼队伍的过程中，国家从各大专院校挑选优秀的学生，输送到国外，为航天定向培养先进的飞行器设计技术和先进生产制造技术，为航天事业发展培养积蓄了一大批有用之才。

4. 选调技能人才，加强工人队伍建设

在1958年4月至1959年4月，从军队以及全国各个工业部门抽调了一批又一批设计、工艺等方面生产试验技术精湛的高等级技术工人。大批经过部队培养锻炼的复员转业军人不断地加入到航天队伍中来充实工人队伍，他们把坚定的意志、铁的纪律、过硬的技术、顽强的作风带到航天，不断地培养和造就了听党指挥，纪律严明，技术精湛，作风优良，敢打硬仗的品格和不怕苦不怕死的革命精神，加强了航天产品的生产试制队伍建设。

5. 授荣誉,给待遇,多层面鼓励航天职工

当航天重大试验或研制型号取得成功或重大阶段性成果以后,党和国家及时给予航天各种崇高的荣誉和奖励,国家综合部门以及地方政府纷纷给予航天人才额外的奖励指标和荣誉名额,以表彰他们为国防建设和国民经济发展所作出的突出贡献。航天系统的规模较之其他工业行业来讲是比较小的,职工总数也是比较少的,但是所获得的国家级各种荣誉奖励的比例的确比较高,这足以说明党和国家对航天系统的重视和对航天人所取得的突出成绩的认可与肯定。

图 7-2　庆祝我国首次载人航天飞行圆满成功大会

为了使航天职工能够安心本职工作,国家有关部门和地方党委政府力所能及地为航天人才解决生活中的实际问题。比如,生活设施用地的审批,其他基本生活条件如水、暖、电、气、煤、油、路等基础设施和基本物资等的供应,航天医院设施的改善,为航天骨干人员解决夫妻两地分居、增批户口进城指标,为解决三线职工两地生活特批农转非户口指标,为三线地区职工子女升学就业开辟专门渠道等。使航天职工享受到国家政策的照顾,感受到国家对航天人的关心。

图 7-3　1999 年 9 月 18 日,江泽民颁发"两弹一星"功勋奖章及证书

第二节　人才队伍建设的主要做法与特色

一、落实政策，尊重人才

在钱学森等第一代航天老领导的重视、示范和指导下，航天系统历来高度重视人才队伍建设，各级领导都把培养和造就一支思想好、技术精、作风硬、能攻善战的人才队伍工作作为重要的战略任务，摆在党委的议事日程上，每年安排专门时间进行研究。航天系统的领导曾就如何建设队伍、培养人才等事项多次给中央写报告，反映有关问题并提出解决问题的建议。根据航天科技发展需要，适时研究制订航天人才发展规划，下发人才工作文件，狠抓人才年度发展计划的落实，及时对人才队伍建设情况进行总结，不断提出新的发展建设目标和要求，推动航天人才队伍建设工作向前发展。

航天科技工业创建以来，一直认真贯彻落实党的知识分子政策，努力做到在政治上信任，工作上支持，生活上关心，技术上尊重，充分发扬民主，注意倾听他们的意见和建议，创造了使优秀人才脱颖而出的良好环境，鼓励广大科技人员敢想、敢干、敢试、敢闯的创新精神，激发了整个研制队伍的活力。

1. 政治上充分信任

国防部五院建院之初，周恩来总理专门交代说，"钱学森是爱国的，要在政治上关心他，工作上支持他，生活上照顾他"。这番叮嘱实际上表达了党和国家对从事航天事业所有技术专家的信任与关怀，在长期的实践中，航天专家们都能亲身体会到党和国家的这种浓浓情谊。梁守槃在回忆文章中写道,"在聂荣臻的领导和关怀下,我国航天事业的科技工作者一直感到党的政策的温暖""没有因为他们出身于旧社会家庭背景不好而嫌弃他们,也没有因为他们有缺点而采取'敬而远之'的态度"。这些肺腑之言代表了绝大多数专家的感受。

对航天事业所取得的每一项重大成就,党和国家都予以充分肯定。历届中央领导多次称赞圆满完成发射试验任务的航天科技工作者是新一代的英雄和时代的楷模,表达了党对航天系统科技人员和全体职工的期望与信任。在航天系统历次表彰的劳动模范中,知识分子占半数以上;在完成国家重点工程任务荣立一等功者中,知识分子占三分之二以上。党和国家的信任、上级的表彰奖励是科技人员对航天事业产生强大凝聚力和克服困难的力量源泉。

航天系统的各级领导干部通过长期的实践,形成了一种十分明确的思想观念:火箭、卫星上天离不开知识分子。起初,一部分刚从部队或其他单位调来的党政干部对知识分子的一些缺点、弱点看得过重,但经过各级党组织耐心说服和实际工作的考察体验,逐步得到纠正。为消除"文化大革命"在知识分子问题上造成的恶劣影响,航天系统各级党组织不断进行尊重知识、尊重知识分子的思想教育。在充分肯定知识分子的进步和作用的同时,也对他们提出严格要求,加强思想政治教育,不断地提高他们的思想觉悟。实践证明,这种教育是十分必要的,而且对知识分子的健康成长起了重要作用。

引导知识分子走又红又专的道路是党的一贯方针,但如果对"红"的要求空洞偏激,对"专"的内涵任意曲解,就会使科技人员缺乏信心,顾虑重重,结果既妨碍他们政治思想上的进取心,又挫伤他们钻研技术的积极性。面对这一情况,1961年聂荣臻明确提出"红"的标准:一是拥护党的领导;二是拥护社会主义,用自己的专门知识为社会主义服务。广大科技人员感到又红又专有了明确的界定和标尺,钻研技术业务心里就踏实多了。

为引导航天系统的知识分子走又红又专的道路,一方面重视对知识分子进行思想教育,帮助他们克服缺点,树立正确的人生观、价值观,培养实事求是,勇攀高峰的精神。另一方面,对知识分子刻苦钻研的积极性给予热情的鼓励和支持,用典型人物的事迹引导知识分子走又红又专的道路。

在1978年的全国科学大会上,邓小平关于科学技术是生产力和知识分子是工人阶级一部分的讲话,从理论和战略的高度阐明了党对知识分子的认识问题,使科技人员彻底打开了思想枷锁。在新的历史时期,航天系统又先后广泛深入地宣传了黄纬禄、罗健夫、杨敏达、王振华等同志的模范事迹,在广大知识分子中乃至全国都产生了深刻的影响。

图 7-4　1978 年全国科学大会

2. 工作上全力支持

从 20 世纪 50 年代后半期,到"文化大革命"结束之前的漫长时间里,由于"左"的思想影响,歧视科技人员、轻视知识、不信任知识分子的倾向,被社会上一些人看成是"阶级斗争观念强"的表现,但在航天系统则不是这样的情况。直接主管航天事业的周恩来、聂荣臻等领导同志一直把广大科技人员看成是发展航天事业的基本力量,并对科技人员的政治素质和工作能力有充分的信心。1957年的反右和1958年批判"白专"道路,以及之后的一系列政治运动,虽然在当时的形势下不可能对科技人员毫无触动,但在航天系统运动的声势小,对知识分子的伤害也比其他单位轻。

20世纪50年代末,曾出现过科研人员大量时间被占用搞政治运动和与科研无关的体力劳动的现象。贴大字报,除"四害",大炼钢铁,学空军搞卫生等占去了不少工作时间。有些领导干部在对科研机构的根本任务认识上也不是很清晰。针对这种情况,聂荣臻指出,对科学研究机构的根本要求是:出成果,出人才,为社会主义服务。对国防部五院来说,如果根本任务完成得不好,造出来的东西上不了天,其他活动搞得再好也没有用。所以他明确指示,科研工作不要搞运动,要摒弃形式主义的东西,尽量减少不必要的社会活动。为此,严格规定了保证科技人员有六分之五的工作时间,并尽力为科学研究创造干干净净、安安静静的工作环境和生活环境,使科技人员能够安心搞业务。

对知识分子的信任与支持,主要表现在委以重任、重点培养。从国防部五院成立开始,就启用技术专家担任各级领导职务,委任部级、研究院、所、室主要领导,型号总设计师等职务,让他们大胆工作。聂荣臻指出,"要领导得正确,在技术问题上就必须听内行的意见,帮助和支持他们,让他们有职、有权、有责。对于具体的型号方案,涉及科学技术问题,我要听钱学森和各位专家的"。由此,在技术决策上尊重专家意见的做法形成了航天的传统,各级领导都能自觉地这样做,并为此采取了很多措施保证这个传统的贯彻落实。党政领导干部也努力学习技术知识,熟悉科研规律,努力变外行为内行,并注意选拔政治上强,有组织能力的知识分子充实各级领导班子。在新的历史时期,随着航天事业的发展,根据党中央关于干部"四化"的要求,一批批思想好,作风正派,具有组织管理能力的中青年专家,陆续走上各级领导岗位,发挥出很大的作用。从国防部五院开始就采取了技术"尖子"当"长"的措施。航天系统不断地把优秀的知识分子提拔到各级领导岗位上来。据1964年统计,当时提拔的1000余名工程组长,300多名研究室正副主任,40多名研究所负责人大部分是技术尖子。选拔出的"尖子"并不是都让他们去当"长",有的技术尖子当"长"不利于发挥他的技术专长,就为他们创造条件,让他在技术上挑重担。另外,注意大胆提拔年轻人担任技术领导。1962年建立的国防部五院科技委员会中,就有当时还是30岁左右的,如宋健等一批技术尖子。为了打破人才使用中的论资排辈问题,1962年国防部五院确定,院、分院、研究所三级分别开列技术尖子名单,重点培养使用。国防部五院一级的技术尖子186名,其中83名专门指定了导师。1980年,七机部又在全系统范围内确立了100多名技术尖子名单,并向国家上报了数十名国家级优秀技术人才名单。航天部时期以及后来的各个历史时期,都非常重视技术后备人才的培养使用工作,使得选拔的许多技术尖子后来大都走上了各级重要领导岗位,有的被选到省部级及更高的领导层。

科学技术不断发展,科技人员的知识需要不断更新。如果只使用不更新知识结构和扩大知识面,科技人员的作用就难以发挥。为此,航天系统采取了很多具体措施,比如:开办业务培训班,脱产培训;召开学术交流研讨会,扩大知识面;鼓励高级工程师带研究生,培养年轻人;派人出国学习进修等。这些做法主要是提高队伍的专业知识水平,而能力的提高主要靠在实际工作中压任务、挑担子,在承担国家重点型号研制过程中锻炼培养提高。

对于科技人员的爱护突出地表现在研制工作出现挫折和失败之时。试验失败了,作为技术负责人的专家们常常是心情紧张,感到压力巨大。每逢此时,中央领导总是热情地鼓励说,"失败是成功之母""通过失败总结出的经验教训有时比成功更加宝贵"。在试验遇到困难的时候,他们主动为技术人员撑腰打气,"最困难的时候,大概就是快要成功了""你们放心大胆去试,成功了,成绩是你们的,失败了,责任是我们的"。每忆及此,许多专家感到这是组织上对自己的最大信任,对工作的最大支持,因而增添了克服困难的决心和勇气,全力以赴地去分析失利原因,尽快地找出解决问题的办法。

善于总结成功的经验,特别是善于汲取失败的教训,是航天队伍在技术上迅速成长的重要特点之一。对一些大型地面试验和发射试验失败原因的深刻剖析,无论是对技术水平、设计思想的提高,还是对研制队伍的锻炼成长,都具有重要意义。

钱学森作为大专家,能够身体力行,在技术问题上虚心听取各种不同意见和建议,尤其是每当型号研制出现事故或问题时,钱学森都能不急不躁,带领技术人员认真科学理性地查找问题、分析原因、提出解决方案,真正做到了吃一堑长一智,打一仗进一步。为后续航天型号事故预防、故障分析的思路、方法与工作流程的建立,确立正确的解决难题的思想方法,树立了好的榜样,打下了坚实的思想和作风基础,带出了一支不怕挫折、善于攻关的科技人员队伍。

3. 生活上关心爱护

周恩来、邓小平等国家领导人都曾号召党政干部要当科学家的勤务员。聂荣臻公开说:"我自己就是个勤务员,我有志于当个科学工作的勤务员,为研究工作努力创造条件,保证科学工作者必要的工作、学习和生活条件。"航天系统的各级领导在这方面具有优秀传统。从部队调到航天系统工作的领导中,有的开始时对此还有些想不通,不习惯。但他们听党的话,牢记周恩来总理说的,"我们为科学家服务好了,科学家就为社会主义服务得好"。为了保证科技人员集中精力搞科学研究,他们勤勤恳恳,甘心情愿地做好各种后勤服务工作,使知识分子深为感动。广大后勤保障工作人员,在平凡的岗位上,为航天事业的发展付出了艰辛的劳动。他们中有把食堂办成"进餐者之家"的炊事工作人员;有急科研生产所急的汽车司机;有待病人如亲人的医务工作者;有为双职工解除后顾之忧的好保育员等。

为了保证科技人员能够安心于业务工作,各级党委把解决科技人员家庭生活困难作为一项重要工作列入议事日程,定期进行研究,提出解决办法,并明确专人负责落实。为此在党委分工中,明确专门同志负责了解科技人员日常生活以及家庭生活中遇到的问题,并组织相关人员给予解决或缓解。尤其是譬如当科技人员进入靶场参加飞行试验以后,为了解除他们的后顾之忧,工作单位往往组织各种后援队伍,专门开展对参加靶场飞行试验家中有困难的人员分片包干或者分项目包干解决疑难,比如负责接送孩子上幼儿园、上下学;联系安排升学事宜;为考学的孩子联系通报考试录取情况,甚至联系志愿学校;送家中老人或其他病人上医院看病或派医生上门服务;更换煤气罐,维修电路电气或上下水管道,修缮家具门窗等,总之一切家务琐事都可以委托组织上进行帮助,负责具体事务的同志将其作为分内工作,努力做到有求必应,有难必帮,力所能及地为前方靶场人员解除后顾之忧,使科技人员能够集中精力搞好靶场飞行试验工作。

4. 技术上尊重放手

在重大型号研制或发展问题上广泛开展民主讨论。20 世纪 60 年代初,聂荣臻就多次指示要发扬技术民主。他说:"尖端技术的问题,带有综合性,很复杂,所以不同的人,从不同的角度,提出不同的意见,这是很好的事情。"对老专家可以从中青年人的意见中吸取好的东西;对年轻的技术工作者来说,可以在讨论中逐步学会独立思考,独立工作的能力;对技术指挥员来说,要善于集思广益,集中正确的意见。型号的方案论证,许多新技术的采用,都是经过多途径探索、反复试验、多次讨论之后确定下来的。例如,1965 年初组织对"8 年 4 弹"方案论证的一次大规模讨论,参加论证的有专家、技术人员、工人和干部共 3 000 多人,有负责总体设计的,也有负责分系统和元器件研究的;大家把各种方案都摆出来进行反复比较,充分探讨和论证,使方案制订得既先进又可行,实践证明这次讨论不仅有力地推动了型号研制的进度,而且还保证了产品的质量。这些采用领导、专家、工人三结合的方法,进行方案论证和各种专业技术的研讨,使有关人员都了解了方案的内容和制订方案的依据,不仅可以调动各方面的积极性,而且使科技人员在论证中取长补短,增长才干。

图 7-5　"东方红一号"的科研人员

图 7-6　科研人员和工人在露天讨论"东方红一号"卫星研制中零部件的加工问题

为了发扬民主,航天系统机关在管理上还提倡"助理员有 3 次建议权",鼓励机关管理人员动脑筋想办法,主动对所经办的任何事情,就同一个问题可以大胆地提出 3 次改进的意见和建议,防止出现管理中的片面性,避免决策的偏差。

为了实现技术问题,由专家研究提供决策意见和建议,航天系统各研究部门都建立了科学技术委员会,统一指导技术和学术研究。科学技术委员会主要由受过高等教育、具有一定工程经验的科技专家组成,有专职的,也有兼职的,他们紧密围绕本单位或本系统当前或未来技术发展方向或疑难问题,开展深入地分析研究,并结合各自实际提出解决思路、方案和具体措施。重大技术问题经过专家充分讨论,由科学技术委员会主任集中正确的意见做出自己的判断和结论,而不采取表决的办法。党委和行政领导的责任是对科学技术委员会主任的结论进行审查,予以批准,并通过行政系统贯彻实施。

为畅通技术指挥渠道,建立了技术指挥员和型号总设计师制度,型号各分系统任命了主任设计师,单项设备研制工作任命了主管设计师。这些制度在完成各个重点工程的研制实践中发挥了很好的作用,促进了型号研制工作的进展。实践证明,设立两条指挥线对于明确目标任务,加强责任心,调动科技人员积极性,避免和减少技术决策失误,推进型号研制工作等都起到了重要作用。

党和国家对航天系统科技人员的信任、依靠、关怀和培养教育,激发了他们自力更生、艰苦奋斗,勇攀科学技术高峰的自觉性和创造性,这是航天系统不断取得科学技术成果的重要保证。

二、造就政治过硬、技术精湛的人才队伍

1. 重视队伍政治素质的培养

高度重视政治思想工作,坚持开展持续的正面教育,设置各级党组织、政治思想教育机构和配备专(兼)职的政治思想工作人员,对本单位和本部门的员工开展较为系统的政治思想教育活动,培养职工的职业荣誉感和奉献精神。

在航天事业60年的历程中,通过深入细致的思想政治工作,结合知识分子自身的特点和航天技术研制工作的特殊要求,不断进行党的路线、方针、政策的教育,进行人生观、价值观,集体主义思想,科研道德、组织纪律和航天精神等方面的教育,使这支队伍不仅具有过硬的

攻关本领,而且具有优良的政治素质,树立了艰苦奋斗、一丝不苟、团结协作的优良作风。他们有理想、有道德、守纪律,在重要关头经得起考验。

在国防部五院初创时期,条件艰苦,吃住困难,他们身居陋室,豪情满怀,决心作"生在五院,死在八宝山"的无名英雄。三年经济困难时期,营养不足,身体浮肿,他们仍然坚持艰苦奋战。白天热火朝天,晚上灯火通明。图书馆通宵开放,一片学习、研究、试验的忙碌景象;上上下下表现出极大的政治热情和学习科学文化知识的氛围。1960年苏联撤走专家,使很多工作遭受挫折,但航天人顶着压力、自力更生、发愤图强,勇敢地把全部担子挑起来,立志走独立自主发展中国航天事业的道路。同年11月5日中国仿制的第一枚凝聚着中国人民和广大航天科技人员自力更生精神和不屈不挠意志的"1059"导弹在酒泉发射基地升空,7分钟后弹头准确命中目标。1964年9月,史称"争气弹"的由中国自行设计的东风二号导弹发射取得圆满成功。

1964年至1965年数千名新毕业的学生到农村和工厂参加社会实践,了解社会,增进同广大劳动人民的感情。1965年中央决定组建七机部,国防部五院全体军官集体转业,他们面对脱军装、降工资(由军队工资降为地方工资标准)、减粮食定量的实际问题。1993年中央决定撤销航空航天部,成立航天总公司,从国家部委转变为面向市场经济的企业实体,身份由国家干部转变为企业职工。1999年航天总公司又分成两个集团公司,面临更加激烈的市场竞争环境。在一次次的体制调整、机构变动、人员变化、职务变迁的改革大潮中,航天人都能以大局为重,服从组织安排,不计较个人得失,在转折关头经受住了考验,没有动摇过献身航天的决心。

开展三线建设时期,许多技术人员同干部、工人一起,告别大城市,长年战斗在深山峡谷、偏僻山区,忍受了各种困难,艰苦创业,用自己的亲身实践奏响三线人"献了青春献终身,献了终身献子孙"的时代最强音。

图7-7　西昌航天发射中心建设初期

"文化大革命"期间，许多人顶着压力和威胁，甚至在遭到批判和围攻的情况下，仍然坚持进行科研生产，有的被关进"牛棚"；有的被划到"线外"，不准接触重大科研课题；有的被下放农场、五七干校接受"再教育"，离开科研和工作岗位。但他们坚信祖国需要航天事业，坚持学技术、学外语，准备乌云散后大显身手。

在新的历史时期，对广大干部职工的思想教育更加制度化、规范化，除了及时传达党和国家的大政方针，开展正规的思想路线教育以外，还紧密结合航天的实际开展了有针对性、有特色的各种教育活动。

为了坚持开展职工政治思想道德品质教育，航天系统在经费极其紧张的情况下，仍然做出规定，每年拿出一定比例的经费用于干部职工的各项在职教育学习。各级单位积极落实，挤出一定的资金开办起各级各类培训机构，使干部职工的日常思想教育得以正常开展。尤其是恢复设立航天系统党校，对各级领导干部进行每隔五年一次的脱产学习培训，加强对党的基本理论、党的大政方针政策和思想道德品质的教育，增强贯彻执行中央决策部署的能力和自觉性。

生死关头是对人的最大考验。在航天队伍中，有在科研生产危险时刻、舍生忘死冲锋在前的普通科技人员和技术工人；有抢救溺水儿童而英勇献身的青年工人；有为扑灭山火身负重伤，身残志坚，继续为航天事业作出贡献的中年知识分子；在1982年反劫持飞机事件中，冒死与歹徒在空中搏斗的13位反劫机英雄中，就有7位是航天系统的工程师。他们在危急关头，能挺身而出，绝不是偶然的，这是党长期教育和航天战线坚持抓思想政治工作的必然结果。正是在这种坚持持续的正面传统教育的熏陶下，航天队伍中不断地涌现出各方面的优秀代表人物，为全社会的发展发挥了巨大的正能量。

2. 加强业务知识的培训

在国防部五院时期，大力开展航天基础知识普及教育工作，钱学森亲自讲授"导弹概论"等课程，很多老专家都成为讲台上的名师，把他们的经验体会毫无保留地传授给其他同志，使相当一部分领导和职工转变为航天技术的行家里手。

另一个非常重要的培养方法就是，让富有工程研制经验的科技人员带领一大批新毕业的学生，直接领受武器型号研制生产任务，在解决实际工程技术问题的过程中，不断摔打锤炼，先后通过武器、运载、卫星、飞船等系列型号的研制和艰苦环境的磨炼，培养科技能力和攻坚克难意志，逐步地形成了一支能打硬仗的科技攻关队伍。

中国航天研制队伍的过硬本领和攻关能力是在实践中锻炼出来的。在漫长的型号研制过程中，逐步积累和摸索出快速有效地培养新一代航天科技人员的程序与方法。让年轻技术人员学习消化技术图纸资料，必要时进行反设计，以求得真正的理解和消化设计理论、设计思想、工艺技术、材料性能。参加对研制过程中遇到的技术问题的讨论研究。讨论中大家把各种方案都摆出来进行反复比较，充分探讨和论证，使方案不断得到完善。在这个过程中，年轻技术人员可以在讨论中逐步培养独立思考、独立处理问题的能力，在论证中取长补短、增长才干。一个型号任务确定后，从技术方案的确定到拿出设计图纸，是一个集体的智力劳动的创造过程。首先是查阅文献，搜集资料，进行调查研究；接着是拟订和讨论技术方案,各种观点在论证中互相交锋、补充、修正;经过综合权衡,反复协调,确定技术指标,撰写技术任务书。这种磨炼需要意志,需要知识和智慧,需要纵观全局的头脑和善于分析、综合的能力。一个型号设计任务的完成,使设计人员的设计水平迈上一个新的台阶。参加实物试验积累丰富的知识,练就娴熟的操作技巧、坚韧不拔的毅力、敢冒风险的勇气和吃苦耐劳的精神。为了实现一种设计思想,为了突破一项新的技术,往往需要几个月甚至几年、十几年,几十次、几百次的试验。常常是几十人、几百人的群体同步活动。技术人员就是在不断参加这些试验活动中,在试验、失败、改进,再试验、再失败、再改进,直到成功的不断探索中,在失败的苦恼、焦急和成功的喜悦中磨炼自己,掌握新的技术。参加产品试制,在实际生产过程中受到检验,并不断修改自己的设计,达到理论和实际的统一。专家和技术人员在远离城市的沙漠、深山、海港或舰艇上检查、测试、返修、排故、找原因,在解决仪器与仪器,分系统与分系统接合部的技术协调中,学习掌握局部与全局的关系,培养"质量第一"的观念,修正自己设计的不周到、不细致的地方。通过对产品在使用维护过程中出现的问题或意见,改进设计或生产工艺,不断提高设计思想和设计生产水平。通过上述研制生产全流程的锻炼和磨炼,年轻科技人员迅速地成长起来,成为航天科技战线上的行家里手。

航天系统历来重视技术工人队伍建设,始终把技术工人的教育培养摆在与工程研制人员同等重要的位置来对待。每年都组织开展技术工人的各项业务技术培训,甚至通过国际合作方式让优秀的技术工人走出国门、开阔眼界、增长见识、激发热情。此外,每年还定期举办技能比武,通过竞赛,选拔年轻技术工人,并授予各种荣誉称号。获奖者在各项待遇方面也相应得到提高,这进一步营造了年轻人学习技术、钻研业务的良好氛围,推动了技术工人队伍的建设。

航天系统为了改进和提高思想政治工作效率和效果,加强政工人员队伍建设,大胆摸索创新出培养新时代思想政治工作队伍的道路,除了发挥现有思想政治工作人员作用以外,还让一大批在科研生产一线表现突出、积累了一定科研生产经验的年轻技术人员,进入思想政治队伍。这样一来,他们既有航天技术的基本知识,又了解研制规律与流程,还懂得一线人员的所思所想,因此做起思想政治工作,能够入情入理,与科技生产人员拥有共同语言,工作的成效大有提高。这种做法既初步解决了政治工作人员不了解科研生产一线实际需要的"两张皮"问题,又有效地缓解了政工人员来源不足的局面,奠定了航天传统精神的传承基础,推动了航天事业的蓬勃发展。

聂荣臻曾经赞扬航天人才队伍是一支坚强的攻关队伍,从指挥员到战斗员都身经百战,百炼千锤,基础扎实,善打硬仗。中国航天技术研制队伍60年的实践所创造的英雄业绩,是无愧于这一评价的。

三、采取有力措施稳定科研骨干队伍

20世纪80年代中后期,时任航空航天部副部长、主持航天系统工作的刘纪原,面对航天人才队伍结构不合理,新老交替问题突出;社会上的出国热、公司潮导致系统内尖子人才外流严重;国有企事业单位待遇低、负担重,历史包袱多,办事效率低,经济效益差,职工队伍面临严重不稳定等矛盾和问题,认为加强航天型号人才队伍建设是一项紧迫的战略任务,必须采取有效措施,加紧培养造就适应航天跨世纪发展的人才队伍。

1. 制定加强型号研制队伍建设的若干意见

为了应对当时的历史环境,经过广泛调研和系统论证,于1989年研究出台了对航天人才队伍建设具有纲领性指导意义、影响深远的《关于加强型号研制队伍建设的若干意见》(1397号文件)。

该文件就航天型号研制队伍建设的问题从稳定研制队伍等18个方面,全面系统创新性地做出了明确具体详细的规定,具有很强的操作性和指导性。指导思想是"为了培养出一代代政治素质高、业务能力强、技术精湛、严谨务实、善于攻关、勇于攀登、热爱航天、献身航天的科技人员队伍,保持航天事业的发展势头,使中国航天技术继续跻身世界先进行列"。该文件的主要特点有以下几点。

第一,科学界定航天人才队伍的组成,正确处理型号研制队伍与整体队伍的辩证关系,重点抓好型号研制队伍这个航天队伍的骨干核心力量。加强对型号研制队伍的严格管理,规范人员调动手续,明确职务审批程序,强化日常考核,提高队伍的战斗力。合理确定队伍的知识、专业和年龄结构,努力做到知识结构全面,专业结构配套,年龄结构适当、形成梯次配置。主要注意以下四个方面的工作:一是新引进的研究生、本科生和大中专学生要严格按照1∶3∶2的比例进行配置,做到知识、专业结构配套合理。二是型号研制队伍配备干部中,年龄在35岁以下的年轻人要占三分之一。三是在厂(所)领导干部中,要注意老中青结合,老中青三者的人员数量年龄结构按照2∶3∶1的比例配备,其中,老同志为年满56岁者,中年为40—55岁之间,青年为不满40岁。四是型号试制生产队伍中,高中初级技能人才数量结构按照2∶5∶3的比例配备,并保持动态平稳。

第二,加大教育培养力度,促进知识更新和人才成长。为使中国的航天事业保持较高的技术水平,必须密切关注世界航天技术的发展动态,大力开展继续教育,组织科技人员学习新技术、掌握新知识、跟上新时代,要加强三个方面的工作:一是充分利用国际环境,选拔中年技术专家出国短期工作、考察学习、进修深造,通过参加国际会议,开展技术交流,推动科技合作等,促进知识更新。长征二号E运载火箭发射失败后,为了鼓舞航天人员的斗志,在全国人民的支持、帮助和关心下,创建了航天基金,每年奖励一定数量的对航天产品研制发展建设作出贡献的人员;另外又建立了何鸿燊航天基金,用于资助航天人才的出国培训项目,等等。这些举措都为加速航天队伍人才素质的提升,业务能力的提高,激励广大科技人员爱岗敬业、努力奉献起到了促进作用。二是对新引进的青年专业人才,加强以"自力更生、艰苦奋斗、大力协同、无私奉献、严谨务实、勇于攀登"为主要内容的航天传统精神教育,提高他们热爱航天、献身国防事业的责任心和使命感;普及航天基本知识,了解中国航天使命,懂得航天型号研制程序,掌握安全保密纪律,明确科技人员的职责任务,培养良好的工作作风。"严是爱,松是害",在培养锻炼的过程中,各级组织要严格管理,加大考核力度,实行优胜劣汰,对考核不合格的要坚决调整出技术岗位。三是对新引进的年轻科技人员实行"三定"。实施培养高层次人才接力计划,该计划的总体目标是:争取到20世纪末,在航天系统实现型号更新换代、技术设备更新改造的过程中,完成高层次人才的新老交替和平稳过渡,造就一支政治素质好、业务能力强、技术精湛、善于攻关、无私奉献、勇于攀登、站在世界航天科技前沿的新一代高层次人才。应该以青年为重点,以"三高人才"(高级科技人才、高级管理人才、高级技能人才)为目标,以实践锻炼为途径,大力培养跨世纪的航天事业的可靠接班人。

图7-8　2008年度"中国航天基金奖"颁奖大会

第三,充分发挥老一代技术专家的作用,搞好传帮带。具体措施有:一是给老专家配备助手并使其把主要精力用于培养研究生或技术指导工作,言传身教;二是组织老专家总结型号研制经验,著书立说,把研制成果和经验记录下来;三是对传帮带作出贡献的老专家进行表彰奖励,并颁发证书；四是适当延长老专家的工作年限，最多可以工作到70岁；五是统筹考虑和保证型号研制人员的休假时间，利用休假进行自学、总结经验、撰写论文、补充新知识。

第四，保证型号研制人员的奖金、职称评定和生活福利待遇。一是本着按劳分配、多劳多得的原则，在奖金分配上向科研生产一线倾斜。二是为使科技人员集中精力于型号研制生产工作，对承担型号研制任务的主要人员，不得下达民品创收指标，同时要保证他们的工资收入不低于本单位的平均水平。三是对从事国家重点型号研制的人员实行岗位补贴。四是从事型号研制人员的奖金不低于本单位人均4个半月的标准工资。五是对于在型号研制工作中作出重大贡献的，45岁以下科技人员可破格晋升为正高级技术职务，35岁以下的科技人员可破格晋升为副高级技术职务，且经上级核准，可不占本单位评聘指标。六是对从事航天事业男性年满30年、女性年满25年的职工（三线地区相应放宽）退休金可补贴到原工资标准；获得部级以上专家称号的，退休金可补贴到原工资标准。优先解决型号研制中有突出贡献人员的切身利益。一是优先安排有突出贡献人员的住房，各单位要从新建住房中拿出一定比例，作为对有突出贡献人员的奖励用房；并且根据实际情况制订出有突出贡献人员的住房标准和优先分配办法。二是优先解决有突出贡献人员的夫妻两地分居问题，其中对获得部级有突出贡献的中青年专家的夫妻分居问题由部级单位解决。三是关心三线地区科技人员的生活，创造条件解决好职工子女的就学和就业问题；加强对离退休人员的生活安置与管理。四是建立健全医疗保健制度，注意了解型号研制人员，尤其是40岁以上科技人员的健康状况，每隔1—2年安排一次型号研制人员的健康检查；利用无锡疗养院、大连疗养院和昆明疗养院的资源，组织好科技人员的健康疗养，保证有害工种和接触有害物质的科技人员和专家的定期疗养；改善三线地区的医疗条件，逐步添置和更新必要的医疗设备。建立荣誉奖励制度，如航天奖、航天名人录等，对在航天型号科研、生产、管理中作出重大贡献的各级各类人员予以表彰。为从事航天事业满30

年(三线地区相应放宽)的职工,退休时颁发荣誉证书、证章和一次性奖励。评选和推荐国家级、部级有突出贡献的专家。

1397号文件下发后,又相继出台了一系列操作性较强的实施细则和指导意见,这些文件的贯彻执行对稳定航天科技人员队伍、提高型号研制人员的地位和待遇、抢救已有技术经验与成果、培养年轻骨干、做好新老交替、推动型号研制、安慰与安置好离退休人员、推进人才队伍的建设、进一步提高航天事业的感召力和凝聚力等都发挥了重大的作用,收到了较好的效果。同时也为后续一系列的人才队伍综合管理制度的改革与深化,对于年轻人才的吸引、稳定和提拔使用进而促进航天人才的新老交替等都探索了思路,做了充分的思想准备,打下了相应的制度基础。

2. 实施军民品分线管理改革,建立军品岗位津贴

20世纪80年代中期,出国热、经商潮和外企高薪挖墙脚的形势以及"搞导弹的不如卖茶鸡蛋"的舆论严重冲击着航天型号人才队伍的稳定,结果导致科研人员既搞军品又开发民品,一心二用。更有甚者,置手中正在靶场试验的型号任务于不顾,中途辞职到外企打工。这些现象严重影响国家军品任务优质、高效地完成。

为进一步稳定航天型号队伍,彻底解决军民品科研混室、生产混线的局面,根据国家实行两个根本性转变的要求,理顺军民品在体制和运行机制上的关系,建立结构合理、资源配置优化的军民品科研生产经营体系,1992年航天在军工系统中率先实施军民品科研生产分线管理改革。

军民品分线管理改革在航天系统组织结构上的突出特点是:军民品科研分室、生产分线,从组织体制上解决军民品科研生产运行中的矛盾和冲突,军品实行指令性计划,民品放开经营;以人才实行"定岗、定编、定职、定责",双向选择为优化重组的切入点;军品人员实行岗位津贴,民品人员实行"上不封顶,下不保底"的政策,后勤服务三产人员实行对外

经营、对内有偿服务模式。经过分线管理改革,基本形成军、民、三产统一领导下的运行机制多元化组织架构。

实施军民品科研生产分线管理改革举措是航天系统面对市场经济新形势的发展变化,从军岗津贴入手稳定和解决航天型号队伍稳定问题的新尝试,是航天人与时俱进,敢于面对新形势,不断研究新问题,持续解决新矛盾的典型范例。

四、实现人才队伍的新老交替

由于受到十年"文化大革命"的影响,技术与管理队伍出现了长达十六年(从1966年至1982年新一届大学生毕业)的知识人才断层。当时站在各级领导岗位上的,大多数都是"文化大革命"以前毕业的大中专生。他们基础知识扎实,专业技术水平高,工程科研生产经验丰富,历经各种磨炼与考验,积累了应对各种复杂局面的超强能力,是航天事业发展不可多得的中坚力量。但是他们中的大多数人年龄都已经超过了52岁,且不断陆续离开工作岗位。而在他们之后,各个关键岗位上,受过正规教育、掌握技术知识和管理经验的人寥寥无几。事业发展的关键靠人才,但那时的专业技术领军人员、航天技术管理接班人队伍参差不齐、青黄不接,难以在短期内形成平稳接班的条件。

1. 推进领导干部队伍年轻化

通过分析对比发现,航天领导干部队伍的革命化、知识化和专业化与中央的要求尽管有距离,但差距不是很大,而在年轻化等方面显得问题比较突出,成为当时航天干部队伍发展建设的主要矛盾。具体表现在以下三个方面。

第一,领导干部年龄老化严重,年轻同志所占比例太小,班子年龄结构不合理,年龄梯次没有拉开。班子中50岁以上干部占班子干部总数的83.48%;其中,55岁以上的占51.56%;49岁以下干部占16.52%,其中,45岁以下干部仅占5.8%。领导干部的总平均年龄为54.4岁。从1993年起到1999年的7年间,有73.66%的领导干部陆续达到法定退休年龄,平均每年36人,且在1996年至1997年间达到退休高峰。而年轻干部的数量远远满足不了领导班子建设的需要。

第二,企事业单位领导干部的职数偏多,分工过细,效率低下,不适应社会主义市场经济和改革内部管理体制的需要。当时有一个职工不足200人规模的直属研究所,配备所领导12人。开会研究问题,每人发言5分钟就需要1小时。时值国家法定休息日从每周休息1天向2天短暂过渡的时期,该所领导班子曾经为每周休息1天半还是双周休息2天、单周休息1天的方案,开会研究了整个一下午,由于意见分歧很大,相持不下,没有得出任何结论。工作效率可见一斑。此外,领导班子中各种人才的搭配不尽合理,从事工程技术及其管理的干部偏多,经营型、外贸型及综合管理方面的人才显得有些不足,党群领导干部难选,后续乏人。

第三,后备干部发展很不平衡,有些领导在思想上对废除领导干部职务终身制、建立正常的交接班制度没有真正理解,对建立后备干部队伍重视不够,因此也就没有认真地抓起来。一些领导干部认为,实行行政领导负责制后,谁主事谁说了算,后备干部名单更换频繁,因此作用不大;有的单位后备干部队伍结构不合理,年龄偏大,缺乏中远期打算,特别是缺乏比较成熟的、近期可进班子的人选;有的单位后备干部数量严重不足,个别单位还没有建立后备干部名单,党政正职、外贸和经营管理型的后备干部更为缺乏。有的单位仅满足于建立后备干部名单,对后备干部的培养重视不够,没有具体计划,缺乏方案设计,措施不得力。

航天总公司党组以中央提出的干部队伍"四化"方针为目标,要求人事部门对干部队伍的组成结构进行认真全面深刻地分析。为了尽快扭转领导班子建设的这种被动局面,航天总公司党组研究批准了实现领导班子年轻化的近期和中期目标。

近期(1994年至1996年)目标是:通过几年的努力,争取到1996年年底,使航天总公司管理的领导干部总平均年龄比1993年降低2—4岁,达到52岁以下。在领导班子成员中要拉开年龄档次,50岁以下的同志要占较大比例,从而形成合理的年龄梯次。具体要求:一是工厂和经营型、外贸型公司领导班子平均年龄不超过50岁;研究所领导平均年龄不超过52岁;院、局、基地领导平均年龄不超过54岁;其他单位领导平均年龄不超过52岁。二是厂(所)一级的班子中,50岁以下的要达到半数,其中,工厂和经营型、外贸型公司领导班子中要由55岁左右、45岁左右和35岁左右的同志组成;研究所的领导干部中要有40岁以下的同志;院、局、基地一级的班子中,50岁以下的要占三分之一,同时要注意拉开班子成员之间的年龄档次,并应有45岁以下的同志;其他单位参照对研究所领导班子的要求。三是建立起一支数量充足的后备干部队伍,为争取在1996年年底实现近期目标作好组织准备。

中期(1997年至2000年)目标:一是1982年以后毕业的本科以上学历的干部在厂(所)班子中应占二分之一,有的还要进入院、局、基地一级的领导班子。二是经过努力,在实现近期目标的基础上,实现年轻化的良性动态循环;建立健全稳定的后备干部队伍,能够自然完成经常性的、平衡的新老交替。

为了落实上述目标,航天总公司党组决定,抽调有关力量,集中精力迅速建立起一支与航天事业发展相适应的年轻干部队伍即第三梯队。为此,党组要求组织了三个工作组,分别深入到京区、华东、华中、西南和西北的航天单位,对年轻干部开展大范围的调查摸底。搞清楚并建立起符合"四化"要求的年轻干部队伍名单,并且督促各单位打破常规、采取措施、制定政策、大胆提拔使用年轻人,尤其强调要放到实际岗位锻炼,为这些同志的迅速成长成才创造有利条件。此后,一大批年轻人纷纷走上各级领导岗位,由此也拉开了推进航天干部队伍年轻化工程的宏大序幕。比如,上海航天局领导班子的调整,当航天总公司经过多轮考核了解情况,并进行了深入讨论研究后,党组确定的两个一把手,局长人选时年32岁,党委书记人选时年34岁,且都是经过实际岗位的培养锻炼,而名不见经传的年轻人。根据干部双重管理的原则,航天总公司的人事部门除向上海市委组织部发送调整征求意见函外,还派人向其领导当面进行沟通。市委组织部对此十分慎重,最终达成口头共识:市委尊重总公司党组的调整决定。

时隔半年之后,面对上海航天局新班子运行良好的事实,市委组织部的领导在市委党校干部大会上发言时深有感触地说:"我们市的干部队伍确实老化,局级干部最大的都快到70岁了,而上海航天局的两个一把手年龄加起来还不到70岁。在干部队伍年轻化方面与航天部领导的思想认识上有很大差距,他们思想比我们解放,观念比我们新,胆子比我们大,步子比我们快,我们要向航天部学习,加大干部年轻化的步伐。"值得一提的是,1993年航天总公司制定的干部队伍年轻化系列文件中的很多提法与概念,比如,新进班子的同志在年龄上应该要有干满两届的余量,新提拔进班子的同志一般不超过52岁等,曾经被有些单位借鉴作为干部管理的指标依据,写入了干部管理规定之中。

航天系统一贯非常重视各级领导班子建设,注意对领导班子的考核,较早地应用了量化考核的办法,在改革的大潮中起到了表率作用,受到中央组织部的肯定。同时,由于重视并持之以恒地加强对领导干部的正面教育与引导,保证了领导班子、干部队伍的廉洁,在市场经济的环境中,没有出现大的问题。

2. 推进技术干部队伍年轻化

1992年,载人航天工程开始上马,科研生产技术管理队伍的组建任务也毫不迟疑地摆在了总公司党组的面前。按照载人航天工程的研制计划,从1993年开始,中国拟用十年时间完成第一艘飞船的设计研制工作,并进行飞行试验。

而当时处在研制生产技术管理第一线关键岗位的一大批人员,如德高望重的孙家栋等一批老领导、老专家,具有极为丰富的工程研制经验和组织指挥大型试验的经验,但年龄都在60岁上下,一些同志的年龄还要更大些。不仅如此,整个军民品研制队伍骨干的年龄都偏大。

把研制飞船的重大任务交给这些身经百战的老同志万无一失,绝对让人放心,保证完成任务,这是风险最小的一种稳妥选择。但是十年以后怎么办?中国的航天事业如何持续平稳发展?接班人通过什么方法来培养锻炼?党组认真分析了面临的人才形势与后续的发展,下了最大的决心,决定大胆启用年轻同志,把他们放到飞船研制的关键岗位上去培养锻炼,以老带新,通过实际型号任务的磨炼,完成技术干部队伍的新老交替工作。这个决定意味着要承担研制失败所带来的巨大风险,但为了中国航天事业的长远发展,党组毅然决然地选择了承担风险。此后,一大批年轻同志很快陆续走上了飞船研制与技术管理的各个关键领导岗位,通过大家的共同努力,圆满出色地完成了飞船研制、发射、回收任务,为祖国赢得了荣誉,也让世界对中国航天刮目相看。

载人航天工程研制队伍年轻化的成功实践,拉开了航天技术干部队伍年轻化的序幕。此后,探月工程也按照载人航天工程中队伍配置的基本思路和原则,在各个专业领域和关键岗位大胆启用年轻干部。通过飞船研制、月球探测这些国家重大工程项目的实际锻炼,航天系统成功地培养出一大批年轻有为、经受各种复杂技术工程考验的专业人才,使航天事业圆满地克服了后续乏人、青黄不接的艰难局面,为年轻同志脱颖而出营造了一个良好的成长发展环境,顺利成功地完成了科研技术人员队伍的新老交替任务,使航天事业平稳进入了跨越式发展的新阶段。

根据2013年的统计,在载人航天工程各个关键岗位上,正副主任设计师的平均年龄为36岁。可以自豪地说,中国航天技术骨干队伍已经实现了制度性的平稳新老交替,为航天事业平稳持续健康发展铺就了康庄大道。

2003年10月15日,中国第一艘载人飞船成功发射并安全返回地面后,钱学森高兴地说,载人飞船试验的圆满成功标志着我国第一代航天人与第二代航天人交接班的平稳顺利完成。从1988年中央组织部年轻人才队伍调查开始,到1989年航天部1397号文件的发布,再到航天总公司干部队伍年轻化系列文件的出台,又经历载人航天技术队伍年轻化措施的推进,一系列航天队伍年轻化工作的建设历程,最后以载人飞船的圆满成功发射和平安返回为标志,航天人才队伍建设从思想观念、制度设计、措施落实、完善提高、成果体现等全方位地圆满完成了新老交替的历史使命,使航天人才队伍建设步入良性动态循环发展的轨道。

五、建立科学合理的考核评价体系

航天系统高度重视对领导干部的选拔使用和日常管理,为了强化领导干部的岗位职责,航天系统采取颁发责任令,加大考核力度,严格执行审计等一系列制度措施,促进各项工作的开展和任务目标的落实。

1. 明确责任制,颁发责任令

1996年2月15日,还有四天就是春节了。这天的凌晨3时01分,西昌卫星发射中心,长征三号乙运载火箭首飞,箭上搭载了国际通信卫星"708号"。发射后2秒,火箭姿态失稳,22秒后,星箭撞上一个山坡,发生大爆炸,事故造成人员伤亡。事后调查发现是惯性导航系统的一个电子元件失效导致火箭姿态失控。同年8月18日,长征三号运载火箭发射"中星7号",因火箭发动机第三级提前关机,此次发射宣告失败。一年内的连续两次失败,使中国的火箭发射进入了一个低潮期,也因此推动了中国航天领域的重大改革。

1996年10月初,执行长征二号丁运载火箭发射卫星的任务,发射阵地故障归零过程中,航天总公司领导要求"彻底归零、不归零不能发射"。但是,当时质量管理"72条"尚在讨论中,还未正式出台,科研生产任务责任落实不明确。1997年又面临着要确保以"两箭两星"为代表的20余次大型飞行任务圆满成功的严峻形势。

1996年至1997年,航天总公领导在多次会议上都表示,总公司的工作重点就是抓各项工作的落实,抓责任制的落实,一级抓一级,要建立监督机制,落实责任制。在"圆满完成'两箭两星'暨1997年卫星发射计划动员会"上刘纪原提出:"要正确看待工作中的分歧意见和责任制的关系问题。在研制工作和飞行试验中,应当切实落实各级岗位责任制,各司其职,各负其责,而且要大力提倡敢于负责的精神,这是做好工作的基础条件。领导干部和总师系统都应当提倡这种顾全大局、服从指挥的态度,在当前形势下,要特别强调组织纪律性。"在这样特殊的历史时期,针对特别的任务,采取突出一把手责任的特别做法是必要的,历史证明这起到了突出的作用。

1997年总公司工作会上,刘纪原向十二个有大型飞行任务的院长、基地主任下达了责任令,要求各级领导工作必须要到位,必须按责任令的要求,集中全部时间、全部精力,脱开其他工作,抓型号研制、生产和飞行任务。要深入第一线,掌握第一手材料,着力解决实际问题。院长、基地主任对执行责任令的情况半年要总结一次,航天总公司年终进行考评。当年的型号工作会上,自此之后,航天系统"实行责任制,颁布责任令"的管理制度一直实行,并且做到层层下发,落实到位。近二十年的航天发展历史告诉大家,该项制度在外部环境和内部组织机构快速变化的复杂条件下,有效确保了航天事业的稳步发展。

2. 建立领导干部的综合评价体系

加强和改进领导干部的管理,建立科学规范的领导干部选拔任用制度,形成有效管用、简便易行、有利于优秀人才脱颖而出的选人用人机制。实行任期目标责任考核、年终总结、年度述职、群众评议、期中考核、届满考核等多种措施。由党委负责领导综合考核评价工作,人力资源部门会同计划部门、财务部门、党委工作部门和纪检监察部门有关人员组成考核评价组,具体实施综合考核评价工作。

综合考核评价的基本原则包括:党管干部的原则;德才兼备和以德为先的原则;出资人认可、职工群众认可和市场认可相结合的原则;以岗位目标责任为基础,权力与责任统一,激励与约束并重的原则;注重实绩、简便易行的原则；实事求是、公平公正、科学合理的原则。

运用多维度测评、定量测评与定性测评相结合等方法，对领导班子和领导人员的政治素质、业务能力、工作实绩、勤勉尽职和廉洁自律等情况进行综合考核评价。综合考核评价分为年度考核和任期考核。任期考核周期为三年，任期按照确定的领导班子任期计算。综合考核评价结果作为领导班子调整和领导人员培养、使用、奖惩的重要依据。

领导班子综合考核评价包括政治素质、经营业绩、团结协作和作风形象等内容。政治素质包括政治方向、社会责任、单位党建；经营业绩包括业绩成果、财务绩效、科学管理；团结协作包括发扬民主、整体合力；作风形象包括诚信务实、联系群众、廉洁自律等。领导人员综合考核评价内容包括素质、能力和业绩等指标。素质包括政治素质、职业素养、廉洁从业；能力包括决策能力、执行能力、创新能力；业绩包括班子业绩、个人贡献。

领导人员在年度考核时应向人力资源部门提交述职报告，述职报告应对照单位领导人员考核评价要点及标准进行撰写，并将本人年度目标责任完成情况纳入报告中，作为领导和机关部门领导考核评价领导人员的重要依据。

多维度测评办法主要包括民主测评、领导测评和部门间测评。民主测评，即召开领导人员、本单位党委管理的领导干部、部分职工代表参加的测评工作会议，单位主要负责人代表领导班子述职，领导人员进行个人述职，与会人员分别对领导班子和领导人员进行民主测评。参加民主测评的职工代表人数不少于测评会议总人数的10%。成立职工代表大会的单位，测评工作也可与职工代表大会一并进行。领导和机关部门评价，即领导和机关部门领导将根据平时了解的情况和述职报告对领导班子和领导人员进行评价。结合实际情况，采取所属单位党政正职向上级党委当面述职的方式。任期届满当年，只进行任期民主测评，不再进行年度民主测评。将多维度测评的结果，通过加权汇总方式计算出得分，作为确定年度考核评价结果和任期考核评价等级的重要依据。

3. 严格实行任期、离任审计

为加强对航天领导干部的管理和监督,正确评价领导干部经济责任履行情况,保障国有资产保值增值,航天系统制定了诸多领导干部任期、离任审计工作管理办法,以规范领导干部经济责任审计工作。经济责任审计对象原则上为航天各级单位法定代表人。根据监管要求,审计部门对所属单位负有经济责任的其他领导人员也会进行审计。主要对领导人员所在单位科研生产、经营和管理活动进行审计,对其担负的经济责任履行情况进行评价。经济责任审计包括:离任经济责任审计和任中经济责任审计。领导干部任中经济责任审计,由审计部门和人事部门列入年度审计计划。任中审计与离任审计相结合,对各级子企业领导人员离任必审,任职满2—3年审计1次,特殊情况经批准可随时开展审计。

审计部门依法实施领导人员经济责任审计,被审计领导人员及其所在单位不得拒绝、阻碍,其他部门和个人不得干涉。审计部门、人事部门、纪检监察部门等有关部门建立经济责任审计工作联席会议制度,交流、通报领导人员任期经济责任审计情况,研究、解决领导人员任期经济责任审计中出现的问题。

经济责任审计的主要任务是:第一,基础数据审计。在对单位风险与内部控制进行了解测试的基础上,对单位资产、负债、所有者权益和经营成果的真实性、合规性,以及单位资产质量状况、所有者权益保值增值情况和重大经营决策等情况进行审计,以全面、客观、真实地反映单位的财务状况和经营成果。第二,单位绩效分析。在财务基础审计的基础上,采用相关绩效评价指标体系,通过定量和定性相结合的评价方法,从单位的盈利能力、营运能力、偿债能力、发展能力等财务绩效与管理绩效角度,对单位法定代表人任职期间单位的经营绩效进行全面分析。第三,经济责任评价。根据单位基础数据审计结果和绩效分析结果,综合考虑单位发展基础、经营环境等方面因素,对单位法定代表人任职期间的主要经营业绩和应承担的经济责任进行全面、客观和公正的评价。

在单位经济责任审计中,审计范围的确定应围绕审计目的和目标的实现,遵循重要性原则并充分考虑审计风险,纳入经济责任审计范围的资产量一般不低于被审计单位资产总额的70%或户数不低于被审计单位总户数的50%。还应当纳入经济责任审计范围的包括:资产或效益占有重要位置的单位;由单位法定代表人兼职的单位;任期内发生合并、分立、重组、改制等产权变动的单位;任期内关停并转或出现经营亏损、资不抵债、债务危机等财务状况异常的单位;任期内未经审计或财务负责人更换频繁的单位;金融类子公司等。

在经济责任审计过程中,应充分利用单位近期内部与外部审计成果,提高审计效率。

领导干部经济责任审计的主要内容包括:任职期间单位贯彻落实有关法律法规及集团公司规章制度情况;企业发展战略制定和执行情况及效果;任职期间资产质量变动情况和任职期末资产状况;任职期间经营成果的真实性;任职期间国有资产的保值增值情况;任职期间重大经济决策、重大项目安排和大额度资金运作的合规性、效益性;任职期间单位内部控制制度的健全性、有效性;任职期间经营业绩考核指标完成情况;履行党风廉政建设第一责任人职责情况,以及本人遵守有关廉洁从业规定情况;任职期间执行中央八项规定精神情况;任职期间年薪领取、履职待遇及业务支出情况;以往审计监督检查中发现与经济责任有关问题的整改情况;根据所承担经济责任,需要审计的其他内容。

通过审计,对领导人员任职期间单位国有资产保值增值情况、经营业绩及绩效指标进行认定;对领导人员经济责任履行情况进行评价;对领导人员应当承担的责任进行认定。领导人员所承担的经济责任包括直接责任、主管责任和领导责任。

直接责任是指单位法定代表人因直接违反或通过授意、指使、强令、纵容、包庇下属人员违反国家财经法规和单位内部管理规定;未经集体决策或在多数人不同意的情况下,直接决定、批准、组织实施重大经济事项,并造成重大经济损失浪费、国有资产(资金、资源)流失;以及失职、渎职等其他违反国家财经纪律的行为应承担的责任。主管责任是指根据单位内部分工,单位法定代表人对其分管部分工作以及单位经营、投资等重大事项,因未履行或者未正确履行职责应承担的经济责任。也就是指单位法定代表人在其任职期间基于特定的职责而应当承担的直接责任以外的管理责任。领导责任是指单位法定代表人对其所在企业应当承担的直接责任、主管责任以外的管理责任。也就是指除了直接责任和主管责任以外,作为一个单位的法定代表人,不论主观原因还是客观原因,对本单位在其职责范围内的各种经济问题都应负有一定的责任,即领导责任。

通过对领导干部实行主要任务的责任令,全方位的岗位职责考核和经济责任审计等综合管理措施,明确了领导干部的政治经济和社会责任、工作目标要求,增大了工作压力,使他们更加积极主动地对工作任务,发挥主观能动性,创造性地做好本职工作,压力层层传递,责任逐级落实,取得了较好的工作业绩,同时也推动了管理的科学化、制度化、规范化,提升了人事管理的质量与效果。

第三节　新世纪的航天人才建设

一、高度重视创新人才队伍建设

中国航天事业之所以能够在世界高科技领域占有一席之地,一个极其重要的原因就是有一支以"两弹一星"功臣为代表的综合素质好、专业水平高的人才队伍。在长期的实践中,中国航天着力把握好人才工作与推进科学发展的内在联系,树立科学的人才理念,把实施人才战略作为建设中国航天事业的重要方略。

航天事业取得的成就和经验表明,航天科技的发展,必须靠掌握自己的核心和关键技术,抢占科技制高点,而发展核心技术的关键是人才,人才的高度就是事业的高度。

中国航天要承担起富国强军和推进航天技术产业化的重要使命,就必须坚持人才工作先行的理念,把建设一支创新型人才队伍作为一项战略任务常抓不懈。

一是不断增强抓好创新人才队伍建设的战略意识。人是创新活动的主体。中国航天坚持以"人才为第一资源"的人才观,大力实施人才强企战略,培养造就了一支技术精、作风硬、善攻关的创新型人才队伍。始终把创新型人才的培育作为工作的重中之重,将人才资源作为核心竞争力的重要组成部分。中国航天各级党委坚持定期研究人才工作,主要领导拿出足够的精力亲自抓。上下逐步形成人才资源是第一资源、对人才工作的投入是效益最大的投入、早投入早受益的共识。

首先,以重大工程为牵引,搭建创新人才成长的广阔平台。中国航天按照工程任务每推进一个阶段、人才就要跟进一批、储备一批的思路,注重在工程实践中发掘人才、培育人才、造就人才,以创新人才队伍的优先发展促进航天事业的快速发展。在人才选拔和使用方面"不拘一格",对于综合素质和能力优秀的人才,敢于打破年龄和资历限制,及时把他们推举到总指挥、总设计师等岗位上担当重任,让人才在实践中快速成长。在人才培养方面注重培养科技创新人才,充分发挥年轻人思想解放、对新技术敏感、不怕失败、勇于创新的特点,给予他们信任、赋予他们责任、鼓励他们求新。在人才发展方面畅通人才成长通道。针对设计、研发、工艺等技术岗位,设置了主管设计师、主任设计师、总设计师等分级分类的技术职务发展序列,按专业建立了由国家级专家、学术技术带头人、院级专家组成的三级专家体系及其相应的后备专家队伍,为创新人才铺设了清晰明确的成长道路,促进创新人才发展。

其次,以创新机制为推手,实施创新人才的有效驱动。中国航天不断健全创新人才工作机制,通过事业吸引、政治培养、岗位造就、待遇倾斜、精神凝聚等措施,充分调动创新型人才的积极性和创造性。对创新贡献突出的科技骨干实行"五优先",切实提升创新人才的地位和待遇。实行重大奖励政策,加大奖励力度,充分激发了优秀科技人才的创新激情和创造活力。从2010年开始设立航天功勋奖、创新奖、贡献奖等,每年拿出上千万元专项奖励贡献突出人员,其中航天功勋奖每人100万元,既营造了有利于创新人才脱颖而出的环境,也激发了创新活力和创造激情。

最后,以人文关爱为重点,构筑创新人才的精神家园。中国航天始终坚持以人才为本,对创新型人才给予最大的关心和爱护。注重关爱员工,党政工团深入一线,大力宣贯"以人为本、包容自励"的创新理念,并尽心竭力为科技人才做好事、办实事、解难事。牢固树立鼓励创新、宽容失败的价值导向,尊重、保护创新型人才的活力和创造性。在型号任务出现困难和挫折时,领导干部主动承担责任,与科研人员一起分析原因、解决难题,对大家进行最大限度的"减压"。不断优化人文环境,努力营造良好和谐的创新氛围,鼓励广大科技人才队伍继承和弘扬航天精神,以"创人类航天文明、铸民族科技丰碑"为己任，牢固树立航天核心价值观，以实际行动兑现"用成功报效祖国、用卓越铸就辉煌"的庄严承诺。

二是注重探索创新人才队伍建设规律。针对专业技术人才队伍年轻化的现状和人才培养使用中存在的突出问题，重点开展高层次人才成长规律、航天人才科学作风培养等一批课题的研究，系统总结了人才培养的经验，力求把握创新型人才成长的规律，指导人才队伍建设工作。在人才成长规律的研究中，历时两年深入调研，走访了两院院士、知名专家、学术带头人、重点工程负责人等千余人，研究提炼出成长阶段、工程牵引、实践成才、协同成才和师承效应等高层次人才成长的模式。通过研究，进一步理清了创新型人才队伍建设的思路，明确了要培养造就一批创新精神强、学术造诣高、工程经验丰富、在国际国内有影响力的科技领军人才的目标和任务。牢固树立企业与员工协调发展的理念。在过去60年的发展中，航天企业与航天人始终秉持着协调发展的理念不断前行。航天60年所取得的成就是不断地在挫折中疾进，在失败中奋起的范例。航天人经过60年的艰苦磨炼，形成了比较完善的应对试验、坦然面对失败，在成功面前不骄傲，在失败面前不气馁的勇于拼搏、不服输的精神。在失败和挫折面前，航天人以严谨务实的科学精神面对新知识、新技术、新产品的挑战，从不怨天尤人，从不互相推诿，而是以严肃、严谨、严格的态度，眼睛向内，认真查找自己工作中的不足，检查主观认识与客观实际的差距，努力发现新的未知领域，认真总结吸取教训，明确克服困难的方向，寻找解决问题的方法，真正做到知其然还要知其所以然，把问题彻底搞清楚弄明白，使自己在失败中得到启发与升华，更好地提高自身能力，真正把失败转换为成功的孵化器。

三是制订实施人才资源开发与队伍建设规划。应着眼航天事业的长远发展，把创新型人才队伍建设作为科技进步和事业发展的先决条件，出台了实施人才强企战略、加强人才队伍建设的若干意见，制订了人才资源开发与队伍建设规划。牢固树立人才优先发展的理念。市场竞争的实质是人才竞争，高素质人才是航天事业发展最重要的战略资源，是企业核心竞争力的根本体现。在航天系统资源的配置过程中,始终坚持人才工作先行一步的方针,确保人才资源优先开发、人才结构优先调整、人才资本优先积累、人才机制优先创新、人才培养优先投入,不断优化人才成长环境,不断提高各类人才的学习能力、实践能力。牢固树立保障人才成长安全的理念。中国航天强调通过确保国家国防安全、企业经济运行安全、科研生产安全和人才成长安全来实现企业的科学发展,其中特别把人才成长安全摆在重要位置。员工只有安全地成长为高素质人才,才能成为企业最宝贵的战略资源。保障人才成长安全,就是在人才选拔、使用、培养、评价、流动、教育、监督、管理等各个环节,注重思想道德的作用,特别是帮助领军人才树立正确的业绩观、价值观,同时积极规避人才成长的风险,避免人力资源非正常损失。

二、创新机制激发人才活力

中国航天事业坚持靠事业凝聚人才、靠实践造就人才、靠机制激励人才,把人才工作融入经营发展之中,把创新人才工作机制与经营发展有机结合起来,运用科学方法引进人才、使用人才、培养人才,把企事业单位的组织资源转化为发展资源、人才优势转化为发展优势、队伍活力转化为发展活力。中国航天注重领导干部和人才队伍的协调发展,通过实施"关键人才专项开发工程""关键人才接力工程""职业生涯开发工程"等一系列措施,使人才队伍建设不断适应国防武器装备和航天产品"探索一代、预研一代、研制一代、生产一代"及军民两业协调发展的需要,为推动军民融合发展奠定了坚实的基础。

一是进入新世纪,一大批年纪在二三十岁的青年科技工作者,是航天事业的生力军。他们有的已显露出技术才华,有的则刚崭露头角。他们朝气蓬勃,勇于开拓,活跃在研究、设计、生产、试验的各个岗位上。他们是中国航天事业未来的希望。

在航天技术队伍中还有一批不可缺少的技术辅助人员。他们默默无闻,但做出了卓有成效的工作。在完成浩繁而琐细的工作中所付出的辛劳和建立的功绩,在航天事业发展史上是值得高度评价的。这是航天事业中真正的无名英雄。

技术工人队伍是航天产品制造的基础力量。战斗在航天工业战线上的十多万技术工人,组成了一支具有丰富实践经验、善打硬仗的队伍。这支队伍的组成同样体现了全国的大力支援。来自全国轻重工业战线的,许多是原来行业的劳动模范和技术能手;从部队选调的大部分是技术兵种中的优秀战士;一部分从技校毕业的工人,有理论、有文化、肯钻研,在实践中成长得很快。正在成长的大批青年工人,继承了老工人的优良传统,又具有文化知识高,接受新事物快的优点,成为航天工业生产战线的生力军。

中国航天坚持在广大职工特别是创新人才中,大力弘扬为国争光、无私奉献的爱国主义精神,自力更生、艰苦奋斗的创业精神,胸怀全局、大力协同的团队精神,严谨务实、一丝不苟的科学精神,勇攀高峰、敢于超越的创新精神,激励广大航天科技人才爱岗敬业,积极投身到中国航天事业的伟大实践中来。大力宣传以钱学森为代表的老一代航天人的崇高精神和光辉实践,引导广大科技人员勇于探索、勇于创新、勇挑重担、追求卓越。

通过将企业文化融入到人才队伍建设的全过程,大大增强了广大科技人员对航天文化的认同感,献身航天的自豪感以及推动航天事业发展的责任意识、忧患意识、使命意识,形成热爱航天、投身航天、奉献航天的精神动力。

二是用极具创造性、挑战性的航天事业造就人才,着力为人才成长搭建平台。参与航天工程实践是培养造就航天人才的最重要途径。首先,充分利用实施国家重大航天工程、重点型号工作和北京奥运会、上海世博会等重大项目的有利契机,不拘一格地选拔年轻科技人才,让他们在重大任务中担当重要角色,通过给位子、压担子,让他们经受实践锻炼,增长创新本领。1999年毕业的一位博士生,已经成长为航天技术领域公认的青年专家，担任了国家某重点型号副总设计师，先后获得国家科技进步特等奖一项和国防科技工业、全军科技进步一等奖三项，并荣获全国五一劳动奖章，被评为全国劳模。其次，充分发挥国防科技重点实验室、国家工程中心、国家工程技术研究中心、国家级企业技术中心、国防科技工业先进技术研究应用中心等机构的作用，让创新型人才在承担国家重大课题研究中脱颖而出，为科技人才成长搭建平台。同时，设立科技创新基金，自主确定重大研发项目和创新基金项目，建立若干高新技术产业园，加强产学研战略合作，为科技人员提供施展才华的空间和尽情开拓的领域。

三是用体现以人为本理念的政策机制激励人才，努力营造人才队伍建设的良好氛围。中国航天在人才队伍建设中重视政策和机制的导向作用，建立了公开选拔、竞争上岗和差额选拔的工作机制、多方位的考核评价体系、以业绩为导向的激励机制和人才培养的科学体系。通过建立和完善有利于人才成长的政策和机制，积极引导和推动人才队伍建设。中国航天高度重视创新型科技人才队伍建设，对于专业技术人才实行航天型号工程特殊岗位津贴，在科技成果奖评审、职称评定、奖励休假、进修培训等方面给予倾斜，设立科技创新突出贡献奖，建立不同形式的人才奖励基金等，鼓励科技人员建功立业，不断壮大高层次的技术领军人才队伍。尊重劳动、尊重知识、尊重人才、尊重创造、崇尚创新的良好氛围在中国航天内部已然形成，各类人才的创新热情与活力得到有效激发。

在实践中造就人才是加快创新型人才成长的重要途径。中国航天始终把培育一批创新型团队和创新型人才作为中国航天事业核心竞争力和可持续发展能力的关键，高度重视，着力推动，特别是坚持以工程项目为牵引，以型号研制为平台，注意在创新实践中发掘人才、培育人才、造就人才，为创新型人才搭建干事创业的广阔舞台。

按照型号每推进一个阶段，人才就要跟进一批、储备一批的思路，实施了型号关键岗位人才接力计划，每年及时梳理"达到超过最高任职年龄的型号干部名单"，有针对性地逐一制订调整接替计划，适时进行人员更替。通过腾位子、压担子、扶上马、送一程，一批熟悉科研生产管理、专业技术造诣高、有创新精神的优秀技术人才被及时推到型号一线领导岗位，通过老专家的传帮带加速成长，为航天事业的技术发展提供了有力的人才支撑。

三、科学规划增强企业发展动力

航天科技人员在科学规划下，需要不断地跟踪新发明、学习新知识、吃透新技术、开发新产品、引领新发展，实现新产品的更新换代和持续地推陈出新，永做先进科学技术的带头人，成为企业未来发展的巨大推动力。在此过程中使参加研制生产的人员不断得到摔打磨炼和提高，随着先进武器装备研制的成功，培养出一代一代努力学习、不知疲倦、永攀高峰的航天人才。

面对新形势、新任务，科学制订人才发展规划，统筹管理人才、科技人才、技能人才三支队伍建设，以培养造就高层次创新人才为重点，着力打造数量充足、结构合理、素质优良、具有较强竞争力的人才队伍，为企业科学发展提供强有力的人才保障。

结合"十二五"规划中期调整和"十三五"规划制定，中国航天围绕业务发展需要，高度重视人才队伍当前需求与长远储备、人才培养与人才评价、人才数量与人才效能的协调关系，把人才工作放在时代发展的大背景下来思考，放到履行"科技强军、航天报国"的使命中来认识，放到国家的发展大局下来谋划。未来，中国航天将进一步健全人力资源开发管理体系，推进人才队伍协调发展，完善人才选用、培养、考评、激励和约束机制，培养一批在国内外有重要影响力的领军人才和专家群体，为中国航天事业的发展提供强大智力支持。

四、以人为本营造成才环境

在创新型人才队伍建设中,始终贯彻落实科学发展观,坚持以人为本,注重激发人才队伍的活力和创造性,对创新型科技人才给予最大的关心爱护,为他们创造良好的工作和生活条件,倾心营造干事创业的成长环境。同时,坚持人才资源整体开发和创新型科技人才重点开发相结合,以制度建设为基础,以各级研发机构和国家级重点实验室为依托,以创新型人才团队建设为重点,不断创新人才工作机制,加速培养创新型团队与创新型人才。

一是创新激励成才的工作条件。一方面,大力加强技术创新的基础条件建设,成为应用基础研究、原始性创新的重要基地,技术创新成果应用和产业转化的孵化平台。另一方面,注重产学研结合,与知名高校开展技术和产业研发的战略合作,通过联合建立研发机构、共同实施重大科技研发项目和建立航天创新基金等方式,不仅解决了一批武器装备和宇航技术发展的关键技术,而且也为人才培养工作注入了新的生机和活力。

二是形成激励成才的有效机制。创新人才工作机制,通过事业吸引、政治培养、岗位造就、待遇倾斜、感情凝聚等措施,充分调动创新型人才的积极性和创造性。实行工程津贴始终坚持向一线倾斜、向创新型科技骨干倾斜;研究制定荣誉奖励、推举专家、培训深造、职称评聘"五优先",大大激发人才的创新激情和创造活力。

三是既鼓励创新又宽容失败。倡导追求卓越,努力为科技人才营造科学民主、和谐合作的创新环境,建设鼓励创新、包容失败的创新文化,尊重和保护创新人才的活力和创造性。在型号工作研制遭遇挫折时,各级领导主动承担责任,而对科技人员不求全责备,给予更多的宽容、理解和鼓励,帮助其分析问题、解决困难,让研制队伍在失败中总结经验、吃透技术,为最后的成功奠定更加扎实的基础。

四是注重职业规划,做到人岗相宜。关注基础好、潜力大的科技苗子,根据他们的自身特点,量身定做,为其铺设适宜的成长通道,鼓励他们沿着专业技术道路成长发展。通过系统的岗位培训和有针对性的专业培训,提高其创新意识和创新能力,通过搭建人岗相宜的事业平台,使他们在工程实践中经受磨炼、岗位成才。

五是持续正面教育,培养职工荣誉感。中国航天历来重视对员工的政治思想教育工作,除了整个系统设立较为正规完整的党组织、政治思想教育机构和配备专(兼)职的政治思想工作人员等组织形式以外,这些机构根据中央和上级的要求,充分利用网络、报纸、电视、期刊等各种方式,有计划地对本单位和本部门的员工开展较为系统的政治思想教育活动。比如,对新入职员工开展集中的系列教育,平时结合形势任务需要,持续组织开展诸如"三八妇女节"关爱女职工教育,"五四青年节"爱国青年教育,"七一"党日活动,"八一建军节"拥军爱民教育,"国庆节"爱国主义教育,每逢年节假日的各种安全传统教育等。此外,还结合航天历史发展过程中的重大事件开展一系列活动,诸如:每年10月8日开展"航天创建日"纪念活动、"3.22航天质量日"活动等,使日常的思想政治教育贯穿科研生产活动的全过程,更加有特色的做法是,把参加靶场试验的各单位人员组织起来,设立临时统一的试验队党组织,统一管理试验人员的思想政治教育和后勤服务保障工作,使思想政治工作真正渗透到科研生产试验工作中去,解除试验队人员的后顾之忧和思想稳定问题,促进了试验工作的平稳顺利开展。

五、着眼未来,凝聚人才

近年来,航天事业取得了长足发展。各级企事业单位向全社会广泛宣传发展成果,展示发展远景,吸引优秀人才投身航天,献身航天,努力构筑航天人才高地。载人航天工程实施以来,按照人才结构需求,拓宽人才引进渠道,加大引进工作力度,广泛吸引知名高校、军工企业、研究院所的优秀人才为我所用。通过在全国重点高校开展中国航天企业形象巡回展暨航天专场招聘会等形式,引进应届高校毕业生数万名,其中硕士以上毕业生上万名,不仅使高校优秀毕业生成为高层次人才引进的主渠道,而且扩大了航天科技事业的影响力。同时,开阔视野,以面向社会公开招聘作为重要途径,利用航天事业优势和政策优势,引进了一批专业对口、具有丰富工程经验的高层次专业技术人才和高技能人才,缩短了人才培养周期,较好地满足了各项科研生产任务需要。

航天产品是系统工程,不是几个人或少数人就能够独立完成的。因此特别强调大协同、大协作、大协调、大配合,使参与其中并走过一个型号研制完整过程的人,牢固树立起全局意识和集体主义精神,形成了在荣誉和利益面前高尚的、普遍的、自觉自愿的"推功揽过"的航天文化基因,铸就了崇高的品格,并熔化在航天人的血液里。因此,国家利益高于一切的价值观成为航天人普遍且自觉的行动,就不足为奇了。

通过开展向老一代航天人学习活动,表彰新时期先进典型等形式,大力弘扬航天精神、"两弹一星"精神和载人航天精神,不断加强航天文化建设,引导广大科技人员以"创人类航天文明,铸民族科技丰碑"为己任,牢固树立"以国为重、以人为本、以质取胜、以新图强"的价值理念,在航天重大工程的实践中,实现自己的人生价值和国家利益高于一切的庄严承诺。

新的形势和任务对创新型人才的培养和使用提出了新的更高的要求。中国航天将深入贯彻党的十八大精神,认真落实全国组织工作会议精神,坚持党管人才原则,继续实施人才强企战略,不断完善科技领军人才的培养体系,造就更为坚实、更为充裕、更富活力的高素质创新型人才队伍,不断开创航天事业新局面。

第八章

中国航天文化硕果累累

1956年，国家提出发展科学技术、促进经济与社会快速发展的新目标，中国的航天事业开始起步。在航天60年的发展过程中，航天人发扬"自力更生、艰苦奋斗、大力协同、无私奉献、严谨务实、勇于攀登"的航天精神，突破了一系列技术难关。宝贵的精神文化促进了物质文化的发展，催生了丰富的物质成果。从20世纪60年代开始，地地、防空、海防各类导弹以及卫星相继研制成功，奠定了中国航天大国的基础。此后，中国着手研制新一代战略战术导弹武器系统、大推力运载火箭，启动载人航天工程和探月工程等，并开辟了国际商业发射服务市场，使中国航天跨出国门，走向世界。此外，中国航天科技工业实现了战略转移，进入国民经济主战场，走上军民融合的道路。中国航天在迅速发展的同时，也始终积极履行社会责任，回馈祖国、社会和人民。

第一节 爱国强军，牢筑国家安全长城

60年前，中国没有导弹，没有运载火箭，没有卫星，没有宇宙飞船，更没有深空探测器。武器落后，国防薄弱，物资遭禁运，经济被封锁，美丽的台湾岛被别人当作"不沉的航空母舰"。新生的共和国面临着烧到鸭绿江边的战火……

周边不太平，领土被侵犯，又有核讹诈，有人要中国出让主权去换取一顶保护伞。

天空不安宁，多种侦察机窜扰领空。臭名昭著的"U-2"，更是肆无忌惮地如入无人之境。

海洋不平静，外国军舰趾高气扬，游弋于我国的领海边缘，窥视着我国的海岸线。

为了保护祖国领土和主权完整，还家园上空一份安宁，阻止外敌侵犯祖国海岸线，站起来的中国人民在以毛泽东主席为核心的党中央决策和领导下，在工业基础薄弱的国度里，开始发展国防尖端技术。

导弹武器的产生和在战场上的应用，标志着一个新的革命性武器的诞生，它不仅改变了人类对战争模式的传统观念，而且极大地促进了现代战争武器的发展。20世纪70年代以来，导弹武器已经成为各国军队的常规装备和现代局部战争远程作战的主战武器之一。

经过60余年的积累，中国建立了完整的战略战术打击武器系统、防御武器系统、信息支援系统等技术开发和研制生产体系，大幅提升了核常兼备、近中远结合、多类型战斗部、精确制导的战略战术打击武器系统和亚超结合、多平台、中远程、多种精确导引方式的海上攻防武器系统研发生产能力，形成了全空域、多平台防空导弹武器系统研发生产能力，已初步构建起一个种类齐全、技术先进的中国导弹防御体系。

随着中国国际地位和综合国力的显著提升,中国的国防事业以前所未有的发展速度迈上新的台阶:导弹家族大了,导弹身材小了,导弹威力强了,导弹精度高了,导弹机动快了。中国导弹武器装备实力与水平的显著提高,足以让国人深感自信和荣耀,这极大地鼓舞了中华儿女的满腔热情与斗志,全面推动中华民族的伟大复兴!

在现代条件下,导弹武器作战具有战略威慑、战役实战和战场支援三大作用。尽管导弹武器并不是,也不可能是决定战争胜负的唯一重要因素,但是,随着科学技术的进步,导弹武器的发展以及在作战方面的应用将会更加普遍,在这方面的竞争也会更为激烈。随着中国大国地位显著提升,中国必须更多地承担起维护世界和平的责任,有了和平,才能发展,而航天系统从事导弹武器研制的科技人员未来最重要的责任,就是以自己的聪明才智,为国防现代化做出更卓有成效的努力,为部队提供性能更为优良的导弹武器,在国防武器装备现代化建设上,为我们的国家提供更为强大的维护世界和平的能力和实力。根据国防战略的需要,航天系统承担了战略打击、防御系统和信息支援等作战体系的研制和生产,构筑起中国当前最具实力与水平的导弹防御体系。

一、艰苦奋斗,打造国之重器

中国的导弹事业一开始就紧紧地与国家的命运联系在一起。20世纪50年代中后期,中国以航天技术作为国家尖端技术发展的突破口,制定了"两弹为主,导弹第一"和"两弹一星"的发展战略。这一航天技术发展战略,是当时中国发展战略和国家安全战略的重要组成部分。中华人民共和国建立后,战略打击武器仍是一片空白,先天条件不足,外援又不给力,但客观上的艰难困苦并没有难倒中国的导弹先驱,他们选择了白手起家,自力更生,艰苦奋斗。为了实施这一战略,他们排除万难,终于在1964年6月29日,中国自行研制的中近程导弹发射试验成功;1966

年 10 月 27 日,战略导弹核武器试验成功;1970 年 4 月 24 日,中国的第一颗人造卫星上天。"两弹一星"的成功,极大地提高了中国的国际地位和威望,增加了中国在国际上的发言权,彻底粉碎了帝国主义孤立中国的阴谋,在国际上引起了重大的反响,几十个友好国家发来贺电,认为这是"一项具有历史意义的成就"。1980 年,中国向太平洋发射大型运载火箭成功,世界各国重新评价了中国,认为"给世界核战略体系以重大影响""新导弹向全世界显示决心,使中国国防力量现代化",承认中国是有影响的大国。

图 8-1　第一颗原子弹爆炸后升起的蘑菇状烟云

图 8-2　1964 年 10 月 16 日,周恩来总理宣布我国第一颗原子弹爆炸成功

图8-3　1970年5月1日,毛泽东主席在天安门城楼接见研制和发射"东方红一号"卫星的代表

任何一个国家的经济建设都以政权存在为前提,而政权又必须以其国防为保障。中国战略核武器是国家战略防卫能力的重要支柱与保证,是国防现代化的重要组成部分。中国战略核导弹使中国防卫力量突变性增长,它突破了传统武器在战争中时间与空间的界线,使得现代化大规模战争的级别和规模产生了突变和飞跃。中国战略核武器的研制成功,在军事上的重大功绩在于打破了少数国家的核垄断、核威胁和核讹诈,使中国有了一定的、有效的核自卫反击能力,从而保卫了中国和平建设与安定团结的政治局面,促进了世界和平。

最初,中国通过仿制"P-2"导弹,学习设计本领。1960年11月,仿制的东风一号近程导弹飞行试验成功,标志着中国军事装备建设开始了一个新的里程。接着开始自行设计东风二号中近程地地导弹。首发失利,通过总结经验教训,真正认识到导弹武器的研制规律。在此基础上,确立了导弹武器的研制程序,明确研制工作要按照模型、出样、试样、定型这几个阶段进行。在充分做好地面试验的基础上,再进行飞行试验,采取了一系列措施,增设

图8-4　东风一号近程地地导弹

了多项地面试验,于 1964 年 6 月 29 日再次试验时获得成功。7 月 9 日、11 日又试验两发成功,9 月、10 月又成功试验 5 发,这些成绩表明中国已初步掌握了规律,取得了经验。这是中国地地导弹研制的转折点,从此以后,中程、中远程、远程地地战略导弹和运载火箭走上了独立研制的道路。1966 年 10 月 27 日,中国进行了震惊世界的第一次导弹核武器飞行试验,弹头准确飞入核试验区,在预定高度进行了核爆炸,这表明中国有了实战的核能力,一举打破了超级大国的核垄断和核讹诈,提高了中国的政治地位。20 世纪 60 年代,周恩来总理提出的"十六字方针",成为尖端武器研制工作的座右铭。同时,聂荣臻提出要按照预研、研制、生产"三步棋"来部署和安排导弹武器的工作,这为中国今后导弹事业的规划与工作安排指明了方向。

中程地地导弹的设计方案全然不同于中近程导弹:动力系统采用可贮存推进剂液体发动机;制导系统采用捷联式双补偿惯性制导方案,简化了射前准备,提高了制导精度。同时,地面设备实现了机动

图 8-5 东风二号中近程地地导弹

化,使导弹具备区域机动发射能力。在改进发动机设计后,1967 年 5 月第三次飞行试验获得圆满成功。此后对其进行提高射程的改型工作,于 1985 年 12 月和 1986 年 1 月两次定型飞行试验均获成功。中程导弹的研制,是贯彻"三步棋"的方针,按科研程序办事,缩短研制周期的一个范例。

中远程地地导弹的研制工作始于 1964 年,这个型号的研制,旨在突破多级火箭技术。1965 年 5 月,中央军委批准了中远程地地导弹的研

制任务书。射程的增加带来了许多新的技术问题,在解决了发动机和控制系统的难题之后,1969年11月首次试验,由于指令系统的故障,导弹自毁。采取措施后于1970年1月30日飞行试验圆满成功。

图8-6　1966年6月30日,周恩来总理视察酒泉发射基地

远程导弹对于国防建设和遏制战争有着巨大的战略意义。1965年3月,中央军委决定研制洲际导弹。同年8月,开始方案论证,确定了要将其研制成先进的战略武器的指导思想,各系统都采用了一些新的技术方案。广大科技人员排除干扰,坚持攻关,一丝不苟地参与型号研制工作,终于在1971年9月10日进行首次低弹道飞行试验,基本上达到了检验导弹设计方案和各系统的适应性的目的。随后,针对试验发现的问题,对原设计方案提出了十项较大的改进措施,以进一步提高导弹的可靠性和作战使用性能。1980年5月18日,中国从西北导弹试验基地成功地向太平洋海域发射洲际导弹,全程试验获得成功。中国有了洲际导弹这一事实具有划时代的战略意义。

图 8-7　东风五号成功发射

图 8-8　邓小平、聂荣臻等党和国家领导人观看东风五号发射试验情况

图 8-9　东风五号发射指挥

图 8-10　东风五号指挥控制中心

　　1967 年 3 月,国防部国防科学技术委员会确定研制固体地地战略导弹。由于"文化大革命"的影响,直到 1978 年 8 月才组织总体方案论证。1980年6月,中央军委批准了研制任务。1985年5月20日、31日首次用"三用车"进行定型飞行试验,获得成功。这是第一代固体地地导弹,它的成功为发展更先进的固体地地战略导弹奠定了基础。从液体转向固体,标志着中国地地战略导弹技术发展到一个新的阶段。

潜地固体导弹是由潜艇在水下发射的,它与核潜艇配套组成导弹核潜艇武器系统,大大提高了战略导弹的生存能力。20世纪60年代中期开始潜地导弹的论证,如何选择水下机动发射技术的试验途径、发射方式、导弹试验程序、导弹弹体及动力装置和制导系统等都是技术难关。1977年9月,经中央批准列为"三抓"任务之一。经过奋力攻关和全国近百个单位的大协作,1980年3月圆满完成了第一发遥测弹总装测试任务;1981年6月17日陆台状态遥测弹发射成功;1982年1月7日、4月22日先后两次陆筒飞行试验又获成功,开始进入水下发射阶段。1982年10月12日,中国首次潜艇水下发射固体战略导弹试验取得圆满成功。这是继1980年后,中国第二次在公海上发射导弹成功,表明中国固体燃料火箭技术取得了重大突破。1988年9月15日和27日成功地进行了两次潜艇水下发射固体战略导弹试验,标志着中国完全掌握了导弹核潜艇水下发射技术,使中国成为世界上第五个拥有潜射导弹的国家。远程导弹和潜艇水下发射新型导弹相继获得成功,使中国拥有了有效的核反击手段和能力,表明中国真正成了"有影响的大国"。

2015年在纪念中国人民抗日战争暨世界反法西斯战争胜利70周年阅兵上,战略打击模块中的6个导弹方阵先后登台亮相,涵盖目前现役的主要作战装备,代表着中国战略核威慑、核反击能力的全面提升,从远程、中程、近程地地精确打击导弹到各种巡航导弹,核常兼备,射程衔接,战略打击武器堪称是全球快递,是不可或缺的国之重器。

图 8-11　巨浪一号总设计师黄纬禄在观看导弹设备

图 8-12　巨浪一号潜射固体导弹试射

二、保卫和平，铸就防御盾牌

纵观历史，中华民族一直是一个热爱和平的民族，而当今时代的主题便是"和平与发展"。中国历代国家领导人曾在多个场合表示中华民

图 8-13　航展上展出的 CM-802AKG 导弹

族是热爱和平的民族,中国坚持以防御为主,坚定走和平发展道路。但近代以来中国的屈辱历史也使我们清醒地认识到,中国的防御应该是一种积极的防御。因此,毛泽东主席在 20 世纪 50 年代就指出:"在今天的世界上我们要不受人家欺负,就不能没有那个东西……没有那个东西,人家就说你不算数。那么,好吧,我们就搞一点吧,搞一点原子弹、氢弹、洲际导弹。"邓小平在 20 世纪 80 年代也指出:"如果 60 年代以来中国没有原子弹、氢弹,没有发射卫星,中国就不能叫有重要影响的大国,就没有现在这样的国际地位。这些东西反映一个民族的能力,也是一个民族一个国家兴旺发达的标志。"

中国的防空导弹发展受到党和国家领导人的高度重视,走过了 60 年的艰苦创业历程。从最早的苏联引进和仿制、改进,到后来的引进各主要研制国家的技术和资料,开展大量的预先研究,在吸取国外先进技术的基础上进行自主创新设计,航天人经历了艰苦创业、迅速发展、基地建设。"文化大革命"结束后,他们奋发图强,积极开拓,使得中国的全空域防空导弹武器装备达到世界先进水平,包括远程防空导弹武器系统、中近程防空导弹武器系统、末端防空导弹武器系统和便携式防空导弹武器,覆盖全空域,构建起一体化多层防空体系。

20世纪50年代末,中国引进了前苏联"C-75"地空导弹武器系统,一方面装备部队,一方面仿制生产并改进,形成了中国第一代中高空防空导弹——"红旗一号"半固定式中高空、中近程地空导弹武器系统。1959年10月6日,我国某防空弹在华北上空将入侵的新型高空侦察机一举击落,在世界军事史上开创了防空导弹击落飞机的先河。此后,敌对势力停止了对中国的飞行侵犯,祖国的神圣领空得到了有力的捍卫。

图8-14 "C-75"防空导弹

防空导弹是在对抗中不断发展的。当时苏联提供的技术在作战中只发挥了一次作用,而且中苏关系的恶化阻碍了技术更新引进,之后击落"U-2"飞机完全是靠科研人员对作战方式与干扰技术的改进来完成的。这就促成了中国自主发展中国特色的防空导弹的决心。同时,积极掌握国外的发展动向,借鉴国外先进技术与作战概念成为中国导弹技术跨越发展的主要途径。

20世纪60年代中期以来,中国又先后研制了超低空、中低空、中高空各种防空导弹,到20世纪70年代末已形成适应全空域的高度自动化先进防空导弹系列,满足了区域防空、要地防空、野战防空、舰队防空和单兵防空的需要。

20世纪70年代,中国正处在国际上第二代防空导弹正式装备、第三代防空导弹全面开发的关键时期。因此,在技术上引进了许多新的思想与概念,科研人员研究美国、前苏联、英国、法国等发展的第二代防空导弹,参照"爱国者-1""SA-10""海标枪""响尾蛇"等导弹与系统的技术,发展了介于第二代和第三代之间的防空导弹系统,如"前卫"便携式导弹、"FM-80""FM-90"等低空近程导弹。

20世纪90年代,中国自主研发了第三代中高空、中远程防空导弹"FD-2000"等型号。"FD-2000"导弹武器系统的亮相标志着中国成为世界上第三个拥有远程防空技术和能力的国家。作为空袭平台和弹药的全空域克星,"FD-2000"拦截距离远、覆盖全空域,多目标能力强,防空反导一体化,是国土防空主战兵器,并且可指挥其他防空武器,构成一体化多层防空体系。"FD-2000"可用于拦截各类作战飞机、精确制导武器,以及战术弹道导弹,具备威力强大的独立作战能力和地面防空一体化指控能力,适应各种气候条件和复杂的战场环境,是国土防空、区域防空、要地防空和野战防空等现代战争的"全能选手"。自此,中国防空导弹研制、试验能力跨入了世界先进行列!历经60年的披坚执锐,发扬蹈厉,取得了里程碑式的胜利,揭开了防空导弹发展新的序幕。

图 8-15 "FD-2000"亮相航展

进入 21 世纪,因为精确打击、防区外(或超视距)发射、隐身与饱和袭击已成为空袭体系的主要作战方式,多武器配合协同、网络化指挥已成为完整体系,防空武器系统面临着多层次、多目标、隐身与非隐身、干扰与反干扰、真假目标混合饱和的精确打击,这就要求不仅单个和单类防空武器的性能大大提高,而且必须形成多种防空武器有组织的防空体系,与相应的空袭体系对抗。

新一代防空导弹武器的标志就是:多通道自主对付多目标,反隐身抗干扰精确打击,高速度高过载快速响应,机动灵活适应网络化作战需要。为此,在上一代防空导弹武器系统的基础上不断改进与发展;提高动力装置的比冲和装药质量比,采用能快速反应的推力矢量控制,使导弹重量进一步下降,而过载上升和响应时间缩小半个量级;采用光电复合制导和成像技术,不仅可抗各种干扰,而且可使制导精度达到摧毁要害目标的目的;采用多功能相控阵雷达与光学探测结合,使目标密度达到 100~500 批,识别后能精确跟踪 50~100 个目标,以适应多目标多方向作战的需要;采用网络化智能作战指挥系统,以合理组织与分配火力,完成防御体系的最佳作战方案。

当代航天人正在为构建适应未来若干年军事技术发展和可能的变故而努力奋斗。防空导弹只是反空袭的一类武器,加速以往防空炮弹的制导化,发展新型的定向能武器,如激光等武器,也是防空武器发展的重要方向。为了扩展防空领域,实现高中低、远中近,从地面一直向空间的防御,确保国家安全,拦截各种侵犯中国领空、领海的空袭目标,这将都是中国防空导弹发展的任务。

海上攻防作战体系能统筹考虑地理环境、交通、要塞分布等综合因素,合理部署各作战单元,通过完备的通信网络实现信息共享和协同作战,全天候监视领海,一旦发现敌方目标,能迅速集合各种作战力量,以对敌实现立体化打击,打赢信息化条件下的海防区域保卫战,完成保卫本国领海、岛屿和陆地的作战使命。海上攻防作战导弹射程覆盖近、中、远程,发射平台涵盖岸基、舰基、潜基、空基,可实现多平台协同作战,全方位精确打击。

第八章　中国航天文化硕果累累

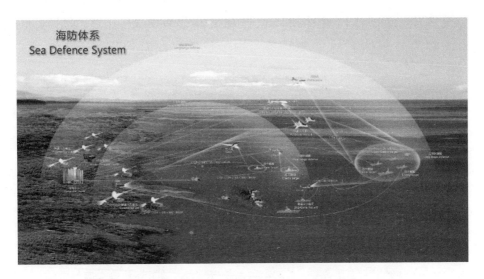

图 8-16　海防体系

中国从仿制舰舰导弹上游一号开始,将其搬到岸上,改型设计成岸舰导弹海鹰一号和海鹰二号。后来,海鹰一号改型,重点装备了导弹驱逐舰。海鹰二号发展成"系列",衍生了五个型号。从最初的"上游""海鹰"到最新亮相的"C602""C704""C802A",中国反舰导弹已经形成一个庞大的家族。

20 世纪 80 年代初期,根据中国国防事业的需要,国家对新型号提出了要对领空、领海同时具有保障作用的要求。在刚开始的几年里,研制团队一举突破 5 项重大关键技术,确定了型号研制方案,取得了 9 项成果。多年的研制攻关,虽历经坎坷,但最终还是将中国防御导弹的研制水平又推上了一个新的高度。

20 世纪 80 年代研制成固体发动机的鹰击八号多用途导弹,发展成"系列",分别装载于多种舰艇、飞机,被海军称为"玲珑一代"。体现海上攻防反舰作战体系核心作战能力的打击武器,主要由"C701/C704"近程反舰导弹、"C705/C802A"中程反舰导弹、"C602"远程反舰导弹等多型导弹构成。"C602"导弹是新型远程反舰导弹,具有射程远、命中精度高、突防能力强、毁伤威力大、使用灵活、生存能力强等特点。可装载于机动车辆或水面舰船，具有初段越障和航路规划功能，用于打击敌大、中型水面舰艇及编队。

图 8-17　鹰击八号反舰导弹发射

中国是最早开展研制超声速飞行的飞航导弹的国家之一，飞航导弹以两倍声速，掠海飞行，成为最难防御的导弹武器。"C802A"反舰导弹是一种以涡喷发动机为动力的高亚音速、掠海飞行的反舰导弹武器系统。采用了捷联惯导、频率捷变雷达、数字化控制等新技术，具有体积小、重量轻、射程远、攻击区域宽、突防和抗干扰能力强、命中精度高、机动性好、操作方便、易于维护、发射后不管等特点，可装载于舰艇、岸防阵地或飞机上，对敌方的驱逐舰、护卫舰、登陆舰艇实施舰舰、岸舰和空舰超视距攻击。

飞航导弹装备部队，增强了海防实力。中国的导弹驱逐舰编队访问过世界十多个国家，带去了中国人民的友谊，并使世界各地的华人扬眉吐气，他们盛赞这为"活动的国土"，尤其为目睹了祖国的军舰而欢欣鼓舞。

2015 年在纪念中国人民抗日战争暨世界反法西斯战争胜利 70 周年阅兵上，海上攻防模块中的舰空导弹方队、反舰导弹方队、岸舰导弹方队依次通过天安门广场,展示了中国维护国家海洋权益的强大实力。

图 8-18 中国人民抗日战争暨世界反法西斯战争胜利 70 周年阅兵

三、协同作战,增强信息支援

20 世纪 90 年代后,和平与发展已成为当今世界的主流。世界各国都及时调整了国家的发展战略,掀起了以发展高新技术为重点竞争内容的新浪潮,把过去的军事对抗和军备竞赛转变为国家之间综合国力的竞争。各国都把航天技术作为发展重点和先导,这是一场比过去更广泛、更深刻、更全面的竞争,是一场真正不流血的战争,谁要是在这场竞争中失败了,其国家利益将受到重大损失。正因如此,多种航天技术大力协同,增强信息支援,对于现代战争而言,是决胜的关键所在。

军事卫星在现代化的战争中具有特殊用途和重要作用。军事侦察卫星可以用来对敌方进行侦察,让敌方的重大军事行动处于己方的严密监视之下,并能将侦察到的目标、精确的经纬度和高程标在地图上,提供实际的图像,为己方的战略导弹或战略轰炸机提供精确的打击目标位置。电子侦察卫星还能侦察敌方防空地面雷达和反导弹雷达的坐标位置与频率范围,并测定这些雷达的信号和作用距离,对己方轰炸机突破敌方的防御网极为重要,而且对己方导弹弹头设法突破敌方的反弹道导弹防御体系很有价值。导航卫星或全球定位系统(GPS)被称为现代战争的"眼睛",可为飞机、舰艇、汽车,甚至巡航导弹等运动物体提供必要的导航服务,其精确度可达 10 米以内,具有重要的军事价值。其他还有军事通信卫星、军事气象卫星、载人空间站等,反映了现代化战争高度电子信息化的基本特征,各类军事卫星为此提供了全面、准确、适时、灵敏和可靠的先进技术与手段,从而使掌握者能在战争中处于优势和主动地位。

现代战争已是坦克、大炮、飞机、军舰多兵种之间有机配合,空地海天电一体的立体战争。其技术之先进、杀伤力之强和危险性之大,都是前所未有的。而无人机以其体积小、重量轻、机动性好、飞行时间长和便于隐蔽为特点,尤其是因其无人驾驶,特别适合于执行危险性大的任务,故在现代战争中正发挥着越来越大的作用。近年来,中国无人机产品不断丰富,功能不断完善,按照"基本型、系列化、体系化"的发展思路,"彩虹""海鹰"等多款高性能无人机研制成功。可用于军事领域执行空中侦察监视、情报搜集、信息中继、靶标模拟、对地攻击、打击效果评估等多种任务,也可应用于航空摄影、地理测量测绘、环保森林防火、地质环境与灾害勘察监测、海岸缉私、矿产资源勘探、土地利用动态监测、气象测量等民用领域。

图 8-19　高速无人机侦打一体作战系统

"防务对抗体系"中,C4ISR(指挥自动化)体系如同体系化作战能力生成的"黏合剂"和"倍增器",把防空、海防、对地打击和无人机作战体系"黏合"成有机整体,堪称整个防务对抗体系的基础和中枢。C4ISR系统本身就是一个大力协同的例子。

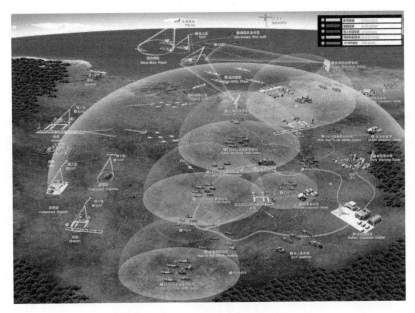

图 8-20　防务对抗仿真演示

C4ISR 系统以其突出的情报获取能力、信息传输能力、分析判断能力、决策处置能力和组织协调能力,在国防现代化建设和高技术战争中的地位和作用日益突出。可以预见,随着科学技术的发展,国防指挥自动化系统将越来越完善。

航天技术的发展对国家战略已经产生越来越大的影响力,这种影响力是其他任何技术都不可替代的。航天技术将成为21世纪国际竞争和空间竞争的重要领域。中国航天技术的成就极大地提高了民族自尊心与社会凝聚力。中国拥有了各类导弹武器,拥有了可以打到世界任何地方的核能力,足以震慑对中国挥舞大棒的人,大大提高了国人的安全感。中国航天事业的发展,打破了超级大国对太空资源利用的垄断,对世界和发展中国家具有深远的政治与战略意义。

第二节　自主创新，勇攀航天高峰

作为当今世界高新技术发展水平的集中展示，航天技术已成为衡量一个国家综合国力和国际竞争力的重要标志。1970年中国成功发射第一颗人造地球卫星"东方红一号"，拉开了中国进入太空、探索宇宙的序幕，之后的载人航天工程、月球探测工程、"北斗"卫星导航系统、高分辨率对地观测系统，一次次把中国的科技实力和国际地位推到崭新高度。在党中央和全国人民的大力支持和经济社会发展的推动下，中国航天快速发展，取得了举世瞩目的成就。

回顾中国航天发展的历史实践，最为突出并贯穿始终的就是自主创新。在几代航天人锲而不舍、坚忍不拔的努力下，中国航天形成了完整的导弹武器、运载火箭、卫星、飞船等各类航天器研究、设计、试验和生产体系，研制了各类导弹武器装备，掌握了一箭多星、低温燃料火箭、捆绑火箭等多项运载火箭技术，形成了不同轨道、不同类型的多种应用卫星系列，实现了航天工程的历史性突破。

一、自力更生，从人造卫星到探月工程

人造卫星是发射数量最多、用途最广、发展最快的航天器，也是中国航天事业起步后不久便决定率先研制的航天器之一。

目前中国已初步形成四类卫星：对地观测卫星，通信卫星，导航定位卫星，科学探测与技术试验卫星。对地观测卫星，基本建成"风云""海洋""资源""遥感""天绘"等卫星系列和"环境与灾害监测预报小卫星星座"，对地观测卫星所获得的遥感资料对国土普查、大地测量、地震预报、矿产资源勘探、农林水利开发等都发挥了重要作用。通信卫星，改变了

中国边远地区通信落后的状况,为通信、广播、数据传输和电视教育等开辟了广阔的道路,突破大容量地球静止轨道卫星公用平台、天基数据中继与测控等关键技术,卫星技术性能明显提高。导航定位卫星,广泛应用于测绘、电信、水利、渔业、交通运输、森林防火、减灾救灾和公共安全等诸多领域,产生了显著的经济效益和社会效益。科学探测与技术试验卫星,研制发射多颗"实践"系列卫星和微小卫星,为空间环境探测、空间科学实验和新技术验证提供了支撑平台。

1958年,毛泽东主席发出了"我们也要搞人造卫星"的伟大号召,在周恩来、聂荣臻等中央领导的亲自指挥下,在各部门、各地区的大力支持下,广大航天科技工作者奋发图强、埋头苦干、克服困难,完全依靠自己的力量,踏上了征服太空之路。1965年元旦前后,赵九章和吕强以及钱学森先后提出了研制人造卫星的建议,并得到了聂荣臻的赞同。1965年8月,中央军委原则上同意中国科学院提出的发展人造卫星的规划方案和第一颗人造卫星在1970年发射的计划安排,中国航天技术由此进入有计划开展工程研制的时期。1970年4月24日,中国自行研制的第一颗人造卫星"东方红一号"遨游太空,《东方红》乐曲在太空回响,从此开创了中国航天的新纪元。中国不仅成为世界上第五个研制和发射人造卫星的国家,而且发射的第一颗人造卫星的重量超过苏、美、法、日四国第一颗卫星重量的总和,表明中国的航天技术一开始就达到了较高水平。

图 8-21 "东方红一号"发射卫星动员誓师大会

图 8-22 "东方红一号"卫星

随后的 29 年时间,经历多次失败和挫折,中国航天事业不断创造辉煌的纪录。发射的返回式遥感卫星,绝大多数按计划返回地面,送回的大量遥感资料已经广泛应用于国民经济各个领域。中国成为继美国、前苏联之后世界上第三个掌握卫星回收技术的国家。

至 1984 年 1 月 29 日,继首次发射"东方红一号"卫星以来,连续 6 次成功发射"东方红二号""东方红二号甲""东方红三号"通信卫星。其中,"东方红三号"通信卫星是中国自行研制的新一代中等容量国内通信卫星,星上装有 24 路 C 频段转发器,工作寿命 8 年。"东方红三号"卫星上采用了许多国内首次使用的新技术,这些先进技术不但在国内属领先水平,许多也已达到了当时国外的先进水平。"东方红三号"发射成功表明中国成为世界上第三个掌握低温高能氢氧发动机技术和独立发射地球同步静止轨道卫星的国家。

1988 年以来,中国发射了多颗气象卫星。"风云一号"卫星是中国第一代太阳同步轨道气象卫星,主要用于对地球及大气层进行气象探测。该卫星的发射使中国气象事业进入空间探测大气的新阶段,是中国空间技术和气象现代化建设的一个突破性进展,也使中国成为世界上第三个独立研制和成功发射太阳同步轨道卫星的国家。"风云二号"卫星是中国第一代静止轨道气象卫星,卫星实时监测中国及周边地区天气变化,提供可见光、红外线和水汽云图。星上数据收集转发器具有区域通道 100 个,国际通道 33 个。它对中国实现气象探测现代化,加强生态环境监测,促进西部开发,提高防灾减灾能力,促进国民经济建设,提高中国在气象界的声誉和地位,产生了十分重要的推动作用。"风云三号"气象卫星是中国的第二代极轨气象卫星,它是在"风云一号"气象卫星技术基础上的发展和提高,在功能和技术上向前跨进了一大步,具有质的变化。"风云三号"气象卫星主要解决三维大气探测的问题,大幅度提高了全球资料获取能力,进一步提高云区和地表特征遥感能力,从而能够获取全球、全天候、三维、定量、多光谱的大气、地表和海表特性参数。

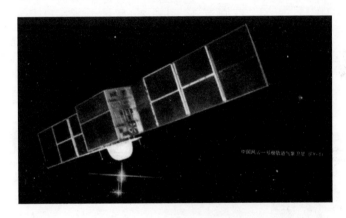

图 8-23 "风云一号"卫星

小卫星独树一帜,适应航天需求纷繁的发展趋势。中国于 1972 年 4 月发射了一颗专用于物理探测的"实践二号"卫星;1981 年 9 月 20 日"风暴一号"发射一组空间探测卫星("实践二号""实践二甲""实践二乙")。20 世纪 90 年代以来小卫星更是迅速发展,1994 年 2 月研制了"实践四号",进行空间辐照环境的探测研究;1999 年 5 月 10 日长征四号运载火箭又将"实践五号"卫星送入轨道;到 2014 年年底,已发射 6 颗"资源一号",3 颗"资源二号"和 1 颗"资源三号"卫星,形成了"资源"卫星系列。"资源一号"卫星是中国第一代传输型地球资源卫星,星上三种遥感相机可昼夜观测地球,利用高码速率数传系统将获取的数据传输回地球地面接收站,经加工、处理成各种所需的图片,供各类用户使用;"资源二号"卫星是传输型遥感卫星,主要用于国土资源勘查、环境监测与保护、城市规划、农作物估产、防灾减灾和空间科学试验等领域;"资源三号"卫星是中国首颗民用高分辨率光学传输型立体测图卫星,集测绘和资源调查功能于一体,搭载的前、后、正视相机可以获取同一地区三个不同观测角度立体像对,能够提供丰富的三维几何信息,填补了中国立体测图这一领域的空白,具有里程碑意义。航天空间技术研究院先后研制了多颗小卫星和微型卫星,并建立了可批产、可满足各种小卫星组网需要的小卫星系列平台,达到了国际上20世纪90年代中后期的发展水平。1999年10月14日,首颗传输型资源卫星升空;自2006年4月27日发射首颗"遥感卫星一号"起至2015年年底,中国已连续发射29个型号,在科学试验、国土资源普查、农作物估产及防灾减灾等方面发挥着重要作用。

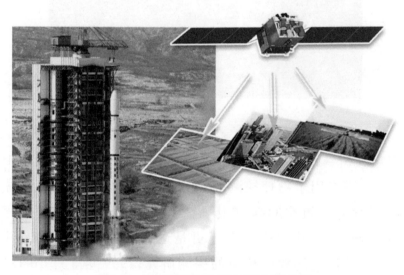

图8-24 "资源三号"卫星及其传回的影像

中国从20世纪80年代初期开始利用国外导航卫星,开展卫星导航定位应用技术开发工作,卫星导航定位技术已广泛应用于交通运输、基础测绘、工程勘测、资源调查、地震监测、气象探测和海洋勘测等领域。

2000年10月31日,中国首颗导航定位卫星"北斗一号01星"成功发射,截至2015年年底已发射20颗"北斗"卫星,2012年年底开始向亚太大部分地区提供导航服务,2015年新一代"北斗"卫星的发射标志着中国"北斗"卫星导航系统已由区域运行向全球拓展的启动实施。"北斗"卫星导航系统正按照"三步走"的发展策略稳步推进,预计到2020年,中国将建成由5颗地球静止轨道和30颗地球非静止轨道卫星组网而成的"北斗"全球卫星导航系统,实现全球区域覆盖,且国内精度达到2.5米。

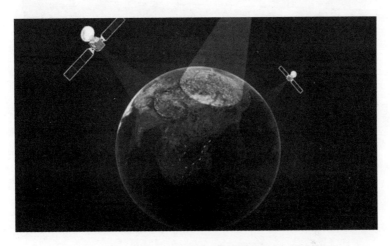

图8-25 "北斗"卫星导航系统

2005年5月15日,中国发射了第一颗"海洋一号A"卫星,至今已发射两颗"海洋一号"卫星和一颗"海洋二号"卫星,初步形成"海洋"卫星系列。"海洋一号"卫星,是中国第一颗用于海洋水色探测的试验型业务卫星,为海洋生物的资源开发利用、海洋污染监测与防治、海岸带资源开发、海洋科学研究等领域服务。"海洋一号A"卫星星上装载两台遥感器,一台是十波段的海洋水色扫描仪,另一台是四波段的CCD成像仪;"海洋一号B"卫星是中国"海洋一号A"的后续星,星上载有一台十波段的海洋水色扫描仪和一台四波段的海岸带成像仪。该卫星在"海洋一号A"卫星基础上研制,其观测能力和探测精度进一步增强和提高,主要用于探测叶绿素、悬浮泥沙、可溶有机物及海洋表面温度等要素和进行海岸带动态变化监测,为海洋经济发展和国防建设服务。"海洋二号"卫星是中国第一颗海洋动力环境监测卫星,主要任务是监测和调查海洋环境,是海洋防灾减灾的重要监测手段,可直接为灾害性海况预报和国民经济建设服务,并为海洋科学研究、海洋环境预报和全球气候变化研究提供卫星遥感信息。该卫星集主、被动微波遥感器于一体,具有高精度测轨、定轨能力与全天候、全天时、全球探测能力。

图 8-26　2002 年 5 月 15 日发射"海洋一号 A"卫星

2010 年 8 月 24 日和 2012 年 5 月 6 日,中国分别成功发射了"天绘一号 01 星"和"天绘一号 02 星"。"天绘一号"是中国第一代传输型立体测绘卫星,主要用于科学研究、国土资源普查、地图测绘等领域的科学试验任务。"天绘一号"可以快速获取全球地理空间信息,其特点在于可长期在轨运行,具备快速甚至实时获取三维地理信息的能力,克服了返回式卫星因其携带的胶片数量限制而在轨寿命较短、获取情报时效性差和不能直接形成数字影像等不足,是中国航天领域的重大突破,对促进中国测绘事业具有里程碑意义。

2014 年 4 月 26 日,"高分一号"卫星在酒泉卫星发射中心由长征二号丁运载火箭成功发射,该卫星是高分辨率对地观测系统国家科技重大专项的首发星。"高分一号"卫星突破了高空间分辨率、多光谱与高时间分辨率结合的光学遥感技术,多载荷图像拼接融合技术,高精度高稳定度姿态控制技术,5~8年寿命高可靠卫星技术,高分辨率数据处理与应用等关键技术,对于推动中国卫星工程水平的提升,提高中国高分辨率数据自给率,具有重大战略意义。"高分二号"卫星于2014年8月19日由长征四号乙运载火箭成功发射,分辨率优于1米,卫星影像可在遥感集市平台中查询到,同时还具有高辐射精度、高定位精度和快速姿态机动能力等特点。"高分二号"卫星的成功发射标志着中国遥感卫星进入亚米级"高分时代"。

图 8-27 "高分一号"高分辨率地理地貌影像

2004年,中国正式开展探月工程,并将其命名为"嫦娥工程"。中国整个探月工程分为绕、落、回三个阶段。2007年10月24日,中国成功发射第一个月球探测器——"嫦娥一号",实现"精确变轨,成功绕月"的预定目标,获取大量科学数据和全月球影像图,并成功实施"受控撞月"任务。"嫦娥一号"任务的圆满完成,是继人造地球卫星、载人航天飞行取得成功之后中国航天事业发展的又一座里程碑,标志着中国已经跨入具有深空探测能力的国家行列。2010年10月1日,中国成功发射"嫦娥二号"月球探测器,获取了分辨率更高的全月球影像图和虹湾区域高清晰影像,并成功开展环绕拉格朗日L2点等多项拓展性试验,为深空探测后续任务的实施奠定了基础。2013年12月2日,中国成功发射"嫦娥三号"月球探测器(搭载"玉兔号"月球车),14日成功软着陆于月球雨海西北部,15日完成着陆器巡视器分离,并陆续开展了"观天、看地、测月"的科学探测和其他预定任务,取得一定成果。"嫦娥三号"任务圆满成功,首次实现了中国航天器在地外天体软着陆和巡视勘察,标志着中国探月工程第二步战略目标全面实现,中华民族跻身世界深空探测先进行列。习近平总书记在人民大会堂会见探月工程"嫦娥三号"任务参研参试人员代表,代表党中央、国务院、中央军委,向"嫦娥三号"任务圆满成功表示热烈的祝贺,他强调"科技创新是提高社会生产力和综合国力的战略支撑,必须把科技创新摆在国家发展全局的核心位置,坚持走中国特色自主创新道路,敢于走别人没有走过的路,不断在攻坚克难中追求卓越,加快向创新驱动发展转变"。2014年10月24日,中国自行研制的探月工程三期再入返回飞行试验器,在西昌卫星发射中心用长征三号丙运载火箭发射升空,准确进入近地点高度为209千米、远地点高度为41.3万千米的地月转移轨道。2014年11月1日,探月工程三期再入返回飞行试验任务返回器精确再入,安全着陆,成功回收,取得圆满成功。2015年3月12日,国防科工局宣布探月工程将加大向社会开放力度,计划将"嫦娥四号"任务打造成为开放的空间科学研究和空间应用平台,鼓励社会和公众参与,引导和推动万众创新,并进一步深化国际合作,推动资源共享。同年9月2日,探月工程三期再入返回飞行器服务舱完成对"嫦娥五号"预定采样区遥感成像飞行任务,获取了该区域地形地貌信息,为"嫦娥五号"任务月面软着陆和采样区域的选择提供了依据。

第八章 中国航天文化硕果累累

图 8-28 中国探月工程的三个阶段

二、大力协同,载人航天工程硕果累累

载人航天工程,是中国航天史上规模最大、技术最复杂、安全性和可靠性要求最高的跨世纪重点工程。为了顺利完成这项工程,一百一十多个单位直接承担了研制、建设和发射任务,而参与这项工程的协作单位,则多达三千多个。各单位在工程中充分发挥大力协同、团结协作的航天精神,按照"三步走"战略,以全面协调、科学统筹为手段,以社会主义集中力量办大事的制度优势为保障,以当今时代显著提高的经济实力、科技实力、综合国力为依托,以全国各族人民的鼎力支持为后盾,苦干实干,稳扎稳打,循序渐进,不断从胜利走向胜利,创造了中国航天史和世界航天史上的新奇迹。

在项目论证初期,中国从国家的战略需求、基本国情、任务拓展和后续发展等方面统筹考虑和系统论证,明确提出了"发射载人飞船、建设空间实验室、建设空间站"的三步走战略,并从一开始就瞄准了国际第三代载人飞船的水平,创造性地制订了具有中国特色的三舱方案。在工程实践中,成功地研制出具有国际先进水平的神舟系列飞船、长征二号F运载火箭、天宫一号目标飞行器,攻克了飞船总体技术、飞船制导、导航、控制技术等一系列国际宇航界公认的技术难题。中国仅用了4次无人飞行试验就实现了载人首飞,仅用了3次载人飞行就完成了从一人一天、多人多天到空间出舱的跨越,仅用了2次飞行就完全掌握了空间交会对接技术,使中国成为世界上第三个独立掌握载人天地往返、航天员太空出舱和空间交会对接技术的国家。

1992年9月21日,党中央、国务院正式批准"中国载人航天工程计划",并确定了"三步走"的发展战略。第一步,发射载人飞船,建成初步配套的试验性载人飞船工程,开展空间应用实验;第二步,突破航天员出舱活动技术、空间飞行器的交会对接技术,发射空间实验室,解决有一定规模的、短期有人照料的空间应用问题;第三步,建造空间站,解决有较大规模的、长期有人照料的空间应用问题。

1999年11月20日,按预定计划由新型长征二号F捆绑式运载火箭成功发射第一艘试验飞船"神舟一号",迈出了中国载人航天工程的第一步。此次任务主要考核运载火箭性能和可靠性,验证飞船关键技术和系统设计的正确性,以及包括发射、测控通信、着陆回收等地面设施在内的整个系统工作的协调性。它是中国载人航天工程的首次飞行,标志着中国在载人航天飞行技术上有了重大突破,是中国航天史上的重要里程碑。

2001年1月10日,"神舟二号"发射成功,这是中国载人航天工程的第二次飞行试验,标志着中国载人航天事业取得了新的进展,向实现载人航天飞行迈出了可喜的一步。试验中国第一艘正样无人飞船,飞船由轨道舱、返回舱和推进舱三个舱段组成,系统结构有了新的扩展,技术性能有了新的提高,首次在飞船上进行了诸多领域的实验。

2002年3月25日,"神舟三号"飞船发射升空并成功进入预定轨道。"神舟三号"在轨运行7天,各系统工作正常,运行状态良好,完成了预定的全部科学实验和探测任务,取得了圆满成功。这次发射成功标志着中国载人航天工程取得了新的重要进展,为把中国的航天员送上太空打下了坚实的基础。

2002年12月30日,"神舟四号"发射升空,该飞船是在"神舟一号"

"神舟二号""神舟三号"飞行任务成功的基础上,经进一步完善研制而成,其配置、功能及技术状态与载人飞船基本相同。载人航天应用系统、航天员系统、飞船环境控制与生命保障分系统全面参加了试验,进行了多项研究项目。

2003年10月15日,中国第一艘载人飞船"神舟五号"成功发射。飞船由运载火箭发射到近地点200千米、远地点350千米、倾角42.4°初始轨道,实施变轨后,进入343千米的圆轨道,环绕地球14圈后在预定地区着陆。飞船由轨道舱、返回舱、推进舱和附加段组成。飞船的手动控制功能和环境控制与生命保障分系统为航天员的安全提供了保障。"神舟五号"飞船实现了一人一天飞行,主要任务是考核飞船载人环境,获取航天员空间生活环境和安全的有关数据,全面考核工程各系统工作性能、可靠性、安全性和系统间的协调性。"神舟五号"载人航天飞行任务实现了中华民族千年飞天的愿望,是中华民族智慧和精神的高度凝聚,是中国航天事业在新世纪的一座新的里程碑。"神舟五号"载人飞船成功发射和返回,震动了全世界,引起了世界各国各界的高度关注。

图8-29　2003年10月16日,中国第一艘载人飞船"神舟五号"成功着陆,图为航天英雄杨利伟自主出舱

2005年10月12日,"神舟六号"成功发射。飞船上新增加了40余台设备和6个软件,使飞船的设备达到600余台,软件82个,元器件10

万余件，做出了4个方面110项技术改进。"神舟六号"载人航天飞行实现了两人多天飞行，标志着中国多项载人航天技术达到世界领先水平。

2008年9月25日，"神舟七号"发射升空。"神舟七号"载人航天飞行实现了航天员出舱活动和小卫星伴飞，成功完成了多项技术试验，开启了中国载人航天工程的新篇章。"神舟七号"飞船的准确入轨、正常运行、出舱活动圆满、安全健康返回，是中国首次突破航天员出舱行走技术，这是中国载人航天工程"三步走"战略第二步第一阶段最核心、最关键技术的重大突破。

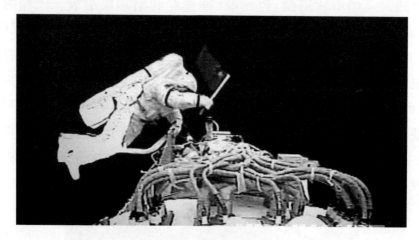

图8-30 "神舟七号"航天员出舱活动

2011年11月1日，"神舟八号"发射升空。"天宫一号"和"神舟八号"交会对接任务全面实现了"准确进入轨道、精确交会对接、稳定组合运行、安全撤离返回"的预定目标。至此，中国已掌握载人航天三大基本技术——载人的天地往返技术、航天员出舱活动的关键技术和空间交会对接技术，实现了中国空间技术的重大跨越，是中国载人航天事业发展历程中的重要里程碑。"天宫一号"也按计划开展了一系列科学实验和技术试验，主要包括空间对地遥感探测应用试验、空间材料科学实验，以及空间环境和空间物理探测试验等。此外，还突破了多项航天飞控关键技术：基于状态的飞行控制自动规划技术、强约束条件下轨道相位精确控制技术、远距离导引最优控制策略及轨道重构技术、交会对接多目标协同控制决策支持技术、注入数据快速验证技术。

2012年6月16日,"神舟九号"成功发射。此次飞行任务完成了首次手控交会对接,并进一步验证自动交会对接技术,同时,全面验证了目标飞行器保障支持航天员生活工作的性能,以及组合体管理技术,首次实现地面向在轨飞行器进行人员和物资的往返运输与补给,开展航天医学实验及有关关键技术试验。此外,此次任务搭载了首名中国女航天员进入太空。"神舟九号"任务圆满成功标志着载人航天工程第二步任务取得了重大成果,为今后的载人航天的发展、空间站的建设奠定了良好的基础。

2013年6月11日,"神舟十号"成功发射。此次任务是载人天地往返运输系统首次应用性飞行,主要目的是验证航天器绕飞及多方位交会技术,为后续空间站工程建设积累经验。此外,此次任务首次开展面向青少年的太空科学讲座科普教育活动。"神舟十号"任务实现了中国载人航天飞行任务的连战连捷,为工程第二步第一阶段任务画上了圆满的句号,也为后续载人航天空间站的建设奠定了良好的基础。

三、推陈出新,航天运载火箭走向世界

中国是在研制弹道式导弹的基础上发展运载火箭的,独立自主研制成功了12种不同型号的"长征"系列运载火箭,形成相对完备的运载火箭型谱。实现了从常温推进到低温推进、从串联到捆绑、从一箭单星到一箭多星,运载能力覆盖高、中、低各种轨道,能够满足不同载荷的发射要求。中国运载火箭技术研究院先后承担了载人航天工程、探月工程、"北斗"导航工程等一系列国家重大工程卫星的发射任务,为实现中国航天三个里程碑的跨越作出了突出贡献。

经过几十年不懈努力和自主创新,中国航天运载火箭不断推陈出新,运载能力已经由弱到强,一直在向世界一流运载火箭迈进。如今,中国航天运载火箭已经走向国际市场,并在世界商业发射市场赢得赞誉。

为发射"东方红一号"卫星,中国于1965年下半年开始研制号称"航

天第一兵"的长征一号三级串联式运载火箭,其一、二级采用中远程地地导弹发动机,第三级采用固体火箭发动机。1970年,中国自行研制的长征一号运载火箭成功地将"东方红一号"卫星送上太空。为了发射返回式遥感卫星,1970年开始在洲际地地导弹基础上研制长征二号串联式两级运载火箭。1975年11月26日,长征二号运载火箭成功地把一颗返回式遥感卫星送入预定轨道。1981年9月20日,由上海航天局研制的风暴一号运载火箭成功地将3颗科学实验卫星送入宇宙空间。

由于其他类型卫星的需要,将长征二号火箭参数做了适应性修改,演变成长征二号丙、长征二号F等运载火箭,其技术性能和运载能力均有提高,实现了基本型、系列化的发展,为"长征"系列运载火箭铺设通天路奠定了坚实的基础。

为了发射地球静止轨道通信卫星,自1977年9月开始研制长征三号串联式三级运载火箭。在攀登运载技术新高峰、向地球静止轨道进军的征途中,科技人员顽强奋战,解决了一系列难度很大的技术问题。1984年4月8日长征三号运载火箭成功地将试验通信卫星送入地球同步转移轨道。此后,分别于1986年2月1日和1988年3月至12月期间成功地发射了一颗实用通信广播卫星和两颗实用通信卫星。长征三号运载火箭使中国具有了发射地球静止轨道卫星的能力,标志着中国运载火箭跨入了世界先进行列。

为发射"风云一号"气象卫星,中国研制了长征四号运载火箭,其第一、二级与长征三号近似,第三级采用两台可双向摇摆、真空推力5.1吨的常规推进剂发动机。1988年9月7日,长征四号运载火箭在太原卫星发射中心成功发射第一颗太阳同步轨道气象卫星"风云一号"。历经艰难险阻,中国跟踪世界航天技术的发展,先后研制成功"长征"系列运载火箭多种型号,低度轨道运载能力从300千克到13.6吨,太阳同步轨道从200千克到7吨,地球同步轨道从1.5吨到5吨,可以覆盖低轨道、中高轨道、高轨道等各种太空轨道,同时具备了发射近地轨道、太阳同步轨道、地球静止轨道卫星的能力。而且,由于长征二号E运载火箭和长征三号乙运载火箭采用捆绑技术,使低轨道和静止轨道运载有效载荷的能力大幅度提高,可靠性和入轨精度达到了较高水平。

图 8-31　长征三号乙运载火箭成功发射"亚太九号"通信卫星

1985 年 10 月,中国政府宣布,中国"长征"系列运载火箭投放国际市场,承揽对外发射服务。从 1986 年以来,中国先后与 20 多个国家和地区建立了航天科技合作关系,陆续签订了搭载服务和发射卫星的协议或合同。为了履行这些合同,也为了发展中国的航天技术,航天战线的广大职工怀着强烈的责任感和荣誉感,历尽坎坷,攻克了一个又一个技术难关,终于迈出了坚实的步伐,留下了串串亮点。1990 年 4 月 7 日,中国长征三号运载火箭首闯国际市场,在西昌卫星发射中心发射美国制造的"亚洲一号"通信卫星一举成功,以无可争辩的实力迈出了对外发射服务的第一步。为了提高火箭运载能力和适应国际卫星发射市场的需求,长征二号 E 运载火箭的研制是一首高昂的民族志气歌!从 1988 年

12月14日国务院正式批准上马,到1990年7月16日在西昌首次发射一举成功,仅用了18个月,使中国运载能力一跃达到世界先进水平,这是世界航天史上的奇迹!1992年8月和12月,长征二号E运载火箭又成功地发射了两颗美制"澳星",圆满完成发射"澳星"的合同。"澳星"发射完成后,引起很大反响,特别对世界华人产生了巨大的鼓舞,他们纷纷来电祝贺,认为"中国航天是世界级的卫星发射者,使世界华人引以为荣""向世界表明了中国人博大的智慧,不畏挫折的勇气,完全可以使人类共享开发宇宙的技术成果,中国航天人代表中华民族所进行的宇航事业,使不论居住在何方的炎黄子孙每每想起祖国都为之赞叹不已"。随后又经过1995年1月发射美制"亚太二号"通信卫星失利和同年年底连续发射美制"亚洲二号"和"艾科斯达一号"通信卫星成功的考验。长征二号E运载火箭更加成熟和可靠,在世界商业发射市场赢得信誉。

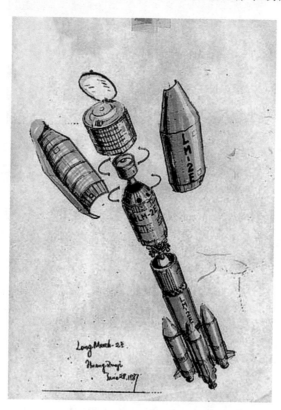

图8-32　手绘的长征二号E运载火箭的设想图

为了发射外星的需要,长征三号运载火箭改进了第三级发动机,形成长征三号甲运载火箭。长征三号甲运载火箭采用捆绑技术形成了长征三号乙大推力运载火箭。长征三号乙运载火箭1997年以来连续四次发射外星获得成功,进入世界大型火箭的行列。1997年长征二号丙改进型运载火箭研制成功,并以一箭双星的方式五次把10颗铱星送入预定轨道,显示了"长征"火箭具有高度可靠的性能。目前,中国"长征"系列火箭已能承揽各种轨道、各种重量、各种用途的外星发射服

图8-33 1990年改进型长征二号E运载火箭

务,打开了通向世界的大门。中国航天的飞跃发展,充分反映了中华民族的智慧和能力,体现了社会主义制度的优越性,成为中国社会主义现代化建设事业兴旺发达的一个生动缩影。

1999年11月20日,中国第一艘载人试验飞船"神舟号"在中国酒泉卫星发射中心由长征二号F运载火箭发射升空。长征二号F运载火箭是在长征二号E运载火箭的基础上,按照发射载人飞船的要求,以提高可靠性、确保安全性为目标研制的运载火箭。火箭由四个液体助推器、芯一级火箭、芯二级火箭、整流罩和逃逸塔组成,是当时中国所有运载火箭中起飞质量最大、长度最长的火箭。运载火箭有箭体结构、控制系统、动力装置、故障检测处理系统、逃逸系统、遥测系统、外测安全系统、推进剂利用系统、附加系统、地面设备等十个分系统,为兼顾卫星的发射,保留了有效载荷调姿定向系统的接口和安装位置。故障检测处理系统和逃逸系统是为确保航天员的安全而增加的,其作用是在飞船入轨

前,监测运载火箭状态,若发生重大故障,使载有航天员的飞船安全地脱离危险区。长征二号 F 运载火箭是当时中国航天史上技术最复杂、可靠性和安全性指标最高的运载火箭。火箭能够安全可靠地将飞船送入预定轨道,同时,在飞出大气层之前,若出现重大故障,能按救生要求使航天员安全脱离故障危险区。到目前为止,长征二号 F 运载火箭已经成功地将 4 艘"神舟号"无人飞船和"神舟五号""神舟六号""神舟七号""神舟八号""神舟九号""神舟十号"载人飞船和"天宫一号"送入太空预定轨道,发射成功率达到 100%,取得十全十美的战绩。

图 8-34　长征二号 F 捆绑式运载火箭

2015 年 9 月 20 日,中国长征六号运载火箭在太原卫星发射中心点火发射,成功将 20 颗微小卫星送入太空。长征六号运载火箭是三级液体运载火箭,采用了全新的结构形式、全新的动力系统、全新的电气系统,具有无毒无污染、发射准备时间短等特点,主要用于满足微小卫星发射需求。它的成功发射有效验证了中国在大推力、高可靠性、高适应性、低成本、无毒无污染运载火箭领域的关键技术突破,标志着中国在运载火箭现代化、推进剂无毒化方面迈出了坚实一步,对于完善中国运载火箭型谱、提高火箭发射安全环保性、提升进入空间能力具有重要意义。

图 8-35　长征六号运载火箭发射现场

2015 年 9 月 25 日,中国新一代固体运载火箭长征十一号在酒泉卫星发射中心成功将 4 颗卫星送入太空。长征十一号运载火箭是中国新型四级固体运载火箭,是中国"长征"系列运载火箭家族的第一型固体运载火箭,也是中国新一代运载火箭中唯一的固体型号。其在 700 千米太阳同步轨道运载能力达 350 公斤,低轨运载能力可达 700 公斤,采用国际通用星箭接口。主要用于自然灾害、突发事件等应急情况下微小卫星发射需求。该火箭突破了多项关键技术,运载能力和适应能力强,火箭规模和起飞推力大,测试发射快速,操作使用简便,一体化、集成化、智能化程度高,综合性能指标达到国际先进水平,可与国际主流固体运载火箭相媲美,对于完善中国航天运输系统体系,提升快速进入空间能力具有重要意义。

2016 年 6 月 25 日,中国新一代中型运载火箭——长征七号运载火箭在海南文昌发射场点火升空,成功将搭载载荷组合体送入预定轨道,拉开了中国载人航天工程空间实验室任务的序幕。长征七号运载火箭

图 8-36　中国新一代固体运载火箭长征十一号首飞成功

图 8-37　矗立在海南文昌发射工位上的长征七号火箭

采用"两级半"构型，总长 53.1 米，芯级直径 3.35 米，捆绑 4 个直径 2.25 米的助推器，起飞重量 597 吨，运载能力近地轨道 13.5 吨、太阳同步轨道 5.5 吨，达到国外同类火箭先进水平。火箭使用的是液氧煤油推进剂，无毒、无污染，清洁环保。而且，相比使用常规推进剂的发动机，液氧煤油发动机比冲提高 20%，推力提高 60%，其推进剂平均成本仅为常规推进剂的十分之一。长征七号运载火箭代表了中国近 60 年运载火箭研制领域的最高水平，其首飞的成功标志着中国新一代运载火箭在数字化设计能力上已跻身国际先进行列。首飞任务之后，长征七号运载火箭将承担中国首个空间货运飞船——天舟一号的发射任务，为中国长期有人照料的空间站搭建起"天地运输走廊"。未来，长征七号火箭还将承担中国航天多种类型的发射任务。

第三节　军民融合促转型升级

航天领域是 20 世纪人类认识和改造自然过程中最活跃、最具影响力的科学技术领域之一，航天技术的成就，将人类对科学的认识手段和研究视野拓展到宇宙空间。航天技术所面对的是外层空间，其应用技术的难度比其他技术大，特别是在精确度、可靠性、使用寿命等方面都有十分苛刻的要求。

但如今，航天技术已经不再是神秘的代名词。伴随着近年来人类对于航天技术的大力研究，已经成功将其应用到国民经济的各个领域，成为增强国力的重要手段。在注重军用航天的基础上，各国也在积极推进航天技术的民用化和商用化，通过军、民、商相结合的综合发展，将航天技术融合到国民经济建设和社会生活的各个领域，带动和衍生出更多的综合性服务产业和产品，航天科技工业的使命已经从单纯服务于国防建设扩展到服从和服务于国家整体发展战略、服务于经济建设和社会发展、带动国家科技进步和相关产业的发展，支撑国家的重大政策和战略目标等领域。

军民融合，是中国在国防现代化建设中探索出的一条把国防和军队建设融入国家现代化建设的战略全局、兼顾国防与民用工业生产的高效益的正确途径；是对"军民结合""寓军于民"成功经验的新提升，是新世纪、新阶段富国强军的必然选择。

一、开拓进取，确立军民融合国家战略地位

中国实施军民融合战略以来，伴随着改革开放的伟大实践，航天科技工业经历了由企业自行开发生产民品到国家计划指导，又由计划指导

到市场引导的发展过程,走过了跌宕起伏、波澜壮阔的光辉历程。

1. 军品优先,以民养军

党的十一届三中全会后,国家实行以经济建设为中心的战略转移政策,邓小平对国防科技工业提出了"军民结合、平战结合、军品优先、以民养军"的"十六字方针",从而拉开了国防科技工业军转民的序幕。其中"军民结合"作为"十六字方针"的核心,成为中国国防工业体制改革发展的基本思路和总体要求,也是中国航天科技工业军转民、军民结合起步和发展的背景与条件之一。20世纪70年代末至80年代初,指令性的航天科研生产任务锐减,按照党中央对国防科技工业提出的"十六字方针"的要求,当时的航天军工企业便开始承接各类民品项目的生产,从而缓解了生产设备闲置和人员能力过剩的矛盾,使相关企业的产值和利润有了很大提高,取得了"短平快"的效果。

1986年以后,国务院、中央军委对管理体制进行了调整,将原航天工业部改为由国务院直接领导的航天工业总公司,为把航天科技工业发展民品纳入国家的统筹规划和国民经济发展规划创造了条件,解决了航天工业在上层管理体制上长期存在的军民分离的弊端。因此,80年代中后期,中国航天结合市场的需求,注重发挥航天技术的优势,开始推动航天军转民、军民结合的工作,逐步由无序向有序发展。广大职工对军转民、军民结合的认识有了质的提高。一些具有较高技术水平的科技人员开始涉足民品的开发、研制和生产,使一些机电一体化产品、计算机及其应用类产品、系统总成类产品、民用航天地面应用类产品等陆续推向市场。

2. 军民结合,寓军于民

世纪之交,江泽民对国防科技工业提出了"军民结合、寓军于民、大力协同、自主创新"的新十六字发展方针。要求国防科技工业打破军民分割、自成体系的格局,把国防科研生产植根于国家科技与经济发展之中,充分利用军、民两种资源为国防建设和经济发展服务。

1999年8月20日颁布的《中共中央、国务院关于加强技术创新,发展高科技,实现产业化的决定》阐明要在科技领域加强军民结合,要求"大力发展军民两用技术,加快军用技术向民用领域的转移及其相关产业的发展,注意发挥高新技术在科技强军中的重要作用,军民团结协作,为国家安全提供科技支持"。2001年3月15日,九届人大四次会议批准《中华人民共和国国民经济和社会发展第十个五年计划纲要》,明确规定把"坚持军民结合、寓军于民,大力协同,自主创新,建立适应国防建设和市场经济要求的新型国防科技工业体制"和"发展军民两用技术",作为"十五"期间中国国防科技工业改革的总要求。

此时,航天系统进一步明确提出要发展民品支柱产品、优势产品、拳头产品,走规模经济发展道路的思路,并确立了"集中力量办大事,联合起来求发展""发展和确保主业,带动民品与三产发展"的指导原则。依据这一原则,航天系统提出了发展汽车及零部件、计算机及其应用、应用卫星及卫星应用三大支柱民品的发展战略,并采取了一系列的举措,包括组织结构调整、队伍组建、市场开发等。

2002年6月,《中华人民共和国政府采购法》颁布,对政府采购行为及相关细节进行了科学规范,其中第八十六条明确提出,"军事采购法规由中央军事委员会另行制定"。以此为依据,2002年11月,《中国人民解放军装备采购条例》正式颁布实施,对我军装备采购工作进行了进一步规范,体现了社会主义市场经济条件下我军装备采购工作的新情况、新特点和新要求,为军民融合制度框架的构建提供了具体指导。

3. 军民融合,协同发展

新世纪新阶段,中国特色军事变革不断深入,胡锦涛赋予了"军民结合"向更深层次发展的新内核"军民融合"。胡锦涛提出"把国防和军队现代化建设深深融入经济社会发展体系之中"的新思想,并提出了"调整改革国防科技工业体制和武器装备采购体制,提高武器装备研制的自主创新能力和质量效益""建立和完善军民结合、寓军于民的武器装备科研生产体系、军队人才培养体系和军队保障体系"的战略措施。这就为科学统筹国防建设和经济建设提供了基本原则和崭新思路。

国防科工委（现国家国防科技工业局）于2007年3月发布实施《国防科工委关于非公有制经济参与国防科技工业建设的指导意见》，这意味着被视为禁区的国防科技工业正式向包括民企在内的非公企业敞开大门。此后，国防科工委又相继发布了《军工企业股份制改造实施暂行办法》与《中介机构参与军工企事业单位改制上市管理暂行规定》两个文件，引起了资本市场的高度关注，对促进军转民、民用企业参与国防科技工业建设以及进一步增强军工企业发展活力都产生了重要影响。这一系列政策实施细则坚持军民结合、寓军于民的方针，发挥市场机制的作用，促进非公有资本进入航天工业建设领域、非公有制企业参与航天军品科研生产任务的竞争和项目合作、非公有制企业参与航天企业改组改制，为非公有制企业参与航天军民两用高技术开发及其产业化等提供了法律保障，为民营经济进入航天领域扫清了障碍，从而使中国的航天军民融合发展进入了一个崭新的历史阶段。

通过"十一五"期间的改革，航天企业经济效益与精神面貌发生了巨大变化，两大航天集团推进股份制改造的热情日益高涨。截至目前，两大航天集团上市公司阵营中，绝大多数带有"航天"字样，中国航天科技集团公司和中国航天科工集团公司分别管辖12家和7家上市公司。

时至今日，航天民品继续在以市场需求为牵引，以科技进步为推动，以产品为龙头，以队伍建设和技术改造为保证的发展道路上不断前进，并在一些民品项目中取得了可观的成效，如金税工程、金卡工程、复合管道工程、汽车空调器、汽车发动机等，其销售收入每年已达亿元以上。

通过改革开放30余年的努力，航天科技工业基本实现了由单一军品型向军民结合型、由主要为国防现代化建设服务向为国家四个现代化建设服务的转变，形成了具有自身特色的支柱民品，初步建立了军民融合型的航天工业体系。

4. 鼓励民企，踊跃参军

鼓励和支持民营企业参加国防建设，尤其是军工建设（简称"民参军"），是推动军民融合发展的重要内容。近年来，"民参军"制度法规逐步配套完善，民营企业、民用技术和民间资本参与国防科研生产活动取得显著成效，有力地保障了国防和军队现代化建设事业的顺利推进。

2010年5月，工业和信息化部与总装备部联合颁布了新的《武器装备科研生产许可实施办法》，进一步对民营企业和资源参与武器装备科研生产和任务竞争作出规范。2010年10月，国务院、中央军委联合发布《关于建立和完善军民结合、寓军于民武器装备科研生产体系的若干意见》，明确提出"为各类企事业单位参与武器装备科研生产创造条件"，以及"鼓励符合条件的社会资本参与军工企业股份制改造"等条款。

为更好地遴选优质民营企业参与国防建设，相关部门还以顶层法规和实施办法为依据，进一步细化具体操作内容，编制了对"民参军"行为进行管理和引导的装备承制单位名录。2006年8月，总装备部首次正式公布《中国人民解放军装备承制单位名录》，全国有69家装备承制单位经严格审查后进入名录，标志着我军以装备采购方为主导的装备承制单位注册管理制度开始全面实施。2011年6月，总装备部再次批准发布《装备承制单位名录》，在1600余家上榜企业中有近900家民营企业，标志着适应社会主义市场经济的"民参军"管理机制初步建立。

党的"十八大"提出，要坚持走中国特色军民融合式发展路线；十八届三中全会把"推动军民融合深度发展"作为深化国防和军队改革的三大任务之一，纳入全面深化改革的总体布局，作出了战略部署；十八届四中全会强调，要加强军民融合深度发展的法治保障。2015年3月12日，习近平总书记在出席十二届全国人大三次会议解放军代表团全体会议时发表重要讲话，再次强调"把军民融合发展上升为国家战略，是我们长期探索经济建设和国防建设协调发展规律的重大成果，是从国家安全和发展战略全局出发作出的重大决策"。

当前，中国"民参军"领域已初步形成了涵盖顶层法规、实施办法以及承制目录"三位一体"的制度框架，为鼓励、支持和引导民营企业参与国防建设提供了政策法规依据。

二、齐心协力，推动民用产业迅速发展

如果把1956年10月8日中国航天的诞生比喻为航天事业的"第一次创业"，那么，逐渐崛起的航天产业化进程，就可以被形象地称之为中国航天的"第二次创业"。

20世纪80年代初，党中央根据国际国内形势的变化，结合改革开放的时代发展潮流，适时提出"军民结合、平战结合、军品优先、以民养军"的国防科技工业战略发展方针。根据中央的指示和要求，结合自身的优势与特点，中国航天开始了由单一生产军品向军民结合的重大转变，即在完成军品指令性计划的同时，大力发展为国民经济建设服务的民用产品，充分利用设备优良、技术先进、人才雄厚等有利条件，积极投身到国民经济建设的主战场。

航天产业化发展之初，由于没有成熟的模式可供借鉴，航天人抱着"摸着石头过河"的想法，边干边学地蹒跚起步。当时，中国航天的产业化工作主体依然以军品型号的三级管理格局为标准。航天人以厂（所）甚至是科室和车间为单位，在军民品混线的状态下，热情高涨甚至有些"饥不择食"地进行产业化特别是民用产品的开发。看看当时航天人造出的民品，如收音机、电表、落地灯、电风扇、折叠椅、电烤箱、自行车，甚至还有棉花糖机、手摇洗衣机，真是五花八门，应有尽有。经过一段时间的摸索，一些厂（所）积极抓住市场的需求方向，进一步有针对性地开发出电视机、电冰箱、收录机、洗衣机、轻型车、改装车等产品。这些产品一经投放市场，立即成为抢手货，红火一时。

据统计，"六五"期间，航天民用产业产值从最初的2.5亿元上升到1985年的14.9亿元，利润达2亿多元。航天民用产业初期的发展，也

是航天产业化的雏形,减轻了国家负担,稳定了航天队伍,提高了职工生活水平。

"七五"期间,航天产业化发展又迈出新步伐。管理体制由以厂(所)为主,逐步向院、局、基地一级转移,对重大项目开始有组织、有领导地进行联合发展的尝试。当时的航天部提出了"抓支柱产品、抓重点产品、抓拳头产品"的工作重点,确立了以家用电器、汽车、卫星应用产品和计算机为重点的支柱产品。"七五"期间,累计产值达127亿元,利润5年累计达到14亿元。

然而,事物的发展并非总是一帆风顺。航天产业化在经历了初期的红火后,也渐渐暴露出产品重复多、规模小、管理薄弱以及市场占有率低的弊端。

为了改变航天民品徘徊发展的局面,从"八五"开始,结合由国家部委向航天总公司的这一体制转变,结合由计划经济向社会主义市场经济的转变,从1989年起,当时的航空航天部开始对航天企业进行产业结构和组织结构的调整。航天产业化工作确定了卫星应用、工业控制、成套装备、通信设备等四大类产品为重点发展产品,并对汽车及零部件、家用电器产品进行产品结构调整,对不符合产业政策、市场滞销或淘汰产品,如电表、自行车、收音机等,坚持限产,加速转产,不再支持。

1993年,刚刚成立的航天总公司制定了发展纲要,正式明确了航天产业化的发展方向和重点,提出要以三大支柱民品——卫星应用、计算机应用、汽车及零部件带动全系统的发展模式。经过几年的努力,在卫星通信及小程控产品上得到长足发展,车用空调器和车用密封条进入国家汽车零部件"小巨人"行列。

"八五"期间,航天产业化累计获得228亿元产值,但经济效益不佳,企业亏损加剧的问题未能得到根本解决,航天产业化的发展面临着新的抉择。

1999年,在国防科技工业体制改革的进程中,中国航天科技集团公司与中国航天机电集团公司(2001年7月正式更名为中国航天科工集团公司)诞生了。两大集团公司成立以来,高度重视民品发展,明确提出把民品提升到战略地位。"九五"期间,通过结构调整重组,培育重点项目、重点企业并组建上市公司,实施军民分线、分离、分立管理,推进市场化建设、改制改造,为"军民结合、寓军于民、协调发展"开创了新局面,为两大集团公司专门研究民用产业的发展问题奠定了基础。各种改革举措使两大集团公司有条件进一步积极探寻如何在社会主义市场经济的条件下,更快更好地走军民结合的道路,发展和壮大经济能力。

"十五"期间,航天企事业单位加强技术创新,加大投资强度,一批重点产品技术研发和产业化项目取得进展,航天民用产业技术创新能力快速提高。据不完全统计,"十五"期间,航天企事业单位民用产业研发投入占民品销售收入的比例为2.14%,虽然与国内高技术企业5%~8%的水平还有一定的差距,但高于央企1.5%的水平。新产品销售收入占民用产业销售收入的比例由2001年的26.24%上升到2005年的41.94%。民用产业销售利润率由2001年的0.7%增长到2005年的2.65%,劳动生产率由2002年的5.08万元/人增加到2005年的7.57万元/人,经济效益逐步提高。

"十一五"期间,航天企业树立了以国际国内市场需求为导向,以民品标志工程建设为主线,以品牌建设为牵引,以科技创新为动力,以资本运营为手段的民用产业发展总体思路。以发展军民结合高技术产业作为实现跨越式发展的主要途径,努力抢占市场先机,大力发展民用产业,在建设创新型国家中发挥主力军作用,在服务国民经济建设中发挥国家队作用,在紧要关头、关键时刻发挥顶梁柱作用。

"十二五"期间,中国航天进一步明确了民用产业的战略地位,以引领国家关键领域产业技术进步、推动重大装备国产化为目标,不断突出聚焦发展的思路,紧紧围绕卫星应用、高端装备制造等国家战略性新兴产业领域,大力推进航天优势技术的转化应用和产业链有序延伸,加大对主业方向的资源投入力度,突破了一大批独具航天特色、具有知识产权的关键技术,培育了一系列具有行业影响力的装备及产品,产业经济运行质量明显改善,经济规模稳步攀升,各项工作取得显著成效。

经济全球化和社会多极化的持续深入发展,党的历届中央领导集体和全国人民的大力支持,给中国航天科技工业发展带来了无限的机遇,这种机遇本身也是航天产业化发展的机遇。

1. 政治因素

民用产业化发展建设具备了历史上最好的外部环境。习近平总书记在2013年9月提出共同建设"丝绸之路经济带"和"21世纪海上丝绸之路"的战略构想,将会是中国未来50年、100年的重大战略。这一战略的实施,将打通陆、海合作通道,树立契合经济多样性发展的协作新范式,使中国成为全球互联互通的动力源和重要网络节点,实现本地区及全球各国的互利互惠、共同发展。这也为中国航天科技工业和民用产业化发展建设提供了难能可贵的政策环境和战略机遇。

航天事业是综合国力的象征,带有鲜明的国家行为特征,有党中央、国务院和中央军委的重视与支持,就等于获得了巨大的推动力量和广阔的发展空间。中央领导对中国航天科技工业的高度关注,充分体现了航天科技工业在中国国家战略中的核心地位。正是由于中央决策者持续不断、坚定不移地支持,激发了航天人的奋斗精神,推动了中国航天事业迅猛发展,极大地增强了我军保卫国家主权安全和领土完整、维护世界和平的能力,为提升中国的国防实力、奠定在国际舞台上的大国地位发挥了重要作用。

和平与发展依然是当今世界的主题,在此背景下,中国政府出台了促进国防科技工业发展的多项举措,从全局的高度明确了国防科技工业产业结构、产业组织、产业技术、产业布局等主要政策,提出了实施寓军于民、科教兴业、持续发展战略以及深化国防科技工业投融资体制改革等方面的要求,从顶层设计的高度为航天产业化明确了一系列重大政策。

国家对民用产业化的投资力度不断加大,对航天产品和航天类武器装备给予了极大的关注，对航天企业也给予了应有的地位。新的国有资产管理体制的建立为企业创造了更大的发展空间，但是国资委行使的是出资人的职能，支持中央企业发展的原则是扶强不扶弱，总装备部在航天产品的研制生产合同中引入了竞争机制，期望通过竞争提高武器装备系统的性能和质量。

《2011年中国的航天》白皮书的再次发表，有力地推动了中国航天事业的全面发展，再次明确了战略战术导弹武器系统、空间技术、空间应用、空间科学协调发展的局面。政府的监管力度不断加强，制定了航天行业管理政策与规章制度，有力地促进了航天产业化的形成。

2. 经济因素

进入新世纪，中国航天以较少的资金投入，沿着适合中国国情和有自身特色的道路不断前进。中国航天在运载火箭、卫星回收技术上，在国内地面站、远程跟踪测量船组成的测控网上，在多种卫星应用系统的建设上取得了重大成就，形成了完整配套的研究、设计、生产和试验体系及具有一定水平的空间科学研究系统，培育了一支素质好、水平高的航天科技人才队伍，在空间技术、空间应用、空间科学三大领域得到长足发展，正式成为一个航天大国。

中国经济的持续快速增长，为航天企业的改革与发展创造了良好的外部条件，使得航天企业遇到了一个非常有利的发展时机。航天科技工业凭借航天高技术而处于国内显著地位，在未来一段时期内的发展速度也应高于国家的GDP增长速度，最少也应与国家的平均增长速度持平，否则将落后于国内企业的平均水平，这与其在国家高科技产业中占有的地位是不相匹配的。因此这也给航天科技工业发展及其产业化在后一段时期内的发展提出了很大的挑战。

3. 社会因素

随着中国GDP稳步增长，人民收入水平逐渐提高，生活条件日益好转,生活方式也发生了巨大变化。人们渴望和平,渴望过上幸福安定的生活。民富思安,国富思强,强大的国防能力和高水平的国防军事工业是保障经济活动繁荣和国家长治久安的根本。随着"神舟九号""神舟十号"的顺利返回,航天产业和航天科技工作者在全社会和全国人民心中的地位得到了前所未有的提升,得到了广泛的关注和肯定,许许多多的青年人决心投身航天事业。

受国际大环境影响,中国航天科技工业所面临的竞争成倍增加。全球航天制造能力远大于市场需求,世界航天大国和大的航天公司都在进行重组并购活动,进行资源优化配置和利用,以增强自身竞争能力。自中国加入WTO后,世界各大航天公司逐步进入中国市场,对中国航天科技工业发起挑战。

历史上航天组织体制曾经多次做过调整,但不管怎么变化,60年来,中国航天始终是作为一个整体存在的。两大集团公司成立后,业务分工各有侧重,主导产业之间存在千丝万缕的联系。共同的事业,共同的理想,共同的文化渊源,使得二者既有竞争又有协作。要保证两大集团的适度竞争并进一步增强活力,在新环境下充分发挥航天品牌这一无形资产的作用,大力加强内外合作,就必须不失时机地把保护、开发、利用航天文化资产的工作提上议事日程。

航天文化在航天科技工业的全部发展历程中是一个无所不包、无处不在的无形的宝贵财富,或许正因为如此,它又极容易被忽视。要唤起全航天系统各级领导干部以及广大员工对航天文化建设的热情,充分认识并着力发挥航天文化之于航天科技工业发展的巨大能动作用,之于航天两大集团内外团结凝聚的纽带作用,尚需做长期的、艰苦细致的工作。

4. 技术因素

中国航天科技工业是在外国技术封锁的条件下发展起来的。从1956年成功仿制"P-2"近程液体弹道导弹到"长征七号"的顺利升空,60年来,经过几代航天人的努力,摸索出了一条适合中国国情和有自身特色的航天产业化发展道路,取得了一系列重要成就,迄今已达到了相当的规模和水平。但我们要清醒地看到,美国、俄罗斯、欧盟是世界航天技术发展的佼佼者,尤其是一心想占领新兴技术制高点和技术优势的美国,加大了各种航天前沿技术开发的投资,发展新的航天技术,并已经在一些领域取得了骄人的成绩。

随着世界航天技术的高速发展,技术变化已经给全球航天企业的研发和生产带来了巨大的影响。技术革新可以对企业的产品、服务、市场供应者、竞争者、顾客和市场营销手段产生极大的影响。鉴于此,中国航天科技工业应不断加强新技术开发和技术改造,强化应用技术的开发和推广,加强总体部建设,高度重视研究开发有自主知识产权的主导产品,进一步推进技术进步和创新,逐步缩小与世界航天技术强国间的技术差距,提高持续发展能力。

5. 人才因素

坚持以人为本、构建和谐航天,关键是要最广泛、最充分、最大限度地尊重人、关心人、依靠人,谋求人与人、人与自然、人与社会之间的总体和谐发展。以人为本是中国航天事业发展的出发点和落脚点。

载人航天工程研制过程,正处于航天科技人员新老交替的高峰时期。中国通过载人航天工程这类高技术、高难度的研制任务培养、锻炼了一批高素质、高水平、创新型的骨干人才,并同步实施"核心人才工程",有计划、有步骤地培养优秀人才。对有强烈事业心、责任感、有潜力的优秀青年科技人员,大胆选拔使用,让他们在工程实践中锻炼成长。同时加强技术人员培训和深造,优化知识结构、提高知识水平。为了做好新老交替,还打破常规,按照先进后出的办法,延缓老专家退休时间,超常规增设副总指挥、副总师,实行传帮带机制。"神舟五号"飞行圆满成功之后,及时对飞船和火箭研制队伍的行政指挥系统、技术指挥系统进行了调整,补充了一批年轻的技术和管理骨干。现在,年轻一代优秀人才已经成为航天事业的中坚力量。

建设并保持一支优秀的航天人才队伍是中国航天迫切需要解决的重大课题。伴随着人类航天事业的巨大进步,中国航天事业也取得了辉煌的成就。当前,国际合作已成为航天技术发展的新趋势。中国航天事业急需一支能够站在世界科技前沿、勇于开拓创新的高素质人才队伍。航天系统伴随着人事劳动组织管理改革,在人才配备上推行聘用制或专业技术岗位竞争上岗制。但由于各企业人才管理受诸多因素的制约,从计划经济到市场经济的模式转型,人事工作长效体制还不够健全,人才管理的实践形式和有效途径需要进一步探索,人才培育、使用、流动、激励、保障等环节还需要理顺完善与规范。航天要发展、振兴,人才是本,这是航天人在长期的实践中得出的结论。

第四节　关注民生履行社会责任

一、履行社会责任与航天文化相辅相成

航天工程属于特殊的高科技公共产品,可谓举国关注、举世瞩目。在实现中华民族伟大复兴的进程中,航天软实力属于非常宝贵甚至稀缺的战略资源,因此具有特殊的战略价值。航天强国梦之所以对中国梦具有不可替代的重要支撑作用,直接源于中国航天事业的特殊历史使命及由此派生的文化价值、政治价值和世界价值。中国航天事业的社会责任,是将履行富国强军惠民的国家使命作为第一责任,对国家负责,以"科技强军、航天报国"为己任,不断提升履行使命、执行任务的能力,服务国防和军队现代化建设,维护国家战略安全,融入国民经济和社会发展,通过航天技术直接创造社会财富,为落实科教兴国战略、创新驱动发展战略、建设创新型国家作出突出贡献。要自始至终牢记国家赋予的富国强军神圣使命,坚定不移地致力于国防现代化建设、国民经济建设、社会发展和科技进步,积极主动履行大型核心中央企业应尽的国家责任、经济责任、社会责任和环境责任,以"探索外层空间,扩展对宇宙和地球的认识;和平利用外层空间,促进人类航天文明和社会发展,造福全人类"为己任,为中国航天事业的和平发展尽职尽责,为提升中国综合国力、科技实力、国防实力和民族凝聚力贡献力量。

进入 21 世纪以来,世界多极化、经济全球化深入发展,世界范围内的新军事变革风起云涌,外层空间的战略地位日益凸显,一个国家外层空间活动能力的强弱已经成为判断一国经济实力、科技实力、军事实力、综合国力和国际地位的重要标志。因此,中国航天事业的特殊历史使命

确立了其应有的政治价值和文化价值,中国航天文化已成为中国和平崛起、展示大国形象最强大的硬实力和软实力之一。

随着联合国的"全球契约"计划和国际标准化组织的 ISO26000《社会责任指南》制定的相继完成,企业社会责任的履行程度已对企业收益、公司声誉、消费者响应等方面产生了直接或间接的影响,企业履行社会责任的全球性新趋势已经形成。

在国内,积极履行社会责任也已成为社会各界对企业的殷切期望。2008 年,国资委下发了《关于中央企业履行社会责任的指导意见》,指出央企履行社会责任的好坏已不单纯是企业自身发展的要求,更关系到中国企业的整体形象,甚至国家形象。所以,航天企业履行社会责任,加强社会责任管理势在必行。

中国航天 60 年的发展历程充分表明,航天企业的发展壮大离不开党和国家的关怀,离不开全国人民的支持。中国航天三大里程碑的树立与党中央、国务院的领导和关怀密不可分,与全国人民和社会各界的大力支持与帮助息息相关。不仅如此,航天事业的发展还关系着国家安全和国际地位,关系着民族自信心和自豪感。因此,航天企业必须始终牢记使命,牢记发展历程,用履行社会责任的实际行动回报党和国家,回报社会和人民。

要发挥航天企业社会责任对航天产业化乃至航天企业整体能力的巨大提升作用,实现社会效益与经济效益双赢,必须将社会责任与独特的航天文化以及企业经营管理理念全面融合,构建完善的社会责任管理体系,形成有效的推进途径和良好的运行机制。

航天企业的社会角色丰富而复杂。首先,航天企业是由国资委直接管理的国有独资企业。按照央企履行社会责任指导意见的有关要求,航天企业应当履行央企共同的社会责任,如坚持依法经营、诚实守信,推动国民经济发展,维护员工合法权益,等等。其次,航天技术的前沿性和尖端性决定了航天企业是高科技企业,是国家经济、社会发展和科技进步的重要推动力量。第三,航天企业所处的行业和领域关系到国家的安全与尊严,同时具有推动国民经济和国防经济发展的双重特征。

任何企业都具有社会属性,其反映了企业内部员工之间、企业与外部社会之间的各种关系。由这种社会属性产生的互动经济行为构成了多层次、多形式的经济社会,形成了企业的利益相关方。企业从事经济活动时只有兼顾利益相关方的需求,才能获得自身发展,否则企业自身的利益也难以得到保障。

航天企业的利益相关方主要包括国家、社会和员工。对国家应尽的责任包括维护国家安全,实现经济收入的提升,国有资产保值增值,保质保量完成型号任务等。对社会应尽的责任包括促进产业结构升级,全面提升军民融合水平,实现技术转移,保护环境,节能减排,参与社会公益等。对员工应尽的责任包括加强员工民主管理和民主监督,维护员工合法权益,确保员工安全生产,帮助员工成长,大幅提升员工培训率,努力改善员工的工资福利待遇,丰富员工精神文化生活,加强对员工的人文关怀和心理疏导等。

企业社会责任与企业文化有许多共通之处,这为航天企业社会责任管理借助航天文化建设平台奠定了重要基础。首先,两者的建设目标都是着眼于实现企业可持续发展;其次,两者都关系到企业形象,社会责任履行情况直接影响企业在社会中的形象,航天文化是航天形象的源头,文化的优劣决定了形象的好坏;第三,两者相互影响、相辅相成,航天文化为社会责任的履行奠定了坚实的理念基础,社会责任则将航天文化的影响力辐射到全社会。

航天企业具有积极履行社会责任的良好传统,不仅有单位层面的集体行为,还有航天人或内部民间组织的自发行为。但这些履责行为相对分散,缺乏系统策划和管理。相比之下,航天企业文化建设不仅基础良好,且比较成熟和完善。因此,将航天企业社会责任管理与航天文化建设相结合,不仅具有可能性,更具有可行性。

航天文化建设无论是在管理机制、宣传载体,还是在建设途径等方面都有许多成熟的做法和宝贵经验,且航天文化多年来在员工中落地生根的同时，也在社会上树立了中国航天的良好形象，这些都为社会责任管理的推进提供了良好平台和规范系统的参照。借用现有的较为成熟的航天文化建设平台，可以使社会责任管理的推行更为简单高效、经济省力。

当前，航天企业正处在转型发展中，要实现企业的发展目标，必然要求航天文化的相关理念随之调整和完善，形成新的航天文化体系。所以，航天企业要抓住这个有利时机，因势利导地将社会责任理念融入企业使命和愿景，融入航天企业的核心价值观中，使航天企业的社会形象更加丰富和完善，为迈向国际一流提供重要的理念支撑。

企业的社会责任管理不仅依靠高层管理者，作为企业社会责任管理的主导，还应形成一个融合企业各方面力量且全员参与的管理体系。此外，航天企业的社会责任管理要充分认识到航天企业履行社会责任的重要性和必要性，着眼未来，把履行社会责任纳入企业发展的战略规划，树立长远的经营理念；要带头宣讲企业社会责任理念，通过正式或非正式场合向各部门和各层级员工传递重视社会责任的态度；要以身作则，按照企业社会责任管理要求，规范自身行为，成为落实企业社会责任的榜样，为全员作出表率。

航天企业的职能部门明确各自所应承担的社会责任职能，树立利益相关方视野和系统观念，将社会责任理念成功融入管理过程中。例如，规划计划部门将履行社会责任纳入企业各项规划，与中心任务的实施同步进行，并与财务部门一起为履行社会责任提供资金保障等；企业文化管理部门积极推动社会责任管理与企业文化建设的深度融合，为履行社会责任营造良好的文化氛围。

航天企业的党群组织充分发挥组织和引导作用。一方面积极组织各类履行社会责任的活动，为全员履行社会责任提供良好的"软环境"，如人员支持、信息支持、制度支持等。另一方面对员工自发履行社会责任的活动加以鼓励和引导。

航天企业的员工充分认识到企业履行社会责任的必要性，并在本职岗位上努力践行航天企业社会责任理念，把航天企业社会责任意识贯穿到日常工作的各个环节；自觉遵守法律法规、规章制度和社会道德规范，积极奉献社会。

二、履行社会责任助力国计民生

60年来，中国各类航天技术广泛应用于经济建设、科技发展、国防建设和社会进步等方面，为增强国家经济实力、科技实力、国防实力和民族凝聚力发挥了重要作用，利用技术与产业优势推进军民融合，始终将民生安全作为履行企业社会责任的核心内容。

1. 推动卫星应用产业，服务社会经济发展

随着航天技术的发展，世界航天在进行太空探索、载人航天、军事航天以外，更加重视应用航天技术来推动社会经济发展。太空经济是指包括各种太空活动所创造的产品、服务、市场以及形成的相关产业。太空经济一般包括广播和电视在内的卫星通信、远程医学、导航定位、卫星遥感、气象和气候监测、太空旅游、航天运输和后勤服务、天基国家安全资产等。新兴的太空经济正在改变人类生活的方方面面，成为世界经济发展和人类生活的重要组成部分。

卫星应用产业是国家战略性高技术产业。应用卫星研制生产已形成系列化，正在从试验应用型向业务服务型转变，卫星应用已成为经济建设、社会发展和政府决策的重要支撑。根据《国民经济和社会发展第十一个五年规划纲要》和《国家中长期科学和技术发展规划纲要（2006—2020年）》，深入贯彻落实《高技术产业发展"十一五"规划》和《航天发展"十一五"规划》，加速以卫星通信广播、卫星遥感应用、卫星导航为核心的卫星应用产业发展，建立完整的卫星运营服务、地面设备与用户终端制造、系统集成及信息综合服务产业链，促使卫星应用产业更好地为经济社会发展服务。

卫星通信广播技术应用日益广泛,应用产业已初步形成。卫星通信技术的突飞猛进大大促进了卫星通信、卫星广播和卫星教育等高新技术的迅速发展和业务应用。卫星广播电视业务的开展与应用,大幅提高了全国广播电视,特别是广大农村地区广播电视的有效覆盖范围和收视质量;卫星通信在"村村通电话"工程中发挥了不可替代的重要作用;卫星远程教育宽带网和卫星远程医疗网已初具规模,有力地支撑了远程教育和远程医疗的发展;金融、气象、交通、石油、水利、民航、电力等几十个部门建立了卫星专用通信网,为众多部门提供服务,取得了显著的经济效益和社会效益。

卫星遥感应用近年来发展迅速。通过返回式遥感卫星的发射,大量有价值的空间遥感资料得以获取,这些资料广泛应用于地质勘探、石油开采、港口建设、铁路选线等方面。此外,返回式卫星上进行了大量微重力和空间环境条件下的材料科学、生命科学实验,取得了丰硕成果,利用返回式卫星进行的农作物种子搭载试验,显示了太空育种诱人的发展前景。"风云"系列气象卫星已投入业务化应用,初步实现业务化、系列化,在天气预报、气候预测、气象研究、自然灾害和生态环境监测等方面发挥了重要作用,特别是显著提高了对灾害性天气预报的时效性和准确性,大大减少了国家和人民群众的损失。"资源"系列地球资源卫星的发射成功和业务运行,改变了中国卫星遥感应用部门长期依赖国外资源卫星的状况,开创了中国卫星遥感应用的新局面。资源卫星已广泛应用于农业、林业、地质、水利、地矿、环保以及国土资源调查、城市规划、灾害监测等众多领域,而且已成为中国许多资源和环境业务监测系统的重要信息源。资源卫星数据在西部大开发、自然灾害监测和重大国土整治等国家大型工程中发挥了不可缺少的重要作用,为中国经济建设和社会发展提供了有力支持。"海洋"系列卫星为开发利用海洋生物资源、沿岸海洋工程建设、河口港湾治理、海洋环境监测、环境保护等提供重要的信息服务。

回顾卫星应用之路,"北斗"产业化已成为中国太空经济中最亮丽的风景线。"北斗"导航系统是全天候、全天时提供卫星导航信息的区域导航系统。该系统将导航定位、双向通信和精密授时结合在一起,为地质勘测、公路交通、铁路运输、海上作业、森林防火、灾害预报以及其他特殊行业提供高精度定位、授时、信息传输和数据计算,显示了广阔应用前景。"北斗"导航系统的建立,标志着中国卫星导航技术取得突破性进展,中国成为世界上第三个自主建立卫星导航系统的国家。为了促进"北斗"的产业化,国务院办公厅在2013年10月9日,公布了《国家卫星导航产业中长期发展规划》(简称《规划》),作为产业发展的指导性纲领。《规划》将芯片研发提升到产业发展的战略高度,反复强调国产芯片的重要性。与此同时,在美国GPS产品占据市场多数份额的大背景下,用"北斗"/GPS双模芯片代替GPS芯片成为"北斗"产业一致认可的发展战略。如今,"北斗"产业取得了长足进步,国产"北斗"核心芯片、模块等关键技术全面突破,性能指标与国际同类产品相当,中国自主研发的"北斗"芯片已经可以进入到车辆、手机中使用,"北斗"系统的产品已广泛应用于交通运输、海洋渔业、水文监测、气象预报、大地测量、智能驾考、通信授时、救灾减灾等诸多领域。

除了上述各类卫星的直接应用以外,研制卫星开发出的许多新技术也被移植到传统产业中,得到了二次开发和利用,促进了传统产业的技术改造和结构调整,创造了十分可观的间接经济效益。实践表明,中国实施各项卫星产业的直接应用和间接应用产生了显著的经济效益和社会效益,而且带动了相关学科技术的整体跃升,促进了一批新兴产业的形成和发展,加速了全社会的科技进步,对促进中国经济社会发展具有十分重大的意义。

2. 发挥航天技术优势,进入风力发电市场

在经济高速发展的背后,中国为环境付出了沉重的代价。煤炭、石油等不可再生能源的大量开采和使用使环境问题越来越成为后续发展的桎梏之一。与一味追求经济利益的企业不同,航天企业更加看重社会

责任。在人类可利用的新能源中,风能被认为是最清洁、最环保的能源之一。这也是世界各国大力发展风电的重要原因。航天人视蓝天为生命,航天人更崇尚和倡导绿色能源。在风电设备领域,航天人始终坚持"自主"和"借力"相结合的发展策略,走出了一条符合中国风电特点的技术之路。

20世纪90年代初,航天人就开始了风电项目的论证工作,并在1999年成功研制了具有自主知识产权的600千瓦变桨距风力发电机,成为当时国内唯一一家能够进行大型变桨距风力机组开发、设计和制造的企业。但是,当时国内的风电市场并不成熟,自主研发的高额经费与市场回报不成比例,风电项目一度被搁置。

2005年以后,包括中国在内的各国政府都加大了推进风电产业发展的力度和步伐,风电伴随着一轮又一轮的环保呼声开始走进寻常百姓家。面对快速到来的中国风电市场机遇及风场开发商对兆瓦级风机的需求,为在短时间内迅速抢占市场,中国航天企业在加大人才和资金投入力度的同时,以风机整机技术研发和总装为牵引,通过国际战略合作联盟的方式,快速消化、吸收并掌握成熟的、具有国际最先进水平的兆瓦级风机技术,积累管理经验和生产经验,并迅速做大规模,实现了1.5兆瓦变速恒频风机的批量生产。

近年来国内风机市场的竞争可以用"万雄逐鹿"来形容,航天人把目光瞄准了国际最先进的风机技术。2007年,中国航天企业与荷兰EWT公司进行战略合作,引进了成熟的900千瓦直驱风机技术。但是,引进并不是简单的拿来主义。目光锐利的风机研发队伍发现,国内许多风机制造商因为没有自己的核心技术而在发展中屡屡受挫。于是,利用航天企业在系统集成、专业配套、人力资源等方面的优势,对引进的技术进行消化、吸收、再创新。2009年,900千瓦直驱风机的发电机、叶片、塔筒、轴承等核心零部件都已经实现了国产化。

在攻克了900千瓦直驱风机的堡垒后,中国航天谋求更高的发展,将下一步发展目标锁定在大功率直驱风机的研发上。2010年3月,2兆瓦永磁直驱风机在内蒙古兴和风电场进行调试。同时,适用于海上和滩涂发电的 3 兆瓦～5 兆瓦永磁直驱风机的预研工作也取得了阶段性进展。

从 600 千瓦变桨距风机到 1.5 兆瓦变速恒频风机,再从目前的 900 千瓦直驱风机到 2 兆瓦永磁直驱风机,在坚持"自主"与"借力"双擎并驱的策略下,航天品牌已经在国内风机市场上站稳了脚跟。中国航天进而面向国际市场,充分利用航天企业的技术和人才优势,在消化和吸收国外先进技术的基础上,实现再创新,进一步提高风机的国产化率,并以产品为基础,完善产业链,形成规模化、产业化生产,降低成本,提高利润率,打造出具有自主知识产权、引领风机技术先锋、代表国际先进水平的航天品牌风机。

在 60 年的发展中,中国航天在产品研制与生产能力上形成的最大优势就是系统集成。这在协同其他单位完成国家型号任务和技术创新方面发挥了决定性作用。

在风机项目发展中,要着力解决的问题就是提高产品规模发展的能力和打造完整产业链的能力。同时,结合多项航天技术,从核心技术、复合材料攻关到主机、叶片、发电机、控制系统等核心零部件的生产,形成完整的风机项目产业链。这些探索和尝试都为航天技术应用产业的发展提供了有益的借鉴。

风机项目对航天技术应用产业的归核化发展具有一定的拉动作用。其中,一个很明显的例子就是促进了复合材料技术走向了民用市场。长期以来,某复合材料技术主要服务于型号产品,缺少走向市场的渠道。在风机项目中,该复合材料技术很好地应用到了风机叶片等产品的研制生产中,不仅为风机带来了高质量的产品,而且通过风机配套,进一步开发其他市场需要的产品,从而快速走向市场。

"敕勒川,阴山下。天似穹庐,笼盖四野。天苍苍,野茫茫,风吹草低见牛羊。"这首短小精悍、千古流传的小诗,以最生动的形式展现了天、地、人的和谐相处。如今,虽然这种古韵渐渐被现代化生活所冲淡,但是各种新的和谐景象正在孕育发展着,其中之一就是蓝天白云下、茵茵草原上,随着习习风影自由舞动的"大风车"。

3. 立足系统工程理念,引领智慧城市建设

智慧化是继工业化、电气化、信息化之后,世界科技革命又一次新的突破,利用物联网、云计算和智能技术,建设智慧城市,是当今世界城市发展的趋势和特征。经过 60 年的发展,中国航天形成了基于复杂巨系统的顶层规划、设计、研发、实施和运营的综合能力。以此为基础,中国航天坚持走军民融合发展之路,积极努力拓展智慧城市的建设和发展,在智慧城市研究与建设实践方面取得了初步的成果和进展。

随着社会经济的快速发展,中国已进入快速城镇化时期,城镇人口已近 7 亿,城镇化水平达到 51.27%,全国城市数量已达到 655 个,其中 119 个城市人口超过 100 万。城市集中了全国工业总值的 50%,国家税收的 80%,第三产业增加值的 85%,高等教育和科研力量的 90%。随着城市化、工业化的发展,人流、物流、价值流和知识流日益向城市聚集,城市成为一个地区的政治、经济、文化中心,有人口稠密、流动频繁、管理复杂、各类事件多发的特点。在人口快速增长的背景下,公共安全问题、交通拥堵、食品安全、医疗资源紧张、环境污染、公共卫生事件、教育资源分配不均、就业压力等城市问题进一步凸显。

城市演进到今天,面临越来越多的挑战。在全球信息化趋势的推动下,智慧城市发展模式应运而生,并成为世界范围内解决城市化通病的战略途径。智慧城市建设,就是要加快提升城市综合竞争力,在保民生、保稳定的同时要保增长。通过智慧城市建设,优化产业结构、促进产业经济的发展;以面向行业的智慧化应用,提升城市管理和服务的水平;以新兴技术的综合应用,服务大众,提升市民幸福指数。

近年来,新加坡、美国和韩国等众多国家都先后启动智慧城市的建设。在政府的大力推动下,中国的智慧城市建设也如火如荼地展开。北京、上海、宁波、深圳、广州、无锡、武汉、南京、佛山、昆明、成都等城市纷

纷启动"智慧城市"发展战略。智慧城市建设将成为各大城市抢占创新型城市建设制高点、战略性新兴产业制高点及城市未来发展制高点的重要途径。

智慧城市是新一代信息技术变革和知识经济发展的产物。智慧城市是信息技术高度集成、信息应用深度整合的网络化、信息化和智能化的城市。智慧城市是实现城市高度信息化，建立创新型城市的重要途径，也是促进经济转型升级、树立发展新优势的迫切需要。

立足于航天技术的智慧城市建设，充分利用物联网、互联网、云计算、IT、智能分析等信息通信技术手段，将物理基础设施和信息技术基础设施融合为统一的基础设施，达到城市基础设施和重点应用领域的智慧化，基本实现"网络通""信息通"和"服务通"，促使政府行政由管制型向服务型转变，促进高效透明、无缝服务的政府建设，达成政府各部门之间的资源共享，业务协同，实现政府、企业、市民之间的有机融合、动态和谐。形成新的城市生活、产业发展、社会管理等模式，面向未来构建一种更新的城市形态。

智慧城市的建设不仅是一个技术系统，更是一个社会管理与服务系统。智慧城市的建设涉及物联网、云计算、互联网、智能分析、应用技术、安全技术等信息通信技术，更涉及城市公共管理等社会科学，庞大而复杂，其规划设计、关键技术、运营服务等工作的复杂度是前所未有的。

设立"两总"系统是中国航天多年来在型号线上采用的一种项目管理模式，目前，这一管理模式正被引入智慧城市项目管理中来。2012年1月11日，智慧城市项目作为首个试点项目，首批12名"两总"人员正式宣布任命。据了解，智慧城市项目"两总"与型号"两总"类似，分为指挥和技术两条线。指挥系统设项目总指挥、副总指挥、城市区域总指挥、城市区域副总指挥、指挥、项目经理、营销经理等；技术系统设项目总工程师、副总工程师、城市区域总工程师、城市区域副总工程师、主任设计师等。同时，根据项目需要，还将设置部分专业总师。

"两总"系统人员具有明确的职责分工。其中，由项目总指挥全面负责整个项目工作，包括项目发展战略、规划的研究制订，市场开拓与重点客户关系管理，项目建设过程中的监督、检查、协调等工作；项目总工程师则主要协助总指挥对项目实施管理，对项目的技术和质量工作负责。

在智慧城市项目中，除了设置总指挥和总工程师外，还专门聘任了信息化总师，以协助总工程师，负责智慧城市信息化建设项目的技术抓总工作。

在智慧城市项目中引入型号"两总"管理模式被认为是军民融合的创新实践。相关人士表示，这是航天企业军民产业深度融合的一种体现。以往军民融合的案例往往是军用技术转化为民用，带来生产力和经济效益。随着军民融合发展推向深入，更多形式的融合出现，这其中就包括军、民产业先进管理方法、营销手段的相互借鉴。

4. 展现航天装备实力，亮相应急救援领域

近年来，包括洪水、地震、海啸、恐怖暴力、空难、安全事故、疫情等在内的各类突发公共事件时有发生，给各国人民的生命财产造成了难以估量的损失。有效地防范和应对各种突发公共事件，已成为国际社会、各国政府和公众共同关注的焦点。为此，利用航天高科技手段，进一步建立国家应急救援保障体系，在突发自然灾害和公共事件面前有所作为，航天人责无旁贷。然而，国家应急救援保障体系的建立、运行和管理是一项复杂的系统工程。其中，应急救援技术和装备是体系建设的重要因素，其水平的高低将直接决定应对重大突发事件救援的效率和模式。

当国内接二连三地发生重大自然灾害时，中国航天的各类应急装备挺身而出。

抗击非典期间，总后勤部有关部门急需25辆卫生防疫车，航天人接到任务后，及时研制生产出了满足用户要求的喷雾、喷水、灭菌等6种状态的防疫车，其中一辆被用于北京小汤山临时搭建医院的卫生防疫。

汶川特大地震发生后，中国航天全力支援抗震救灾。震后第4天，包括应急急救车、应急防疫车、应急抢修车、应急通信车、应急宿营方舱

在内的多台应急救援装备发往灾区。据统计,此次救援部队使用的现场应急救护装备,70%左右是航天企业的产品,并在救援一线发挥了重要作用。

2010年夏季,多支科研队伍正在雪域高原担负试验任务,由于当地气候条件恶劣,帐篷扛不住大风的袭击,研制图纸被吹了一地,试验工作受到严重影响。接到任务后,3套具有保温、保湿等舒适功能的折叠宿营大方舱及时运到高原,得到试验部队官兵的高度赞扬。

青海玉树发生地震后,省政府急需2套卫生防疫越野车和11套多功能折叠宿营方舱。为尽快赶到灾区,航天人克服种种高原反应,用一天半时间赶到现场,保障了当地救灾的急用。

航天企业研制生产的应急装备不仅在历次公共救援中发挥了不可替代的作用,还在北京奥运会、上海世博会、广州亚运会安检工程建设,联合国土耳其、刚果、海地世界维和行动中大显身手。"移动医院"出口赞比亚、肯尼亚、卡塔尔等十几个国家,支援了非洲卫生事业的建设。

第九章

中国航天文化塑造航天形象

中国航天事业在60年的稳步发展中，不仅积累了耀眼的科技成果，更积淀了深厚的文化财富，文化是中国航天人艰苦奋斗的气质，是中国航天事业闪耀世界的气场。中国航天文化不仅凝聚在航天产品中，还体现在技术创新、商业模式创新、管理创新中，反映在各项实际工作中，更为关键的是，她蕴藏在航天人的气质和言行中，外化在中国航天的核心竞争力和整体实力中。本章以多元化的航天形象、高端的航天品牌以及令大众心生敬意的卓越的航天代表人物作为中国航天文化的外在典型表现展开介绍，从意识层面、物化层面等展示了航天文化的丰富内涵。尤其在航天代表人物中，从钱学森、航天四老、国家最高科学技术奖获得者、优秀科技人员、青年人才、技能人才等方面多层次地展现了航天人对于航天文化的集中体现。

第一节　航天形象

中央电视台经常会出现这样一个画面：在雄壮的国歌乐曲声中，中国自行研制的印有"中国航天"四个醒目大字的长征火箭点火后扶摇直上，冲刺太空。这个画面萦绕在每一个炎黄子孙的脑海里，烙印在世界各国人民的心目中。每当人们看到这个画面，无不心潮澎湃，感慨万千，无不由衷赞叹当今中国航天事业的辉煌成就。从一定意义上说，这就是中国航天的形象，就是伟大祖国腾飞的象征！中国航天形象植根于中国航天文化的肥沃土壤之中，在实现中华民族伟大复兴、富国强军的历史进程中茁壮成长，并将在未来的社会主义现代化建设中再展雄风，大放异彩！

一、航天形象的一般定义与内涵

航天形象是社会公众和航天职工对航天事业的整体印象和总体评价，即航天产品、服务、人员素质、经营绩效、作风以及公共关系等要素在航天内部职工及社会公众中留下的总体印象。航天形象是一个内涵十分丰富的复合概念。这一概念表明三方面的含义：第一，航天科技事业是塑造航天形象的主体。航天自身的情况，包含它的精神面貌、价值观念、行为规范、道德准则、行业作风、管理水平、产品质量、服务水平、技术力量、人力资源、资金实力、设备状况、公共关系、经济效益、福利建设等要素，都是内部职工和社会公众评价的客观基础。第二，社会公众是感受航天形象的主体。由于航天形象是社会公众对航天及其行为认识和评价的反映，因而社会公众包括消费者、用户、服务对象及其他同航天发生各种关系的个人和群体，对航天形象的评价和印象有密切的关系。第三，航天形象是社会公众的总体印象。航天形象不是某个人对航天一时一点的认识结果，而是经过长期观察、认识、了解之后所形成的综合印象。

航天系统过去是作为政府行政管理主导的一个具有战略性和先导性的科技工业部门。现在已由政府机构变为集团化企业，无论国家对航天的管理体制如何改变，航天科技工业作为一个代表国家高新技术的行业，这个属性是明确的。因此，这里所说的航天形象，应是航天行业形象，或者说航天科技工业形象。航天理念、航天产品、航天服务、航天员工、航天硬件环境、航天公共关系等，是航天形象的主要要素。由这些要素组成了航天形象的主要内容和结构。

二、航天形象与航天文化的关系

1. 航天形象是航天文化的外显形态

中国航天科技工业的创建、发展，形成和积淀了优秀的航天文化。航天文化不仅包括作为观念形态的精神文化以及与之相适应的行为文化，同时也包括航天物质文化。航天物质文化是指航天实践活动的环境条件、科研生产工具、物质产品，以及从事航天实践活动的航天人。当社会公众触及它、看到它，就会在自己的头脑里产生一种印象，这种印象，就是航天物质文化的主观形象。

危机感、光荣感、责任感是形成航天文化的原动力。当前，霸权主义的危险性和冒险性在国际关系中暴露无遗，我们无法回避"战争"这个字眼。中国要建设航天强国，实现航天梦，由此发展航天尖端事业的紧迫感，对于提升一个民族、一个国家的地位有着举足轻重的促进作用，对此了解得越深刻，危机感、光荣感和责任感就越强，献身航天事业的意志就越坚定，而这也正是形成航天形象的表征。

可以说航天形象是航天文化的表征，或者说是航天文化的外显形态，是航天文化存在的形式。航天文化中无论是物质文化、精神文化，还是行为文化,都需要以不同的形式或形态存在,并通过这种形式和形态传达给社会公众和航天内部员工。这种对航天文化的外观形式或形态的反映,是航天文化本质特征的表现,是航天文化的载体。就像一个人,通过衣着修饰的外表和言谈举止的外在形象,把自己的精神风貌和文化修养传达给周围的公众。

2. 航天良好的形象来源于优秀的航天文化

航天文化是塑造航天形象的基础,而塑造航天形象本身又是在建设航天文化。航天文化的核心是航天价值观,航天文化的灵魂是航天精神,而航天价值观与航天精神又是航天形象的灵魂和精神支柱。航天科技工业要保持长久不衰的生命力和强大的凝聚力,最根本的就是要坚持"以人为本",用航天文化来培养、教育、塑造航天人。产品要靠人来生产,科学研究要靠人来从事,管理要靠人来组织,形象要靠人来塑造,这一切都要靠人来实现。

航天文化是中国航天事业多年实践的产物。中国航天队伍的组成最初有三个来源:一是部队老干部,二是老专家,三是一批青年大中专学生。正是这三部分人带来了三种不同的航天文化不可或缺的航天精神。首先是部队老干部,他们能攻善战、不怕困难,为共和国的建立流过血、出过力。他们有强烈的爱国主义思想,对发展航天事业、加速我国现代化有强烈的愿望和使命感,因而也最富有艰苦奋斗的奉献精神。其次,老专家大都是从旧社会走过来的,还有一部分是漂洋过海从西方国家学成后返回祖国的,他们了解旧社会,热爱新中国,有强烈希望祖国富强的赤子之心。他们都有较深的科学造诣,是本学科的专家,多年从事科学工作,养成了严谨务实、一丝不苟的优良作风。再就是大批青年知识分子,他们是党培养的青年一代,是经过严格挑选才进入航天大门的。此外,还有广大工人群众和转业干部、战士加入到这个队伍,他们带来了工人阶级的先进品质。这几部分人所具有的不同优秀品质汇聚在一起,经过融会、提炼、升华,形成了最初的航天传统精神,也为后来航天文化的产生、发展奠定了坚实的基础。

航天人是航天文化的主体,也是航天形象的主体。优秀的航天文化培育出来的航天人,在思想、智慧、知识、经验、性格、气质、风度、品德、操行等方面展示出了良好的形象。这已经是被历史证明了的客观事实。没有良好的航天文化就不可能有良好的航天形象,由航天人建设起来的航天形象,无不展示出航天文化的风采,无不散发出航天文化之花的芳香。

3. 航天形象是衡量航天文化水平的重要尺度

从哲学的观点看,任何事物都存在现象和本质、表和里的对立统一关系。它们是处在同一事物中的两个对立面,互为对方存在的前提条件。就航天文化与航天形象的关系而言,航天形象是航天文化的外显形态,建设航天文化最终要以航天形象展现给社会公众。可以说,航天文化和航天形象是内容和形式的关系,是里和表的关系。航天形象有其深厚的文化内涵。

任何事物的本质总是以一定的外在形象表现出来的。由表及里,透过现象看本质,是马克思主义的辩证唯物主义认识论。由航天形象的优劣来评价、判断航天文化的优劣,符合正确的哲学思维方法。考察一个企业的形象,可以评价其企业文化的系统概况和整体水平,也可以评估它在市场竞争中的真正实力。

4. 航天形象是航天事业的无形资产

在市场经济条件下,一个企业或一个行业资产的多少,不能只用固定资产和流动资金的简单相加来估算。企业的商标、专利技术、商业信誉、市场占有率和顾客满意度也日益成为企业或企业集团的重要资产。因此,无形资产是现代化经营的重点和方向,即从产品力、销售力转向了文化力和形象力,因而一个单位或部门的资产观念也从有形资产转向了无形资产,而无形资产从本质上讲就是文化资产。在世界经济一体化的趋势日益加剧、市场竞争日益激烈的今天,试图只靠有形资产求生存、求发展是远远不够的,必须在培育和经营无形资产上有重大建树,才能在激烈的竞争中技高一筹。

航天科技工业在为国家、为社会创造具有现代化高新技术物质成果的同时,也创造出有自己行业特点的精神文化成果,航天形象即是航天精神文化成果之一。航天形象所表现的是一种文化价值或者文化附加值。良好的航天形象,对外意味着信誉、声望,从而具有竞争力;对内意味着自豪感、荣誉感,从而具有凝聚力。从一定意义上说,航天形象是一笔可贵的财富,代表了航天人或航天产品所具有的无形价值。它不仅是航天科技工业的无形资产,还是党和国家的宝贵财富。

三、航天形象的功能和作用

航天形象的功能主要表现在三个方面。一是识别功能。即通过航天人或事物具体的可感、可视、可触的行为表现的外观形态,使公众能从视觉和情感上感受航天事业,并且通过某种视觉或情感识别,形成对航天形象的强烈印象。二是代表功能。航天形象具有代表航天事业本身价值的功能,不但航天产品具有使用价值和价值,航天标志和产品标志也具有代表价值和信用功能。三是象征性功能。在航天形象策划中引入理念识别、经营哲学和航天文化等要素后,航天标志或产品标志的象征意义就越来越明显地提升。例如航天总公司的标志,标志主体"箭头"是航天器和航天运载器等航天科技工业产品的总体形象表征,三个圆环分别代表航天领域的三个宇宙速度,整体圆形象则表示人类居住的地球。标志的含义:象征中国航天事业蒸蒸日上,正在不断向更高阶段发展,象征着中国航天科技工业正在走向世界。再如,神舟号系列飞船翱翔太空、胜利返回的形象,就象征着中国的航天科学技术又提升到一个新水平,进入到一个新的发展阶段。

航天形象是伴随着航天事业的起步、创新和发展而逐步形成并树立起来的,同时它也能够对航天事业产生巨大的反作用。一个知名度、文明度、美誉度很高的航天形象,将会进一步推动航天事业的发展。而且可以毫不夸张地说,航天形象对社会的影响完全超出了对它自身的影响,它像一座巍峨的丰碑矗立在全国各族人民的心目中。航天形象的作用体现在对内、对外、对国家和民族三个层面上。

1. 对内增强航天内部的荣誉感

良好的航天形象,必然产生强烈的荣誉感和自豪感。这种强烈的荣誉感,又转化为航天内部的行动力、向心力和约束力。

荣誉感激励航天人振兴航天、为国争光。一代又一代航天人塑造了良好的航天形象,良好的航天形象又激励着一代又一代航天人铸造航天事业的辉煌。良好的航天形象,能够激发航天职工的行为动机,使其产生奋发进取的力量。良好的航天形象,获得党和国家的褒奖和人民的赞誉,使得航天人引以为荣,倍感自豪,从而激发他们在振兴航天、为国争光的伟大事业中奋力拼搏,在创造航天事业辉煌成就中充分发挥自己的聪明才智。

荣誉感使航天人心向航天。航天事业的良好形象,使生活在航天这个大家庭的航天人体会到一种和谐的、温暖的氛围。从事航天事业的每一个员工,都希望在自己的工作环境中建立个人对社会的认同关系,并且希望在这样一个工作环境中以自己的才能和个性赢得尊重。全员参与塑造航天形象,就会使航天职工的归属感、责任感、自信心得到加强,从而增强航天内部的凝聚力、向心力。

荣誉感使航天人产生约束力。良好的航天形象,使航天人由衷地产生集体荣誉感。为了珍惜这种荣誉,就要更好地维护航天的良好形象,进而产生约束力。航天的规章制度是一种"硬约束",航天形象则是一种"软约束"。航天职工行为的自我控制,一方面来自于对航天事业的热爱和献身精神,另一方面也来源于上述两种约束力。

2. 对外提升航天事业外部的知名度、美誉度

良好的航天形象,有着强大的辐射力,这种辐射力必然会提高中国

航天的知名度和美誉度,进而提升竞争力。

良好的航天形象能够增强航天产品或服务的竞争力。航天产品或服务是树立航天形象的重要因素。航天产品或服务的优劣,直接影响到航天形象的好坏。反之,如果有了一个好的航天形象,一是激励感召航天人的积极性和创造性,设计、开发、生产出更多更好的航天产品;二是通过好的航天形象,构建消费者与航天产品的沟通桥梁,从而增强中国航天及其产品的市场竞争力,扩大市场占有率。

良好的航天形象能够增强人才的竞争力。现代市场竞争是新技术、新产品的竞争,但归根结底是人才的竞争。航天形象在塑造和传播过程中,能够使更多的有志之士、有才之士认识航天、了解航天、支持航天、参与航天,使航天成为人才荟萃之地。

3. 航天形象是国家的品牌,民族的品牌

品牌是一个企业通过经营管理和技术支持,形成的一种产品与服务的集中表现和文化标志。航天品牌形象已不仅仅只是航天科技工业的"脸谱",而是实实在在地成为国家高科技名牌、大国地位的战略基石,是反映国家综合实力和国防实力的一张"王牌"。正如江泽民在表彰"两弹一星"功臣大会上所说,"两弹一星"事业的发展,不仅促使我国的国防实力有了质的飞跃,而且广泛带动了我国科技事业的发展,促进了我国的社会主义建设……极大地增强了全国人民开拓前进、奋发图强的信心和力量。"两弹一星"的伟业,是新中国建设取得辉煌成就的重要象征,是中华民族的荣耀与骄傲,也是人类文明史上一个勇攀科技高峰的空前创举!

航天形象产生的凝聚力,不但表现在航天内部,而且这种形象力已经辐射到全国各行业、各民族以及海内外炎黄子孙,从而产生一种强烈的民族向心力、凝聚力。原子弹、氢弹爆炸的一声巨响,导弹发射的一声雷鸣,飞船起飞的一声欢呼,就是东方睡狮一声怒吼。这个形象证明了:我们中华民族有同敌人血战到底的气概,有在自力更生的基础上发展创新的决心,有屹立于世界民族之林的能力。

第二节　航天品牌

　　加强航天品牌建设是培育世界一流航天企业的战略选择,是航天科技工业赢得新竞争优势的必由之路,是航天科技工业提高国际化经营水平的现实需要,是实现国有资产保值增值的内在要求。一流品牌是航天科技工业竞争力和自主创新能力的标志,是高品质的象征,是知名度、美誉度的综合体现,更是高附加值的重要载体。航天科技工业要实现"做强做优、世界一流"的目标就必须努力打造世界一流的品牌。

一、航天品牌的特征

　　不同行业的品牌既有共性特征又有个性特征,航天品牌也不例外。
　　航天品牌的一般性特征:一是整体性,即航天品牌是一个由航天内部的诸多因素组成的有机整体;二是客观性,即航天品牌是人们在获得客观事物的大量信息后所形成的综合印象,因而形成航天品牌的物质载体是客观的;三是主观性,航天品牌虽然是在航天科技工业的基础上形成,具有客观的现实基础,但是作为评价主体即社会公众来说,对航天的认识、评价带有主观因素;四是相对稳定性和塑造过程的动态性,航天品牌一旦形成,便具有相对的稳定性,但从航天品牌的塑造、形成、完善来看,它又具有动态性和过程性。
　　"中国航天"的品牌效应出现于中国航天工业总公司时期,其内涵却浓缩了中国航天事业自创立以来累积的辉煌成果,是全体航天人的共同财富。
　　中国航天品牌的个性特征,一方面是由航天科技工业的特殊性所决定;另一方面,更重要的是由中国航天的实际成就所决定。中国航天60

年的历史铸造了令人为之荣耀、为之赞叹的辉煌成就,建立起了较为完善的航天科技工业体系,具备一定的开发研制生产能力;圆满完成第一代战略及战术导弹武器装备的研制生产任务,新一代的研制生产相继进行,武器系统为国家铸就了钢铁长城并走出了国门;运载火箭基本形成系列,并开始在国际商业卫星发射服务市场上占有一席之地;载人航天技术由试验阶段向实用阶段推进;卫星技术由试验阶段进入应用阶段,越来越多地应用于国防、国民经济和社会发展的众多领域;民品开发生产经营不断发展,军民融合的新体制逐渐形成;对外经济技术合作与交流日益活跃,有力地促进了航天科技工业的发展。同时,在航天事业的发展中,培养和造就了一支技术过硬、素质优秀、品牌良好的航天队伍。从中国航天科技工业的总体水平和实力,可以看出中国航天品牌鲜明的个性特征。

"十二五"期间,中国航天事业加强以文化为核心的品牌建设,将中国航天独有的企业文化与品牌建设有机地融合在一起并取得了显著的成效。《形象识别执行手册》《企业文化建设管理办法》《品牌管理规定》及《品牌架构体系建设工作管理办法》等文件的颁布,加大了中国航天核心理念的宣传和检查力度,努力实现共性理念和个性理念的协调与统一。这一举措的效果是明显的,"中国航天"作为整体形象得以树立和传播,各航天企业以"标识+单位名"的规范组合得以推广,一系列形象展示广告线得以建立。

此外,由于在北京奥运会、国庆60周年阅兵、上海世博会、反法西斯战争胜利70周年阅兵等一系列重大活动与抗震救灾等重要事件中,中国航天表现突出,中国航天的品牌价值得到了显著提升,知名度也日益凸显。

1. 具有"科技巨人"的产品品牌特征

航天产品是航天科技工业的象征和标志。产品是航天企业竞争力和可持续发展能力的重要基础保障。随着新一轮科技和产业革命加快推进,特别是以互联网为核心的信息技术得到广泛应用,拥有差异化和高品质的产品能够帮助航天企业积累品牌优势,日益成为企业赢得市场竞争的关键。航天企业要赢得新的竞争优势,就必须通过打造一批具有核心知识产权的产品及自主品牌,实现质量效益的提升与价值链的优化升级。

产品品牌是航天品牌的首要因素。社会公众首先从航天的主导产品品牌去认识了解航天。因此,航天产品品牌的优劣对于航天品牌的形成具有决定性作用。当人们看到矗立在发射架旁高达几十米的长征二号E运载火箭时,自然会想到一个威武神勇的大力士品牌;当人们看到"神舟"系列飞船在太空遨游时,不由得想到"飞天"的美好祝愿;当人们看到玉兔号月球车在月球上的一举一动时,情不自禁地被古人"嫦娥奔月"的美丽向往所感染;当人们看到随着一声巨响火箭腾空冲向蓝天的雄姿时,带给心灵的震撼是其他行业的任何产品品牌都无法比拟的。

2. 具有国家尖端科学技术代表的特征

在当今世界,航天科学技术水平和航天科技工业的规模与能力,成为衡量一个国家科技水平高低、综合国力强弱的重要标志。一项重大航天工程的实现,是集现代科学技术之大成,不仅需要巨大的投资,而且需要基础工业的支撑。因此,航天品牌既是国家尖端科学技术水平的代表,又是国家综合实力的代表。

目前,中国航天科技工业全球配置资源能力和开拓国际市场能力亟待提高。航天企业作为参与国际竞争的主力军,需要通过打造知名品牌,带动中国航天领域成熟的产品、技术和标准走出国门、走向世界,在更宽领域和更高层次开展竞争合作,努力构建与科技实力、经济实力相匹配的品牌实力。

3. 具有和平卫士的品牌特征

航天科技工业聚焦企业战略与客户价值,在充分了解市场需求和研究比较优势的基础上,根据航天技术应用产业与航天服务业领域的行业特点,结合企业实际和产品特性,科学确立品牌定位。

航天领域这一"和平卫士"的品牌特征差异性突出,品牌核心价值理念明确,树立了在人民群众心目中的独特地位。航天企业的设计、生产、营销和服务等始终紧紧围绕这一品牌定位,准确体现了品牌核心价值理念。

在庆祝中华人民共和国成立50周年大典、庆祝中华人民共和国成立60周年大典、纪念中国人民抗日战争暨世界反法西斯战争胜利70周年历次阅兵式上,当人们看到那一排排、一列列的导弹方队通过天安门广场时,在由衷的感叹、激动之余,自然会想到,正是这些用现代科学技术武装起来的"钢铁卫士",保卫着祖国的神圣领土和空域海疆,保卫着人民的幸福和安宁。它以强大的威慑力使一切敌对势力不敢轻举妄动,使一切爱好和平的人民感受到和平的喜悦。

4. 具有航天精神风貌特征

中国航天事业的发展,是党坚持独立自主、自力更生方针的胜利,是航天广大职工热爱祖国、无私奉献、艰苦奋斗、勇于攀登的结果。在当年这样一个科学技术落后、底子薄弱的国家,面对着国外封锁和外来压力,中国航天人在"一穷二白"的图纸上画出了最新最美丽的图画。中国航天人"热爱祖国、无私奉献、自力更生、艰苦奋斗、大力协同、勇于登攀"的精神,不仅是航天品牌的重要特征,也是中华民族勤劳、勇敢、智慧品牌的典型代表!

航天技术几乎涵盖了各个领域:20余次利用返回式卫星和神舟系列飞船进行太空育种,使中国经过航天搭载的农作物多达9大类393个品系,如今很多经过太空育种的农作物已成为我们餐桌上的常见食品。中国1100多种新型材料中,有80%是在航天技术的牵引下完成的。从能源、钢铁、新材料、电子通信,到纺织、服装加工,再到农产品、食品加工……航天技术对中国的经济产生了巨大影响。中国航天事业一步一步实现了中国人追寻千年的太空梦想,也向世界彰显了中国人求知探索、和平利用太空、造福国家和人民的担当和决心。随着未来多个航天项目的完成,"航天品牌"的高质量形象将更加深入人心。

5. 具有大力协同集团作战的群体品牌特征

品质是品牌的基石,航天工程是由多学科、多专业、多系统构成的大系统工程。航天科技工业把不断提升产品和服务的质量作为最高追求,以更高的品质完成目标。

航天工程伟大目标的实现,不仅需要航天科技工业体系内各个单位、各条战线、多"兵种"的大力协同,而且需要全国各有关单位的大协作。随着时代的发展,航天企业坚持把不断提升产品和服务的质量作为最高追求,建立健全全面质量管理体系,加强全员、全过程、全方位、全寿命周期的质量管理,规范生产流程,细化管理标准,确保产品质量,生产出经得起检验的合格产品。

航天科技工业从大局着眼,从细微处着手,有效应对全球局势变化,齐心协力,攻坚克难。这种大力协同、多集团作战的群体品牌充分体现了社会主义制度的优越性,显示了在中国共产党领导下"团结一致,集中力量办大事"的独特优势,也是具有中国特色的航天品牌的重要特点之一。因此,赢得了社会公众的爱戴,赢得了国际同行的赞许和折服。

二、航天品牌的塑造与传播

面对中国社会主义市场经济的发展和国际航天市场的激烈竞争,我们一方面要全面总结60年来塑造航天品牌的成功经验,继续巩固和保持已经形成的良好态势,另一方面要根据新形势的要求,实施品牌战略,设计塑造理念独特、标识鲜明、行为规范、员工优秀、产品优质、环境优美的新时期航天品牌。

1. 塑造航天品牌是社会主义市场经济的必然要求

随着国家经济体制改革的逐步深化,航天科技工业管理体制也发生了根本的变化。在新的历史时期,全方位地塑造良好的航天品牌,既体现了现代管理的特点,又是市场经济对航天科技工业的必然要求。

由"自发"变为"自觉"。航天科技工业走过了60年的发展历程,形成了现有的规模和能力,跻身于世界航天强国的行列,在社会公众心目中树立起了良好的品牌形象。未来的航天科技工业要按照市场机制运作,要参与市场竞争,必须"自觉"地全方位塑造自己的品牌。越来越多的企业越来越重视自身品牌,发达国家企业采用的CIS(即企业识别系统),已经在中国企业界得到积极推行,这极大地促进了中国企业的发展。航天科技工业应充分把握这种趋势,利用已形成的航天品牌资源,并"自觉"地进一步提高。

由"单个"变为"整体"。在航天科技工业体系内部,个别企事业单位已经意识到塑造良好品牌的重要性,并着手自己品牌的设计和塑造,这是十分可喜的,"一花独放"固然可以起到"报春"的作用,但"万紫千红"才会形成"满园春色"。航天科技工业能否有效地参与国际竞争,要靠整体的实力,要靠整体的品牌。塑造中国航天大企业集团品牌,不仅是中国航天事业发展的需要,同时也是中国经济发展战略的需要。

为了"现在",更为了"将来"。企业文化和企业品牌,是维系企业长久不衰的战略资源。设计和塑造航天品牌,一方面是为了保持已经形成的良好品牌,维护航天在内部职工和社会公众心目中的良好印象,争取内部职工和社会公众对航天的信赖和支持;另一方面,航天事业要向更大规模、更高水平发展,实施品牌战略、提高品牌影响力,这是实现航天战略发展的重要举措之一。

提高在国内各行业中的品牌影响力。航天科技工业在科教兴国的伟大事业中,不仅承担国防建设的政治任务,而且投身国民经济的主战场,积极参与各项经济建设事业。这体现了党和国家、全国各族人民对航天科技工业的殷切希望，同时也为充分发挥中国航天科技工业的作用提供了广阔空间。在这广阔的空间里，航天科技工业可以充分发挥自身优势，充分展现航天事业各领域的风采。

2. 航天品牌塑造的基本内容

航天品牌的塑造，是对航天整体品牌的综合塑造。航天的综合整体品牌是由一些主要具体的品牌构成的，"窥一斑而知全豹"，内部员工和社会公众通过这些具体品牌来识别、评价航天品牌的全貌。

第一，塑造航天理念品牌。航天理念是航天科技工业在长期的实践中形成的，并为员工所认同和接受的经营哲学、发展目标、价值观念、航天精神的结合体。航天理念是航天科技工业个性的集中表现，它对航天品牌的塑造有着决定性的作用，有高水准理念才有高水准的航天品牌。航天理念品牌的基本内容反映了航天科技工业的价值观念和航天事业精神。

第二，塑造航天产品品牌。航天产品品牌是航天产品的内在质量和外在表现的综合反映。航天产品是消费者和社会公众对航天的第一印象。产品品牌是航天品牌的基础和主要标志，没有良好的产品品牌，也不会有良好的航天品牌。

产品品牌涉及内容广泛，包括产品的开发设计、质量、品种、规模、数量、价格、产品商标、品牌、包装、装饰等。新产品的开发和设计，如武器新型号、新型运载火箭、新型卫星的开发研制，载人航天飞行器、空间站的开发研制，集中展示了航天主导产品的开发、设计、研制水平和品牌。

产品质量是产品品牌的核心，是产品的生命，也是企业的生命。航天产品质量更是航天事业的生命。航天主导产品的质量特征，表现在可靠性、长寿命、精确性、耐恶劣环境等方面。产品质量越高，产品品牌就越好。

第三，塑造航天员工品牌。航天员工是航天科研生产和经营管理的主体，是航天物质技术设备的使用者，是航天产品的创造者，是构成航天科技工业体系各种要素中最积极、最活跃的要素。航天员工队伍品牌包括管理者品牌和职工品牌。

航天管理者品牌是指领导者的思想政治水平、知识结构、工作经验、组织指挥能力、决策能力、开拓创新精神、工作作风和气质风度等给外部公众和内部职工留下的印象。对于一个企业来说,管理者品牌的优劣、声誉的好坏会严重地影响到企业的品牌。

航天职工品牌是职工在职业道德、专业训练、文化素养、精神风貌、言谈举止、服务态度、仪容仪表等方面的具体表现。航天职工品牌是航天品牌人格化的体现。在航天品牌的诸要素中,人的品牌是最活跃、最直观的。从某种程度上说,航天品牌就是航天人的品牌。航天品牌是通过人的品牌和人创造的物的品牌来体现的。只有一流的职工品牌才可能创造出一流的航天品牌。

第四,塑造航天环境品牌。环境通常是指事物存在和发展的周围状况和条件。航天环境品牌是航天内外科研生产和生活条件建设的总体表现,是人们对航天人从事科研、生产、经营活动的空间和条件的情感体验。因而,环境品牌是影响人的心理的重要因素。航天环境品牌的优劣,是影响航天内部职工以及社会公众对航天品牌总体评价的重要因素。

航天综合品牌由多层面、多方位组成。除上述四个主要方面的具体品牌外,航天工程管理品牌、航天经营品牌、航天服务品牌以及航天公共关系品牌,也是构成航天综合品牌的重要内容。

3. 航天品牌的传播

市场机制的核心是竞争机制。参与市场竞争的主体是企业。要使市场认识、了解、接受企业,企业必须把自己的全方位品牌展示给市场,尤其是航天科技工业,更需要这样做。

传播航天品牌是走向市场的需要。首先,受长期的计划经济体制以及国防科学技术保密的特殊要求的影响,航天科学技术在其他科学技术领域的运用和带动作用及航天技术在国民经济各行业中的运用,不被人所知或鲜为人知。品牌作为市场经济的竞争要素,在中国被企业放在战略位置进行构建,还是近几十年来的事。由于企业的性质及发展环境等客观因素的影响,中国大部分企业还未能把品牌放在企业战略地位的高度进行建设,航天企业的品牌建设更是相对滞后。

其次,由于保密的需要和军工产品较强的计划性,大多数军工企业不注重宣传,不注重品牌建设,部分企业还没有将品牌建设列为企业发展的战略需求进行谋划。航天企业的大部分产品没有统一的商标,各航天企业依据自己的生产经营需求,注册各自的商标。这些下属企业的二级子公司,从销量出发,只注重宣传产品,忽略了统一的品牌传播,从而难以形成有效的航天品牌积累。整合品牌宣传是中国航天企业立足当前、谋划长远、发展壮大的必然要求。

第三,中国航天企业文化建设相对滞后,未达到有效的企业品牌宣传的效能。与大多数国有企业类似,中国航天企业的文化建设刚刚起步,对企业品牌设计、策划工作相对滞后于企业生产经营的发展步伐。在市场经济体制下,航天企业要进入市场,就要"推荐"自己,"表现"自己,把中国航天的光辉品牌展示于世人。

传播航天品牌是展示航天人价值的需要。受长期计划经济体制及特殊行业封闭式管理要求的影响,航天人只能做"无名英雄"。今天,要在保守国家秘密的前提下向社会、向公众传播航天品牌,变"无名英雄"为"有名英雄",从而激励他们更加热爱航天、立足航天,为振兴航天而奋斗。

传播航天品牌是中国航天走出国门的需要。中国航天已经在世界航天领域占有一席之地,要想把这一席之地继续拓展,一方面要不断提高中国的航天技术水平,提高航天产品的质量可靠性,另一方面也要向国际航天市场传播中国航天的经营品牌、实力品牌、产品品牌、工程管理品牌等,从而得到国际航天界的了解、支持,得到国际用户的信赖和认可。

传播航天品牌是航天事业继往开来的需要。航天科技工业要提高水平、扩大规模,航天事业要向前发展,航天事业的接力棒需要一代一代地传下去。培育航天新人,继承航天优良传统,在航天内部传播航天品牌,也是一种重要的教育方式。

事实上,航天文化的建设过程,也是航天品牌的塑造和传播过程。比如,航天系统相继创办的《中国航天报》、航天网站、新媒体及大量专业技术刊物,各院、基地、厂所创办的各种报纸、刊物及基层的黑板报、墙报橱窗……各级单位组织的文化艺术活动等,既是航天文化建设的内容,又是航天品牌传播的有效形式。

进入大数据时代,航天企业抓住各种有利时机,充分利用各种媒体媒介,特别是有效运用新媒体,做好形象公关,讲好自己的故事,广泛传播品牌形象,传递品牌价值。紧跟市场变化,增强品牌传播的及时性、有效性,凝聚品牌传播的正能量。

航天领域各单位通过建立品牌联盟、借助国际媒体资源和主动参与具有全球影响力的活动,提升品牌的全球知名度。各航天品牌在走出国门、走向世界的道路上加强品牌本土培育和推广,与此同时根据国外文化习俗、市场竞争状态、消费者习惯及法律法规等特点,开展品牌国际化工作,承担相应社会责任,有效提高品牌的知名度和美誉度。

第三节 航天人

一、航天事业的奠基人——钱学森

"在他心里,国为重,家为轻,科学最重,名利最轻。5年归国路,10年两弹成。开创祖国航天,他是先行人,披荆斩棘,把智慧锻造成阶梯,留给后来的攀登者。他是知识的宝藏,是科学的旗帜,是中华民族知识分子的典范。"这是2007年《感动中国》钱学森的颁奖词,也是对中国航天事业奠基人的经典概括。

钱学森,这位享誉世界的著名科学家,被誉为"中国航天奠基人"。他为中国航天事业的创立和发展倾注了一生的心血,作出了杰出的贡献。

钱学森于1911年12月11日出生于上海市,祖籍浙江省杭州市。早年在北京师大附小、附中求学期间,学习非常用功,成绩名列前茅。1929年以优异成绩考入国立交通大学(上海本部)机械工程系,1934年毕业后考取清华大学"庚款留学"留美公费生,远涉重洋踏上科学救国之路。

1935年9月,钱学森赴美国进入麻省理工学院航空系学习。钱学森先在美国麻省理工学院航空工程系学习,第二年就取得硕士学位,后又慕名到加州理工学院深造,师从著名空气动力学家冯·卡门教授,从事航空工程理论和应用力学的学习研究,获取博士学位后即留校工作。钱学森与冯·卡门建立了亲密的师生合作关系,在喷气推进技术和空气动力学领域取得突破性成就。

钱学森站在数学和力学的最前沿,如饥似渴地研究现代科学技术的

图 9-1　上海交大 1934 届机械工程学院学生合影,第一排右二是钱学森

图 9-2　1939 年,钱学森在美国加州理工学院获航空数学博士学位

基础理论,刻苦攻读空气动力学和航空工程,每天工作长达十几个小时。冯·卡门十分推崇钱学森这位中国学子的勤奋好学和创造才能,他曾这样评价说:"他在许多数学问题研究上和我一起工作,我发现他非常富有

想象力,他具有天赋的数学才智,能成功地把它与准确洞察自然现象中物理图像的非凡能力结合在一起。作为一个青年学生,他帮我提炼了我自己的某些思想,使一些很艰深的命题变得豁然开朗。"钱学森与老师合作,共同创造了"跨声速流动相似率""高超声速流概念"和"卡门-钱近似"公式等理论,在空气动力学研究中取得重大成果。

在冯·卡门教授的影响下,钱学森对新兴火箭技术产生了浓厚兴趣,参加了著名的古根海姆实验室五人火箭小组。1942年,他受美国军方委托,开办三军技术人员喷气技术训练班,讲授和研究用火箭发动机推进导弹的课题。1943年,他和热心研究火箭技术的同学马林纳合作,完成了《远程火箭的评论与初步分析》的研究报告,提出了几种火箭研究的设想,为美国发展地地导弹和探空火箭奠定了理论技术基础。1944年,钱学森在冯·卡门领导下,参加了美军"下士"导弹的设计工作。1945年,钱学森被美国空军聘为科学咨询团成员,参加了对德国秘密研制火箭的技术考察。

图 9-3　1945 年,钱学森与老师冯·卡门(右)在德国考察

美国空军高度赞扬钱学森为第二次世界大战的胜利作出了"无法估价的、巨大的贡献"。美国专栏作家密尔顿·维奥斯特认为,钱学森是"帮助美国成为世界上第一流军事强国的科学家银河中一颗明亮的星",是"制订使美国空军从螺旋桨式向喷气式飞机过渡,并最后向遨游太空

无人航天器过渡的长远规划的关键人物"。

图 9-4　这是美国国家航空顾问委员会在 1947 年 2 月 3 日的合影。在以美国航空事业奠基人冯·卡门博士（第一排左起第七位）为核心的美国宇航精英中，共有三位中国学者：第一排左起第三位是钱学森，第二排左起第一位是林家翘，第三排左起第二位是郭永怀

1947 年，经冯·卡门推荐，36 岁的钱学森成为麻省理工学院最年轻的终身教授。从 1949 年开始，他又肩负起著名的古根海姆喷气推进中心主任的职务。这时钱学森已被公认为世界上力学界和应用数学界的权威、空气动力学研究的开路人、现代火箭技术的先驱者。

图 9-5　1949 年，钱学森在加州理工学院任教

当中华人民共和国成立的消息传到大洋彼岸时,钱学森兴奋极了,立即萌生了强烈的回国念头,决心为新生的祖国贡献自己的智慧和力量。1950年7月,他去会见主管他研究工作的美国海军次长丹尼尔·金波尔,告诉他准备动身回国。这位海军次长大为震惊,立即通知移民局不准放行,咆哮地说:"我宁肯把他枪毙了,也不愿放他回中国,因为他无论在哪里,都抵得上五个师。"正当钱学森辞去古根海姆喷气推进中心主任职务,全家准备搭乘飞机离开美国的时候,却突然被美国联邦调查局非法逮捕,并被限制人身自由,饱受迫害和折磨达5年之久。为了争取早日回国,在这段时间里,钱学森有意改变科研方向,开始进行工程控制方面的研究工作,1954年写成《工程控制论》,开创了一个新的工程技术研究领域,从而确定了他在工程控制论领域创始人的地位。"这本书是给美国人看的。"钱学森并不在乎工程控制论的价值,而是想尽快摆脱美国政府的阻挠,随时能启程返回他魂牵梦萦的祖国。

图9-6　1955年,钱学森一家乘船回国

1955年6月,钱学森摆脱监视,把一封写在小纸条上请求祖国帮他实现早日回国愿望的信辗转寄到了国内。周恩来总理见到这个求助的字条,亲自安排在中美大使级会谈中交涉,据理力争,设法营救,义正词严地戳穿了美方的谎言。经过艰苦斗争,钱学森一家终于在1955年9月17日启程回国。他在向恩师冯·卡门告别时,这位空气动力学大师满怀惜别之情对他的得意门生说:"你现在学

术上已经超过了我。"后来,周恩来总理对要回钱学森一事说过这样一段意味深长的话:"中美大使级会谈,虽然长期没有积极结果,但是,要回来一个钱学森,单就这一件事情来说,会谈也是值得的,会谈是有价值的。"

钱学森说:"我从1935年到美国,1955年回国,在美国待了20年。20年中前三四年是学习,后十几年是工作,所有这一切都是在做准备,为了回到祖国后能为人民做点事。"钱学森自称回国是他人生的第一次激动。他冲破藩篱回到朝思暮想的祖国,开始了为创建新中国航天事业的新征程。

钱学森回国后,周恩来总理要他先到各地看一看,熟悉一下祖国的情况,然后对国家的各项工作提出意见。党和政府要为他创造一个崭新的施展才华的用武之地。

党和政府无微不至的关怀,亲眼看到祖国建设蒸蒸日上的气象和科学技术蓬勃发展的面貌,特别是钱学森到哈尔滨军事工程学院参观访问,陈赓大将专程从北京赶回学院热烈欢迎他,并询问他中国人能不能搞导弹之后,钱学森深受鼓舞,企盼祖国更加强大,感到自己负有一份责任。1956年春,毛泽东主席设宴招待全国政协委员,热情邀请钱学森与他坐在一起,并亲切地征询他对发展火箭技术的意见,勉励他致力于国家的社会主义建设事业,多培养自己的青年科技人才。

图9-7　1956年2月,钱学森出席全国政协第二届全国委员会第二次全体会议,
2月1日毛主席设宴招待全体委员时,安排钱学森坐在自己旁边

在毛泽东主席"向科学进军"的伟大号召和周恩来总理的热情鼓励下,钱学森这位饱受屈辱回到祖国怀抱不久的海外赤子异常激动,怀着对新中国发展国防尖端科技事业的强烈责任感,奋笔疾书提交了一份《建立我国国防航空工业的意见书》,阐述了发展中国火箭导弹工业的规划设想和具体步骤。在周恩来总理主持召开的一次不寻常的中央军委会议上,钱学森应邀给最高军事领导人讲解中国发展导弹事业的规划和设想。同时,由他牵头完成周总理领导制定的《1956—1967年科学技术发展远景规划纲要》中《喷气与火箭技术的建立》规划任务。随后,中央决定成立以聂荣臻为主任的航空工业委员会,钱学森被任命为委员,并出任1956年10月8日诞生的第一个导弹研究机构——国防部第五研究院院长。在最初组建的航天队伍里,只有钱学森一人是火箭专家,他从为新分配来的大学生讲授《导弹概论》开始,投入了一个神秘而宏伟的事业。

在争取到苏联的有限援助之后,1958年,钱学森协助聂荣臻部署了第一枚近程导弹的仿制工作。1959年,他正式成为伟大的中国共产党中的光荣一员,更加自觉地把发展中国的航天事业和为共产主义奋斗的伟大理想结合起来,全身心地去开创祖国新兴的尖端科技事业。钱学森称入党是他人生的第二次激动。1960年10月,在极端困难的条件下,他带领广大科技人员和工人,自力更生,发愤图强,攻克一道道技术难关,在很短的时间里仿制成功第一枚近程导弹,并于11月5日一举发射成功。

科学的道路并不平坦,有成功的喜悦,也有失败的痛楚。1962年3月21日,中国自行设计和研制的东风二号中近程导弹进行首飞试验,起飞69秒就在距发射架300米的地方坠毁。尽管钱学森不是这枚导弹的总设计师,但身为导弹研制工程的总负责人,他和大家一样心情十分沉痛。然而面对人们低落的情绪,他不无风趣地对大家说:"我在美国,每写一篇重要论文,成稿没几页,可是底稿却装了满满一柜子。科学试验如果次次都能成功,那又何必试验呢?经过挫折和失败,会使我们变得更聪明。"他鼓励大家振作精神,分析失败的原因,采取切实可行的措施,继续再战。钱学森指导大家以更加认真细致的态度对待科研工作,并高屋建瓴地提示型号设计师注意发动机的高频震荡和系统协调问题。他们查原因,排疑点,从总体方案设计、分系统之间技术协调,到多系统试验、总测试复查,找出了问题的症结,然后修改设计,加强了全弹试车和振动试验,获取了大量可靠的数据。

1964年6月29日,现场总指挥张爱萍将军与钱学森共同商量,决定发射东风二号中近程导弹。此次飞行试验的圆满成功,标志着中国的导弹技术从仿制进入到了独立研制的新阶段。

1958年5月,毛泽东主席发出"我们也要搞人造卫星"的号召,立即引起了钱学森的强烈共鸣。他立即与科学家赵九章、郭永怀等一起积极倡导开展空间技术研究工作。在他的建议下,连续举办了12期星际航行座谈会,钱学森作了题为《今天苏联及美国星际航行火箭动力及其展望》的第一课讲演。1962年,他又编著出版了《星际航行概论》一书,组织安排了航天的预先研究课题,为发展中国的空间事业准备条件。

1965年1月,钱学森向国家提出报告,说明鉴于我国自行研制的弹道导弹已经取得突破性成果,建议早日制订我国人造卫星的研制计划,并列入国家任务付诸实施。同年5月,中央军委召开会议批准研制人造卫星计划,并组建卫星研究院,拟订第一颗人造卫星的总体方案。钱学森成为研制的技术总指挥、总顾问。而中国第一颗人造地球卫星——"东方红一号"正是由以钱学森为首任院长的中国空间技术研究院研制。

1966年,当发射第一颗卫星的长征一号运载火箭进行滑行段喷管控制的仿真试验时,出现了晃动幅值异常现象,大家束手无策。钱学森到现场观察了整个试验过程,认真倾听了大家的意见,然后胸有成竹地做了结论:"这种情况是在近乎失重的状态下产生的,在这种情况下,原来的晃动模式已不能成立。此时流体已成粉末状态,晃动力很小,不会影响火箭的正常飞行。"后来的飞行试验证明,这个结论是完全正确的。在"文化大革命"的困难日子里,钱学森在周恩来总理的支持下,全权处理运载火箭和卫星研制试验工作。1969年7月,由于"文化大革命"派性的干扰,长征一号运载火箭的试车一时无法进行。钱学森受命于危难之时。他把科技人员召集在一起,严肃地宣布:"我是受周总理之命来主持火箭试车的,这是毛主席批准的任务,我们要尽快把卫星放上去,任何人都要服从于这个政治任务。如果技术上的意见分歧,欢迎大家提出来。试车要立即进行,不能再拖了。谁再拖就谁负责!"他的一席话打动了科技人员和工人,大家以大局为重,把派性扔在一边,积极投入火箭试车工作,连续四次试车取得圆满成功。

图9-8　1966年12月28日,钱学森(前排左三)陪同聂荣臻(前排左四)
在核试验基地主持氢弹原理实验

1970年4月,中国第一颗卫星发射到了最后冲刺阶段。但在发射准备过程中不断出现一些新的问题,险象环生。在周总理的直接指导和关怀下,钱学森在酒泉基地组织实施发射工作,他按照"严肃认真、周到细致、稳妥可靠、万无一失"的要求,冷静细致地处理随时发生的各种情况,坚信这支科技队伍的能力,坚信技术上的可靠准备,果断地建议:如无特殊情况,不再变动,按计划发射。4月24日,长征一号运载火箭托举着"东方红一号"卫星发射升空。当从千里之外的观测站传来"卫星入轨"的喜讯，钱学森看到多年呕心沥血结出丰硕成果，看到多年奋斗的梦想变为现实，再也抑制不住激动的心情，流下了喜悦的泪水。他回国15年，终于用自己的勤奋和智慧实现了报国的夙愿，迎来了中国航天时代新的黎明。

钱学森打开了中国航天事业的大门。此后，他把主要精力集中于组织管理、策划指导，站在航天技术发展的高层，统揽全局，运筹帷幄，对中国航天技术的发展规划、型号的方案论证、技术攻关、重大问题的组织协调做了大量卓有成效的工作，为以后洲际弹道导弹、水下发射战略导弹、"长征"系列运载火箭、各种人造卫星以及试验飞船的成功发射，打下了坚实的基础。人们不会忘记钱学森为中国航天事业的开拓和发展建树的伟大功绩。

图9-9　1976年10月6日，钱学森(右二)和工人在一起

钱学森自幼酷爱艺术，有广泛的爱好，尤其是迷恋音乐。当年在国立交通大学的校园里，经常可以听到他吹奏次中音号那悦耳的乐曲声。在受过西方音乐教育的声乐家、夫人蒋英的影响下，钱学森还熟悉各种中外名曲，熟知世界乐坛名家的各种音乐风格。他经常轻声哼着世界名曲，脑海里思考着太空飞行的旋律。他自己说过："我一直在提倡科学技

术工作者要有文艺修养。"

钱学森不仅拥有一个科学的世界、航天的世界,而且还拥有一个艺术的世界。他钟爱美术、摄影和音乐,在这个世界里甚至包含着他的信念、智慧和爱情。他从教育家父亲那里开启了一扇艺术之窗,在绘画、摄影和音乐的诗情画意中,不断丰富自己对人生的理解、对世界的认识,开拓了科学研究的广阔思维。他曾不止一次地对从事古典歌剧艺术的夫人蒋英说:"你们搞艺术的人需要灵感,难道搞科学的人只需要数据和公式吗?搞科学的人同样需要有灵感,而我的灵感,许多就是从艺术中悟来的。"

钱学森和蒋英的爱情可以说是科学与艺术的结晶。尽管有父辈世交的渊源和青梅竹马的基础,但这份爱情却是在对艺术的共同爱好和追求的沃土上萌发的。蒋英深情回忆往事说:"那时候,我们都非常喜欢哲理性强的音乐作品,学森还很喜欢美术,水彩画也画得相当出色。因此,我们常常一起去听音乐,看美展。我们的业余生活始终充满着艺术气息,不知为什么,我喜欢的,他也喜欢……"除了音乐之外,他们对文学、历史、诗词、书法、篆刻、绘画以及欣赏大自然的美景,都有共同情趣和爱好。后来钱学森负笈去美国学航空工程,而蒋英则远去西欧学古典声乐,到1947年双双回到上海相逢,很快就续上了两人之间萦绕不断难以割舍的美满姻缘。

图 9-10　1947 年,钱学森与蒋英在上海喜结良缘

钱学森已成为享誉中外、集科学大成的科学家。除了在航天技术领域造诣很深之外,在应用力学、工程控制论、物理力学领域以及在系统工程、思维科学等领域,都有重大创见和成就。他在美学、文艺学、园林学、文化学、技术美学等方面,都发表过许多具有真知灼见的论文。特别是他从唯物主义世界观出发,吸取美国计划评审技术(PERT)方法,运用周恩来总理、聂荣臻有效地组织科技大军大会战的成功经验,总结提出了一套系统工程的管理办法。这套管理办法不仅使中国航天事业取得巨大成就,而且推广到中国社会主义建设的各个领域,形成了社会系统工程、地理系统工程、农业系统工程、军事系统工程等应用学科,在社会主义建设的各个领域发挥着重要作用。

钱学森的科学成就彪炳青史。1957年,他的专著《工程控制论》获中国科学院自然科学一等奖。1979年,他的母校加州理工学院授予他"杰出校友"称号。1985年,由于他在中国战略导弹研制方面取得的成就,获得全国科技进步特等奖。1989年,国际技术与技术交流大会授予他"小罗克韦尔奖章"和"世界级科学与工程名人""国际理工研究所名誉成员"称号。1991年,中共中央组织部把他和雷锋、焦裕禄、王进喜、史来贺五人树立为新中国成立40年来在群众中享有崇高威望的共产党员的优秀代表。钱学森能与受全国人民群众爱戴的英模齐名,他十分激动地说:"我激动极了,这是我有生以来的第三次激动。"

图9-11 1989年国际技术与技术交流大会授予钱学森"小罗克韦尔奖章"和"世界级科学与工程名人""国际理工研究所名誉成员"称号,图为钱学森在国内接受奖章和荣誉证书时留影

1991年10月,在庄严的人民大会堂,国务院和中央军委授予钱学森"国家杰出贡献科学家"荣誉称号和一级英雄模范奖章。1999年9月,中共中央、国务院和中央军委又授予他"两弹一星"功勋科学家金质奖章。在巨大的荣誉面前,这位功勋卓著、富有传奇色彩的科学家一如既往,显得十分平静、祥和,脸上总是挂着宁静的微笑。他说:"成绩归于党,归于集体。我作为一名中国的科技工作者,活着的目的就是为人民服务。如果人民最后对我的一生所做的工作表示满意的话,那才是最高的奖赏。"

图9-12　1991年国务院、中央军委授予钱学森"国家杰出贡献科学家"荣誉称号,图为钱学森与夫人蒋英

二、航天四老

1. 中国航天的"总总师"——任新民

任新民1915年12月5日出生于安徽省宁国市,是中国导弹总体和液体发动机技术专家,中国导弹与航天技术的重要开拓者之一。他曾作

为运载火箭的技术负责人领导了中国第一颗人造卫星的发射；曾担任试验卫星通信、实用卫星通信、风云一号气象卫星等6项大型航天工程的总设计师，被亲切地誉为是航天的"总总师"。

图9-13　任新民

北京阜成路8号的航天大院，100岁的任新民和他的家人就住在这里。天气好的时候，人们偶尔会看到他在老伴的陪伴下，在院子里遛弯。作为中国"航天四老"里目前唯一在世的老人，任新民的老年生活和很多老年人一样：遛弯、看报、写书法……有人来看他时，他总会问"长五什么时候打啊？"

自从1956年8月从哈尔滨军事工程学院调任北京，参加国防部第五研究院的筹建工作，任新民的一生便与中国航天事业的发展紧紧联系在了一起。

有人说，任新民的一生波澜壮阔，因为他参与了众多航天工程的论证、实施。但他自己却说："我一生只干了航天这一件事。"

1948年，美国布法罗大学第一次聘任了一位年轻的中国人为讲师，他就是任新民。尽管在国外拥有优越的科研条件和生活条件，但任新民一刻也没有忘记"学有所成、报效祖国"的初衷。新中国成立两个月后，他破除重重阻碍，如愿归国。

很快，任新民就成为当时陈赓领导的南京军区科学研究室的一位研究员。穿上了军装，他成为共和国的一群特殊士兵中的一员。1952年，新中国第一个军事学院——哈尔滨军事工程学院成立，急需一批专家，任新民随后奔赴北国。

1953年，美国总统杜鲁门下令把核弹头运到冲绳，在此之后杜鲁门多次公开宣称，他预备在远东使用原子弹。几乎是在同一时期，正在哈尔滨军事工程学院炮兵工程系任副主任的任新民，在教学之余，和其他两位哈军工的教员，合写了一份名为《对我们研制火箭武器和发展火箭技术的建议》，提出了中国应加速发展火箭与导弹武器的建议。这份建议书原本只是任新民在平时教学和搜集资料之余写下的，对于火箭和导弹武器发展问题的思考心得，却不曾想很快就引起当时主持中央军委日常工作的彭德怀的极大关注，中国可不可以搞导弹，第一次在中共中央高层被正式提出。而任新民和中国导弹事业的不解之缘，也就在这个非常时期拉开了序幕。

1956年，归国不久的钱学森开始组建中国导弹的专门研究机构——国防部第五研究院。钱学森在东北参观重工业时，一个沉稳且与他经历相似的年轻人让他感觉一见如故，这个人就是任新民。钱学森邀请任新民一起创建中国的航天事业，任新民欣然答应。

从此，任新民开启了自己与中国航天事业共生、共荣、共奋进的"航天人生"。由于"伯乐之遇"，任新民也与钱学森结下了一生"亦师亦友"的深厚情谊。

20世纪50年代的科研条件和专业人才都非常有限，经济基础和工业技术更是相当薄弱。当时只有钱学森在美国参加过导弹与火箭的研究、实验工作。

1958年1月，中国开始了"P-2"导弹的仿制工作。液体火箭发动机被称为导弹的"心脏"，是导弹仿制中的重要关键技术之一。当时担任液

图 9-14　钱学森(右三)与任新民(左二)讨论问题

体火箭发动机设计部主任的任新民和同事们先后克服了材料、工艺、设备及推进剂等方面的重重困难，终于掌握了"P-2"导弹的液体火箭发动机的关键技术。1960年11月5日，中国第一枚导弹东风一号被成功发射。

在中近程导弹的自行设计工作中，任新民担任这一型号的副总设计师，主管发动机研制工作。1960年，苏联撤走了专家，国内经济建设出现了暂时性的困难，他和同事们在困难面前没有低头，终于在1962年1月实现了第一台自行研制的液体火箭发动机的试车成功。

在向尖端技术进军的道路上不可能一帆风顺，1962年3月21日进行的第一枚中近程弹道导弹飞行试验（东风二号）遭遇失败。任新民和同事们迅速展开紧张的故障分析工作。经过改进后的中近程导弹于1964年6月29日再次进行飞行试验，取得圆满成功。这标志着中国已迈开了独立研制导弹的步伐。

东风二号研制成功后，任新民又马不停蹄地转入了一个全新型号——液体中程弹道导弹的研制工作（东风三号）。1965年后，他全面负责这一导弹的研制工作，带队赴试验发射场指导飞行试验。

东风三号的研制成功，使中国仅仅用了十年的时间就拥有了完全独

图 9-15　1965 年 6 月，任新民向前来七机部视察的邓小平同志汇报工作

立知识产权的中程导弹。东风三号成功发射之后，任新民领导开展技术研制的东风四号导弹也顺利完成既定任务。

1957 年 10 月 4 日，苏联宣布成功把世界上第一颗绕地球运行的人造卫星送入轨道，这标志着人类进入了太空探索的新纪元。

在 1958 年的中共八大二次会议上，毛泽东主席第一次表示，"我们也要搞人造卫星"。该卫星最后被定名为东方红一号，而运载它的火箭为长征一号，任新民担任该型号的负责人。1970 年 4 月，任新民和钱学森乘专机从发射场飞抵北京，向周恩来总理作发射前最后的汇报。

会议期间，周恩来总理环视参加会议的人员，问任新民同志来了没有，这样问已经不是第一次了。在"文化大革命"期间，周恩来总理也始终关注着任新民，有时国务院开会也要求他参加，就是为了看看他是否平安无恙。

经过五年多的艰苦奋斗，1970 年 4 月 24 日，中国成功地用长征一号运载火箭发射了中国的第一颗人造地球卫星。这使中国掌握了研制多级运载火箭和发射人造地球卫星的技术，揭开了中国航天活动的序幕。长征一号运载火箭也被光荣地载入了中国航天史册。

任新民同钱学森等研制试验的有功人员，于当年"五一"国际劳动节晚上,在天安门城楼上受到了毛泽东主席、周恩来总理等党和国家领导人的亲切接见,周恩来总理称他们是"中国放卫星的人"。

时间走到了1975年,在这一年,60岁的任新民被任命为第七机械工业部副部长,专门负责运载火箭、卫星的研制、发射工作。这一年内他连续组织了三颗卫星的成功发射,尤其是组织使用长征二号运载火箭,第一次成功地发射和回收了第一颗返回式卫星,使中国航天技术进入了世界先进行列,成为继美苏之后,世界上第三个掌握返回式卫星技术的国家。

通信卫星工程是中国航天事业20世纪70年代中期到80年代前期的重点任务之一。1975年3月31日,毛泽东主席亲自批准了由任新民参与制定的《关于发展中国通信卫星工程的报告》,由此有了中国航天史上著名的代号为"331"的通信卫星工程。

说起"331工程",正是由于任新民的据理力争,才最终确立了长征三号运载火箭第三级使用氢氧发动机的方案,并最终有了长征三号的辉煌。

1980年5月18日,中国向南太平洋预定海域成功发射了第一枚远程运载火箭,任新民担任发射首区技术总指挥。1981年9月20日,上海的风暴一号运载火箭在任新民主持指导下,首次把中国一组三颗空间物理探测卫星送入预定轨道,从而使中国成为世界上少数几个掌握"一箭多星"技术的国家之一。

1984年4月8日,长征三号运载火箭载着"东方红二号"试验通信卫星升空,20分钟后,卫星进入地球同步轨道。这标志着中国的运载火箭技术、地球同步卫星的发射和测控技术、卫星通信技术进入世界先进水平,成为世界上第五个掌握地球同步卫星技术的国家。

任新民始终坚信中国人有自立于世界民族之林的能力和气概,完全可以用自己研制的火箭发射自己研制的通信广播卫星。在1986年到1990年的五年时间里,他相继领导研制和发射成功了5颗通信卫星,为中国的电视、广播、电教、通信、数据库提供了有效的服务。1986年前后,任新民又被任命为风云一号气象卫星工程、改进的返回式遥感卫星工程、新型返回式遥感卫星工程、发射外国卫星工程等五个工程的总设计师。

任新民还是中国运载火箭国际商业发射服务的支持者。1986年他被任命为对外商业发射卫星工程的总设计师。1990年初春,他坐镇西昌卫星发射中心,首次主持长征三号运载火箭成功将"亚洲一号"通信卫星准确送入预定地球同步轨道,实现了中国用国产运载火箭进行国际商业发射零的突破。

到了晚年,已逾古稀之年的任新民担任了风云一号02批(风云一号改进型)工程的总设计师。他还是另外两项返回式科学技术试验卫星工程的总设计师。这两项工程都已圆满地完成了科学探测与技术试验任务,取得了良好的经济效益和社会效益。此外,任新民还担任着新一代大容量通信卫星"东方红三号"工程的技术顾问,并参加了长征三号甲运载火箭发射实践四号和配重星、长征三号甲运载火箭发射"东方红三号"的组织领导工作。

老骥伏枥,霜重叶红,在20世纪末期,这位接近耄耋之年的老航天仍一如既往,奔波于研究所、工厂和卫星发射中心,在他眷恋的航天园地里辛勤地耕耘着。在1999年国庆50周年前夕举行的"两弹一星"元勋颁奖大会上,任新民获得了"两弹一星"功勋奖章,作为中国6项大型航天工程的总设计师,任新民被认为是总师第一人。

图9-16　江泽民为任新民颁发"两弹一星"功勋奖章

1978年6月,已经担任七机部副部长的任新民,带领中国航天代表团到日本进行学术访问,一名日本记者问,你们中国航天准备不准备载人?相隔不过两年,美国众议院下设的一个专门委员会的主任访问中国时,点名要找任新民,两人见面后这位主任问的问题也是,中国航天准备不准备载人。这些问题把任新民问住了,30年来他的心思都用在了导弹、火箭和卫星工程上,而现在他意识到是回答这一问题的时候了,任新民开始构想载人航天这个项目。

没有新的任务和工程,航天这支队伍如何锻炼提高?已经走过了"前30年航天路"的任新民,到了晚年,开始考虑"后30年的路"的问题。当时最激烈的争论,集中在中国到底是采用载人飞船还是航天飞机的分歧上。任新民最初也倾向于航天飞机,但考虑到中国的实际情况,他最终转变了态度:上飞船比上航天飞机更符合中国的实际。

两种不同意见的专家们仍然各持己见。担任评审委员会主任的任新民面对如此情景不得不暂时休会,但是他私下登门拜访那些意见最为尖锐的专家,希望能够达成共识。在第二天开会时,任新民说:"载人航天工程马上就要立项了,我们有新的目标、新的任务,如果因为我们几个人意见不一致,把事情耽搁了,对不起江东父老。"他这一番言辞恳切的讲话感动了当场很多人。任新民的专业水平和人格魅力让大家心服口服,表决顺利通过。

1992年9月21日,中共中央在中南海勤政殿召开政治局常委扩大会议,讨论中国载人航天工程的发展问题。经过讨论,会议一致同意,要像当年抓"两弹一星"一样抓载人航天工程。中国的载人飞船工程正式批准立项,代号为"921工程",自此该工程在全国各地有关单位悄无声息地全面开展起来。

"921工程"研制工作正式开始时,任新民已经77岁,但他仍然坚持参加研制中各重大技术难题研讨会、各类评审会。后来的"神舟一号"到"神舟五号"的发射他都要亲临现场。2003年10月15日,迈入88岁高龄的任新民,再一次来到酒泉卫星发射中心,目送着"神舟五号"飞船将中国首位航天员杨利伟送上太空邀游。当记者再三要求采访他时,他只说了七个字,"好啊好啊非常好!"

图9-17　2009年任新民与航天员在一起

近几年,期颐之年的任新民时常因病住进医院。住院期间,他还时刻关心中国新一代运载火箭的研制情况。当人们去医院看望他,并向他汇报新一代运载火箭在研制过程中取得的最新进展时,任新民听了非常高兴,他说:"真希望长五早点飞上天啊!"

2."共和国神剑的铸造者"——屠守锷

航天,既是轰轰烈烈的事业,又是默默无闻的事业。也许,从1957年2月,正当壮年的屠守锷应聂荣臻之邀,跨进国防部五院的那一天起,他选择的便是一条寂寞的路,一条默默无闻的路。

二十几个寒暑春秋如流水般过去,1980年5月18日,屠守锷迎来了生命中最重要的日子。这一天,作为中国第一枚洲际导弹的总设计师,他在"可以发射"的鉴定书上签下了自己的名字。签字的时候,他看上去非常平静,就像是任何一次普普通通的签名一样。然而,当导弹准确命中万里之外目标的消息传来,原本内向的屠守锷却再也抑制不住内心的激动,双手捂着眼睛孩子般地哭了,继而又孩子般地笑了!

这一哭一笑,是他二十多年刻苦钻研、艰辛奋斗、忍辱负重,各种情感凝聚在一起后的宣泄和释放,是多年执着追求得到报偿后的大喜悦,是少年梦想得以实现后的大欢乐。只有对屠守锷有着深刻了解的人,才能体会蕴藏在这一哭一笑之中的深刻情感……

屠守锷1917年12月5日出生于浙江省南浔一个并不富裕的小职员家庭里。虽说家境不富,但屠守锷的父亲还是希望子女能受到良好的教育。1932年1月29日,在上海亲历的惨绝人寰的一幕,奠定了屠守锷一生追求的基调。那天清晨,父亲携屠守锷从上海回南浔老家过春节。走到半路,突然,天空中出现了数十架日本轰炸机,一架接一架地向地面俯冲下来。父亲意识到大事不好,拉着小守锷往轮船码头

图9-18　屠守锷

疾跑。炸弹像雨点般地落下来,繁华喧闹的大上海,瞬间房倒屋塌、血肉横飞!面对劫难后的满目疮痍,少年屠守锷立下了自己的终生志愿:一定要亲手造出我们自己的飞机,赶走侵略者,为死难的同胞报仇!

1936年,屠守锷考取清华大学机械系。清华大学设立航空系后,他毫不犹豫地转到了航空系。1940年,屠守锷从清华大学航空系毕业,次年又以优异成绩取得公费留美资格,进入美国麻省理工学院攻读硕士研究生学位。两年后,他取得了科学硕士学位。随后,他应聘成为布法罗寇蒂斯飞机制造厂的一名工程师,负责飞机强度分析。

虽然当时的工作和生活条件都是简陋的，但这并未影响屠守锷的工作热情，因为他知道，这是一个宝贵的实践机会。要想造出中国自己的飞机，光有理论知识是不够的，还必须有实际的经验，而从事这份工作，正是自己长本事的良机。他整日伏案工作，掌握吸收所能接触到的技术。

1945年，抗战胜利了，历经浩劫的祖国百废待兴。屠守锷归心似箭。他辞去了工作，从东部的布法罗横穿北美大陆，行程40余天，到达西海岸的旧金山。没有客轮，他便搭乘开往青岛的运兵船，回到了祖国。

然而，国民党政府根本无意兴办民族航空工业，失望至极的屠守锷只好把希望寄托在培养下一代航空人才上。他在西南联大开设了航空专业课程。1947年，屠守锷到清华大学航空系任教，开始与进步人士接触。就在这个时候，他接触了中国共产党人和共产主义思想，亲身的经历和眼前的现实使他认识到：只有共产党，才能领导中国走向光明；只有在共产党的领导下，自己的强国梦才能实现。1948年末，他毅然秘密加入了中国共产党。

"也是从那时起，我才真正开始了自己的事业。"回忆起那段往事，屠守锷难抑内心的激动。此后，无论是在清华大学航空系任教，还是在北京航空学院任副教务长、系主任和院长助理，他都对中国的航空事业倾注了极大热情。谈起1957年2月调入国防部五院那次重大的人生转折，屠守锷平静地说："当时并没有多想，只是服从组织的分配，从头学起，为国防事业出把力。我们那一代人都是这样，并不计较个人得失，不是为个人的某个目标，而是心甘情愿默默无闻地干自己的工作。"这一干便是几十年。

屠守锷信心百倍地走上了自己的新岗位，成为钱学森院长领导下的十大研究室主任之一，负责导弹与火箭的结构强度和环境条件的研究。没有现成资料，没有图纸，他和众多专家一起，既当研究人员又当学生，在极为有限的条件下，搜集资料，摸索实践。

1957年9月，屠守锷作为聂荣臻率领的中国政府代表团的顾问，参加了与苏联的谈判,促成了中国第一次也是唯一一次导弹技术的引进。而后,他便和战友们开始了中国第一枚导弹的仿制工作。在从仿制到独创的艰难历程中,在研制第一枚地空导弹和地地导弹的过程中,他成了导弹设计研制的行家里手。1961年,在苏联撤走专家的困境下,屠守锷走马上任五院一分院副院长,全面主持技术工作。面对阻力,他只平静地说了一句:"人家能做到的,不信我们做不到。"

图9-19　1957年9月,钱学森(右一)、屠守锷(左二)随聂荣臻赴苏联谈判引进导弹制造权

他和同事们广泛听取意见,深入科研生产一线,潜心研究,为"八年四弹"的科技发展规划出谋划策,还参与制定了导弹技术发展方向,主持选定了中国中程、中远程及洲际导弹等重大技术方案的研制和技术途径。这个规划经周恩来总理主持召开的中央专委会批准实施后,对中国导弹与火箭技术的发展起了非常重要的作用。

1962年3月,中国自行设计的第一枚中近程导弹在首飞试验中坠毁,痛苦与失望笼罩在一些科技人员的心头。屠守锷临危受命,指导设计人员,开展了全面、系统的研究。两年含辛茹苦的研究终于换来了丰硕成果:修改设计后,从1964年6月开始,这种中近程导弹连续8次飞行试验都获得成功。比这种型号的成功更重要的是,在一系列的摸索、总结、攻关的过程中,中国第一代火箭技术专家成长起来了。他们掌握了火箭研制的重要技术和基本规律,为以后各种型号火箭的研制成功奠定了基础,并直接为中国1966年10月进行的导弹、原子弹"两弹结合"飞行试验的圆满成功作出了贡献。

1965年3月,由周恩来总理主持的中央专委会作出了一项重大决定:尽快把我国的首枚洲际导弹搞出来,并由屠守锷担任总设计师。此番他担任的总设计师角色,按钱学森的说法,既是技术总负责人,又是指导日常设计工作和最后拍板的技术决策人。屠守锷深知自己这副担子的分量,而且留给他的时间又那么紧:1971年试飞,1973年定型。

如果能有一个正常的科研环境,凭着屠守锷的渊博学识和全体研究人员的聪明才智,按时完成任务应该是没有问题的。但是,偏偏在这时,一场浩劫席卷全国,中国之大,已经放不下一张小小的办公桌,屠守锷的科研工作遇到了空前的困难。

屠守锷想方设法避开"政治风暴"的袭击。面对铺天盖地的大字报和一个接一个的批斗会,他依然我行我素,埋头于资料、图纸和各种数据,置身于座谈、讨论、论证、实验,听取专家意见,提出新的设想中。他大胆革新,勇于探索,在制导技术、推进技术、结构材料、发射试验等方面寻找出了新的突破口。他的工作以不可思议的速度进展着。1968年,屠守锷终于拿出了洲际导弹的初步设计方案。

随着方案的确定,发动机、箱体、弹头、地面设备等的研制工作全面铺开。那段时间,没有规章制度可言,人人凭良心办事。为了保证型号质量的可靠,在为期100天的总装测试中,年过半百的屠守锷始终坚持在生产一线,一刻也没离开过。导弹发射前,周恩来总理关切地问:"屠总,你认为这枚导弹可以发射吗?"屠守锷毫不迟疑地回答:"我们该做的工作都做了,目前它的性能状态是良好的。我们认为,这枚作为首发试验的导弹,应该尽快试验,以检验我们的设计方案,从中找出不足。"

周恩来总理支持了屠守锷。7月,导弹被运往发射场。为了掌握导弹的情况,周恩来总理要求每天向他汇报一次导弹的状况。9月8日,屠守锷专程回京,向总理作汇报,那天中午,总理特地备了几样菜,与他共进午餐。周恩来总理的关怀,给了屠守锷无穷的力量和信心。两天之后,大西北的发射场传出喜讯:中国自行研制的首枚洲际导弹飞行试验获得基本成功!

1980年5月9日,新华社向全世界发出公告:中华人民共和国将于1980年5月12日至6月10日,由中国本土向太平洋南纬7°0′、东经171°33′为中心、半径70海里圆形海域范围内的公海上,进行发射运载火箭试验。全世界都把关注的目光投向了中国。

屠守锷一生中经历过许多次发射试验,但没有哪一次像这次这样举世瞩目。这是一次迟到的试验。洲际导弹要投入使用,必须经过全程飞行考验,然而由于种种政治风波的干扰,这次试验被搁置了整整9年才得以进行。这又是一次特殊的试验,经历"文化大革命"的中国刚刚迎来改革开放的春天,如果试验成功,无疑会为这个春天锦上添花。作为这枚导弹总设计师的屠守锷,他感到了前所未有的压力。

图 9-20　屠守锷听取发射前的汇报

1980年早春,屠守锷和张镰斧——一个在上甘岭战役中立过赫赫战功的英雄团长一起,率领试验队进入了依然寒气逼人的茫茫戈壁。戈壁滩的天气就像小孩子的脸,说变就变,刚刚还是阳光明媚,转眼就可能飞沙走石。屠守锷身穿工作服,在导弹测试阵地与发射阵地之间穿梭往来,鼻孔、耳朵、衣服里常常灌满了沙土。他常常一干就是20多个小时,在木板床上打个盹,又奔赴现场。

要确保发射成功,洲际导弹身上数以十万计的零部件,必须全部处于良好工作状态。在那复杂如人体毛细血管的线路上,哪怕有一个接触点有毛病,都可能造成发射失败。尽管有严格的岗位责任制,尽管发射队员个个都是精兵强将,但在屠守锷带着大家所进行的百十次眼看手摸、仪器测试中,还是查出了几根多余的铜丝。多悬呀!短短几个月,他浑圆的脸瘦了一圈,乌黑的头发也白了几许。

导弹在发射塔架上矗立起来了。在签字发射之前,屠守锷整整两天两夜没有合眼。仰望数十米高的塔身,屠守锷想上去作最后的检查,张镰斧考虑到屠守锷的身体状况不适合上塔,要抢着上塔,但屠守锷说什么也不干。年过花甲的屠守锷不顾连日劳累,一鼓作气,爬上了发射架。

当导弹伴着惊天动地的巨响,穿过云端,越过赤道,准确命中万里之外的目标,发射获得圆满成功时,屠守锷激动地哭了……

从1958年起,屠守锷先后担任中国近程、中程导弹的副总设计师,洲际导弹和长征二号运载火箭的总设计师,领导解决了若干重要型号特别是洲际导弹、长征二号火箭和长征二号捆绑式火箭中一系列关键技术问题,并参与了中国导弹技术发展重大战略问题的决策,为中国航天事业作出了杰出贡献。随着改革开放程度的加深,他的名字才渐渐为人所知。人们开始从各种荣誉册上发现他的名字:国家科技进步特等奖获得者、国际宇航科学院院士、中国科学院院士、"求是"科技奖获得者、"两弹一星"功勋奖章……

翻看荣誉册,人们看到的是屠守锷成就斐然的一面;而只有那些和他接触比较多的人,才能了解他普通的平凡的一面。晚饭后,人们经常能看到一个戴着眼镜、身材不高、身体稍胖的老人,在老伴的陪伴下,缓慢地散步。他永远身穿一件灰色的中山装,脚踩一双黑色布鞋,神态永

图 9-21　江泽民向屠守锷颁发"两弹一星"功勋奖章

远那么平和、悠闲。

退居二线后,屠守锷担任了航天高级技术顾问,工作依然很多,日程依然排得很满。这位从少年时代起便矢志报国的科学家,在 80 多岁的高龄,依然为航天科技事业奉献着自己的余热。

作为一代"共和国神剑的铸造者",他的心永远留在了导弹发射场;他的名字也与他的神剑一起,永远刻在了共和国的航天史册上。

3."全国创先争优优秀共产党员"——黄纬禄

他是中国航天事业的奠基人之一、中国导弹事业的开拓者之一;他长期从事火箭与导弹技术理论与工程实践研究工作;他主持研制成功中国第一型导弹东风一号控制系统;他担纲中国第一型固体潜地战略导弹巨浪一号总设计师,开创中国固体战略导弹的先河、突破了中国水下发射技术和固体发动机研制技术,荣获国家科技进步特等奖……

他就是权威火箭与导弹技术专家、"两弹一星"元勋、中国航天科工集团公司和中国航天科技集团公司高级技术顾问、中国科学院和国际宇航科学院院士、全国"五一"劳动奖章、"全国创先争优优秀共产党员"获得者黄纬禄。黄纬禄长期从事导弹武器系统研制工作,他成功领导了中国第一发固体潜地战略导弹的研制。他提出"一弹两用"设想,将潜地导弹搬上岸,研制成功陆基机动固体战略导弹武器系统,这两个型号的研制成功,为中国固体战略导弹研制提供了理论依据,探索出中国固体火箭的研制规律,填补了中国导弹与航天技术的空白。黄纬禄把自己的一生与国家的安危、航天的发展、人民的幸福密切联系起来,以高度的事业心和责任感忘我工作,他以无私奉献的高尚品质,成为广大航天战线党员和职工学习的楷模。

1916年12月18日,黄纬禄出生在安徽省芜湖市一个普通的教师家庭。黄纬禄6岁进入私塾读书,细心的父亲发现,黄纬禄厌烦背诵四书五经,却格外喜欢算术。小学毕业后,黄纬禄升入芜湖市芜关中学,初中会考后,他又凭借雄厚的实力及平和的心态,被扬州中学录取。

1936年夏天,黄纬禄参加了南京中央大学的入学考试,他的考卷引起了学校的注意。原来,数学考卷共有7道题,每题15分,全部答对应得105分,但学校规定最高分只能打100分。黄纬禄的卷子答得极好,判卷老师无分可扣,只好按规定硬扣了他5分。最后,黄纬禄以优异成绩进入南京中央大学电机系。进入大学一年后,由于日本帝国主义的侵略,中央大学不得不把学校从战火纷飞的南京迁到重庆。黄纬禄和师生们颠沛流离,在战乱中刻苦学习,艰难地完成了四年的学业。艰辛的大学生活,无论在知识能力层面,还是思想追求层面,黄纬禄对国家、人民和自己都有了更深层次的思考和理解。

1940年8月,黄纬禄大学毕业后被分配到国民政府资源委员会无线电器材厂重庆分厂工作,先后任助理工程师、工程师。由于连年战乱,黄纬禄的家人已逃难到贵州独山。1941年4月,他突然接到父亲病逝的消息,悲痛万分。虽然回家心切,但实在买不起一张回独山的车票,因此黄纬禄没能参加父亲的葬礼,此事使他抱憾终生。

父亲的离世对黄纬禄触动很大。他深感自己身为一名时代青年,受过这么多年的教育,如今父亲亡故、国家有难,自己却不能尽孝,也不能

图 9-22　在重庆无线电器材厂工作时的黄纬禄（中）

报国，他想寻找一条可以使风雨飘摇的祖国摆脱贫穷的道路。当时许多科技人员认为，中国的贫穷落后是技术不先进、工业不发达造成的。初入社会的黄纬禄认同这种看法，他想，自己如果能到国外学些先进的理念和技术，回国以后再邀集一批业务过硬的爱国志士，努力发展科学，办好工业，中华民族的强盛是指日可待的。他相信只有科学才能救国，只有国强才能民富。为此，他努力寻找一条出国深造的道路。终于，在无线电器材厂工作三年之后，一个机会来临了。

1943 年，英国工业协会计划在中国招收一些近期毕业的大学生到英国的工厂去实习。黄纬禄和其他 30 位来自中央大学、四川大学、重庆大学、西南联大等学校的毕业生过关斩将，成功入选。

1947 年，黄纬禄获得了伦敦大学无线电硕士学位。在英国求学期间，他既目睹了德国 V-1、V-2 导弹袭击伦敦的巨大威力并幸运地躲过劫难，还在伦敦博物馆参观过一枚货真价实的 V-2 导弹实物。"中国拥有了导弹，日本帝国主义就不敢再欺负我们了！中国是火药的故乡，中国人一定能够造出自己的火箭和导弹！"从那一刻起，年轻的黄纬禄就在内心深处种下了研制导弹的种子。通过仔细观察和分析，这位无线电专业学子基本了解了 V-2 导弹的原理，成为最早一批接触导弹的中国人，

图 9-23 黄纬禄在英国留学时的住所附近留影

也为他后来与导弹相伴、参加并主持多种不同型号导弹的研制奠定了重要基础。时值抗日战争时期,黄纬禄在英国完成学业后当即回国,并抱定"科学救国"志向,开始在上海无线电研究所从事相关工作。

从1957年进入国防部五院,到2011年11月溘然辞世,黄纬禄以一腔爱国情怀和全部心血智慧,为祖国书写出之前虽鲜为人知,却是成就一番惊天动地伟业的壮美"导弹人生"。

图 9-24 黄纬禄(左)与张爱萍将军握手

根据苏联援助的"P-1"导弹,国防部五院的技术人员开始了仿制导弹的艰难工作。作为控制系统组的组长,黄纬禄带领一群毫无导弹基础知识的大学生在陌生的领域里闯出一片新天地。他采用了互帮互助的教学方法,帮助大家学习导弹知识,黄纬禄和其他科技工作者一起,加班加点地工作和学习,为守护新中国坚守自己的岗位。

正当仿制工作进入关键时刻,苏联单方面撕毁协议,撤走全部专家,给中国导弹科研工作造成无法想象的困难。黄纬禄永远忘不了聂荣臻在最困难时讲的一句话:"我们一定要搞出自己的'争气弹',争中国人民的志气!"从此,黄纬禄和同事们以"上不告父母、下不告妻儿"的纪律,自力更生、刻苦攻坚、脚踏实地、默默奉献,开始了导弹研制的艰辛历程。

作为导弹"中枢神经"——控制系统负责人,黄纬禄要确保导弹的"头脑"在整个试验过程中都保持"清醒",能够准确控制导弹的飞行姿态和轨迹。他和研制团队的同事们付出巨大心血,突破和掌握了大量导弹知识与技术,他们向世人证明,中国人靠自己的力量也能造出导弹来。

1960年11月,中国第一枚导弹东风一号发射成功;1964年6月,东风二号圆满成功,翻开中国导弹发展史上自主研制的新一页;1966年10月,中国首次由导弹运载发射的原子弹在核试验预定地点成功爆炸,两弹结合试验震惊世界。

短短10年,黄纬禄及其领导的团队便走过从仿制到自主研制的创新之路,实现中国导弹从无到有的重大突破,使中国液体战略导弹控制技术达到新的水平,取得被外电评论为"像神话一样不可思议"的进步。

20世纪60年代,中国已先后研制成功原子弹和液体地地战略导弹,但液体导弹准备时间长且机动隐蔽性差,缺乏二次核打击能力。面临超级大国的核威胁和核讹诈,中国急需有效反制手段,研制从潜艇发射的潜地固体战略导弹势在必行。

黄纬禄临危受命,出任中国第一枚固体潜地战略导弹巨浪一号的总设计师。与此同时,他的工作也由此产生重大转变:从液体火箭转向固体火箭、从地地火箭转向潜地火箭、从控制系统走向火箭总体。

图 9-25　黄纬禄(左三)在试验现场解决问题

为准确掌握具体情况,黄纬禄走遍大江南北、黄河上下、大漠荒原和戈壁深处,带领团队开创性地提出符合国情且具中国特色的"台、筒、艇"三步发射试验程序,试验设施大大简化,研制经费和时间大量节约。

黄纬禄率领巨浪一号年轻的研制团队,向困难发起挑战,克服研制起点高、技术难度大、既无资料和图纸又无仿制样品、缺乏预先研究等诸多困难,充分利用现有资源,创造性地开展各类试验验证,反复修正设计,终于取得中国固体导弹技术和潜射技术的重大突破。

1982年10月12日,渤海海面上,一条喷火的蛟龙跃出水面,直刺蓝天……中国第一代固体潜地导弹研制试验的成功再次震惊世界,标志着中国成为具有自行研制潜地导弹和水下发射战略导弹能力的国家,中国具有了二次核打击能力。

潜地导弹研制过程中,黄纬禄创造性地提出"四共同"原则,即有问题共同商量、有困难共同克服、有余量共同掌握、有风险共同承担。这一原则被视为潜地导弹发射成功最重要的原因之一,并一直被航天科研单位推崇为型号系统协调工作的宝典,在中国航天界备受推崇,也一直被奉为航天型号系统协调工作中的"金科玉律"。

图 9-26　工作中的黄纬禄

"黄老总的技术民主让人印象深刻,他认为发扬技术民主是解决问题的有效方法。"黄纬禄的秘书吕慧英回忆,黄纬禄开会时从来没有让秘书准备发言稿,也没有应景的官话、套话,经常是先说个小笑话,活跃一下会场气氛,"不管发生了什么事情,黄老总一来,就让大家感觉很踏实"。然后,黄纬禄针对性地提出问题,让与会者从各自不同的角度参与讨论,充分发表意见和看法,以集思广益、扬长避短,确定解决问题的合理方案。

黄纬禄一贯强调技术民主、集思广益,注重倾听和吸纳不同意见,统筹协调各系统、各专业人员的才智,共同攻克难关。他运用系统工程管理理论和方法,弘扬大力协同的优良作风,激发群体活力,发挥整体优势,加强协作,统筹兼顾,群策群力,攻坚克难,用科学方法提升系统管理能力和水平。黄纬禄因为卓越的分析问题和解决问题的能力,被大家亲切地称为"导弹医生",他总能在短时间内巧妙地开出"处方",达到"药到病除"的效果。

然而,从照顾自己的身体的角度来说,黄纬禄不是个好医生,他总是为了型号任务拖延看病时间,落下了一身的病,直到72岁还奋战在试验一线。长期的忘我工作,使黄纬禄积劳成疾,高血压、胃溃疡、肾结石接踵而来。但他仍然置个人安康于不顾,一心扑在事业上。一次,他在带队去某基地进行飞行试验时,患了重感冒,发高烧。晚上试验队加班,同事们再三叮嘱他好好休息。可等大家走后他一个人摸黑步行几千米赶到工作现场,大家感慨道:"黄总真是咱们航天战线上的铁人啊!"

  黄纬禄作为长期担任重要领导职务的老专家,始终以普通党员的身份严格要求自己,谦虚谨慎,平等待人,注重深入一线,发扬技术民主,被大家称为职工的良师益友,真正做到了身正为范。他出差时从不考虑条件,跟一线人员吃住在一起,同大家一起坐硬座,一起啃面包、咸菜,和大家一样排长队买饭,一样搞卫生、扫厕所。年过七旬的黄纬禄工作依然十分繁忙,到基地出差,单位为他配备了专车,但他给自己约法三章:非公外出不用车,接送亲友不用车,家人有事不搭车,特殊情况下私人用车,一概交费。虽然对自己要求很严格,但黄纬禄对身边的工作人员,不论是秘书、司机还是公务人员都非常关心和体贴。他用自己的一生践行了"严于律己、宽以待人"的人生格言。

  黄纬禄还十分注重人才培养,他诲人不倦,对年轻人给予悉心指导、热情鼓励。20世纪90年代初,社会上流传着"搞导弹的不如卖茶叶蛋的",航天科技人才流失严重,黄纬禄身体力行、谆谆教诲,挽留了许多年轻的中国导弹事业精英人才,他们中的大多数如今已成为导弹研制队伍的骨干。黄纬禄用毕生精力铸造中华"神剑",为中国航天事业作出了卓越贡献。他甘于奉献、勇于创新,他倡导的爱国、创新、协同、奉献的精神品质,成为航天精神的重要组成部分。

  黄纬禄以"为民族争气"的豪迈气概,解放思想、开拓创新,发扬"严、慎、细、实"工作作风,抓好核心技术攻关,努力攻克瓶颈技术、新领域关键技术以及前沿技术,不断增强核心竞争力,加快建设社会主义强国。

  晚年的黄纬禄在家养病时,依然牵挂着中国导弹事业的发展,他对探访者说:"假如还有来生,我还要搞导弹……"

图 9-27　黄纬禄应邀给航天系统青年作报告

图 9-28　江泽民向黄纬禄颁发"两弹一星"功勋奖章

4. 中国海防导弹的先驱者——梁守槃

1956 年,当哈尔滨军事工程学院院长陈赓得知中国要搞导弹时,毫无保留地说:"军事工程学院的科技专家都可以给,调哪个给哪个。"不久,担任教授会主任的梁守槃踏上了奔赴北京的列车。北京对他并不陌生,那是他生长的地方。然而,到 1956 年进京时,他已经与故乡阔别 20 年了。

1916 年 4 月 13 日,梁守槃出生于福建省福州市。梁守槃的父亲早年曾任北洋政府司法部秘书,晚年担任台湾"总统府"国策顾问。童年的梁守槃在北京家中的私塾读古书和当时的小学教科书。1927 年他考入北京四存中学,后曾转学到天津南开中学、北京师大附中、上海沪江附中和上海光华附中。1933 年 6 月,在梁守槃高中毕业时,"科学救国""工程救国"的呼声十分高涨,少年梁守槃也因此考取清华大学机械系航空组,立志钻研工程技术,他为自己选定的座右铭是清华校训:自强不息。在这个座右铭的警示下,他埋头苦学四年,以优异的成绩在 1937 年毕业。接着,梁守槃又进入南昌航空机械学校高级班继续求学,毕业后到航空委员会担任了绘图员职务。这是一份很称心的工作。但不久,日本侵略军长驱直入的铁蹄和在天上恣肆狂轰滥炸的飞机,使梁守槃在绘图桌前再也坐不住了。"中国的被动挨打,就是因为没有自己的飞机,要航空救国。"一个造出自己的飞机、使祖国强大起来的想法陡然在梁守槃的心头萌起。

1938 年,梁守槃辞别父母,踏上了去美国求学的海船。一年后,他在麻省理工学院取得航空工程硕士学位。1940 年,他回到了战火纷飞的祖国。1942 年,他辞去昆明西南联合大学副教授职务,到国民党空军在贵州大定办的航空发动机厂,担任了设计课长职务,想在航空制造上能有一番作为。在十分简陋的条件下,他与全课人员历尽艰辛,共同设计了一种飞机发动机。设计完成后,他们将设计方案呈送给主管部门,请求批准试制。不久,批复回来了:你们设计的发动机能保证比美国的强吗? 不能保证,还不如买美国的。

一瓢冷水当头泼来,把他们的一腔热情和无数艰辛全冲到了爪哇国。此路不通,但梁守槃航空救国的决心却越发坚定。不让我搞制造,我就培养人,中国早晚会有自己的航空工业。梁守槃重返大学,到浙江大学担任了航空系教授。

圆梦的时间虽然很长,但梁守槃终于在不惑之年等到了圆梦的机遇。当这种机遇到来时,梁守槃义无反顾地抓住了这个机遇,并把全部的才智、学识和后半生的精力,毫不保留地奉献给了这个机遇。这个机遇就是中国也要搞航天。

1956年10月8日,国防部第五研究院成立,建立了十个研究室,梁守槃任发动机室主任。

图9-29　梁守槃(左七)参加中苏"P-1"导弹交接、验收及签字仪式

1957年年底,两枚带有神秘色彩的"P-2"导弹,被摆到了带有惊羡眼神的中国航天人面前,仿制成了中国航天初创时的中心工作。身负总设计师之责的梁守槃,深知先进技术来之不易。他认为,仿制过程意义重大,必须一丝不苟。但在与外国专家的合作中,他又深深地感到,不动脑筋的全盘照搬,不仅学不到真技术,还会被人牵住鼻子,甚至被卡住脖子。

有了这种认识,他除了要求设计人员按图纸资料消化技术外,还向他们提出了"反设计"要求。如果所有关键环节都与引进的技术资料一致,就证明了设计理论是正确的。如果有相差较大的地方,就表明所用的理论公式有欠缺之处,需要改进,以求符合实际。这样,在完成仿制任务后,就可以有信心独立自主地进行新产品的设计。

这种认识,很快就被实践证明是正确的。当外国专家撤走,所有援助断绝时,中国航天人前进的脚步并没有因此而停滞。不仅如此,在与外国专家的合作中,梁守槃还坚持自己的技术见解,用真理指导技术实践。导弹上的环形气瓶,使用的是一种冷轧钢,当时中国还没有这种钢材,外国专家坚持要进口他们国家生产的。梁守槃在分析工艺资料时发现,在环形气瓶成型过程中,要经过回火工序。冷轧钢一经回火,实际上就变成了热轧钢,而这种热轧钢,国内有,完全不用进口。梁守槃向外国专家提出了自己的意见,外国专家虽然不太情愿,可又找不出任何理由驳回这个意见。

在反设计中,梁守槃看到导弹样弹的气动外形是静稳定的,按照这个理论,导弹尺寸加大后,尾翼也相应地要做得很大。经过动平衡分析后,梁守槃认为没有必要做那么大的尾翼,只要调节控制系统的传动比,就可以实现动态稳定。他向外国专家提出了自己的论点,外国专家也点了头,这个技术被应用到了导弹设计中。

1960年,导弹仿制完成。在确定导弹发射使用何种燃料时,导弹的发射几乎被扼杀在摇篮里。外国专家认为,中国的液氧含可燃物质太多,使用中有爆炸的危险。要用他们的,可他们又迟迟不供应。梁守槃不言不语地关上了办公室的门,在一遍遍地计算和查找资料分析对比后,他十分自信地提出了自己的意见:"中国的液氧不行",是有人对原资料理解有误,把杂质的气态容积当作了液态容积,因而出现了1000倍的差别。况且,十几吨液氧中的杂质,是不可能集中到一点同时氧化的。

1960年8月12日,苏联专家撤走,梁守槃的意见被采纳。一个月后,使用国产液氧为推进剂的"P-2"仿制导弹发射成功。聂荣臻在庆祝酒会上兴奋地说:在祖国的地平线上,飞起了我国自己制造的第一枚导弹,这是我国军事装备史上的一个重要的转折点。

然而,在那次发射中,人们并没有看到梁守槃。梁守槃曾留学美国,父母、弟、妹也在美国没回来,直接参与并负责导弹设计,行吗?在这种疑问下,他被调离导弹研制岗位,如果没有聂荣臻"不应把他排除在外"的话,也许他就永远告别了航天。聂荣臻这句话决定了他留在航天,当然,不能再直接搞导弹。他被调到了发动机过程研究所。这就是为什么当时大家见不到他的原因。

1961年,国防部五院三分院成立,后又转为七机部三院。此时,政治气候有所回暖,梁守槃被任命为三院副院长,负责发动机研究、空气动力试验和全弹试车工作。七机部成立后,按型号分院,三院被定为专攻海防导弹。当时的目标是把舰对舰导弹转为地对舰导弹。用当时副总参谋长张爱萍的话说,就是研制出的导弹能封锁渤海湾。

目标有了,在确定任务由谁来完成时,大家出现了分歧。当时,中国成熟的导弹是仿制的上游一号导弹。海防导弹是要在这种导弹的基础上加大射程。要封锁渤海湾,有两种办法:一种是从岸的两边发射导弹,导弹射程只要能达到几十千米就可以实现目标;而另一种是从一边发射导弹,射程要覆盖海湾宽度。兄弟单位的一个厂坚持要搞几十千米的,而三院认为射程大的更有利于作战——只要有一边的阵地存在,就可以封锁渤海湾,更重要的是还有利于今后的发展。两个研制单位都有很强的技术实力,两种意见又相持不下,决策者最后决定:两个方案同时上马,展开竞赛。谁先搞出来,谁的好,就用谁的。兄弟厂研制的代号为海鹰一号,三院研制的为海鹰二号。

1966年12月,四发海鹰一号被运到海边,前两发打出去没了踪影,人们以为是天气太冷,雷达工作受到影响。到了春暖花开的5月,又打了一发,还是不行。

在北京军区招待所召开的总结会,梁守槃也参加了。在总结中梁守槃分析认为问题不在导弹本体上,而是在发射环节上。此后不久,海鹰二号与海鹰一号共赴靶场,在现场,他围着发射架转了一圈又一圈,然后回到住处,拿起笔算了起来。根据计算结果,他让工人师傅用钢锯把导弹架的导轨锯去了1.2米。有人不相信这么简单就把问题解决了,梁守榘说:试一下不就行了吗？弹上架,瞄准目标,居然成了。

原来,这个导弹发射架是参照国外的一个发射架设计的,总长为5米,导弹在发射时,头部应向上翘起,但因发射架过长,导弹发射离轨时头部上翘,尾部下沉,导弹本体在一种力的作用下,剧烈地震动起来,里面的部件便像瓶里没有装满的水一样,在剧烈震动下,制导组件与弹体碰撞而损坏,导弹发射出去后,自然便不能跟踪目标,沿直线飞行了。

后来,海鹰二号用那个锯后的发射架发射,连着几发都成功了。梁守槃说,那时我们的一些技术人员还是按照仿制的办法,照本宣科地搞设计,加上缺乏工程经验,出问题、走弯路是自然的。他觉得应该感谢海鹰一号的研制者们,正是他们的失利,才为海鹰二号提供了成功的经验。当然,人们对他不分彼此的解决问题的精神,也表示出了由衷的敬佩。

图 9-30　梁守槃听取科研人员汇报工作

其实,梁守槃这种只问成果,不计其他的作风,是他多年来一直坚持的。他认为,不管是科学家还是其他什么家,关键是你为国家做了些什么,怎么样做好自己的事情,怎么样靠自己的努力实现国防现代化。他认为引进是好事,但引进不是目标,而是在引进的基础上,把先进的技术与我们自己的东西结合起来,走自己的路。他特别推崇毛泽东主席的一句话:应该给赫鲁晓夫一个一吨重的奖章,为什么呢？因为是他给中国人逼出了一条自力更生的路。

问梁守槃搞航天最遗憾的事是什么？他说是有一个低空超音速导弹研制成了，因种种原因未装备部队。而且还有一种与苏联的"蚊子"导弹性能相当的导弹，在取得初步成功时被勒令下马。问他最感欣慰的事是什么？他说是自己亲自参加了中国航天的初创，并在艰难曲折中使自己的努力有了成果，为国防现代化作了一点贡献。还有庆祝中华人民共和国成立50周年阅兵式上看到了更先进的导弹通过天安门。那是后来人的功绩，应该感谢他们推动了中国航天前进的车轮。

中国航天有"四老"——任新民、屠守锷、黄纬禄、梁守槃。1994年，四老在北京钓鱼台芳菲园，共同领取了"求是"杰出科学家奖。

图9-31 "航天四老"（左起：屠守锷、梁守槃、任新民、黄纬禄）接受"杰出科学家奖"时合影

那一天，芳菲园里的气氛很欢快，轻音慢曲中，梁守槃的夫人傅鹤小心翼翼地将一束鲜花，别到梁守槃的胸前。平时，老人的穿着是再随便不过了，夏天是灰的确良褂子，冬天是灰的中山装，脚下除了布鞋外，几乎就没有别的。但那一天他穿得很精神，西服革履，在老伴眼里，除了结婚时这么精神过，还真没见过几次这样的打扮。

在梁守槃的办公室,人们常见到的是他伏案在一页又一页的纸上,推导着一个又一个外行人极难看明白,又显得令人枯燥乏味的公式。然而,那数字连着数字、符号连着符号的公式,在他的眼里并不枯燥。他说:"中国有句老话,叫老骥伏枥。人老了,能追回的东西不多,我就想在有生之年多为航天做点事。"

三、国家最高科学技术奖获得者

1. 中国第二代科学家成功者的代表——王永志

王永志作为中国航天领域知名的火箭技术专家,长期从事火箭、载人航天工程的总体研究和设计工作。1932年11月17日,王永志出生于辽宁省昌图县一个贫苦农民家庭,1952年他考入清华大学航空系飞机设计专业,不久到莫斯科留学。1961年王永志到原国防部五院一分院工作,历任研究室主任、总体设计部主任、研究院院长等职。20世纪六七十年代,他是技术骨干,80年代,他成为新一代火箭研制技术带头人之一,他是长征二号E大推力火箭主要倡议者之一,他担任过一种火箭的副总设计师、三种火箭的总设计师、长征二号E运载火箭等几种运载火箭研制总指挥。1985年,王永志获国家科学技术进步特等奖。1988年以来,他先后获政府特殊津贴,被评为国家级有突出贡献的中青年专家,当选为国际宇航科学院院士、俄罗斯宇航科学院外籍院士、中国工程院院士,并担任哈工大、北航、西工大、北理工兼职教授,还担任博士生和博士后流动站导师。2004年2月20日,作为中国载人航天工程的开创者之一和学术技术带头人,王永志获得2003年度国家最高科学技术奖,2014年王永志被太空探索者协会授予水晶头盔奖。

王永志小学毕业时正值八年抗战取得胜利,辽宁省昌图县的昌北中学免费招收家境贫寒的子弟入学,使王永志有幸获得了继续学习的机会。他学习成绩连年优秀,1949年初中毕业时加入中国共产党,并被免试保送到沈阳东北实验中学就读高中。

由于出身农民家庭,王永志从小对农作物有浓厚兴趣,中学的生物课上老师讲的摩根遗传理论和米丘林学说都令他着迷。他梦想将来当一名生物学家,改良物种。他幻想着有一天,麦子、水稻能像野草一样春风吹又生,玉米梢上能长出麦粒。朝鲜战争爆发后,美军飞机不时侵犯中国辽东领空和抚顺一带,王永志所在的学校被迫北迁。不久学校附近的沈阳北陵机场上空出现了苏制米格-15喷气式战斗机。朝鲜战场空战捷报频传,志愿军空军英雄王海、张积慧击落美军王牌驾驶员的事迹也传遍校园,王永志感到无比振奋,他的心也被深深地打动了。高中毕业时,他一改初衷,毅然报考了清华大学航空系飞机设计专业,做出了影响一生的选择。

在清华大学学习一年后,王永志被选送到北京外国语学院留苏预备部学习俄语,1955年,被选派到莫斯科航空学院飞行器设计系飞机设计专业学习。三年级时,根据中苏两国政府的协议,一部分学生改学火箭导弹设计,由此奠定了王永志献身中国航天的基础。

图 9-32　王永志留学莫斯科时在列宁格勒冬宫前留影

在苏联著名火箭鼻祖科罗廖夫的第一副手米申院士的指导下,王永志的毕业论文选题为《洲际导弹设计》。米申看着面前这位爱学习的年轻学生明确表示:"两国关系不好了,这是政治家的事,我们的关系不变。"米申的话坚定了王永志的信心,6年的寒窗苦读,换来了优秀毕业生文凭和工程师称号。

在王永志准备回国之际,副校长克里莫夫专门来到他的宿舍,劝他留下来继续攻读研究生学位,并说这是导弹设计专业破例做出的决定。王永志报国心切,好言谢绝了这位副校长。这位副校长开玩笑地说:"你执意回国,是否想你刚结婚的漂亮妻子了。"这话把王永志也逗笑了。

1990年的一天,王永志突然接到中国宇航学会的一个电话,说米申院士来北京了,他一下飞机就要求见你。王永志和妻子立即赶到米申下榻的饭店。师生见面格外亲切。令王永志感到意外的是,近30年未见面了,但米申对他的情况了如指掌。至今王永志还深刻地铭记着米申院士在他毕业论文答辩时说的一句话,"这是你第一次当洲际导弹'总设计师',但愿这不是你最后一次当总设计师"。果然,王永志一当就不可收,火箭型号总设计师、运载火箭系列总设计师、载人航天工程总设计师,让他给当了个遍。

图9-33 1960年,王永志与同在莫斯科留学的王丹阳结婚

从中国自行设计的第一种近程火箭起,王永志参加了多种型号火箭的研制,他风趣地说:"这辈子总是干新型号。"压力也是冷暖自知。

1964年6月,王永志第一次走进戈壁滩,执行发射中国自行设计的第一种中近程火箭任务。当时计算火箭的推力时,发现射程不够,大家考虑是不是多加一点推进剂,但是火箭的燃料贮箱有限,再也"喂"不进去了。那是7、8月份的盛夏,天气很炎热,火箭发射时推进剂温度高,密度就要变小,发动机的节流特性也要随之变化。

正当大家绞尽脑汁想办法时,一个高个子年轻人站起来说:"经过计算,要是从火箭体内卸出600公斤燃料,这枚火箭就会命中目标。"大家的目光一下子聚集到年轻的新面孔上。在场的专家们几乎不敢相信自己的耳朵。有人不客气地说:"本来火箭能量就不够,你还要往外卸?"于是再也没有人理睬他的建议。这个年轻人就是王永志,他并不就此甘心,他想起了坐镇酒泉发射场的技术总指挥、大科学家钱学森,于是在临射前,他鼓起勇气走进了钱学森的房间。当时,钱学森还不太熟悉这个"小字辈",可听完了王永志的意见,钱学森眼睛一亮,高兴地喊道:"马上把火箭的总设计师请来。"钱学森指着王永志对总设计师说:"这个年轻人的意见对,就按他的办!"果然,火箭卸出一些推进剂后射程变远了,连打3发导弹,发发命中目标。从此,钱学森记住了王永志。中国开始研制第二代导弹的时候,钱学森建议:第二代战略导弹让第二代人挂帅,让王永志担任总设计师。几十年后,总装备部领导看望钱学森时,钱学森还提起这件事说:"我推荐王永志担任载人航天工程总设计师没错,此人年轻时就露出头角,他大胆逆向思维,和别人不一样。"

20世纪60年代末,珍宝岛事件导致中苏关系进一步恶化,叶剑英说,没有战略火箭,毛主席睡不好觉。王永志被调任这一新的研制岗位并担任副总设计师,总设计师为屠守锷。为加快研制进度,王永志提出一种新的全弹试车方案。当时的国防科委对此讨论到深夜两点,最后还是钱学森拍板同意。王永志记得,在研制工作中他的好多次建议都被钱学森采纳;此外,任新民、屠守锷、谢光选等老一辈专家对他都有过重要的影响和帮助。

参与和主持大型飞行试验没有失败经历的人不多,而王永志就是其中一个。尽管如此,在主持研制大推力捆绑式火箭时,他依然感到压力很大。有人说,干这一行,一辈子都提心吊胆,不得精神病也得心脏病。王永志深有体会。

1986年,由于挑战者号航天飞机爆炸和阿里安火箭发射失利,王永志等人以此为契机,最早提出以长征二号运载火箭为基础,研制大推力捆绑式火箭,并积极支持用其试探挤进国际发射服务市场的可行性。10月,在向领导和老一辈航天专家汇报时,王永志提出了研制这种火箭的技术途径和总体技术方案,建议得到了大多数领导的支持。

时至1988年11月,在决策的关键时刻,他甘担巨大风险,代表研究院立了军令状:"一旦决定研制,保证在1990年6月30日之前将火箭竖立在发射台上。"12月,国务院批准了这项任务,所剩时间只有18个月了。王永志作为院长和这个型号研制总指挥,那些日子天天加班加点,有人形容他们这些人是"没了亲戚没了朋友"。

图9-34　1990年,王永志在长征二号E运载火箭首次发射前留影

1990年7月16日,长征二号E运载火箭不负众望,一举成功,运载能力达到9.2吨,比长征二号运载火箭的运载能力几乎翻了两番。事后,当时的航空航天部部长林宗棠对王永志说:"国务院领导说18个月不行,28个月也行。可这话我没敢告诉你。"18个月研制一枚新型大推力捆绑式火箭,美国人曾嘲笑说:你们是吃鸦片了。可中国航天人挑战风险和一拼成功的精神,叫外国人不服不行。

1987年4月,王永志等7人组成的航天领域专家委员会开始进行载人航天的必要性论证和载人航天蓝图绘制。经过半年论证后,王永志作为论证组组长,先后向中央专委和党中央作了汇报。随后得到批准并开始了这项大长中国人志气的宏伟工程。

1992年11月15日,中央军委正式任命王永志为中国载人航天工程总设计师。两年后,又经当时的军委主席江泽民亲自批准,62岁的王永志从航天部紧急调入国防科工委,直接授予少将军衔。在1949年后的中国历史上,授予将军军衔的科学家有两位,一位是留学美国的钱学森,一位就是留学苏联的王永志。如果说钱学森是中国第一代科学家成功者的典范,王永志则是中国第二代科学家成功者的代表。

然而,在1992年那个冷风萧瑟的秋季,刚刚走马上任的王永志的日子并不好过。尽管中国当时已经掌握了大推力火箭和返回式卫星技术,但就载人航天而言,残酷的现实与紧迫的时间,并没有给他以按部就班的从容和傲视群雄的自信;要在国内设计和制造水平相对落后的条件下,几乎一切从零起步,造出一艘能够跨越国际40年发展历程的飞船,他深感困惑与茫然。因为载人航天工程是天字号的国家工程,庞大复杂,盘根错节,千头万绪,各种问题如一座座山头般堆放在面前。比如,工程总体技术方案如何设计?飞船怎么造?火箭如何搞?航天员怎么弄?发射场如何定点?数千个单位怎样协调?几十万人马怎样调动?等等。

1999年11月20日,中国第一艘无人试验飞船上天,作为工程技术总负责人,王永志为此付出了13年的心血。时至今日,中国已将6名航天员送入太空,并实现了航天员舱外活动,已成为世界上继俄罗斯和美国之后第三个独立掌握载人航天技术、独立开展空间实验、独立进行出舱活动的国家。

载人航天对民族精神的巨大激励作用是不言而喻的,但人们最关心的是与自己的生活有没有关系。王永志说:"当年卫星上天时,曾有人怀疑,研制这个在天上唱歌的东西有实际意义吗?但30多年后的今天有谁能说他不需要卫星?从渔船、出租车上的GPS全球定位导航仪到覆

图 9-35　2003 年，中国载人航天工程首任总设计师
王永志送中国首位宇航员杨利伟出征

盖率超过 90% 的卫星广播电视，从气象预报、信息网络、教育到餐桌上的'太空稻米''太空蔬菜'，人们都在享受'太空文明'的恩惠。这些'太空文明'，是在不载人的情况下实现的。再聪明的机器，也比不上人的智慧和人的判断力。只有人上了天，人类才能进一步展开研究。初步统计，中国近年来的 1100 多种新材料中，八成是在空间技术的牵引下研制完成的，有 1800 多项空间技术成果已应用到国民经济各个部门。"

　　王永志的一生有三大愿望，第一个愿望，就是让自己设计的导弹可以发射到世界任何一个角落；第二个愿望，就是把外国的卫星送入太空中任何一条轨道；第三个愿望，就是把中国人送上太空！这三个愿望凝聚了王永志的航天人生，而他正全力以赴追求着航天事业的新目标。

图 9-36　胡锦涛为王永志(左)颁奖

2. 中国卫星的开拓者——孙家栋

他是中国第一枚导弹总体、第一颗人造卫星、第一颗遥感探测卫星、第一颗返回式遥感卫星的技术负责人或总设计师；他是中国第一颗通信卫星、静止轨道气象卫星、资源探测卫星、北斗导航卫星的工程总师；他是中国第一颗探月卫星"嫦娥一号"的工程总设计师……他便是孙家栋。

中国"两弹一星"功勋科学家孙家栋的履历是沉甸甸的，也是金灿灿的，他亲历、见证、领导了中国航天从起步到目前为止的全部过程，他的传奇人生与中国航天多个"第一"密切相连。孙家栋本人却对这些"第一"看得很淡："荣誉属于国家，属于整个航天队伍！我个人只具备了一点最基本的条件，主要靠国家经济的发展，靠国家发展所创造的环境，对我个人来讲主要还是靠机遇。"

2010 年 1 月 11 日上午，北京人民大会堂暖意融融。在热烈的掌声中，中国科学院院士孙家栋走上红地毯，走向领奖台，接受 2009 年度国家最高科学技术奖证书。获得国家最高科技奖，孙家栋自己却觉得很"不安"。他说："航天事业是千千万万人共同协作的成果，我个人的工作是非常有限的。"

孙家栋的祖籍是山东牟平，孙家祖先是清代道光初年从山东迁到辽宁省盖县的。1929年4月8日，孙家栋出生于辽宁盖县。新中国成立后，孙家栋的老家被划分到复县（今为瓦房店市）行政范围内。3岁那年，孙家栋就开始随父亲在辽宁和黑龙江两省之间颠沛流离。

据他家乡的老人回忆，孙家栋小时候学习特别刻苦，上小学的时候就捧着厚厚的古文书阅读到深夜，而且阅读广泛，只要能找到的书他都会拿来读。儿时的孙家栋喜欢挑老师的毛病，每当上课的时候，孙家栋都瞪着两只圆圆的小眼睛盯着讲台上的老师，一旦老师讲错了，孙家栋会马上大声指出来，弄得一些老师非常难堪。

1942年，孙家栋考入哈尔滨第一高等学校土木系，中途因"二战"失学。1946年9月，他考入国民政府举办的锦州大学。1947年冬，解放军兵临锦州等地，学校受到影响，孙家栋回到沈阳，然后打算回老家——复县许屯镇老爷庙村。在去沈阳时，孙家栋经济窘迫，因此决定去找一位在沈阳的同学，也是他三哥孙家楠的同学。在同学家，他巧遇在哈尔滨工作、出差过来的三哥孙家楠。孙家楠告诉他，哈尔滨已解放，著名的哈尔滨工业大学将很快得到恢复。于是，孙家栋带着憧憬去了哈尔滨。1948年9月，他通过资格审查，进入哈工大预科班专修俄文。

当时年轻的孙家栋最大的愿望不过是想成为一名土木建筑系的学生，将来可以去修大桥。偏偏当时哈工大增设了汽车专业，孙家栋选择了汽车系。在哈工大读预科的时候，每逢十五满月，他都会在夜半时分仰望苍穹。他说："我们的老祖宗很了不起，他们发明了阴历，通过月亮的阴晴圆缺来记录天时的变化。"如果命运顺从孙家栋的最初理想，那么中国无疑将少了一位出色的航天专家。

1950年元宵节，很多同学回家团圆，哈工大预科班安排学生晚餐吃红烧肉。孙家栋决定吃完难得的红烧肉就回家。但开饭后，校领导突然来到餐厅通知在场学生：留下会餐的同学谁想参加中国人民解放军空军，请即刻报名，要参加的人必须赶上晚上8时30分自哈尔滨开往北京的火车。从天而降的喜讯，让那碗红烧肉对大家已不再具有吸引力。孙家栋的第一个反应是:报名参军!能入伍已经无上光荣,何况又是与蓝天白云为伍的"天兵"呢!来不及做过多的思考,来不及与家人打招呼,更来不及吃那碗红烧肉,当晚8时30分,孙家栋和他的部分同学已坐在了哈尔滨开往北京的火车上。从那以后,他再也没有找到机会回老家看看。"到了部队才知道,因为毛主席和斯大林签署了《中苏友好同盟互助条约》,苏联答应帮助中国建立一支自己的空军,非常需要一批懂俄语的人,这样才叫到了我们。"

1951年9月,孙家栋一行30人被国家派往苏联茹柯夫斯基空军工程学院学习飞机制造。"我的记忆力较好,一门功课的七八章内容,几天时间就能从头背到尾,考试时拿到试卷便能一气呵成。"孙家栋的学习成绩一直名列前茅。

最让孙家栋无比激动的是:1957年11月17日,毛泽东主席在莫斯科大学音乐堂亲切接见中国留苏学生。被毛泽东接见的留学生代表都是又红又专、德智双优者,孙家栋作为在苏联著名高等学府学习尖端专业的高材生,自然被选作代表去接受毛泽东主

图9-37 1951年留学苏联前夕的孙家栋,时任空军俄文翻译

席的检阅。他终生难忘的是毛泽东主席在这次接见中讲的那一段语重心长的名言:"世界是你们的,也是我们的,但归根结底是你们的。你们年轻人,朝气蓬勃,正在兴旺时期,好像早上八九点钟的太阳,希望寄托在你们身上。"孙家栋回忆说,当时莫斯科大学音乐堂沸腾了,掌声和欢呼声此起彼伏、经久不息,很多中国留学生激动得泪水涟涟。

茹柯夫斯基空军工程学院有一个传统：考试全部获得满分5分的学生，照片会被挂在学校大门入口处。一学年后如果能继续保持，便把照片往上挪，越往上人数越少，照片也越大。毕业时如果能在其上保留一张大照片，便可获得一枚50克重的正面有斯大林头像的纯金质奖章。

1958年4月，孙家栋带着印有斯大林头像奖章从苏联留学归来。归国后不久，孙家栋没有去制造飞机，而是完成了人生的第一个转型——进入国防部第五研究院一分院（中国运载火箭技术研究院前身）。因为学的是飞行器发动机技术，他被安排到一分院导弹总体设计部。孙家栋说，那时候，人们对导弹还很陌生，甚至不知道如何翻译这个外来物，有人将其译作"飞弹"，也有人将其译作"可控制的弹"，但最后还是钱学森拍板，将其译作"导弹"。

这年"五一"节前，孙家栋见到了时任五院院长的钱学森。当时钱学森经常到总体部检查工作，并亲临设计现场和大家讨论问题，对进步快速的孙家栋青睐有加，两人的接触次数逐渐多了起来。

起初，五院的科研工作是仿制苏联"P-2"导弹。面对苏联提供的一堆图纸，除了钱学森以外，孙家栋等人谁也没见过真导弹。再一看周围的同志，有学力学的、数学的、化学的、纺织的、文史的，五花八门，就是没有一个学导弹理论的。

1960年，正当中国导弹事业从仿制开始刚刚起步时，赫鲁晓夫撤走了在中国工作的苏联专家，停止提供"P-2"导弹的资料、数据和图纸。面对困境，中国的科技人员跟着钱学森，走出了一条独立自主发展中国航天事业的道路。就在苏联撤走专家17天后，即这年的9月10日，中国用国产燃料成功地发射了第一枚近程弹道导弹。那时，孙家栋已经担任了导弹型号总体设计室主任。时隔不到两个月，这年的11月5日，中国又成功发射了自己制造的第一枚导弹东风一号，并准确击中目标。之后，孙家栋又升任为总体设计部副主任。从仿制苏联"P-2"导弹到国产东风导弹的研制工作，孙家栋把所有的智慧和精力都倾注其中，心想这辈子就情结导弹了。

人生之路有时也像江河一样，冷不丁就发生了大拐弯。1967年建军节前的一个下午，正满头大汗地趴在火箭图纸上搞设计的孙家栋突然接到通知："为了确保我国第一颗人造卫星的研制工作顺利进行，中央决定组建中国空间技术研究院，钱学森院长向国防科委主任聂荣臻推荐你去负责卫星的总体设计工作。"就这样，38岁的孙家栋成为中国第一颗人造地球卫星"东方红一号"的技术总负责人。

当时，苏联、美国、法国已经成功发射了人造卫星，日本也在加快准备的步伐，孙家栋身上的压力可想而知，但他很快就展现出了优秀的战略眼光。经过详细考察，他从不同的专业角度和技术特长出发，最终选定了戚发轫等18人，这就是中国卫星发展史上有名的"十八勇士"。

根据实际情况，孙家栋大胆对原来的卫星方案进行了简化，把卫星的工程任务概括为简单、明确的12个字"上得去、抓得住、看得见、听得到"。他顶着巨大的压力，说服一些老专家，去掉了原设计方案中的卫星探测功能，先用最短的时间实现卫星上天，在此基础上，再发射有功能的卫星。攻克重重难关后，卫星初样在1969年10月基本告成。

1970年4月24日21时34分，中国第一颗人造卫星"东方红一号"在长征一号运载火箭的巨大轰鸣中，从戈壁大漠腾空而起……这一天，中国人被一种特殊的激情点燃了。《人民日报》出版套红的号外，所有的广播电台在热线链接同一条消息，全国人民竞相奔走相告：中国第一颗人造地球卫星上天啦！

当晚，当"东方红一号"卫星高奏着悦耳的《东方红》乐曲从北京上空飞过时，孙家栋正在中国空间技术研究院值班，他仰望星空，如同看到自己的孩子降生般百感交集，泪水忍不住刷刷地滚落下来。

"东方红一号"卫星的成功发射，使中国成为世界上第五个能够发射人造卫星的国家，卫星总重量为173千克，相当于苏、美、法、日第一颗卫星重量的总和。钱学森曾对别人说："看来，把孙家栋找来还是对的，他的确敢干事，会干事。"

2009年4月15日，刚刚过完80岁生日的孙家栋，在西昌卫星发射中心再次指挥并见证了卫星发射成功。这是中国自主研制发射的第100颗航天飞行器,其中孙家栋担任技术负责人、总师或工程总师的就有34颗,超过三分之一。为此,社会及媒体称他为"中国卫星之父"。知情人说:"航天各系统太复杂了,都是牵一发动全身。搞这种大工程总会有矛盾,矛盾无论多么错综复杂,孙总都能给出妥当的解决方案。"

图9-38　孙家栋(左一)和年轻人在一起研究工作

1984年4月8日,长征三号运载火箭携带着中国第一颗试验通信卫星"东方红二号"通信卫星,在西昌卫星发射中心喷射出巨大的烈焰,在震耳欲聋的轰鸣声中离开发射台,发射获得圆满成功。然而,正当这颗卫星经变轨、远地点发动机点火进入地球准同步轨道,向预定工作位置漂移的时候,西安卫星测控中心通过遥测数据发现,装在卫星上的镉镍电池温度超过设计指标的上限值,如果温度继续升高,刚发射成功的卫星就危在旦夕了。

孙家栋果断地发出了打破常规的指令:"立即再调5度!"在正常情况下,这道指令要按程序审批签字后才能执行。但情况紧急,各种手续都已经来不及,尽管孙家栋的指令已经被录了音,但没有指挥部会商签字,这道命令很难执行。如果孙家栋没有很高的威望,操作人员在这种状况下也不会执行他的命令。要知道,孙家栋在这紧急关头果断处置是需要何等的胆识,需要承担多么巨大的风险!

现场的操作人员为了慎重起见,临时拿出一张白纸在上面草草写下"孙家栋要求再调5度"的字据要孙家栋签名,孙家栋毅然拿起笔签下了自己的名字。这3个字的分量和风险,犹如战场上的"生死置之度外",需要把个人的一切顾虑抛到脑后,孙家栋的选择没有一丝迟疑……

天上的卫星执行了地面的指令后温度停止了上升,呈现了下降的趋势,热失控被制服了,卫星终于化险为夷。西安卫星测控中心验证了降温决策的正确性,这一绝招也引起了同行们的惊叹。

航天事业充满了高风险,有成功也有失败,但孙家栋从来没有被挫折吓倒过。有一件事情他至今仍难以忘怀。1974年11月5日,孙家栋带领他的团队研制的中国第一颗返回式遥感卫星装上运载火箭静待发射。就在运载这颗卫星的火箭点火之后,意外出现了,大家都懵了。孙家栋带着大伙把眼泪一抹,直奔发射现场,决心一定要找到失败的原因。

这次惨痛的失败,孙家栋至今记忆犹新:现场一片火海,数年的心血被化为灰烬。在西北寒冬夕阳余晖下,茫茫大漠中,人们用手抠,拿筛子筛,边掉泪边寻找卫星残骸的碎块,哪怕一点碎片都要把它收集起来。最后查清原因,竟然是一个非常小的产品故障——火箭中一根导线的铜丝断了,但是外头胶皮套却完好无损。

他回忆说:"在航天工作中,质量是第一位的,哪怕一个极细微的问题也可能造成毁灭性的结果。在现场看,一片火海,半个天是红的。那阵子我自己也不知道是怎么回事,确实控制不住自己的感情了,跑到一个单独的小房子里号啕大哭。随后,我唯一能做的就是鼓励大家不要灰心,不能丧气,不能被失败吓倒。"

此后,孙家栋更加精益求精地要求自己、要求身边的人。一年后,一颗新的返回式遥感卫星终于冲出大气层,又平安地返回预定着陆点……

在关键时刻,平时严谨沉稳的孙家栋一次次挺身而出,不仅在他熟悉的高风险的航天科技领域,就是在当年国人都陌生的承揽卫星发射服务方面,同样义无反顾。

1985年10月,中国政府向世界正式宣布:中国的运载火箭将投放

图 9-39　孙家栋在工作中一丝不苟

国际市场,承担国外卫星发射业务。这一消息震动了国际航天界——要知道,美国和欧洲在当时垄断着国际卫星发射市场。发射外星,中国航天人不仅要懂得研制火箭发射卫星,也必须学会与国外商家打交道。孙家栋这个"造卫星"的专家又担当起"生意人"的角色。

1988年,中国的香港亚洲卫星公司购买了美国休斯公司生产的通信卫星,起名"亚洲一号"卫星,并准备让中国的长征三号运载火箭将其送入太空。但卫星要从大洋彼岸运到中国,必须有美国政府发放的出境许可证,争取许可证的使命便落到了孙家栋的肩上。整个谈判期间,作为谈判代表团团长的他,面对种种谬论不卑不亢,义正词严,句句中的。在艰苦谈判之后、签署备忘录之前,他晕倒在谈判室里。

1990年4月7日,西昌卫星发射中心内气氛紧张得让人感到窒息。"在现场经历多少次发射,那次发射特别激动、最紧张。"孙家栋回忆起当时的场景说:"不只感受到自己的心跳,旁边人的心跳也能感觉到,就是那种心情。有人告诉我,卫星发射成功,美国华侨流着泪激动地说'中国的卫星能打多高,国外华人的头就能抬多高'。"这种跳动着的爱国情怀促使航天人更加把航天精神浸润到每一个航天产品上去。

21时30分,长征三号运载火箭雷霆般呼啸着拔地而起,21分钟后,精确地将"亚洲一号"卫星送入预定轨道。"亚星"的入轨精度是休斯公

图 9-40　孙家栋作为中方代表与美国签约

司 31 颗同类卫星中入轨精度最高的。在现场的美方专家由衷地说"没想到中国的运载火箭能达到这样高的水平"时,孙家栋自豪地笑了。

如今回想起当年向美国人"叫板"的情景,孙家栋依旧百感交集:"我突然想到小时候老人常说'洋火、洋油、洋车',身边到处是外国产品。终于,我们的火箭能发射美国卫星了,那种激动与自豪,难以用语言来形容。"他深有感触地说:"谈判实质上是两国综合国力的较量。国家的实力增强了,我们说话的分量自然就加重了。"

2004 年 2 月 25 日,中国各大报纸以醒目标题发出人们关注的消息:"嫦娥工程"领军人物确定。时年 75 岁高龄的孙家栋再次披挂上阵,出任总设计师。

很多人不理解,早已功成名就的孙家栋为什么还要接受这项充满风险的工作,万一失败了,他辉煌的航天生涯就可能被蒙上阴影。但孙家栋没有一丝犹豫。"只要国家需要,我就去做。"他说,"这是一个航天人最基本也是最重要的素质。"

在孙家栋看来,探测月球有两个目的:一是探索宇宙奥秘;二是开发空间资源。其中开发资源就看我们将来对月球认识到什么程度,这有一个认识的过程。"但如果你不起步,你不去积极地探索,将来这个领域就不是你的。"

嫦娥舒袖神话浪漫,但卫星探月道路艰辛。不知经过多少个昼夜,攻克了多少个难关,孙家栋和他带领的团队付出了全部的心血,"嫦娥"卫星终于研制成功了。

2007年10月24日18时05分04秒,随着西昌卫星发射中心发射指挥员气壮山河的"点火"口令,长征三号甲运载火箭运载着"嫦娥"探月卫星喷射着烈焰腾空而起,冲出地球,飞向38万千米外的月球。11月5日11时37分,对"嫦娥"卫星成功实施了第一次近月制动,卫星成功被月球捕获,进入环月轨道。

那一刻,现场直播的电视镜头捕捉到了这么一个场景:航天飞行指挥控制中心内,人们欢呼跳跃、拥抱握手。孙家栋却走到一个僻静角落,悄悄地背过身子,掏出手绢偷偷擦眼泪。这时,"嫦娥工程"首席科学家欧阳自远抑制不住内心的激动,走过去和孙家栋紧紧地拥抱在一起。这个镜头令许多人动容。欧阳自远回忆说:"激动得手都是冰凉的,我们就像并肩作战的战友一样,胜利那一刻的激动无以言表!"

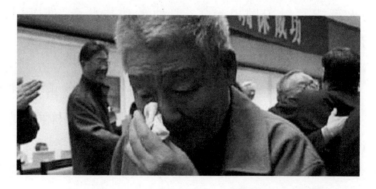

图9-41 "嫦娥一号"成功发射后,孙家栋激动得热泪盈眶

现在,已经耄耋之年的孙家栋仍像一颗卫星一样旋转不停。与航天打了一辈子交道,孙家栋对星空有一种特殊的感情,现任北斗卫星导航工程、"风云二号"静止气象卫星高级顾问的他,仍然继续活跃在中国航天技术的前沿领域。面对压力,孙家栋是怎么想的?从他对航天精神的

解读中,不难找到答案:"总结我国的航天精神,最主要的一条,是豁出命去爱航天事业!"

图 9-42　胡锦涛向获得国家最高科学技术奖的孙家栋(左)颁奖

四、科技人员优秀代表

1."特殊材料制成的人"——罗健夫

为了研制箭载计算机,罗健夫服从组织安排,义无反顾地踏上了漫漫的攻关之路。他一头扎进科研现场,废寝忘食,饿了啃块馍,渴了喝口水,困了在地板上铺块塑料布躺一躺。进入总装调试阶段,要保证仪器昼夜不间断运行 2 个月,他每天仅休息 4 个小时,还要分成两次。经过刻苦钻研,艰苦奋斗,他终于拿出了合格产品,交付使用。

1969 年,罗健夫又承担了研制图形发生器的艰巨任务。当时一无图纸,二无资料,必须一切从零开始。他以顽强的毅力克服常人难以想象的困难,边干边学,逐步掌握完成任务所必需的电子线路、自动控制、

图 9-43　工作中的罗健夫

精密机械、应用光学、集成电路等多学科的知识,同时政治方面,他还要想方设法排除"文化大革命"的干扰,顶住"打倒独立王国的国王罗健夫"的政治压力。他带领课题组,攻读第二外语,查阅中外有关资料,奋战 400 多个日日夜夜,终于在 1972 年春天研制出中国第一台 Ⅰ 型图形发生器,随后他又继续攻关,相继研制出 Ⅱ 型、Ⅲ 型图形发生器,填补了导弹技术的一项空白。由于长期劳累,生活艰苦,积劳成疾,1981 年他病倒了,生命垂危,住进医院。诊断结果,罗健夫患有"低分化恶性淋巴瘤",属于癌症中最凶恶的一种,潜伏期已达两年以上,胸腔的肿瘤比心脏还大,胸骨一碰就碎。参加抢救的医护人员无不伤心落泪:"很少见到这样的病,更少见罗健夫这样坚强的人,他真是'特殊材料制成的人'。"

2. 航天"铁人"——杨敏达

067 基地 11 所火箭发动机泵水力研究试验室主任杨敏达,为了研究火箭发动机的心脏——涡轮泵,从 1967 年到 1989 年,他奋斗了 22 个春秋。试验现场冬天闷热,夏天潮湿,空气中含有油雾、霉味,机器一开动,噪声高达 130 分贝;任务需要,有时一加班就是十几天到一个月。杨敏达不仅负责机械设计,还亲自搞理论计算、数据处理。经过多年的辛勤劳动,他研制的涡轮泵装上火箭,取得了"返回式遥感卫星"和1980年"飞向太平洋"的洲际导弹的发射成功。

图9-44　杨敏达(右二)和同志们在试验间隙稍作休息

年复一年的操劳,杨敏达患上了失眠症、胃病、肝炎、高血压等多种疾病。每当腹部阵阵剧痛时,凭借着顽强的毅力,他用拳头顶住继续工作。1989年,试验任务更加繁忙了,有一个月他连续加了28个夜班,完成了一批军品的任务。为了给国家节约50万元,他带领同伴自己动手修理设备,他们钻进管道内部清除污垢和锈斑,然后再重新刷上油漆。储箱内刷的涂料是环氧沥青和二甲苯,易挥发,毒性大,气味难闻,呛得人头晕恶心,施工时,杨敏达总是身先士卒,推开同伴:"我是鼻息肉,闻不到味,我来调。"

1989年6月7日,杨敏达再也顶不住病痛的折磨,离开心爱的岗位,被送到西安第四军医大学附属医院。诊断结果:胆总管癌,晚期。医生打开胸腔,发现癌细胞已侵蚀了他的大部分器官。手术后他连续发烧,处于昏迷状态,他时而喊着试验台长的名字,时而断断续续地说:"这个数据不是260……是230……""天黑了,我要上夜班了"。6月28日,就在他逝世的前三天,他还是想着试验:"打开阀门,放水……"

3."神剑之魂"——王振华

他有一个寓意着我们民族历史追求与企盼的名字:振华。他的一连串的桂冠更显示了一连串的奋斗与奉献:被誉为"神剑之魂"的航天专家、填补了国内空白的某型号总设计师、066基地科技委主任、湖北省劳动模范、全国"五一"劳动奖章和航天奖获得者、全国科技先进工作者……他就是王振华。

图9-45 忘我工作中的王振华

1955年,新中国把王振华从一个农家子弟培养成为留苏预备生,他第一次确立了自己的人生追求:"我自愿为祖国为人民为党而留学。我要求从事军事工业的学习。"1976年,王振华做出了一生中最为重要的一次决定,到地处鄂西山沟的066基地去!

那时的066基地，一切都刚起步，有人这样描述过这里的环境："除了他和他的战友们的几副大脑外，几乎再也找不到一丝现代化的痕迹。"在这样艰苦的条件下，王振华和他的战友们开始了铸造神剑这一尖端技术的研究。在这样恶劣的条件下，经过大家共同努力，由他主笔的近10万字新型航天产品技术可行性论证报告及总体方案获得了上级通过，国务院及中央军委批准这个型号立项，并列入国家重点项目。当新型航天产品试验成功时，王振华只是深情地说了一句："周总理的一个遗愿总算实现了！"

正当王振华一个接一个攻克难关的时候，1991年年底，他的肝病发生了癌变。在大家的多次劝说下，王振华做了手术，但伤口刚刚愈合，他便又回到了基地。从1992年年初到1993年年底，他又连续3次和同事们一道远征大西北，在他看来，事业与责任就是他灵魂的家园，仿佛只有在这里，他才能最真切地拥有生命的最高价值。

1994年1月的一天，王振华把烂熟于心的对于经验的总结和事业的思考，向基地的56位有关人员，做了纲领性的交代，整整讲了48分钟。1994年3月1日，一颗为航天事业跳动了一生的心停止了！

在基地举行的隆重的追悼大会上，那众多的写满哀思的花圈挽联中，有一幅是这样写的："你虽然远去，但不会倒下。在祖国的天空里，你用生命构筑的星座永放光芒！"

五、技能人才队伍

中国航天坚持人才的高度就是事业的高度，把人才的培养作为人才队伍建设的核心内容和战略任务，坚持将人才发展战略与中国航天科技工业的发展通盘考虑、同时部署。针对专业技术人才和技能人才建设，提出了高层次人才集聚、创新型人才开发、高技能人才培育等多项重大人才计划。

中国航天健全政策体系，积极打造有利于技能人才成长成才创新创造的制度环境。制度建设是带有根本性和全局性的建设,中国航天科技工业从实际需求出发,先后制定了一系列管理办法,明确相关政策。通过规章的制定和实施,一方面,解决了在技能人才队伍建设工作中体制和机制建设的问题,另一方面,规范了技能人才队伍建设的各项程序和标准。

中国航天注重工程任务实践锻炼,加速高技能人才成长。中国航天科技工业长期承担大批型号任务,在生产实践中注意发挥不同等级人才的不同作用:对中、高级工注重发挥在完成型号生产中的主力军作用;对技师和高级技师注重发挥在解决生产难题、关键工序加工中的中间作用;对特级技师注重发挥在人才培养、技术革新、技术改造、生产攻关中的指导作用。中国航天科技工业的这一特点为广大技能人才快速成长搭建了平台,60年中在一代代技能人才的带领下,以高凤林、徐立平、王连友、杨峰、李兵、唐建平、张莉、曹彦生、马景来、诸明强、巩鹏、王阳、洪海涛、毛腊生等为代表的一大批新一代技能人才在重大型号任务生产中得到了锻炼,快速提升了岗位技能。

中国航天积极构建职业发展立体通道,推动技能人才立足岗位发展。一方面,设立特级技师等级制度。结合航天科技工业企业技术工艺复杂、难度大,产品单件、小批量多,技术含量高的特点,在高级技师之上设立了特级技师制度。特级技师制度的建立,拓展了技能人才立足岗位成才通道,受到了技术工人和各单位的欢迎。另一方面,设立荣誉奖励通道。中国航天建立了以国家高技能人才评选表彰为导向,以各级技术能手为主体,以各行业(地方)高技能人才评选表彰为补充的高技能人才荣誉奖励评选表彰体系。

以上两方面共同构成了技能人才职业发展的立体通道,而且相互贯通,吸引着广大技能人才不断前进,不断发展。

中国航天积极构建技能大师工作室体系和职业技能竞赛体系。一是积极发挥技能大师工作室作用,在促进专业发展、带徒传技、技术攻关、技艺传承、技能推广等方面都发挥了重要作用,为广大技能人才搭建交流展技平台,促进技能人才能力提升,有力地推动了科研生产任务的顺利完成。二是完善竞赛体系,搭建有利于技能人才脱颖而出的展技平台。通过竞赛产生的多名全国技术能手、航天技能大奖获得者和航天技术能手,已成为企业各个关键技能岗位上的骨干,在工作中发挥了重要的作用。

中国航天突出能力提升,建立有利于技能人才快速成长的培训机制。一是实施高技能人才绝技绝招代际传承计划。为确保绝技绝招不失传,中国航天组织一批实践经验丰富、技能水平过硬、掌握绝技绝招的高级技师和特级技师招收徒弟进行一对一"传帮带",加速青年技能人才的成长,激发了工人学技术的热情,实现了"培养一个人,提升一大片"的良好局面。二是实施高技能人才知识能力提升计划。中国航天充分发挥国家级高技能人才培训基地、培养示范基地和实训基地的优势,组织多个专业的技能人才本科、专科学历提升班,帮助技能人才强化理论基础、提升职业素质。三是实施高技能人才境外培训计划。积极拓展境外培训渠道,每年选派骨干技能人员赴各国进行技能培训,帮助人才开阔视野、增长知识、提升技能。

中国航天科技工业积极强化技能鉴定能力,构建有利于技能人才发展的多元评价体系。一是狠抓鉴定工作基础建设。二是建立质量管理长效机制。通过加强组织建设和制度建设,不断规范鉴定程序、组织方式和标准;通过多轮次培训和鉴定实践不断加强考评员、督导员、技术专家和管理人员队伍建设;通过鉴定全过程监控管理,与所属各鉴定站签订质量责任书。强化质量管理,建立严抓鉴定质量管理工作长效机制。三是针对高技能人才积极探索实践多元化评价手段。多元化评价的实施更好地体现了专业评价和工作业绩评定相结合,很好地激发广大技能人才学习业务、钻研技术的自觉性和积极性,得到所属单位和广大技能人员的认定。

中国航天致力于完善激励政策,鼓励技能人才创新创造。强化物质激励,实行高技能人才津贴、设置特殊工资,坚持薪酬向一线的重要技能岗位和技能带头人倾斜；对于特级技师和高级技师，比照具有高级专业技术职务的专家，在住房、疗养等福利方面给予同等待遇。注重精神激励，广泛开展向高技能人才典型学习活动；以杰出高技能人才名字命名班组和工作室，肯定成绩和贡献，引导价值取向；在重要技能人才工作政策出台前把征求优秀高技能人才意见作为必经环节。这些举措的实施，强烈激发他们奉献航天的积极性，起到了很强的示范效应，也影响和带动着一大批优秀技能人才的成长。

第十章

航天文化的传承与发扬

20世纪50年代以来,中国航天事业走过了辉煌的60年,从无到有、从小到大、从弱到强,一代代航天人用凝聚的信仰与无畏的奉献,造就了举世瞩目的成就。航天先辈用生命演绎信仰,用血液浇注精神,锻造了航天文化的历史丰碑。站在新的时代起点上,中国航天事业面临着更为艰难的挑战,也迎来了更为飞速发展的机遇,面对内外部环境,迎接尖锐复杂期、转型升级期、发展机遇期三期叠加的发展态势,航天人再度出发,拥抱发展契机,创造航天科技工业的辉煌未来,赶超世界同行发展的先进水平。航天文化作为航天人在历史发展过程中延续、演变、铸就的精神力量,必然将在精神层面实现战略指引,推动中国航天科技工业的飞速发展。

创新是行业发展的基石,更是不断前行的动力。航天文化作为中国航天科技工业在发展过程中的精神内核,更需要不断的创新演变,融入发展、促进发展、助力发展。中国航天事业走过的60年,正是与历史特点、国家战略、发展需求相互不断地融合与创新,始终牵引着航天事业的突破。展望未来,航天文化建设面临尖锐复杂的内外部环境,同时也伴随行业转型迎来了转型升级的历史契机,更将伴随"中国梦、航天梦"延续飞速发展的重要机遇,站在时代发展的路口上,航天文化将迎来崭新的发展时期。

第一节　航天文化建设面临新的挑战

一、航天文化建设面临尖锐复杂期

新的历史时期，航天文化建设面临来自内外部环境的挑战。航天先辈所留下的为祖国、为国防、为航天的奉献精神是伴随历史时期特点而自发形成的历史使命感，在新时期下，面临社会风向的不断变迁，面对文化形态相互冲击的杂波余浪，如何固化航天文化，如何传承航天精神，如何指引新时期的航天人，用使命感与责任感肩负起"中国梦、航天梦"的使命是航天文化建设面临的内部挑战。此外，外部环境所带来的冲击不断侵蚀着整体文化层面的健康发展，在信息技术高度发达的今天，自媒体传播不断盛行，个人可以依托新媒体实现舆论与观点的发布与传播，这为外部环境的侵染形成了条件。同时，全球化发展格局的逐步形成，为中国航天科技工业本身带来了显著的影响，同样作用于新时期下的航天文化建设。在新的时期下，面对内外部纷杂的挑战，航天文化建设必将迎来尖锐复杂的挑战期。主要表现在以下几个方面。

航天科技工业肩负着科技强军的重要使命。和平与发展是当今时代发展的主流导向，但局部的不安稳也在无形之中破坏着平衡。美国的武器装备水平以及军事战略影响已然遥遥领先于世界其他国家，其推行的抵消战略意图在技术层面上实现战术层面以及战略层面的全面压制。总体可见，西方国家依托其经济实力、军事实力等硬实力，并不断依托其文化意志、精神意志实施压制与胁迫，进一步推行其扩张化的发展战略。美国逐年增加的军费建设，以及其在空间威胁上不断实施战略制高点占领，都在一定层面上加剧其对于全球的战略威慑，研发并不断推进的全球快速打击武器系统,在技术层面上实现的大范围的领先,如果正式列装,将改变现有军事作战体系,完全破坏目前的战略防御平衡。同时,21世纪以来,美国依托反恐以及由文化层面所演变的主权干预,发起了多次海外战争,在一定层面上进一步展现了其蛮横本质与战略影响。外部环境纷纷攘攘下所形成的激烈争夺是爱好和平的中国人民所不愿看到的。但同时,这种尖锐复杂的外部环境又是中国所必须时刻警醒与警惕的。外部的挑战需要自身的不断强大来应对,实现科技强军,由现代化的航天科技工业建设支撑国防工业的不断发展,筑牢国防安全的铜墙铁壁,护卫祖国的空天海疆,为航天文化赋予其与国家发展相融合交汇的国家使命感。

航天科技工业承载着国家科技创新不断发展的牵引作用。航天事业是人类凝望星空后而升腾出的内心渴望,这种航天梦想的渴望跨越民族、跨越国界,深深融入内心之中。甩脱地心引力的牵绊,跨越三级宇宙速度,实现人类梦想的跨越,需要高新技术的支撑,从而达到超越人类自然局限的目的。航天文化与科技创新的相互支撑是由航天事业的特点所决定的,面对发展对于创新提出的挑战,需要在航天文化中深植创新的因子,支撑国家科技创新全面发展的不断推进,服务航天事业、国防工业的不断迈进。

中国在新时期面临着"大周边"的挑战与威胁。伴随局部地区局势的不断变化,中国在新时期内的周边态势也产生了相应的变化,美国不断推行的亚太再平衡战略,也使得中国周边态势复杂多变,由此而产生的影响极其深远。如何运用中国航天事业支撑国家"一带一路"战略,在复杂多变中走出中国特色的对外开放路线,如何通过航天科技工业水平提振国家实力,形成新时期下的战略影响,促进亚太地区的整体和平态势,是新时期航天人必须面临的挑战与契机。在这样的外部环境下,航天文化也同样受到冲击,如何抵御周边态势下的文化侵袭,如何实现自我更新,实现更为稳固的意识形态,是航天文化所必须选择的使命与抉择。航天文化不仅是航天科技工业所形成的精神瑰宝,更是中国在发展过程中形成的重要精神资源,航天文化需要在创新中自我生长、自我培育、自我演变,与国家使命相互融合,与民族发展相互耦合,形成内化于心、外化于形的特殊信仰,有效应对新时期下外部局势的挑战。

二、航天文化建设面临转型升级期

新的历史时期,航天文化建设面临结构转型所相应带来的转型升级的契机。结构转型的大势所趋必将进一步推动航天科技工业的不断发展,实现航天科技工业的优化再造,由产业硬件层面而发展的转变也必将由内而外促进航天文化的转型升级。航天文化在新时期下与时代主题的契合,与创新思维的融合,将在内外共促、软硬结合的态势下整体推动航天科技工业的蓬勃发展。面对转型升级的结构优化所需,航天文化建设在新时期下将迎来转型升级的重要契机。主要表现在以下两方面。

一方面,"中国梦、航天梦"推动航天文化与民族命运相连接。民族梦想作为精神牵引带领中国实现伟大复兴,在艰难曲折中的攀爬离不开精神层面的支撑与促进。在新时期下,"中国梦、航天梦"的提出表征着五千年积淀的华夏文明所演变的时代诉求,这是一种群体渴望所形成的民族梦想,在这样的梦想驱动下所形成的意识形态具有信仰的本质特征。航天文化作为支撑"中国梦、航天梦"实现的内在源泉,在时代契机下,与民族命运紧紧相连。这再一次显现了航天文化的时代特征。自1956年以来,航天文化在中国发展的不同历史时期下,始终与国家使命和民族命运息息相关,"两弹一星"的辉煌成就不仅是中国航天科技工业的辉煌成就,更是中国历史发展过程中的不朽丰碑,航天文化在不同历史时期下有其特定的时代背景、历史特征、发展诉求。在新时期下,"中国梦、航天梦"口号的树立将为航天文化赋予新的时代特征,使得航天文化进一步升华、拓延、发展,并将促使航天文化进一步脱离口号性的宣贯行为,整体、全面的上升为意识形态的精神指引,成为实现中华民族伟大复兴目标的精神信仰,并提供源源不断的内在动力。

另一方面,航天科技工业结构转型促进航天文化的转型升级。面对市场经济的飞速发展,军民融合的发展转型,航天科技工业必然将迎来结构转型升级发展期。在这一发展的必然环节中,航天科技工业将跳脱原有的发展结构,进一步实现产业结构的优化再造,达到利润增加、发展增速的目标。转型升级所带来的转变是自上而下的落地推进,更是由下至上的全员推动,在贯彻过程中,离不开航天文化的内在贯穿。航天科技工业的结构转型将促进航天文化的转型升级,同时航天文化的转型升级也将由内而外驱动产业结构的优化提速。在相互促进下,实现软硬结合的全面再造,进一步推动航天科技工业的发展提速,进一步支撑国防工业的不断发展,进一步实现国家经济建设的稳步提升。

三、航天文化建设面临发展机遇期

新的历史时期,航天文化建设面临全面提速带来的发展机遇。航天事业的特殊性,决定了其在国家发展战略、民众提振信心层面上的重要属性。在新时期下,航天科技工业在对接国家战略的道路上不断发展,在整体发展、管理层面、人才队伍等多个层级上实现全面优化。航天文化作为重要的内在牵引在优化过程中起到了重要作用,主要表现在以下几个方面。

航天事业迎来全面发展的时代契机。由国防部第五研究院到第七机械工业部、航天工业部、航空航天工业部、航天工业总公司、航天两大集团,历史上航天组织体制伴随国家发展需求曾经多次做过调整,但无论怎样变化,60年来,中国航天始终作为一个整体而存在,国家对于航天科技工业的发展始终给予了极大的支持。在新时期下,航天科技工业迎来了全面发展的时代契机,世界各国对于空间事业的不断关注,人类自身对于宇宙的不断向往、技术研发的不断创新,都使得航天事业在新时期下迎来伟大的发展契机,并创造更为辉煌的成就。在这一时期下,航天科技工业将迎来重要的发展期,而作为航天科技工业重要组成部分的航天文化也将伴随航天科技工业的不断发展而不断提升,实现重要的转变,进一步丰富、拓延、发展。在发展机遇的牵引下,航天文化将发挥重要的精神层面引领作用,推动航天科技工业全面发展。

管理体制的优化促进航天科技工业的蓬勃发展。在全球化的发展环境下,航天科技工业也积极响应"走出去"的发展战略,在与国际接轨的同时迎来蓬勃的发展契机,在机遇面前,航天科技工业的内在也将实现管理体制的进一步转变,由此带动并适应新时期下的发展转变。航天科技工业研发的复杂大系统在产品层面决定了其系统性、专业性、复杂性,推演至管理层面,更需要系统工程的理论支撑。在新时期下,为适应航天科技工业的蓬勃发展,航天科技工业管理体制面临着相应的必要优化,进一步对标国外国防科技工业的领军企业,引进、吸收其先进的管理理念、模式、方法、手段,并在此基础上,实现自适应的再创新。管理层面的丰富成果将进一步固化,由管理体制优化所实现的发展提速,同样为航天文化的发展带来了机遇。

人才队伍建设将成为航天事业发展的核心实力。人才队伍是企业发展的命脉,以人才队伍为依托的知识体系更是企业发展的基石。航天科技工业人才队伍具有年轻化、复合化、专业化的特点,始终肩负着国家国防科技工业与航天事业发展的重大使命与任务。在这一重担之下,航天人更需将自身建设提升至发展的必备层面,不仅从技术层面入手,更需结合管理才能、文化素养、学术水平等多方面的相互考量。只有实现人才队伍的不断发展建设,才能有效适应航天科技工业的不断发展。

同时,在全球化发展的今天,人才作为企业发展的重要资源,同样具备着较高的流动性,人才资源的争夺与把控也成为企业在发展过程中核心竞争力对比的重要因素。面对人才流失与人员流动,如何把控、如何管理、如何发展,是航天科技工业在发展机遇期面临的重要挑战。这需要航天文化从精神层面进行指引,并形成意识形态贯穿始终,使航天人才意识到航天事业的重要性,意识到个人发展与企业发展、国家命运、民族梦想的联系。在航天文化的有机牵引下,实现人才队伍建设的快速发展,支撑航天科技工业的不断发展,保障国防工业的发展提速。

第二节　航天文化的继承与发扬

面向新形势与新环境,中国航天事业肩负着新的使命,面临着新的挑战。在建设小康社会与和谐社会的总体部署下,国家对航天科技工业发展的需求更加迫切。在经济全球化、信息化和知识经济飞速发展的国际环境中,航天事业要继续为增强综合国力作出新成绩,要完成由航天大国走向航天强国的新目标。随着航天型号、产品的愈加复杂,对创新能力要求更高的挑战,必须再攀科技高峰,实现新的跨越,取得新的成就。

中国特色社会主义市场经济快速发展和对外开放不断扩大,使得科研生产等(特别是人才)要素市场化,人才、技术、产品的竞争日趋激烈,航天产品商品化、产业化成为客观要求。航天科技工业多型号多品种并举,多业务多领域共进,科研生产、管理经营综合化发展,延伸和完善产业链条等已成趋势。

面对新形势和新要求,文化将更加广泛地渗透到政治、经济、军事、科技等各个领域,对社会的发展起着更深层次的推动作用。凝聚着几代航天人智慧和心血的航天文化在新世纪里将更具时代特色,将推动中国航天科技工业在新世纪实现新的飞跃。航天价值观作为航天文化的核心和基石,在坚持已有精髓的基础上,必然要随着市场经济的发展而不断升华,并将引导、激励和约束着新一代航天人在未来再创辉煌。

时代在变,而航天精神的内涵却不会变,她将被一代又一代的航天人在新的实践和探索中,融合时代的特征加以继承和发展,使之更具鲜明的时代性。航天文化和思想政治工作将更加相互协调、相互促进,为航天科技工业的发展提供强有力的保证。航天系统工程管理的思想必将随着十大军工集团的发展而不断拓展,航天系统工程的管理模式和管理技术也将随着科技的发展不断创新。航天领导体制、组织结构和管理制度将更加适合于市场经济的需要,中国航天科技工业将彻底实现由人治向法治的转变。航天科技工业发展中的政府行为将不断淡化,作为市场竞争的主体地位将不断加强。在此基础上,航天人不再只是闭门造车,而将成为市场的宠儿。航天人将继续在党和政府及全国人民的支持下,充分发挥自身聪明才智,创造出更加璀璨丰硕的成果。

航天形象的塑造将在巩固已有形象的基础上,顺应新形势的要求,提高到一个更高的层次。航天文化将汲取当代世界文化的精华,与中国的社会文化相融合,社会文化也将汲取航天文化丰富的营养,与航天文化良性互动,促使航天文化在新时期不断发展。与此同时,航天文化所营造出来的良好氛围,必将在促进航天科技的发展、航天队伍的建设、国家安全的保障、科技进步与国民经济建设的协调发展等方面发挥极大的作用。在推进航天文化建设的进程中,应着力在以下几个方面。

一、先进文化引导未来发展

先进文化是中国航天事业发展的精神动力。文化作为科技发展的精神动力,突出表现为文化为科技发展提供理论引导和价值支持。先进文化是中国航天事业发展的智力资源。系统科学、管理学、社会学、心理学、行为科学、思维科学等"软科学"在中国航天事业发展中所起的作用不容忽视,这些知识在推动科技发展中的作用丝毫不亚于科学技术知识。先进文化营造科技发展的社会环境。人类的活动总是在一定的约束条件下进行的,这种约束条件包括正式制度安排和非正式制度安排。所谓非正式制度安排也被称为"潜规则"或"软规则",是指人们在长期社会交往中逐渐形成并得到社会广泛认可的理想信念、伦理道德、风俗习惯等,它和由一系列政治规则、经济条约构成的正式制度安排相辅相成,共同约束着人们的行为。

以系统工程为例,系统工程是航天科研活动独特、有效的组织管理方法。航天技术、工程和产品的研究、研制和生产活动是高新科技创造性活动，也是技术密集、风险大、周期长、规模大的科技活动，更是高新技术和产品集成创新的活动，它涉及领域广泛，需要相关领域、部门、单位和人员协同一致。独特的系统工程表现在与中国实际的结合上。经济基础薄弱、技术积累缺乏、工程经验不足、国际环境恶劣等是中国航天事业从创业开始相当一段时间内的客观基础。

中国航天事业60年来取得的成就，充分证明了系统工程方法的有效性和科学性。在钱学森的倡导下，应用系统工程理论和方法进行发展规划、计划管理，特别是大型、复杂的航天型号工程管理，指导我们逐步摸索规律、形成制度，创立了航天技术创新、体制机制创新和组织管理创新三位一体的系统工程管理方法；建立包括一个总体设计部、两条指挥线的指挥系统，以时间为中轴的网络图，以科研、试制为主的型号总体院的管理结构。总体设计部负责总体方案设计、技术抓总与技术协同，两条指挥线保障工程的顺利实施。实施"预研一批、研制一批、批量生产一批"三步棋的型号研制、生产程序，保障了技术和产品的可持续发展，现在又进一步发展为"探索一代、预研一代、研制一代、生产一代"的四步走策略。新型号通过方案、初样、试样、定型四个阶段的科研步骤，以及成套论证、成套设计、成套生产、成套试验、成套交付的"五成套"原则等，高效地完成了任务，从而形成独特的系统工程管理理念和方法。

当前，特别是在载人航天工程中，通过建立相对独立、相互协调、相互制约的六个体系，即科学严密的决策体系、以专项管理为核心的组织体系、以工程总体设计部为龙头的技术体系、综合统筹的计划体系、系统规范的质量体系、坚持创新创造创业的人才资源体系，不仅共同支撑起航天工程，而且使整体优化、系统协调、环境适应、创新发展、风险管理、优化保证等系统工程的核心理念在实践中进一步得到了丰富和发展。

坚持多学科集成、多部门协作，运用系统工程实施科学管理，是航天事业发展的宝贵经验，也是航天先进文化的集中体现。

二、航天使命指引前行方向

研究航天文化,首先要揭示航天事业在国家建设中的地位、作用、承担的职能使命,这是航天文化的灵魂所在。航天文化的灵魂是航天使命。航天战线的工作者只有认清使命责任,增强使命感、责任感,才能自觉把自己的工作与国家使命紧紧联系起来,才能更好地发展航天事业。航天事业在国家经济、政治、国防、科技中的地位和作用是非常重要的,航天事业取得的成就关系到国家经济实力、科技实力和民族凝聚力。

"两弹一星"的成功奠定了整个中国航天事业的基础。60年来,党中央、国务院、中央军委对航天事业始终给予高度重视,热切关注、精心指导。航天事业的每一次进步,每一点成就,都凝聚着国家各条战线、各族人民与海外华人的关心和支持。航天使命的基本内涵集中体现在以下几点。

第一,航天事业维系着国家地位。航天事业从诞生伊始,就与国家和民族的命运直接联系在一起。邓小平同志曾深刻指出:"如果六十年代以来中国没有原子弹、氢弹,没有发射卫星,中国就不能叫有重要影响的大国,就没有现在这样的国际地位。"党的"十七大"把"载人航天飞行成功实现"写入报告,作为经济实力大幅提升的一个标志。载人航天发展取得的巨大成就,更是向全世界展示了中华民族实现伟大复兴的雄心壮志,极大地提升了中国的大国形象和国际地位。航天事业在发展的每一个关键时期,都是国家发展面临的重大转折和战略机遇期,都为国家的发展和民族的振兴作出了不可磨灭的贡献。第二,航天事业肩负着国家使命。航天事业除了在探索太空、和平利用太空等方面具有重大意义外,还在于它的影响和展示作用,"举手投足"都关系着国家利益。"神舟五号"到"神舟十号"飞船发射,嫦娥工程首次飞行,都成为世界关注的焦点,发射场的一举一动都牵动着中华民族的心。中国航天的巨大成功,带来的价值是无法估量的,对国家的经济、政治、科技、社会、文化,乃至民族光荣感、自豪感都产生了深刻的影响。第三,航天岗位连接着国家形象。航天人要坚持把国家利益作为最高准则,围绕完成"国家级"任务、树立"国家队"形象、强化"国家使命高于一切"的思想,始终把国家利益放在至高无上的位置。强化"国家使命高于一切"的思想,最根本的就是要把使命、责任、忧患意识落实到航天人群体的每名成员身上,使忠诚使命、履行使命、不辱使命成为航天人群体的共识和一致行动,把自己的工作岗位与航天事业完全融合到一起。所有航天人,都要确保航天工程、航天任务百分之百的成功。

三、以人为本构筑和谐氛围

以人为本是科学发展观的本质和核心。以人为本的全面深化,就是使广大航天工作者与航天事业之间组成命运共同体,实现全面自由的发展。可持续发展与和谐两者之间具体的实现形式都是以满足人的需要为前提的。

培养和造就一支高素质的航天人才队伍,构建和谐航天和创新型航天企业,迫切需要加强企业文化建设。航天事业的特殊性决定了从业人员不仅要有过硬的知识和本领,还要有过硬的思想和作风。这就要求我们必须大力加强企业文化建设,用先进的文化引导人、教育人、塑造人、凝聚人,营造好尊重劳动、尊重知识、尊重人才、尊重创造,鼓励员工干事业、支持员工干成事业的文化氛围,让人的潜能得到充分发挥。

坚持以人为本,不断健全员工发展平台。按照航天事业的要求,健全员工发展的事业平台,使员工有一个展示聪明才智、发挥才华能力的舞台,力图使各项具体工作与员工的个人理想能够有效地协调和衔接。用当代先进文化,航天精神,航天企业文化,平等、公平、公正制度体系和科学的管理体制与运行机制,特别是共产党员先锋模范作用的影响力、感染力和亲和力,建设令广大员工心情舒畅的工作环境,形成员工情感活动的和谐平台。以经济建设为中心,不断提高经济效益,员工收入逐年增长,国有资产保值增值,经济实力不断提高,建成广大员工可以赖以生存和发展的平台。关心员工身体健康,提高员工健康水平。总之,尊重和保障员工的权利,不断提高员工的思想道德素质、科学文化素质和健康素质,创造员工平等发展、充分发挥聪明才智的环境。

四、创新发展激发无限活力

航天领域是最具创新活力也最需要创新精神的领域之一,创新既是发展动力,也是根本出路,是航天事业不断发展的力量源泉。有了创新,甚至是奇思妙想,才有载人航天,才有奔月探月,才有太空行走,才有深空探测。因此,创新发展是航天文化中最具活力的部分,是航天文化的特质。创新作为一种文化,已成为各个领域、各项事业乃至国家建设的主流,成为推进事业发展进步的精神和动力。

中国把提高自主创新能力、建设创新型国家作为经济社会发展的重大战略,作为中国经济长期平稳较快发展的重要支撑,作为调整经济结构、转变经济增长方式的重要支撑,作为提升中国国际竞争力和抗风险能力的重要支撑。航天事业进行的每一项科研试验,都是高科技实践活动,都是艰巨的创新实践。中国航天战线的科技专家坚持自主创新,突破一系列关键技术,取得巨大成功,在世界航天科技领域中占有自己的一席之地。适应新形势、履行新使命、完成新任务、谋求新发展,就必须把创新作为航天建设与发展的本质特性,推动发展思路创新、管理手段创新、组织指挥创新、技术领域创新,以及理念、方法、制度的创新。

在航天领域培养和倡导创新精神,要坚持依靠科技进步搞创新,就是要依靠科技进步提高航天建设的质量和效益,依靠科技进步提高设施设备的安全性和可靠性,依靠科技进步提高航天试验的成功率。必须紧跟世界科技发展和航天建设大势,适应航天科技迅猛发展的需求,下大力抓好基础性、前沿性、战略性技术研究。依托高素质的专家方阵和庞大的专业人才队伍,有计划、有目标地开展科研攻关。坚持走开放式科研之路,注重发挥资源优势,加强合作交流,联合集智攻关,不断提高中国航天科技工业的能力和水平。

后 记

2014年，在刘纪原同志的倡导下，经中国航天科技集团公司和中国航天科工集团公司（简称"两大集团"）党组主要领导同意，在两大集团办公厅的领导下，启动了纪念中国航天事业创建60周年"丛书"（简称"丛书"）的出版工作。

自2014年9月起，中国航天科工二院二〇八所承担了"丛书"中《中国航天文化的发展与创新》一书的编写工作。在中国航天科工集团公司办公厅龚界文副主任、中国航天科工二院二〇八所张海峰副所长等多位领导的悉心指导与带领下，二〇八所组建了《中国航天文化的发展与创新》编写组。编写组共完成了5版大纲的修改与完善工作，基本确定了本书的结构与写作方向。

从2015年4月开始，在王春河、许祖凯、王学臣三位同志的指导与带领下，开始了全书的编写工作。二〇八所马倩承担引言、第五章、第六章、后记的编写工作；钟晴承担第一章、第九章、第十章的编写工作；葛妍承担第二章、第四章的编写工作；李颖、吴晓倩共同承担第三章、第八章的编写工作；马倩和钟晴配合阚力强完成第七章的编写工作。编写组成员还包括张祚天、李晶、丁天平。在编写过程中，《中国航天文化》一书提供了大量的写作素材，为本书的编写奠定了坚实的写作基础，把握了正确的写作方向。在此，非常感谢《中国航天文化》编委会、写作组、写作办公室的全体专家、领导。

在一年多的编写过程中，本书共经历了8版修改，得到了王春河、许祖凯、王学臣、陈大亚、赵凯嘉、张复顺、曾庆来、刘登锐等多位老专家的指导与帮助，使得本书结构与内容不断充实与完善。各位专家不辞辛劳、细致入微,不仅指导编写组人员进行结构修改和内容完善,还亲自执笔,撰写大量篇章,为本书的编写工作作出了突出的贡献。

在全书的编写过程中,还得到中国航天科工集团公司办公厅政策研究室赵充副处长、袁晓健主管,中国航天科技集团公司办公厅傅敏副主任、孙炜主管,企业文化部王双军副部长,中国航天科技一院十九所沈剑、赵晓媛,中国航天科技一院研发中心钟培、李天祥等多个单位、多名同志的指导与协助,有他们的协助才使得本书的编写工作顺利完成。

本书是集体智慧和心血的结晶,衷心感谢所有关心帮助和支持本书编写工作的领导和同志们!但由于编写组人员水平有限,书中难免还有不当之处,请专家和读者批评指正!

编 者

2016年5月31日